（典藏版）

百部国学传世经典

中华国学经典盛宴 / 获取先贤核心智慧

诸子百家

王燕华 / 主编

漓江出版社

图书在版编目（CIP）数据

诸子百家 / 王燕华主编. --桂林:漓江出版社,2018.9
(百部国学传世经典)
ISBN 978-7-5407-8469-0

Ⅰ. ①诸… Ⅱ. ①王… Ⅲ. ①先秦哲学 Ⅳ. ①B22

中国版本图书馆 CIP 数据核字(2018)第 153744 号

诸子百家　ZHUZIBAIJIA

主　　编　王燕华

出 版 人　刘迪才
出 品 人　张　谦
策划编辑　陈植武　林晓鸿
责任编辑　陈植武
助理编辑　秦瑜蔓
装帧设计　林晓鸿　宋双成
责任监印　杨　东

出版发行　漓江出版社有限公司
社　　址　广西桂林市南环路 22 号
邮　　编　541002
发行电话　010-85893190　0773-2583322
传　　真　010-85890870-814　0773-2582200
网　　址　http://www.lijiangbook.com

印　　制　北京飞达印刷有限责任公司
开　　本　710mm×1000mm　1/16
印　　张　28
字　　数　448 千字
版　　次　2018 年 9 月第 1 版
印　　次　2019 年 1 月第 2 次印刷
书　　号　ISBN 978-7-5407-8469-0
定　　价　45.00 元

前言

中华民族有着数千年的文明历史，创造了光辉灿烂的古代文化，其中中国传统国学是我国辉煌灿烂的文化典籍的核心部分，它博大精深、源远流长，显示出中华文化的深厚根基，给人类留下了丰富的精神财富。它是我们炎黄子孙的文化精髓，它塑造了我们中华民族的民族精神，是培育民族精神的重要资源。它开启心智，滋润生命，陶冶人格，塑造灵魂。

开卷有益，忙碌的人们闲暇之时，应该用传统国学来陶冶自己的情操，开阔自己的心胸，提高自己的人文修养，用先人的哲思来涤荡自己忙碌的心灵。我们应该坚持阅读的爱好，在潮流文化的强大攻势下，让传统文化永驻我们的心田。“复兴国学，从根本上讲，是复兴中华民族的自尊心、自信心。”我们要甄选传世经典著作中最经典的部分来读，要以开放的胸襟和燃烧的激情去承接古人的经典大论与哲思华章，以自豪而不狂妄、执着而不僵化的精神风貌来直面当今社会的竞争与挑战。

为了弘扬中国传统文化，帮助读者深刻了解我们的历史与文化，用经典历史文学知识陶冶情操、提高文化修养，同时使国学得到承传，得以弘扬光大，我们精心编排了本丛书。为了便于读者理解和领会古代先贤的思想与精神，我们在文章中选取了与正文相契合的插画，将插画与正文有机地结合在一起，可大大增加读者的阅读趣味。

本丛书选取了国学经典著作中很多优秀的作品及资料，博采各类经典作品的长处，并有所创新，以使得本丛书风格迥异、卓然超群，相信会给读者带来全新感受。

由于时间仓促，书中难免有不尽之处，恳请读者朋友们提出宝贵意见，在此深表谢意。

目录

儒家

道家

墨家

法家

纵横家

杂家

兵家

儒 家

儒家的学说简称儒学，是中国古代的主流意识流派。儒家思想一直是汉族及中国其他民族等民众最基本的主流价值观。“礼、义、廉、耻、仁、爱、忠、孝”的儒家思想基本价值观，一直是指导绝大部分中国人日常行为的基本意识规则。中华民族礼貌友善、温良忠厚和认真刻苦的气质，也是在儒家的教化下逐渐形成的。

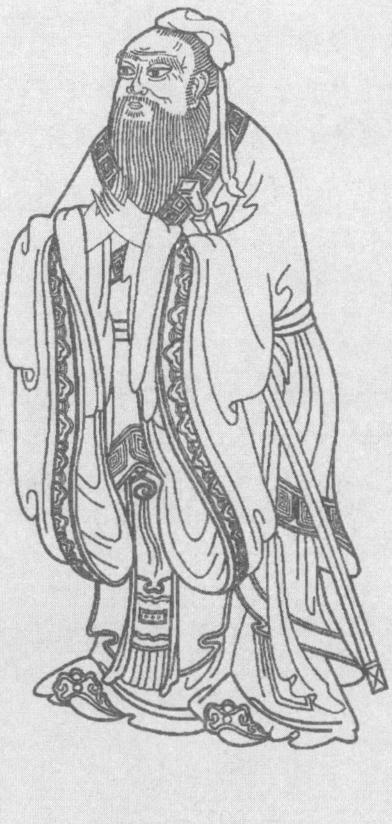

◆ 名人与典籍

儒家的代表人物有孔子、孟子、荀卿、董仲舒、二程、朱熹、陆九渊、王阳明、陆明鉴。孔子是我国古代伟大的思想家和教育家，儒家学派创始人，世界最著名的文学名人之一。孔子一生长期从事教育活动，学生众多，有所谓“弟子三千，贤人七十”之誉。而孔子的思想学说体系所涉及的范围又相当广泛，孔门弟子对孔子言论和思想的理解不尽相同，所以，到了战国的中后期，儒学在成为“显学”的同时，在儒家内部也形成了八个不同的派别:“自孔子之死也，有子张之儒，有子思之儒，有颜氏之儒，有孟氏之儒，有漆雕氏之儒，有仲良氏之儒，有也氏之儒，有乐正氏之儒。”

儒家经典主要有儒学十三经。儒家本有六经，《诗经》《尚书》《仪礼》《乐经》《周易》《春秋》。秦始皇“焚书坑儒”，据说经秦火一炬，《乐经》从此失传；东汉在此基础上加上《论语》《孝经》，共七经；唐时加上《周礼》《礼记》《春秋公羊传》《春秋穀梁传》《尔雅》，共十二经；宋时加《孟子》，后有宋刻《十三经注疏》传世。

《论语》

《论语》由孔子的弟子及其再传弟子编撰而成。它以语录体和对话文体为主，记录了孔子及其弟子言行，集中体现了孔子的政治主张、论理思想、道德观念及教育原则等。《论语》的语言简洁精炼，含义深刻，其中有许多言论至今仍被世人视为至理。

学　而

原文

子曰①："学②而时习③之，不亦说④乎？有朋⑤自远方来，不亦乐⑥乎？人不知⑦而不愠⑧，不亦君子⑨乎？"

注解

①子：中国古代对于有地位、有学问的男子的尊称，有时也泛称男子。《论语》书中"子曰"的子，都是指孔子。

②学：孔子在这里所讲的"学"，主要是指学习西周的礼、乐、诗、书等传统文化典籍。

③时习：在周秦时代，"时"字用作副词，意为"在一定的时候"或者"在适当的时候"。但朱熹在《论语集注》一书中把"时"解释为"时常"。"习"，指演习礼、乐，复习诗、书。也含有温习、实习、练习的意思。

④说（yuè）：同悦，愉快、高兴的意思。

⑤有朋：一本作“友朋”。旧注说，“同门曰朋”，即同在一位老师门下学习的叫朋，也就是志同道合的人。

⑥乐：与说有所区别。旧注说，悦在内心，乐则见于外。

⑦人不知：此句不完整，没有说出人不知道什么。缺少宾语。一般而言，知，是了解的意思。人不知，是说别人不了解自己。

⑧愠（yùn）：恼怒，怨恨。

⑨君子：《论语》书中的君子，有时指有德者，有时指有位者。此处指孔子理想中具有高尚人格的人。

译文

孔子说：“学了又时常温习和练习，不是很愉快吗？有志同道合的人从远方来，不是很令人高兴的吗？人家不了解我，我也不怨恨、恼怒，不也是一个有德的君子吗？”

原文

有子[①]曰：“其为人也孝弟[②]，而好犯上者[③]，鲜[④]矣；不好犯上，而好作乱者，未之有也[⑤]。君子务本[⑥]，本立而道生[⑦]。孝弟也者，其为仁之本与[⑧]？”

注解

①有子：孔子的学生，姓有，名若，比孔子小13岁，一说小33岁。后一说较为可信。在《论语》书中，记载的孔子学生，一般都称字，只有曾参

和有若称“子”。因此，许多人认为《论语》即由曾参和有若所著述。

②孝弟：孝，奴隶社会时期所认为的子女对待父母的正确态度；弟，读音和意义与“悌”（tì）相同，即弟弟对待兄长的正确态度。孝、弟是孔子和儒家特别提倡的两个基本道德规范。旧注说：善事父母曰孝，善事兄长曰弟。

③犯上：犯，冒犯、干犯。上，指在上位的人。

④鲜：少的意思。《论语》书中的“鲜”字，都是如此用法。

⑤未之有也：此为“未有之也”的倒装句型。古代汉语的句法有一条规律，否定句的宾语若为代词，一般置于动词之前。

⑥务本：务，专心、致力于。本，根本。

⑦道：在中国古代思想里，道有多种含义。此处的道，指孔子提倡的仁道，即以仁为核心的整个道德思想体系及其在实际生活的体现。简单讲，就是治国做人的基本原则。

⑧为仁之本：仁是孔子哲学思想的最高范畴，又是伦理道德准则。为仁之本，即以孝悌作为仁的根本。还有一种解释，认为古代的“仁”就是“人”字，为仁之本即做人的根本。

译文

有子说：“孝顺父母，顺从兄长，而喜好触犯上层统治者，这样的人是很少见的；不喜好触犯上层统治者，而喜好造反的人是没有的。君子专心致力于根本的事务，根本建立了，治国做人的原则也就有了。孝顺父母、顺从兄长，这就是仁的根本啊！”

原文

子曰:“巧言令色①,鲜②矣仁。”

注解

①巧言令色:巧和令都是美好的意思。但此处应释为装出和颜悦色的样子。

②鲜:少的意思。

译文

孔子说:“花言巧语,装出和颜悦色的样子,这种人的仁心就很少了。”

原文

曾子①曰:“吾日三省②吾身:为人谋而不忠③乎?与朋友交而不信④乎?传不习⑤乎?”

注解

①曾子:曾子姓曾名参(shēn)字子舆,生于公元前505年,鲁国人,是被鲁国灭亡了的鄫国贵族的后代。曾参是孔子的得意门生,以孝子出名。据说《孝经》就是他撰写的。

②三省:省(xǐng),检查、察看。三省有几种解释:一是三次检查;二是从三个方面检查;三是多次检查。其实,古代在有动作性的动词前加上数

字，表示动作频率高，不必认定为三次。

③忠：旧注曰：尽己之谓忠。此处指对人应当尽心竭力。

④信：旧注曰：信者，诚也。以诚实之谓信。要求人们按照礼的规定相互守信，以调整人们之间的关系。

⑤传不习：传，旧注曰："受之于师谓之传。"老师传授给自己的。习，与"学而时习之"的"习"字一样，指温习、实习、演习等。

译文

曾子说："我每天多次反省自己：为别人办事是不是尽心竭力了呢？同朋友交往是不是做到诚实可信了呢？老师传授给我的学业是不是复习了呢？"

原文

子曰："道①千乘之国②，敬事③而信，节用而爱人④，使民以时⑤。"

注解

①道：一本作"导"，作动词用。这里是治理的意思。

②千乘之国：乘（shèng），意为辆。这里指古代军队的基层单位。每乘拥有四匹马拉的兵车一辆，车上甲士 3 人，车下步卒 72 人，后勤人员 25 人，共计 100 人。千乘之国，指拥有 1000 辆战车的国家，即诸侯国。春秋时代，战争频仍，所以国家的强弱都用车辆的数目来计算。在孔子时代，千乘之国已经不是大国。

③敬事：敬字一般用于表示个人的态度，尤其是对待所从事的事务要谨慎专一、兢兢业业。

④爱人：古代"人"的含义有广义与狭义的区别。广义的"人"，指一切人群；狭义的"人"，仅指士大夫以上各个阶层的人。此处的"人"与"民"相对而言，可见其用法为狭义。

⑤使民以时：时指农时。古代百姓以农业为主，这是说要役使百姓按照农时耕作与收获。

译文

孔子说："治理一个拥有一千辆兵车的国家，就要严谨认真地办理国家大事而又恪守信用，诚实无欺，节约财政开支而又爱护官吏臣僚，役使百姓要不误农时。"

原文

子曰："弟子[①]入[②]则孝，出[③]则弟，谨[④]而信，汎[⑤]爱众，而亲仁[⑥]。行有余力[⑦]，则以学文[⑧]。"

注解

①弟子：一般有两种意义，一是年纪较小为人弟和为人子的人；二是指学生。这里是用第一种意义上的"弟子"。

②入：古代时父子分别住在不同的居处，学习则在外舍。《礼记·内则》："由命士以上，父子皆异宫。"入是入父宫，指进到父亲住处，或说在家。

③出：与"入"相对而言，指外出拜师学习。出则弟，是说要用弟道对待师长，也可泛指年长于自己的人。

④谨：寡言少语称之为谨。

⑤汎（fàn）：同泛，广泛的意思。

⑥仁：仁即仁人，有仁德之人。

⑦行有余力：指有闲暇时间。

⑧文：古代文献。主要有诗、书、礼、乐等文化知识。

译文

孔子说："弟子们在父母跟前，就孝顺父母；出门在外，要顺从师长，言行要谨慎，要诚实可信，寡言少语，要广泛地去爱众人，亲近那些有仁德的人。这样躬行实践之后，还有余力的话，就再去学习文献知识。"

原文

子夏[①]曰："贤贤[②]易[③]色；事父母能竭其力；事君能致其身[④]；与朋友交言而有信。虽曰未学，吾必谓之学矣。"

注解

①子夏：姓卜，名商，字子夏，孔子的学生，比孔子小44岁，生于公元前507年。孔子死后，他在魏国宣传孔子的思想主张。

②贤贤：第一个"贤"字作动词用，尊重的意思。贤贤即尊重贤者。

③易：有两种解释，一是改变的意思，此句即为尊重贤者而改变好色之心；二是轻视的意思，即看重贤德而轻视女色。

④致其身：致，意为"献纳""尽力"。这是说把生命奉献给君主。

译文

子夏说："一个人能够看重贤德而不以女色为重；侍奉父母，能够竭尽全力；服侍君主，能够献出自己的生命；同朋友交往，说话能诚实恪守信用。这样的人，尽管他自己说没有学习过，我一定说他已经学习过了。"

原文

子曰:“君子①,不重②则不威;学则不固③。主忠信④。无⑤友不如己⑥者;过⑦,则勿惮⑧改。”

注解

①君子:这个词一直贯穿于本段始终,因此这里应当有一个断句。

②重:庄重、自持。

③学则不固:有两种解释:一是作坚固解,与上句相连,不庄重就没有威严,所学也不坚固;二是作固陋解,喻人见闻少,学了就可以不固陋。

④主忠信:以忠信为主。

⑤无:通毋,“不要”的意思。

⑥不如己:一般解释为不如自己。另一种解释说,“不如己者,不类乎己,所谓‘道不同不相为谋’也。”把“如”解释为“类似”。后一种解释更为符合孔子的原意。

⑦过:过错、过失。

⑧惮(dàn):害怕、畏惧。

译文

孔子说:“君子,不庄重就没有威严;学习可以使人不闭塞。要以忠信为主。不要同与自己不同道的人交朋友;有了过错,就不要怕改正。”

原文

曾子曰:“慎终①,追远②,民德归厚矣。”

注解

①慎终：人死为终。这里指父母的去世。旧注曰：慎终者丧尽其哀。

②追远：远指祖先。旧注曰：追远者祭尽其敬。

译文

曾子说："谨慎地对待父母的去世，追念久远的祖先，自然会导致老百姓日趋忠厚老实了。"

原文

子禽[①]问于子贡[②]曰："夫子[③]至于是邦[④]也，必闻其政，求之与，抑[⑤]与之与？"子贡曰："夫子温、良、恭、俭、让[⑥]以得之。夫子之求之也，其诸[⑦]异乎人之求之与？"

注解

①子禽：姓陈名亢，字子禽。郑玄所注《论语》说他是孔子的学生，但《史记·仲尼弟子列传》未载此人，故一说子禽非孔子学生。

②子贡：姓端木名赐，字子贡，卫国人，比孔子小31岁，是孔子的学生，生于公元前520年。子贡善辩，孔子认为他可以做大国的宰相。据《史记》记载，子贡在卫国做了商人，家有财产千金，成了有名的商业家。

③夫子：这是古代的一种敬称，凡是做过大夫的人都可以取得这一称谓。孔子曾担任过鲁国的司寇，所以他的学生们称他为"夫子"。后来，因此而沿袭以称呼老师。《论语》书中所说的"夫子"，都是孔子的学生对他的称呼。

④邦：指当时割据的诸侯国家。

⑤抑：表示选择的文言连词，有"还是"的意思。

⑥温、良、恭、俭、让：就字面理解即为：温顺、善良、恭敬、俭朴、

谦让。这是孔子的弟子对他的赞誉。

⑦其诸：语气词，有“大概”“或者”的意思。

译文

子禽问子贡说：“老师到了一个国家，总是预闻这个国家的政事，（这种资格）是他自己求得的呢，还是人家国君主动给他的呢？”子贡说：“老师温良恭俭让，所以才得到这样的资格，（这种资格也可以说是求得的，）但他求的方法，或许与别人的求法不同吧？”

原文

子曰：“父在，观其①志；父没，观其行②；三年③无改于父之道④，可谓孝矣。”

注解

①其：他的，指儿子，不是指父亲。

②行（xìng）：指行为举止等。

③三年：对于古人所说的数字不必过于机械地理解，只是说要经过一个较长的时间而已，不一定仅指三年的时间。

④道：有时候是一般意义上的名词，无论好坏、善恶都可以叫做道。但更多时候是积极意义的名词，表示善的、好的东西。这里表示“合理内容”的意思。

译文

孔子说：“当他父亲在世的时候，（因为他无权独立行动，）要观察他的志向；在他父亲死后，要考察他的行为；若是他对他父亲的合理部分长期不加改变，这样的人可以说是尽孝了。”

原文

有子曰：“礼[①]之用，和[②]为贵。先王之道[③]，斯[④]为美。小大由之，有所不行。知和而和，不以礼节之，亦不可行也。”

注解

①礼：在春秋时代，“礼”泛指奴隶社会的典章制度和道德规范。孔子的“礼”，既指“周礼”，礼节、仪式，也指人们的道德规范。

②和：调和、和谐、协调。

③先王之道：指尧、舜、禹、汤、文、武、周公等古代帝王的治世之道。

④斯：这、此等意。这里指礼，也指和。

译文

有子说：“礼的应用，以和谐为贵。古代君主的治国方法，可宝贵的地方就在这里。但不论大事小事只顾按照和谐的办法去做，有的时候就行不通。(这是因为）为和谐而和谐，不以礼来节制和谐，也是不可行的。”

原文

有子曰：“信近[①]于义[②]，言可复[③]也；恭近于礼，远[④]耻辱也；因[⑤]不失其亲，亦可宗[⑥]也。”

注解

①近：接近、符合的意思。

②义：义是儒家的伦理范畴。是指思想和行为符合一定的标准，这个标准就是“礼”。

③复：实践的意思。朱熹《集注》云：“复，践言也。”

④远（yuàn）：动词，使动用法，使之远离的意思，此外亦可以译为避免。

⑤因：依靠、凭借。一说因应写作姻，但从上下文看似有不妥之处。

⑥宗：主、可靠，一般解释为“尊敬”，似有不妥之处。

译文

有子说：“讲信用要符合于义，（符合于义的）话才能实行；恭敬要符合于礼，这样才能远离耻辱；所依靠的都是可靠的人，也就值得尊敬了。”

原文

子曰：“君子食无求饱，居无求安，敏于事而慎于言，就[①]有道[②]而正[③]焉，可谓好学也已。”

注解

①就：靠近、看齐。

②有道：指有道德的人。

③正：匡正、端正。

译文

孔子说："君子，饮食不求饱足，居住不要求舒适，对工作勤劳敏捷，说话却小心谨慎，到有道的人那里去匡正自己，这样可以说是好学了。"

原文

子贡曰："贫而无谄①，富而无骄，何如②？"子曰："可也。未若贫而乐③，富而好礼者也。"子贡曰："《诗》云，'如切如磋，如琢如磨④'，其斯之谓与？"子曰："赐⑤也！始可与言《诗》已矣，告诸往而知来者⑥。"

注解

①谄（chǎn）：意为巴结、奉承。

②何如：《论语》书中的"何如"，都可以译为"怎么样"。

③贫而乐：一本作"贫而乐道"。

④如切如磋，如琢如磨：此二句见《诗经·卫风·淇奥》。有两种解释：一说切磋琢磨分别指对骨、象牙、玉、石四种不同材料的加工，否则不能成器；一说加工象牙和骨，切了还要磋，加工玉石，琢了还要磨，有精益求精之意。

⑤赐：子贡名，孔子对学生都称其名。

⑥告诸往而知来者：诸，同之；往，过去的事情；来，未来的事情。

译文

子贡说："贫穷而能不谄媚，富有而能不骄傲自大，怎么样？"孔子说："这也算可以了。但是还不如虽贫穷却乐于道，虽富裕而又好礼之人。"子贡说："《诗》上说，'要像对待骨、角、象牙、玉石一样，切磋它，琢磨它'，就是讲的这个意思吧？”孔子说：“赐呀，你能从我已经讲过的话中领会到我还没有说到的意思，举一反三，我可以同你谈论《诗》了。”

原文

子曰：“不患[①]人[②]之不己知，患不知人也。”

注解

①患：忧虑、怕。

②人：指有教养、有知识的人，而非民。

译文

孔子说：“不怕别人不了解自己，只怕自己不了解别人。”

评析

在对“人不知，而不愠”一句的解释中，也有人认为，“人不知”的后面没有宾语，人家不知道什么呢？当时因为孔子有说话的特定环境，他不需要说出知道什么，别人就可以理解了，却给后人留下一个谜。有人说，这一句是接上一句说的，从远方来的朋友向我求教，我告诉他，他还不懂，我却不怨恨。这样，“人不知”就是“人家不知道我所讲述的”了。这样的解释似乎有些牵强。

有人认为，人们如果能够在家中对父母尽孝，对兄长顺服，那么他在外就可以对国家尽忠，忠是以孝悌为前提，孝悌以忠为目的。儒家认为，在家中实行了孝悌，统治者内部就不会发生“犯上作乱”的事情；再把孝悌推广到劳动民众中去，民众也会绝对服从，而不会起来造反，这样就可以维护国家和社会的安定。

这里所提的孝悌是仁的根本，对于读者理解孔子以仁为核心的哲学、伦理思想非常重要。在春秋时代，周天子实行嫡长子继承制，其余庶子则分封为诸侯，诸侯以下也是如此。整个社会从天子、诸侯到大夫这样一种政治结构，其基础是封建的宗法血缘关系，而孝、悌说正反映了当时宗法制社会的道德要求。

孝悌与社会的安定有直接关系。孔子看到了这一点，所以他的全部思想主张都是由此出发的，他从为人孝悌就不会发生犯上作乱之事这点上，说明孝悌即为仁的根本这个道理。自春秋战国以后的历代封建统治者和文人，都继承了孔子的孝悌说，主张“以孝治天下”。汉代即是一个显例，他们把道德教化作为实行封建统治的重要手段，把老百姓禁锢在纲常名教、伦理道德的桎梏之中，对民众的道德观念和道德行为产生了极大影响，也对整个中国传统文化产生深刻影响。孝悌说是为封建统治和宗法家族制度服务的，对此应有清醒的认识和分析判别，抛弃封建毒素，继承其合理的内容，充分发挥道德在社会安定方面所应有的作用。

孔子和儒家学说的核心是仁，仁的表现之一就是孝与悌。这是从正面阐述什么是仁的问题。这一章，孔子讲仁的反面，即为花言巧语，工于辞令。儒家崇尚质朴，反对花言巧语；主张说话应谨慎小心，说到做到，先做后说，反对说话办事随心所欲，只说不做，停留在口头上。这表明，孔子和儒家注重人的实际行动，特别强调人应当言行一致，力戒空谈浮言，心口不一。这种踏实态度和质朴精神长期影响着中国人，成为中华传统思想文化中的精华内容。孔子办教育，把培养学生的道德观念放在第一位，而文化学习只是第二位的。事实上，历史上的任何阶级，无论奴隶主阶级、地主阶级，还是资产阶级，教育都是为其政治服务的，尤其重视学生的道德品行和政治表现，把“德”排在“识”的前面，这是阶级的需要。他们就是要培养适应本阶级要求的各方面人才。儒家重视孝的道德，是因为孝是忠的基础，一个不能对父母尽孝的人，他是不可能为国尽忠的，所以忠是孝的延伸和外化。关于忠、孝的道德观念，在《论语》书中时常出现，表明儒家十分重视忠孝等伦理道德观念，希望把人们塑造成有教养的忠孝两全的君子。这是与春秋时代宗法制度相互适应的。只要做到忠与孝，那么，社会与家庭就可以得到安定。

孔子希望他的弟子以及所有的人，都能够达到贫而乐道、富而好礼这样的理想境界，因而在平时对弟子的教育中，就把这样的思想讲授给学生。贫而乐道，富而好礼，社会上无论贫或富都能做到各安其位，便可以保持社会的安定了。孔子对子贡比较满意，在这段对话中可以看出，子贡能独立思考、举一反三，因而得到了孔子的赞扬。这是孔子教育思想中的一个显著特点。

为政

原文

子曰："为政以德①，譬如北辰②，居其所③而众星共④之。"

注解

①为政以德：以，用的意思。此句是说统治者应以道德进行统治，即"德治"。

②北辰：北极星。

③所：处所，位置。

④共：同"拱"，环绕的意思。

译文

孔子说："(周君) 以道德教化来治理政事，就会像北极星那样，自己居于一定的方位，而群星都会环绕在它的周围。"

原文

子曰："诗三百①，一言以蔽②之，曰'思无邪③'。"

注解

①诗三百：诗，指《诗经》一书，此书实有305篇，三百只是举其整数。

②蔽：概括的意思。

③思无邪：此为《诗经·鲁颂》上的一句，此处的"思"作思想解。无邪，一解为"纯正"，一解为"直"，后者较妥。

译文

孔子说："《诗经》三百篇，可以用一句话来概括它，就是'思想纯正'。"

原文

子曰："道①之以政，齐②之以刑，民免③而无耻④；道之以德，齐之以礼，有耻且格⑤。"

注解

①道：有两种解释：一为"引导"；二为"治理"。前者较为妥帖。

②齐：整齐、约束。

③免：避免、躲避。

④耻：羞耻之心。

⑤格：有两种解释：一为"至"；二为"正"。

译文

孔子说："用法制禁令去引导百姓，使用刑法来约束他们，老百姓只是求得免于犯罪受惩，却失去了廉耻之心；用道德教化引导百姓，使用礼制去统一百姓的言行，百姓不仅会有羞耻之心，而且也就守规矩了。"

原文

子曰："吾十有①五而志于学，三十而立②，四十而不惑③，五十而知天命④，六十而耳顺⑤，七十而从心所欲不逾矩⑥。"

注解

①有：同"又"。

②立：站得住的意思。

③不惑：掌握了知识，不被外界事物所迷惑。

④天命：指不能为人力所支配的事情。

⑤耳顺：对此有多种解释。一般而言，指对那些于己不利的意见也能正确对待。

⑥从心所欲不逾矩：从，遵从的意思；逾，越过；矩，规矩。

译文

孔子说："我十五岁立志于学习；三十岁能够自立，四十岁能不被外界事物所迷惑，五十岁懂得了天命，六十岁能正确对待各种言论，不觉得不顺，七十岁能随心所欲而不越出规矩。"

原文

孟懿子[1]问孝。子曰:"无违[2]。"樊迟[3]御[4],子告之曰:"孟孙[5]问孝于我,我对曰无违。"樊迟曰:"何谓也。"子曰:"生,事之以礼;死,葬之以礼,祭之以礼。"

注解

①孟懿子:鲁国的大夫,三家之一,姓仲孙,名何忌,"懿"是谥号。其父临终前要他向孔子学礼。

②无违:不要违背。

③樊迟:姓樊名须,字子迟。孔子的弟子,比孔子小46岁。他曾和冉求一起帮助季康子进行革新。

④御:驾驭马车。

⑤孟孙:指孟懿子。

译文

孟懿子问什么是孝。孔子说:"孝就是不要违背礼。"后来樊迟给孔子驾车,孔子告诉他:"孟孙问我什么是孝,我回答他说不要违背礼。"樊迟说:"不要违背礼是什么意思呢?"孔子说:"父母活着的时候,要按礼侍奉他们;父母去世后,要按礼埋葬他们、祭祀他们。"

原文

孟武伯[1]问孝。子曰:"父母唯其疾之忧[2]。"

注解

①孟武伯：孟懿子的儿子，名彘。武是他的谥号。

②父母唯其疾之忧：其，代词，指父母。疾，病。

译文

孟武伯向孔子请教孝道。孔子说："对父母，要特别为他们的疾病担忧。（这样做就可以算是尽孝了。）"

原文

子游[①]问孝。子曰："今之孝者，是谓能养。至于犬马，皆能有养[②]。不敬，何以别乎？"

注解

①子游：姓言名偃，字子游，吴人，比孔子小45岁。

②养（yàng）：供奉饮食给父母。

译文

子游问什么是孝。孔子说："如今所谓的孝，只是说能够赡养父母便足够了。然而，就是犬马都能够得到饲养。如果不存心孝敬父母，那么赡养父母与饲养犬马又有什么区别呢？"

原文

子夏问孝。子曰："色难[①]。有事，弟子服其劳[②]；有酒食，先生[③]馔[④]，曾是以为孝乎？"

注解

①色难：色，脸色。难，不容易的意思。

②服劳：服，从事、担负。服劳即服侍。

③先生：先生指长者或父母；前面说的弟子，指晚辈、儿女等。

④馔（zhuàn）：意为饮食、吃喝。

译文

子夏问什么是孝，孔子说：“（当子女的要尽到孝，）最不容易的就是对父母和颜悦色。仅仅是有了事情，儿女需要替父母去做；有了酒饭，让父母吃，难道能认为这样就可以算是孝了吗？”

原文

子曰：“吾与回①言，终日不违②，如愚。退而省其私③，亦足以发，回也不愚。”

注解

①回：姓颜名回，字子渊，生于公元前521年，比孔子小30岁，鲁国人，孔子的得意门生。

②不违：不提相反的意见和问题。

③退而省其私：考察颜回私下里与其他学生讨论学问的言行。

译文

孔子说：“我整天给颜回讲学，他从来不提反对意见和疑问，像个蠢人。等他退下之后，我考察他私下的言论，发现他对我所讲授的内容有所发挥，可见颜回其实并不蠢。”

原文

子曰："视其所以[①]，观其所由[②]，察其所安[③]，人焉廋[④]哉？人焉廋哉？"

注解

①所以：所做的事情。
②所由：所走过的道路。
③所安：所安的心境。
④廋（sōu）：隐藏、藏匿。

译文

孔子说："（要了解一个人），应看他言行的动机，观察他所走的道路，考察他安心干什么，这样，这个人怎么能隐藏得了呢？这个人怎么能隐藏得了呢？"

原文

子曰："温故而知新[①]，可以为师矣。"

注解

①温故而知新：故，已经过去的。新，刚刚学到的知识。

译文

孔子说："在温习旧知识时，能有新体会、新发现，就可以当老师了。"

原文

子曰："君子不器①。"

注解

①器：器具。

译文

孔子说："君子不像器具那样（只有某一方面的用途）。"

原文

子贡问君子。子曰："先行其言而后从之。"

译文

子贡问怎样做一个君子。孔子说："对于你要说的话，先实行了，再说出来（这就够说是一个君子了）。"

原文

子曰："君子周①而不比②，小人③比而不周。"

注解

①周：合群。

②比（bì）：勾结。

③小人：没有道德修养的凡人。

译文

孔子说："君子合群而不与人勾结，小人与人勾结而不合群。"

原文

子曰："学而不思则罔①，思而不学则殆②。"

注解

①罔：迷惑、糊涂。

②殆：疑惑、危险。

译文

孔子说："只读书学习，而不思考问题，就会迷惘无知而没有收获；只空想而不读书学习，就会疑惑而不能肯定。"

原文

子曰："攻①乎异端②，斯③害也已④。"

注解

①攻：攻击。有人将"攻"解释为"治"，不妥。

②异端：不正确的言论。另外、不同的一端。

③斯：代词，这。

④也已：这里用作语气词。

译文

孔子说："攻击那些不正确的言论，祸害就可以消除了。"

原文

子曰："由[①]，诲女[②]知之乎？知之为知之，不知为不知，是知也。"

注解

①由：姓仲名由，字子路，生于公元前542年，孔子的学生，长期追随孔子。

②女：同汝，你。

译文

孔子说："由，我教给你怎样做的话，你明白了吗？知道就是知道，不知道就是不知道，这就是智慧啊！"

原文

子张[①]学干禄[②]。子曰："多闻阙[③]疑[④]，慎言其余，则寡尤[⑤]；多见阙殆，慎行其余，则寡悔。言寡尤，行寡悔，禄在其中矣。"

注解

①子张：姓颛孙名师，字子张，生于公元前503年，比孔子小48岁，孔子的学生。

②干禄：干，求的意思。禄，即古代官吏的俸禄。干禄就是求取官职。

③阙：缺。此处意为放置在一旁。

④疑：怀疑。

⑤寡尤：寡，少的意思。尤，过错。

译文

子张要学谋取官职的办法。孔子说："要多听，有怀疑的地方先放在一旁不说，其余有把握的，也要谨慎地说出来，这样就可以少犯错误；要多看，有怀疑的地方先放在一旁不做，其余有握的，也要谨慎地去做，就能减少后悔。说话少过失，做事少后悔，官职俸禄就在这里了。"

原文

哀公[①]问曰："何为则民服？"孔子对曰[②]："举直错诸枉[③]，则民服；举枉错诸直，则民不服。"

注解

①哀公：姓姬名蒋，哀是其谥号，鲁国国君，公元前494~前468年在位。

②对曰：《论语》中记载对国君及在上位者问话的回答都用"对曰"，以表示尊敬。

③举直错诸枉：举，选拔的意思。直，正直公平。错，同"措"，放置。枉，不正直。

译文

鲁哀公问："怎样才能使百姓服从呢？"孔子回答说："把正直无私的人提拔起来，把邪恶不正的人置于一旁，老百姓就会服从了；把邪恶不正的人提拔起来，把正直无私的人置于一旁，老百姓就不会服从统治了。"

评析

孔子的"为政以德"的思想，意思是说，统治者如果实行德治，群臣百姓就会自动围绕着你转。这是强调道德对政治生活的决定作用，主张以道德教化为治国的原则。这是孔子学说中较有价值的部分，表明儒家治国的基本原则是德治，而非严刑峻法。

孔子认为，刑罚只能使人避免犯罪，不能使人懂得犯罪可耻的道理，而道德教化比刑罚要高明得多，既能使百姓守规蹈矩，又能使百姓有知耻之心。这反映了道德在治理国家时有不同于法制的特点。但也应指出：孔子的"为政以德"思想，重视道德是应该的，但却忽视了刑政、法制在治理国家中的作用。

就思想境界来讲，整个过程分为三个阶段：十五岁到四十岁是学习领会的阶段；五六十岁是安心立命的阶段，也就是不受环境左右的阶段；七十岁是主观意识和做人的规则融合为一的阶段。在这个阶段中，道德修养达到了最高的境界。孔子的道德修养过程，有合理因素：第一，他看到了人的道德修养不是一朝一夕的事，不能一下子完成，不能搞突击，要经过长时间的学习和锻炼，要有一个循序渐进的过程。第二，道德的最高境界是思想和言行的融合，自觉地遵守道德规范，而不是勉强去做。这两点对任何人，都是适用的。

做一个有道德修养、博学多识的君子，这是孔子弟子们孜孜以求的目标。孔子认为，作为君子，不能只说不做，而应先做后说。只有先做后说，才可以取信于人。孔子认为，在学习的过程中，学和思不能偏废。他指出了学而不思的局限，也道出了思而不学的弊端。主张学与思相结合。只有将学与思相结合，才可以使自己成为有道德、有学识的人。这种思想在今天的教育活动中有其值得肯定的价值。

孔子并不反对他的学生谋求官职，在《论语》中还有“学而优则仕”的观念。他认为，身居官位者，应当谨言慎行，说有把握的话，做有把握的事，这样可以减少失误，减少后悔，这是对国家对个人负责任的态度。当然这里所说的，并不仅仅是一个为官的方法，也表明了孔子在知与行二者关系问题上的观念。

亲君子，远小人，这是孔子一贯的主张。在选用人才的问题上仍是如此。荐举贤才、选贤用能，这是孔子德治思想的重要组成部分。宗法制度下的选官用吏，唯亲是举，非亲非故者即使再有才干，也不会被选用。孔子的这种用人思想可以说在当时是一大进步。“任人唯贤”的思想，在今天仍不失其珍贵的价值。

孔子主张“义”和“勇”的概念，这都是儒家有关塑造高尚人格的规范。《论语集解》注：义，所宜为。符合于仁、礼要求的，就是义。“勇”，就是果敢，勇敢。孔子把“勇”作为实行“仁”的条件之一，“勇”，必须符合“仁、义、礼、智”，才算是勇，否则就是“乱”。

八　佾

原文

孔子谓季氏①：“八佾②舞于庭，是可忍③，孰不可忍也！”

注解

①季氏：鲁国正卿季孙氏，即季平子。

②八佾（yì）：佾，行列的意思。古时一佾8人，八佾就是64人，据《周礼》规定，只有周天子才可以使用八佾，诸侯为六佾，卿大夫为四佾，士用二佾。季氏是正卿，只能用四佾。

③可忍：可以，忍心。一说可以容忍。

译文

孔子谈到季氏，说："他用天子规格的八行乐舞队伍在自己的庭院中奏乐舞蹈，这个都可以容忍，还有什么不可容忍的呢？

原文

三家①者以《雍》②彻。子曰："'相维辟公，天子穆穆'③，奚取于三家之堂④？"

注解

①三家：鲁国当政的三家：孟孙氏、叔孙氏、季孙氏。他们都是鲁桓公的后代，又称"三桓"。

②《雍》：《诗经·周颂》中的一篇。古代天子祭宗庙完毕撤去祭品时唱这首诗。

③相维辟公，天子穆穆：《雍》诗中的两句。相，助。维，语助词，无意义。辟公，指诸侯。穆穆，庄严肃穆。

④堂：祭祖的地方。

译文

孟孙氏、叔孙氏、季孙氏三家在祭祖完毕撤去祭品时，也命乐工唱《雍》这篇诗。孔子说："'助祭的是诸侯，天子严肃静穆地在那里主祭。'这样的歌辞怎么能用在你三家的庙堂里呢？"

原文

林放①问礼之本。子曰："大哉问！礼，与其奢也，宁俭；丧，与其易②也，宁戚③。"

注解

①林放：鲁国人。

②易：治理。这里指有关丧葬的礼节仪式办理得很周到。一说谦和、平易。

③戚：心中悲哀的意思。

译文

林放问什么是礼的根本。孔子回答说："你问的问题意义重大，就礼节仪式的一般情况而言，与其奢侈，不如节俭；就丧事而言，与其仪式上治办周备，不如内心真正哀伤。"

原文

子曰："夷狄①之有君，不如诸夏②之亡③也。"

注解

①夷狄：古代中原地区的人对周边地区的贬称，谓之不开化，缺乏教养，不知书达礼。

②诸夏：古代中原地区华夏族的自称。

③亡：同"无"。古书中的"无"字多写作"亡"。

译文

孔子说："夷狄（文化落后）虽然有君主，还不如中原诸国没有君主呢。"

原文

季氏旅[1]于泰山，子谓冉有[2]曰："女[3]弗能救[4]与?"对曰："不能。"子曰："呜呼！曾谓泰山不如林放乎?"

注解

①旅：祭名。祭祀山川为旅。当时，只有天子和诸侯才有祭祀名山大川的资格。

②冉有：姓冉名求，字子有，生于公元前522年，孔子的弟子，比孔子小29岁。当时是季氏的家臣，所以孔子责备他。

③女：同"汝"，你。

④救：挽求、劝阻的意思。这里指谏止。

译文

季孙氏去祭祀泰山。孔子对冉有说："你难道不能劝阻他吗?"冉有说："不能。"孔子说："唉！难道说泰山还不如林放知礼吗?"

原文

子曰："君子无所争，必也射[1]乎！揖[2]让而升，下而饮，其争也君子。"

注解

①射：原意为射箭。此处指古代的射礼。

②揖：拱手行礼，表示尊敬。

译文

孔子说："君子没有什么可与别人争的事情。如果有的话，那就是射箭比赛了。比赛时，先相互作揖谦让，然后上场。射完后，又相互作揖再退下来，然后登堂喝酒。这就是君子之争。"

原文

子夏问曰："'巧笑倩兮，美目盼兮，素以为绚兮'①。何谓也？"子曰："绘事后素②。"曰："礼后乎？"子曰："起予者商也③，始可与言《诗》已矣。"

注解

①巧笑倩（qiàn）兮，美目盼兮，素以为绚兮：前两句见《诗经·卫风·硕人》篇。倩，笑得好看。兮，语助词，相当于"啊"。盼，眼睛黑白分明。绚，有文采。

②绘事后素：绘，画。素，白底。

③起予者商也：起，启发。予，我，孔子自指。商，子夏名商。

译文

子夏问孔子："'笑得真好看啊，美丽的眼睛真明亮啊，用素粉来打扮啊。'这几句话是什么意思呢？"孔子说："这是说先有白底然后画画。"子夏又问："那么，是不是说礼也是后起的事呢？"孔子说："商，你真是能启发我的人，现在可以同你讨论《诗经》了。"

原文

子曰："夏礼吾能言之，杞[1]不足徵[2]也；殷礼吾能言之，宋[3]不足徵也。文献[4]不足故也。足，则吾能徵之矣。"

注解

①杞：春秋时国名，是夏禹的后裔。在今河南杞县一带。

②徵：证明。

③宋：春秋时国名，是商汤的后裔，在今河南商丘一带。

④文献：文，指历史典籍；献，指贤人。

译文

孔子说："夏朝的礼，我能说出来，（但是它的后代）杞国不足以证明我的话；殷朝的礼，我能说出来，（但它的后代）宋国不足以证明我的话。这都是由于文字资料和熟悉夏礼和殷礼的人不足的缘故。如果足够的话，我就可以得到证明了。"

原文

子曰："禘[1]自既灌[2]而往者，吾不欲观之矣[3]。"

注解

①禘（dì）：古代只有天子才可以举行的祭祀祖先的非常隆重的典礼。

②灌：禘礼中第一次献酒。

③吾不欲观之矣：我不愿意看了。

译文

孔子说："对于行禘礼的仪式，从第一次献酒以后，我就不愿意看了。"

原文

或问禘之说[1]。子曰："不知也。知其说者之于天下也，其如示诸斯[2]乎！"指其掌。

注解

①禘之说："说"，理论、道理、规定。禘之说，意为关于禘祭的规定。

②示诸斯："斯"指后面的"掌"字。

译文

有人问孔子关于举行禘祭的规定。孔子说："我不知道。知道这种规定的人，对治理天下的事，就会像把这东西摆在这里一样（容易）吧！"（一面说一面）指着他的手掌。

原文

祭如在，祭神如神[1]在。子曰："吾不与祭，如不祭。"

注解

①神：这里指的是祖先。

译文

祭祀祖先就像祖先真在面前，祭神就像神真在面前。孔子说："我如果不亲自参加祭祀，那就和没有举行祭祀一样。"

原文

王孙贾[1]问曰："'与其媚[2]于奥[3]，宁媚于灶[4]'，何谓也?"子曰："不然。获罪于天[5]，无所祷也。"

注解

①王孙贾：卫灵公的大臣，时任大夫。

②媚：谄媚、巴结、奉承。

③奥：这里指屋内位居西南角的神。

④灶：这里指灶旁管烹饪做饭的神。

⑤天：以天喻君，一说天即理。

译文

王孙贾问道："'与其奉承奥神，不如奉承灶神。'这话是什么意思?"孔子说："不是这样的。如果得罪了天，那祷告也就没有用了。"

原文

子曰："周监[1]于二代[2]，郁郁[3]乎文哉，吾从周。"

注解

①监（jiàn）：同鉴，借鉴的意思。

②二代：这里指夏代和周代。

③郁郁：文采盛貌，丰富、浓郁之意。

译文

孔子说："周朝的礼仪制度借鉴于夏、商二代，是多么丰富多彩啊。我遵从周朝的制度。"

原文

子入太庙[1]，每事问。或曰："孰谓鄹[2]人之子知礼乎？入太庙，每事问。"子闻之，曰："是礼也。"

注解

①太庙：君主的祖庙。鲁国太庙，即周公旦的庙，供鲁国祭祀周公。

②鄹（zōu）：春秋时鲁国地名，又写作"陬"，在今山东曲阜附近。"鄹人之子"指孔子。

译文

孔子到了太庙，每件事都要问。有人说："谁说此人懂得礼呀，他到了太庙里，什么事都要问别人。"孔子听到此话后说："这就是礼呀！"

原文

子曰："射不主皮[①]，为力不同科[②]，古之道也。"

注解

①皮：用善皮做成的箭靶子。

②科：等级。

译文

孔子说："比赛射箭，不在于穿透靶子，因为各人的力气大小不同。自古以来就是这样。"

原文

子贡欲去告朔[①]之饩羊[②]。子曰："赐也！尔爱[③]其羊，我爱其礼。"

注解

①告朔：朔，农历每月初一为朔日。告朔，古代制度，天子每年秋冬之际，把第二年的历书颁发给诸侯，告知每个月的初一日。

②饩（xì）羊：饩羊，祭祀用的活羊。

③爱：爱惜的意思。

译文

子贡提出去掉每月初一日告祭祖庙用的活羊。孔子说："赐！你爱惜那只羊，我却爱惜那种礼。"

原文

子曰："事君尽礼，人以为谄①也。"

注解

①谄：谄媚。

译文

孔子说："我完完全全按照周礼的规定去侍奉君主，别人却以为这是谄媚呢。"

原文

定公①问："君使臣，臣事君，如之何？"孔子对曰："君使臣以礼，臣事君以忠。"

注解

①定公：鲁国国君，姓姬名宋，定是谥号。公元前 509～前 495 年在位。

译文

鲁定公问孔子："君主怎样使唤臣下，臣子怎样侍奉君主呢？"孔子回答说："君主应该按照礼的要求去使唤臣子，臣子应该以忠来侍奉君主。"

原文

子曰："《关雎》①，乐而不淫，哀而不伤。"

注解

①《关雎》：雎（jū），这是《诗经》的第一篇。此篇写一君子“追求”淑女，思念时辗转反侧，寤寐思之的忧思，以及结婚时钟鼓乐之琴瑟友之的欢乐。

译文

孔子说：“《关雎》这篇诗，快乐而不放荡，忧愁而不哀伤。”

原文

哀公问社[1]于宰我，宰我[2]对曰：“夏后氏以松，殷人以柏，周人以栗，曰：使民战栗[3]。”子闻之，曰：“成事不说，遂事不谏，既往不咎。”

注解

①社：土地神，祭祀土地神的庙也称社。

②宰我：名予，字子我，孔子的学生。

③战栗：恐惧，发抖。

译文

鲁哀公问宰我，土地神的神主应该用什么树木，宰我回答：“夏朝用松树，商朝用柏树，周朝用栗子树。用栗子树的意思是说：使老百姓战栗。”孔子听到后说：“已经做过的事不用提了，已经完成的事不用再去劝阻了，已经过去的事也不必再追究了。”

原文

子曰："管仲[①]之器小哉！"或曰："管仲俭乎？"曰："管氏有三归[②]，官事不摄[③]，焉得俭？""然则管仲知礼乎？"曰："邦君树塞门[④]，管氏亦树塞门；邦君为两君之好有反坫[⑤]，管氏亦有反坫。管氏而知礼，孰不知礼？"

注解

①管仲：姓管名夷吾，齐国人，春秋时期的法家先驱。齐桓公的宰相，辅助齐桓公成为诸侯的霸主，公元前645年死。

②三归：相传是三处藏钱币的府库。

③摄：兼任。

④树塞门：树，树立。塞门，在大门口筑的一道短墙，以别内外，相当于屏风、照壁等。

⑤反坫（diàn）：坫，古代君主招待别国国君时，放置献过酒的空杯子的土台。

译文

孔子说："管仲这个人的器量真是狭小呀！"有人说："管仲节俭吗？"孔子说："他有三处豪华的藏金府库，他家里的管事也是一人一职而不兼任，怎么谈得上节俭呢？"那人又问："那么管仲知礼吗？"孔子回答："国君大门口设立照壁，管仲在大门口也设立照壁。国君同别国国君举行会见时在堂上有放空酒杯的设备，管仲也有这样的设备。如果说管仲知礼，那么还有谁不知礼呢？"

原文

子语[①]鲁大师[②]乐，曰："乐其可知也：始作，翕[③]如也；从[④]之，纯[⑤]如也，皦[⑥]如也，绎[⑦]如也，以成。

注解

①语（yù）：告诉，动词用法。

②大（tài）师：大师是乐官名。

③翕（xī）：意为合、聚、协调。

④从（zòng）：意为放纵、展开。

⑤纯：美好、和谐。

⑥皦（jiǎo）：音节分明。

⑦绎：连续不断。

译文

孔子对鲁国乐官谈论演奏音乐的道理说："奏乐的道理是可以知道的：开始演奏，各种乐器合奏，声音繁美；继续展开下去，悠扬悦耳，音节分明，连续不断，最后完成。"

原文

仪封人①请见，曰："君子之至于斯也，吾未尝不得见也。"从者见之②。出曰："二三子何患于丧③乎？天下之无道也久矣，天将以夫子为木铎④。"

注解

①仪封人：仪为地名，在今河南兰考县境内。封人，系镇守边疆的官。

②从者见之：随行的人见了他。

③丧：失去，这里指失去官职。

④木铎：木舌的铜铃。古代天子发布政令时摇它以召集听众。

译文

仪这个地方的长官请求见孔子，他说："凡是君子到这里来，我从没有见不到的。"孔子的随从学生引他去见了孔子。他出来后（对孔子的学生们）说："你们几位何必为没有官位而发愁呢？天下无道已经很久了，上天将以孔夫子为圣人来号令天下。"

原文

子谓《韶》①："尽美②矣，又尽善③也。"谓《武》④："尽美矣，未尽善也。"

注解

①韶：相传是古代歌颂虞舜的一种乐舞。

②美：指乐曲的音调、舞蹈的形式而言。

③善：指乐舞的思想内容而言。

④武：相传是歌颂周武王的一种乐舞。

译文

孔子讲到《韶》这一乐舞时说："艺术形式美极了，内容也很好。"谈到《武》这一乐舞时说："艺术形式很美，但内容却差一些。"

原文

子曰："居上①不宽，为礼不敬，临丧不哀，吾何以观之哉？"

注解

①居上：居于执政地位的人。

译文

孔子说："居于执政地位的人，不能宽厚待人，行礼的时候不严肃，参加丧礼时也不悲哀，这种情况我怎么能看得下去呢？"

评析

春秋末期，奴隶制社会处于土崩瓦解、礼崩乐坏的过程中，违犯周礼、犯上作乱的事情不断发生，这是封建制代替奴隶制过程中的必然表现。季孙氏用八佾舞于庭院，是典型的破坏周礼的事件。对此，孔子表现出极大的愤慨，"是可忍孰不可忍"一句，反映了孔子对此事的基本态度。

礼的根本究竟是什么。孔子在这里似乎没有正面回答他的问题，但仔细琢磨，孔子还是明确解答了礼之根本的问题。这就是，礼节仪式只是表达礼的一种形式，但根本不在形式而在内心。不能只停留在表面仪式上，更重要的是要从内心和感情上体悟礼的根本，符合礼的要求。

在孔子的思想里，有强烈的"夷夏观"，以后又逐渐形成"夷夏之防"的传统观念。在他看来，"诸夏"有礼乐文明的传统，这是好的，即使"诸夏"没有君主，也比虽有君主但没有礼乐的"夷狄"要好。这种观念是大汉族主义的源头。

孔子所说的"君子无所争"，即使要争，也是彬彬有礼的争，这反映了孔子和儒家思想的一个重要特点，即强调谦逊礼让而鄙视无礼的、不公正的竞争，这是可取的。但过于强调谦逊礼让，以至于把它与正当的竞争对立起来，就会抑制人们积极进取、勇于开拓的精神，成为社会发展的道德阻力。

子夏从孔子所讲的"绘事后素"中，领悟到仁先礼后的道理，受到孔子的称赞。就伦理学说，这里的礼指对行为起约束作用的外在形式——礼节仪式；素指行礼的内心情操。礼后于什么情操？孔子没有直说，但一般认为是后于仁的道德情操。孔子认为，外表的礼节仪式同内心的情操应是统一的，如同绘画一样，质地不洁白，不会画出丰富多彩的图案。孔子对夏商周代的礼仪制度等非常熟悉，他希望人们都能恪守礼的规范，可惜当时僭礼的人实在太多了。其次，他认为对夏商周之礼的说明，要靠足够的历史典籍贤人来证明，也反映了他对知识的求实态度。

在孔子看来，一个人的等级名分，不仅活着的时候不能改变，死后也不能改变。生时是贵者、尊者，死后其亡灵也是尊者、贵者。这里，他对行禘礼的议论，反映出当时礼崩乐坏的状况，也表示了他对现状的不满。

孔子认为，在鲁国的禘祭中，名分颠倒，不值得一看。所以有人问他关于禘祭的规定时，他故意说不知道。但紧接着又说，谁能懂得禘祭的道理，治天下就容易了。这就是说，谁懂得禘祭的规定，谁就可以归复紊乱的“礼”了。

“君使臣以礼，臣事君以忠”，这是孔子君臣之礼的主要内容。只要做到这一点，君臣之间就会和谐相处。从本章的语言环境来看，孔子还是侧重于对君的要求，强调君应依礼待臣，还不似后来那样：即使君主无礼，臣下也应尽忠，以至于发展到不问是非的愚忠。

孔子主张实行“德治”“礼治”，这首先提出了对当政者的道德要求。倘为官执政者做不到“礼”所要求的那样，自身的道德修养不够，那这个国家就无法得到治理。当时社会上礼崩乐坏的局面，已经使孔子感到不能容忍了。

里仁

原文

子曰：“里仁为美①，择不处②仁，焉得知③？”

注解

①里仁为美：里，住处，借作动词用。住在有仁者的地方才好。

②处：居住。

③知（zhì）：同“智”。

译文

孔子说：“跟有仁德的人住在一起，才是好的。如果你选择的住处不是跟有仁德的人在一起，怎么能说你是明智的呢？”

原文

子曰：“不仁者不可以久处约[①]，不可以长处乐。仁者安仁，知者利仁。”[②]

注解

①约：穷困、困窘。

②安仁、利仁：安仁，是安于仁道；利仁，认为仁有利自己才去行仁。

译文

孔子说：“没有仁德的人不能长久地处在贫困中，也不能长久地处在安乐中。仁人是安于仁道的，有智慧的人则是知道仁对自己有利才去行仁的。”

原文

子曰：“唯仁者能好[①]人，能恶[②]人。”

注解

①好（hào）：喜爱的意思。作动词。

②恶（wù）：憎恶、讨厌。作动词。

译文

孔子说:"只有那些有仁德的人,才能爱人和恨人。"

原文

子曰:"苟志于仁矣,无恶[1]也。"

注解

①无恶:不做坏事。

译文

孔子说:"如果立志于仁,就不会做坏事了。"

原文

子曰:"富与贵,是人之所欲也,不以其道得之,不处也;贫与贱,是人之所恶[1]也,不以其道得之,不去也。君子去仁,恶乎成名?君子无终食之间违仁,造次必于是,颠沛必于是。"

注解

①恶:厌恶。

译文

孔子说:"富裕和显贵是人人都想要得到的,但不用正当的方法得到它,就不会去享受的;贫穷与低贱是人人都厌恶的,但不用正当的方法去摆脱它,就不会摆脱的。君子如果离开了仁德，又怎么能叫君子呢？君子没有一顿饭的时间背离仁德的，就是在最紧迫的时刻也必须按照仁德办事，就是在颠沛流离的时候，也一定会按仁德去办事的。”

原文

子曰：“我未[1]见好仁者，恶不仁者。好仁者，无以尚之；恶不仁者，其为仁矣，不使不仁者加乎其身。有能一日用其力于仁矣乎？我未见力不足者。盖[2]有之矣，我未之见也。”

注解

①未：没有。

②盖：可能。

译文

孔子说：“我没有见过爱好仁德的人，也没有见过厌恶不仁的人。爱好仁德的人，是不能再好的了；厌恶不仁的人，在实行仁德的时候，不让不仁德的人影响自己。有能一天把自己的力量用在实行仁德上的人吗？我还没有看见力量不够的。这种人可能还是有的，但我没见过。”

原文

子曰：“人之过[1]也，各于其党。观过，斯知仁矣。”

注解

①过：错误。

译文

孔子说："人的错误，总是与他那个集团的人所犯错误性质是一样的。所以，考察一个人所犯的错误，就可以知道他没有仁德了。"

原文

子曰："朝[①]闻道，夕[②]死可矣。"

注解

①朝：早晨。

②夕：晚上。

译文

孔子说："早晨得知道了，就是当天晚上死去也心甘。"

原文

子曰："士志于道，而耻恶衣恶食者[①]，未足与议也。"

注解

①耻恶衣恶食：以自己吃穿得不好为耻辱。

译文

孔子说："士有志于（学习和实行圣人的）道理，但又以自己吃穿得不好为耻辱，对这种人，是不值得与他谈论道的。"

原文

子曰："君子之于天下也，无适①也，无莫②也，义③之与比④。"

注解

①适（dí）：意为亲近、厚待。

②莫：疏远、冷淡。

③义：适宜、妥当。

④比：亲近、相近、靠近。

译文

孔子说："君子对于天下的人和事，没有固定的厚薄亲疏，只是按照义去做。"

原文

子曰："君子怀①德，小人怀土②；君子怀刑③，小人怀惠。"

注解

①怀：思念。

②土：乡土。

③刑：法制惩罚。

译文

孔子说："君子思念的是道德，小人思念的是乡土；君子想的是法制，小人想的是好处。"

原文

子曰："放[1]于利而行，多怨[2]。"

注解

①放（fǎng）：同仿，效法，引申为追求。

②怨：别人的怨恨。

译文

孔子说："为追求利益而行动，就会招致更多的怨恨。"

原文

子曰："能以礼让为国乎，何有[1]？不能以礼让为国，如礼何[2]？"

注解

①何有：全意为"何难之有"，即不难的意思。

②如礼何：把礼怎么办？

译文

孔子说："能够用礼让原则来治理国家，那还有什么困难呢？不能用礼让原则来治理国家，怎么能实行礼呢？"

原文

子曰："不患①无位，患所以立；不患莫己知②，求为可知也。"

注解

①患：害怕。

②莫己知：没有人知道自己。

译文

孔子说："不怕没有官位，就怕自己没有学到赖以站得住脚的东西。不怕没有人知道自己，只求自己成为有真才实学值得为人们所知道的人。"

原文

子曰："参乎，吾道一以贯之。"曾子曰："唯①。"子出，门人问曰："何谓也？"曾子曰："夫子②之道，忠恕而已矣。"

注解

①唯：是。

②夫子：老师。

译文

孔子说："参啊，我讲的道是由一个基本的思想贯彻始终的。"曾子说："是。"孔子出去之后，同学便问曾子："这是什么意思？"曾子说："老师的道，就是忠恕罢了。"

原文

子曰:"君子喻[1]于义,小人喻于利。"

注解

①喻:明白。

译文

孔子说:"君子明白大义,小人只知道小利。"

原文

子曰:"见贤思齐焉,见不贤而内自省[1]也。"

注解

①自省:自我反省。

译文

孔子说:"见到贤人,就应该向他学习、看齐,见到不贤的人,就应该自我反省(自己有没有与他相类似的错误)。"

原文

子曰:"事父母几[1]谏,见志不从,又敬不违,劳[2]而不怨。"

注解

①几（jī）：轻微、婉转的意思。

②劳：忧愁、烦劳的意思。

译文

孔子说："事奉父母，（如果父母有不对的地方），要委婉地劝说他们。（自己的意见表达了），见父母心里不愿听从，还是要对他们恭恭敬敬，并不违抗，替他们操劳而不怨恨。"

原文

子曰："父母在，不远游[①]，游必有方[②]。"

注解

①游：指游学、游宦、经商等外出活动。

②方：一定的地方。

译文

孔子说："父母在世，不远离家乡；如果不得已要出远门，也必须有一定的地方。"

原文

子曰："父母之年[①]，不可不知也。一则以喜，一则以惧。"

注解

①年：年纪。

译文

孔子说："父母的年纪，不可不知道。一方面为他们的长寿而高兴，一方面又为他们的衰老而恐惧。"

原文

子曰："古者言之不出[①]，耻躬之不逮也。"

注解

①言之不出：不轻易把话说出口。

译文

孔子说："古代人不轻易把话说出口，因为他们以自己做不到为可耻啊。"

原文

子曰："以约[①]失之者鲜[②]矣。"

注解

①约：约束。这里指"约之以礼"。

②鲜：少的意思。

译文

孔子说："用礼来约束自己，再犯错误的人就少了。"

原文

子曰："君子欲讷①于言而敏②于行。"

注解

①讷：迟钝。这里指说话要谨慎。

②敏：敏捷、快速的意思。

译文

孔子说："君子说话要谨慎，而行动要敏捷。"

原文

子曰："德不孤①，必有邻。"

注解

①孤：孤立。

译文

孔子说："有道德的人是不会孤立的，一定会有思想一致的人与他相处。"

评析

本篇主要内容涉及义与利的关系问题、个人的道德修养问题、孝敬父母的问题以及君子与小人的区别。这一篇包括了儒家的若干重要范畴、原则和理论，对后世都产生过较大影响。

每个人的道德修养既是个人自身的事，又必然与所处的外界环境有关。重视居住的环境，重视对朋友的选择，这是儒家一贯注重的问题。近朱者赤，近墨者黑，与有仁德的人住在一起，耳濡目染，都会受到仁德者的影响；反之，就不大可能养成仁的情操。

孔子认为，没有仁德的人不可能长久地处在贫困或安乐之中，否则，他们就会为非作乱或者骄奢淫逸。只有仁者安于仁，智者也会行仁。这种思想是希望人们注意个人的道德操守，在任何环境下都做到矢志不移，保持气节。

儒家在讲“仁”的时候，不仅是说要“爱人”，而且还有“恨人”。当然，孔子在这里没有说到要爱什么人，恨什么人，但有爱则必然有恨，二者是相对立而存在的。只要做到了“仁”，就必然会有正确的爱和恨。只要养成了仁德，那就不会去做坏事，即不会犯上作乱、为非作恶，也不会骄奢淫逸、随心所欲，而是可以做有益于国家、有利于百姓的善事了。

这一篇里，也反映了孔子的理欲观。以往对孔子的研究往往忽略了这一段内容，似乎孔子主张人们只要仁、义，不要利、欲。事实上并非如此。任何人都不会甘愿过贫穷困顿、流离失所的生活，都希望得到富贵安逸，但这必须通过正当的手段和途径去获取，否则宁守清贫也不去享受富贵。这种观念在今天仍有其不可低估的价值。这值得研究者们仔细推敲。

孔子特别强调个人道德修养，尤其是养成仁德的情操。但在当时动荡的社会中，爱好仁德的人已经不多了，所以孔子说他没有见到。但孔子认为，对仁德的修养，主要还是要靠个人自觉的努力，因为只要经过个人的努力，是完全可以达到仁的境界的。

孔子一贯主张谨言慎行，不轻易允诺，不轻易表态，如果做不到，就会失信于人，自己的威信也就降低了。所以孔子说，古人不轻易说话，更不说随心所欲的话，因为他们以不能兑现允诺而感到耻辱。这一思想是可取的。

道　家

道家是以老子、庄子为代表的中国春秋战国时期诸子百家中最重要的思想学派之一。强调“整体论”“机体论”世界观，重视人的自由。虽然道家在先秦各学派中没有儒家之地位崇高，但是随着历史的发展，道家思想以其独特的宇宙观、社会观和人生领悟，在哲学思想上呈现出永恒的价值与生命力。

名人与典籍

东汉班固所作的《汉书·艺文志》中，共列有道家著作 37 种，933 篇，它们大多作于先秦时期。道家思想的主要流派有：老子、庄子、黄老学派。不同的学派之间思想重心也不同，或偏于治国，或偏于治身。

老子（公元前 600 年～前 470 年之后）姓李名耳，字伯阳，有人说又称老聃。中国春秋时代思想家，楚国苦县厉乡曲仁里人（今安徽涡阳）。传说老子出生时就长有白色的眉毛及胡子，所以被后来称为老子。相传生活在春秋时期。老子著有《道德经》，是道家学派的始祖，他的学说后被庄周发展。道家后人将老子视为宗师，与儒家的孔子相比拟，史载孔子曾学于老子。在道教中，老子是太上老君的第十八个化身。

庄子是老子思想的继承与发展者，他的著作表现出他的思想涵盖了当时各种思潮。后人常将他与老子并称老庄，是道家最重要的代表人物之一。庄子具有非常显著的悲观主义，其思想主要关注在生命上，以修身为主旨，“内圣”的观念被庄子发挥到了极点。佛教传入中国后受庄子哲学影响相当大，并由此产生了禅宗。庄子的人身哲学被后世用来倡导艺术精神的培养，打破小我与天地自然合一的超越精神，以审美的意态体悟世界，对中国的诗歌、绘画等许多艺术领域有着重要的影响。《庄子》在文学上也取得了相当成就，代表作《逍遥游》是先秦散文的巅峰作品之一。

《老子》和《庄子》是道家的代表作，《老子》（又名《道德经》）是译本最多的古籍之一，被西方公认为是所有中国文献中最难以解读同时也是存在问题最多的文本之一。老子在总体上倾向治国方面，在人生观上，老子主张“清虚自守，卑弱自持”。政治上提出“无为而治”，以无为而无不为。老子从自然的二元对立观念出发，颠覆了人们对传统价值的考量。

《道德经》

《道德经》又名《老子》，《道德经》分为八十一章，前三十七章为“道经”，后四十四章为“德经”，故名《道德经》。《道德经》这部被誉为万经之王的神奇宝典，对中国古老的哲学、科学、政治、宗教等，发生了深刻的影响。

众妙之门

原文

道可道[①]**，非常道**[②]**；名可名**[③]**，非常名**[④]。

无，名天地之始[⑤]**；有，名万物之母**[⑥]。

故常“无”，欲以观其妙[⑦]**；常“有”，欲以观其徼**[⑧]。

此两者，同出而异名，同谓之玄[⑨]。**玄之又玄，众妙之门**[⑩]。

注解

①道可道：第二个“道”，作动词用，描述、称说、表达之意。第一个“道”，是老子哲学的专用名词和中心范畴，它在《老子》一书中频频出现，

但在不同的地方有不同的涵义，主要有三种意思：一是指形而上的实存者，即构成宇宙万物的最初本原；二是指宇宙万物发生、存在、发展、运动的规律；三是指人类社会的一种准则、标准。这里的“道”是第一种涵义，即指宇宙万物的本始。它是一种形而上的永恒的存在，可感而不可见，无形无象却又实实在在的存在着；它产生了宇宙万物，决定了宇宙万物的运动、变化，但它本身却是永恒不变的。在这个意义上，“道”有点类似于西方文化中的“上帝”或“太一”的概念。

②非常道：非，不是。常，恒常、永远。（“道”如果是可以表述的，）那么就不是永恒的“道”。这句话以否定句形式说明了作为宇宙万物本原的“道”是不可描述的。“常”，在长沙马王堆出土的汉代帛书《老子》（以下简称帛书本或帛书甲、乙本）作“恒”，以避讳汉文帝名字，下句“非常名”亦然。

③名可名：第二个“名”为动词，称呼、称谓的意思。第一个“名”，也是老子哲学的专用名词，它指对“道”的具体称呼，含有概念的意思，但比概念更高，具有名称与内容相统一的意义。

④非常名：（如果“名”可以根据实物的内容而加以命名，）就不是永恒的“名”。由于“道”是一个无形无象的形而上实存体，因此是无法用一个固定的概念对它进行命名、称呼的，任何名称一旦确定，能指和所指的关系就确定了，也就是说，对象的物质体的特性也就确定了；譬如我们用“地球”这个概念指称地球，那么“地球”二字的范围也就被规定了，月球、太阳等就不能再用“地球”来指称。“道”是一个永恒的、不可限定的存在，所以不能用一个具体概念去指称。

⑤无，名天地之始：名，动词，命名、称呼。天地之始，天地形成的开端。用“无”来称呼天地形成的开端。这句话说的是天地形成之际的一种状态——无。这个“无”并非空无一切，而是形容“道”生成宇宙万物过程中混沌一片、无以名状的一种特殊的状态。

⑥有，名万物之母：有，可以叫做万物的根源。母，根本、根源。有，指天地形成以后，万物竞相生成的状况。古代中国人认为，先有天地的分化，然后才有万物的出现。“有”和“无”，是老子提出的两个重要概念，是对“道”的具体称呼，表明“道”生成宇宙万物的过程，即“道”由无形质向

有形质转换的过程。这两个“名”字，也有这样读的：“无名，天地之始；有名，万物之母”，意思相同。

⑦故常“无”，欲以观其妙：所以经常在对“无”的体味中观照“道”的奥妙。

⑧徼（jiǎo）：边界。

⑨玄：老子学中一个重要的概念，表示幽昧深远的意思。老子研究的是“道”，“道”的形而上性质决定了它的神秘幽昧、深不可测。

⑩众妙之门：一切变化的总门，也就是关于宇宙本原的门径。

译文

可以用语言说出来的“道”，它就不是永恒的“道”；可以用言词说出来的“名”，不是永恒的“名”。

“无”是天地的本始，“有”是万物的根。

所以常从“无”中去观察“道”的奥妙；经常从“有”中去认识“道”的端倪。

“无”和“有”这两者，来源相同而具有不同的名称，它们都可以说是很幽深的。极远极深，是一切变化的总门。

评析

《老子》一书之所以又名《道德经》，究其原因，第一，它要阐明的观点就是什么是“道”；第二，它要阐明的观点就是什么是“德”。搞清楚这两点，并掌握其概念的要领，才能逐步走进其所营造的特殊境界。

在解释“道”这一范畴的时候，哲学家们的意见并不完全一致。有人认为，它是一种物质性的东西，是构成宇宙万物的元素；也有人认为，它是一种精神性的东西，同时也是产生宇宙万物的源泉。不过在“道”的解释中，学者们也有共识的地方，即认为它是运动变化的，而非僵化静止的；而且宇宙万物包括自然界、人类社会和人的思维等一切运动，都是遵循“道”的规律而发展变化。总之，在这一章里，老子说“道”产生了天地万物，但它不可以用语言来表述，而是非常深邃奥妙的，并不是可以轻而易举加以领会的，这需要一个从“无”到“有”的循序渐进的过程。

老子所讲的“道”，指的就是宇宙和自然的规律，也可以称作是我们人类的自然观和世界观。对于我们人类而言，只有认识这些规律、顺从而不违背这些规律、适应这些规律、利用这些规律，才能不断发展、壮大自己。

老子介绍了道家学说的哲学性质及其“道、无、有”这一中国古典的哲学体系。老子集中华古人的大智慧，创造并建立起以“道”命名的一套系统的哲学思想，对于今天使用白话文字的后人们，若要读懂它，理解“道”“无”“有”的含义是至关重要的。在老子哲学体系中，“道”不仅是其哲学的总称，也是所研究对象的代名词。而“无”和“有”表示了这个客观的世界存在着的两种形态迥异的东西：一种表现为无定形，不具象，其代表事物非空间莫属；另一种表现为有定形，又具象，其一般归结为物体。这无形和有形的两个世界，就像太极图所描绘的一样，你中有我，我中有你。二者的有机结合，便构成了一个完整的世界。

这一章可称作全书的导论，读懂它便可掌握打开每一篇的钥匙。老子十分清醒地抓住了一个最普遍、最具根本性的问题：世间一切事物的生存、发展和消亡，无不是在时间、空间及环境等外界要素的作用下，按照自己的方式来完成其发展过程的。当然不是老子不承认有个精神世界，老子不但承认而且还特别看重它，只不过老子把精神世界和客观世界分开对待，因为客观世界属于万物，而精神世界只属于人类这一特殊群体。

不言之教

原文

天下皆知美之为美，斯恶已[1]；皆知善之为善，斯[2]不善已。

有无之相[3]生也，难易之相成也，长短之相刑[4]也，高下之相盈[5]也，音声[6]之相和也，先后之相随，恒也。

是以圣人居无为之事⑦，行不言之教，万物作⑧而弗始也，为而弗恃⑨也，功成而弗居也。夫唯弗居，是以弗去。

注解

①恶已：恶、丑。已，通“矣”。

②斯：这。

③相：互相。

④刑：通“形”，此指比较、对照中显现出来的意思。

⑤盈：充实、补充、依存。

⑥音声：汉代郑玄为《礼记·乐记》作注时说，合奏出的乐音叫做“音”，单一发出的音响叫做“声”。

⑦圣人居无为之事：圣人，古时人所推崇的最高层次的典范人物。居，担当、担任。无为，顺应自然，不加干涉、不必管束，任凭人们去干事。

⑧作：兴起、发生、创造。

⑨弗恃：弗，不。恃，指个人的志向、意志、倾向。

译文

天下人都知道美之所以为美，那是由于有丑陋的存在。都知道善之所以为善，那是因为有恶的存在。

所以有和无互相转化，难和易互相形成，长和短互相显现，高和下互相充实，音与声互相谐和，前和后互相接随——这是永恒的。

因此圣人用无为的观点对待世事，用不言的方式施行教化，听任万物自然兴起而不为其创始，有所施为，但不加自己的倾向，功成业就而不自居。正由于不居功，就无所谓失去。

评析

本章以名的基本特性来喻示有名存在的基本特征，说明事物的相互依存性以及事物迁延流变之不可避免性，并借此而提出了一些基本的行为准则，即“无为”“不言”“不辞”“不有”“不恃”“不居”等。

名之不独立自足说明执求“成名”之不可取，这就是“无为”；美丑善恶之不可偏举说明太过主观太过逞强的拣择指谪之不可取，这就是“不言”；一切皆流无物常驻说明没有什么东西能够被真正保留，这就是“不有”；一切有名存在就像迟早要融化崩解的冰山一样靠不住，人所做成的什么，促成的事业也概莫例外，这就是“不恃”“不居”。这些准则在老子道论中是深得于道的“玄德”的体现，因此，本章已经相当完备地提出了老子道论所要提出的基本行为主张。

本章虽未见一“名”字，但谈的就是有关“名”的问题。现代科学通常都是在状态复合空间（即相空间）中构筑一定参数的系统模型来描述对象物的综合状态。这种描述所依靠的是非常精致的数学语言。而在传统的日常语言中，我们通常都是给对象物冠以这样或那样的谓词（或通名）而描述它的综合状态。这主要由表示属类的名词、表示属性的形容词，或表示运动状态的动词等组成的谓词表述，在中国古代哲学中就称之为“名”。给对象物冠以这样或那样与之相适应的词语就是“冠名”。通过“冠名”而对事物作描述就是“名状”，难以作这种描述就叫“无以名状”，或如老子所说的“绳绳兮不可名”“不知其名”。所谓的“名实相副”就是指对事物所作的“名状”与它实际的状况之间的符合性。这是中国古代各家流派都非常强调的原则，老子在对“名”的为难与审慎中表现了相同的思想倾向。

学术界有人认为，第一章是全书的总纲；也有人认为，前两章是全书的引言，全书的宗旨都在其中。事物都有自身的对立面，都是以对立的方面为自己存在的前提，没有“有”也就没有“无”，没有“长”，也就没有“短”；反之亦然。这就是中国古典哲学中所谓的“相反相成”。本章所用“相生、相成、相形、相倾、相和、相随”等，是指相比较而存在，相依靠而生成，只是不同的对立概念，使用不同的动词。

圣人总是顺应自然规律，努力去帮助万物、帮助人们做事，尽自己的责任；从不贪图报酬、利益，不求功名。如此以清静、无为而无不为处世，才符合修行之道，获得长生不老。

老子认识到，宇宙间的事物都处在变化运动之中，事物从产生到消亡，都是有始有终、经常变化的，宇宙间没有永恒不变的东西。世界上，一切概念与价值都是人为所设定的，其间充满了主观的看法与独断的判断，因此引起无数的言辩纷争。

不见可欲

原文

不上贤①，使民不争；不贵②难得之货，使民不为盗③；不见④可欲，使民心不乱。

是以圣人之治也，虚其心⑤，实其腹，弱其志⑥，强其骨，恒使民无知无欲也。使夫智不敢⑦为也。弗为⑧而已，则无不治⑨矣。

注解

①上贤：上，同“尚”，即崇尚，尊崇。贤：有德行、有才能的人。

②贵：重视，珍贵。货：财物。

③盗：窃取财物。

④见：通“现”，出现，显露。此是显示、炫耀的意思。

⑤虚其心：虚，空虚。心，古人以为心主思维，此指思想、头脑。虚其心，使他们心里空虚，无思无欲。

⑥弱其志：使他们减弱志气。削弱他们竞争的意图。

⑦敢：进取。

⑧弗为：同“无为”。

⑨治：治理，此意是治理得天下太平。

译文

不推崇有才德的人，导使老百姓不互相争夺；不珍爱难得的财物，导使老百姓不去偷窃；不显耀足以引起贪心的事物，导使民心不被迷乱。

因此，圣人的治理原则是：排空百姓的心机，填饱百姓的肚腹，减弱百姓的竞争意图，增强百姓的筋骨体魄，经常使老百姓没有智巧，没有欲望。致使那些有才智的人也不敢妄为造事。圣人按照“无为”的原则去做，办事顺应自然，那么，天才就不会不太平了。

评析

本章是接续上章“居无为之事，行不言之教”的论述，是对上章余意的进一步发挥。在上一章里，老子提出了“无为”的概念，认为要顺应自然规律，做到“无为”。本章里，老子进一步阐述了他的社会政治思想。

老子所说的无为，并非不为，而是不妄为，不非为。老子认为，体现“道”的“圣人”，要治理百姓，就应当不尊尚贤才，才能使人民不要争夺权位和功名利禄。不过，老子不是说贬低人才、否定人才的意思。而是说，统治者不要给贤才过分优越的地位、权势和功名，以免使“贤才”成为一种诱惑，引起人们纷纷争权夺利。

在此老子对统治者主张：“不尚贤，使民不争；不贵难得之货，使民不为盗；不见可欲，使民心不乱。”这是老子提出的安民政策，接着又给统治者提出了具体的办法：“虚其心，实其腹，弱其志，强其骨。常使民无知无欲，使夫智者不敢为也。”许多人认为老子“常使民无知无欲”的主张是愚民思想，其实不然，事实上老子并不主张去除人的正常欲望，他的目的是使社会安定，人民安居乐业，他实际是主张“少私欲，视素保朴”。这一主张对我们的立身处世也有重大指导意义。

老子所强调的“无为”，即是顺应自然，其治理社会的效力，显然要比用法令、规章、制度、道德、知识来约束人的社会行为要合理得多，有力得多。这就是“无为而无不为”的基础含义。而老子的这种社会理想，又是同他的“道”论密切相关的。老子认为，高明的当政者和领导者应懂得自然之道，顺应人的天性，让下属和百姓各尽其能，各守其职，各得其所，相安无事，而切忌用过多的条规制度来进行强制性约束，否则会适得其反。也就是说，最好的政策应该是“清静无为”的政策，不要左一个运动，右一个政策，搞得民众无所适从。要让一个国家、一个社会安定大治，就像对待井水一样，如果搅动得越凶，残渣败叶就越是泛起，水就越是浑浊，最好的办法不是去放什么漂白粉之类的，而是停止施加外力，让它自己慢慢平静下来，这样井水就会自然清净了。“无为而治乃大治”，这是老子“无为”论给后人的有益启示。

人都有欲望，这是无可非议的，但问题在于欲望和能力之间是必须成正比的。修身养性的一个重要内容，就是寻求欲望与能力之间的和谐。在欲望和能力之间发生严重不协调时，或者抑制欲望的膨胀，或者增加自己的能力。美好的东西实在数不胜数，我们总是希望得到尽可能多的东西，其实欲望太多，反而会成了累赘，还有什么比拥有淡泊的心胸，更能让自己充实满足呢?

和光同尘

原文

道冲①而用之有弗盈②也。渊③呵！似万物之宗④。锉其兑⑤，解其纷⑥，和其光⑦，同其尘⑧。湛⑨呵！似或存⑩。吾不知其谁之子，象⑪帝之先。

注解

①冲：通“盅”，器物虚空，比喻空虚。

②有弗盈：有，通“又”盈，满，引申为尽。

③渊：深远。呵：语助词，表示停顿。

④宗：祖宗，祖先。

⑤锉其兑：锉，消磨，折去。兑，通“锐”锐利、锋利。锉其锐：消磨掉它的锐气。

⑥解其纷：消解掉它的纠纷。

⑦和其光：调和隐蔽它的光芒。

⑧同其尘：把自己混同于尘俗。以上四个“其”字，都是说的道本身的属性。

⑨湛：沉没，引申为隐约的意思。段玉裁在《说文解字注》中说，古书中“浮沉”的“沉”多写作“湛”。“湛”“沉”古代读音相同。这里用来形容“道”隐没于冥暗之中，不见形迹。

⑩似或存：似乎存在。连同上文“湛呵”，形容“道”若无若存。参见第十四章“无状之状，无物之象，是谓惚恍”等句，理解其意。

⑪象：似。

译文

大“道”空虚开形，但它的作用又是无穷无尽。深远啊！它好像万物的祖宗。消磨它的锋锐，消除它的纷扰，调和它的光辉，混同于尘垢。隐没不见啊！又好像实际存在。我不知道它是谁的后代，似乎是天帝的祖先。

评析

老子认为，“道”是虚体的、无形无象，人们视而不见、触而不着，只能依赖于意识去感知它。虽然“道”是虚体的，但它并非一无所有，而是蕴含着物质世界的创造性因素。这种因素极为丰富、极其久远，存在于天帝产生之先。因而，创造宇宙天地万物自然界的是“道”，而不是天帝。这样，老子从物质方面再次解释了“道”的属性。

把“道”喻为一只肚内空虚的容器，是对其神秘性、不可触摸性和无限作用的最直观和最形象的释喻。哲理的揭示，只有扎根于形象，才会使蕴含

的丰富性、概括性、抽象性和外延性得到能动和富于想象力的发挥，老子对道的这种不拘常规的描述方式，给予我们无限的启迪。

老子认为“道”是宇宙的本源，而且先于天地而存在；事物都是互相矛盾而存在的，并且处于变化发展之中等观点。此外，老子还提出了他自己对社会政治和人生处世的某些基本观点。这些学说无不充满智慧。

人生在世，难免会与别人发生矛盾，引起纷争。产生纷争的根源，主要是人的私欲。当一个人对于别人对自己的态度、给自己的报酬等感到不满，觉得自己受了委屈和不公平，而这种不公平又超出了他愿意承受的范围时，就会与人发生争吵，产生纷争。

那如何才能解决生活中的矛盾和纷争呢？

这就要求我们顺从大道、效法大道，做到“挫其锐，解其纷，和其光，同其尘”。一个人能做到如此——锉掉锋芒，消除纠纷，含敛光辉，混同尘世，自然没了私欲，就不会与人发生纷争。

孟子说：君子之所以异于常人，便是在于其能时时自我反省。即使受到他人不合理的对待，也必定先反省自己本身，自问：我是否做到仁的境界？是否欠缺礼？否则别人为何如此对待我呢？等到自我反省的结果合乎仁也合乎礼了，而对方强横的态度却仍然不改，那时，君子又必须反问自己：我一定还有不够真诚的地方。当反省的结果是自己没有不够真诚的地方，而对方强横的态度依然如故，君子这时才感慨地说：“他不过是个荒诞的人罢了。这种人和禽兽又有何差别呢？对于禽兽根本不需要斤斤计较。”

每个人都生活在人群中，有人的地方自然会有矛盾，有了分歧该怎么办？很多人都喜欢争吵，非论个是非曲直不可。其实这种做法不明智，吵架又伤和气又伤感情，不值。不如大事化小、小事化无。俗话说：“家和万事兴。”推而广之，人和也万事兴。人际交往中切不可太认死理，有时装装糊涂，于人于己都有利。

事实上，按照一般常情，任何人都不会把过去的经历轻易地从记忆中抹去。就某些方面来讲，人们有时会有执念很深的一些事情，甚至会终生不忘。但是，要知道，记忆中的怨恨会越积越深，随时随地都可能反作用于自己。因此，为了避免招致别人的怨愤，尽量少得罪人。一个人行事需小心在意，处事时心胸要豁达，以君子般的坦然姿态应付一切。

不如守中

原文

天地不仁，以万物为刍狗①；圣人不仁，以百姓为刍狗。

天地之间，其犹橐籥②乎？虚而不屈③，动而俞④出。

多闻数穷⑤，不若守中⑥。

注解

①刍狗：用草扎成的狗。古代专用于祭祀之中，祭祀完毕，就把它扔掉或烧掉。比喻轻贱无用的东西。在本文中比喻：天地对万物，圣人对百姓都因不经意、不留心而任其自长自消，自生自灭。正如元代吴澄据说："刍狗，缚草为狗之形，祷雨所用也。既祷则弃之，无复有顾惜之意。天地无心于爱物，而任其自生自成；圣人无心于爱民，而任其自作自息，故以刍狗为喻。"

②犹橐籥：犹，比喻词，"如同""好像"的意思。橐籥：古代冶炼时为炉火鼓风用的助燃器具——袋囊和送风管，是古代的风箱。

③屈：竭尽，穷尽。

④俞：通"愈"，更加的意思。

⑤多闻数穷：闻，见闻，知识。老子认为，见多识广，有了智慧，反而

政令烦苛，破坏了天道。数，通“速”，是加快的意思。穷，困穷，穷尽到头，无路可行。

⑥守中：中，通“冲”，指内心的虚静。守中：守住虚静。

译文

天地是无所谓仁慈的，它没有仁爱，对待万事万物就像对待刍狗一样，任凭万物自生自灭。圣人也是没有仁爱的，也同样像刍狗那样对待百姓，任凭人们自作自息。

天地之间，岂不像个风箱一样吗？它空虚而不枯竭，越鼓动风就越多，生生不息。

政令繁多反而更加使人困惑，更行不通，不如保持虚静。

评析

本章也是承上章对“道冲”作进一步论述。此处由“天道”推论“人道”，由“自然”推论“社会”，中心思想是对清静无为的好处作了阐述。老子用具体形象的比喻来说明，如何认识自然和正确对待自然。论述天地本属自然，社会要顺乎自然，保持虚静，比喻鲜明生动。

首先从反对“有为”的角度出发，老子仍谈论的是“无为”的道理。天地不仁，表明天地是一个物理的、自然的存在，并不具有人类般的理性和感情；万物在天地之间依照自然法则运行，并不像有神论者所想象的那样，以为天地自然法则对某物有所偏爱，或对某物有所嫌弃，其实这只是人类感情的投射作用。

总之，本章的主旨仍是宣传“虚用”，同前两章相连，犹在宣传“无为”，所使用的方法，仍是由天道而人道，由自然而社会。

老子说：“多言数穷，不如守中。”政令繁苛，只会加速其败亡，不如保持虚静状态。这里所说的“中”，不是中正之道，而是虚静。儒家讲中正、中庸、不偏不倚，老子讲的这个“中”，还含有“无数”的意思。即用很多强制性的言辞法令来强制人民，很快就会遭到失败，不如按照自然规律办事，虚静无为，万物反而能够生化不竭。反之，就不会有好的结果，这是老子在本章最后所提出的警告。

“多言数穷”，一个“穷”字道出了话多之人的窘迫。话越多，越窘迫。何必自己逼自己，所以，大部分时候多言是不必要的。多言必多心，多言必多事。

“适时沉默”还是一种办事的策略。这个策略在一些场合往往不引起人们重视。有时有意的沉默，即使是一小会儿，所取得的效果却令人惊讶。一个朋友回忆起有一次他到一家商店退一件圣诞节前买的礼物。当时商店里的客人很多，朋友要求退货时，一位忙于应付的店员，说他买的东西不能退，并离开他到别的顾客那儿去了。于是朋友把礼物放在收款机旁等着。十分钟后，那位店员回来了，朋友冲店员笑了笑，但没有开口。那位店员在收款机前忙了几分钟后，没说一句话就拿起了朋友的礼物到柜台后面去了，回来时退钱给了朋友。朋友有礼貌的沉默使他办成了他想办的事。如果同店员吵闹，结果则会适得其反。

也就是说，“适时沉默”同语言一样具有表达能力，很好地掌握并利用它，就能达到你所希望的结果。

很多人也许听说过哑巴卖刀的故事：哑巴由于无法叫卖，只得坐在地上用力一截截地切铁丝，人们看到他的菜刀如此锋利，便纷纷购买，一抢而光。

现代商品随着经济发展，日新月异，企业竞争不断加剧，消费者在购买商品方面有了更大的选择余地。争取公众信任，树立企业形象，成为企业存在发展的重要条件。于是乎，有的企业广告采取地毯式“轰炸”。这固然有效，但有的企业却不“告”而世人皆知。英国的马克斯·斯宾塞百货公司就是如此。

谷神不死

原文

谷神[①]不死，是谓玄牝[②]。玄牝之门[③]，是谓天地之根。绵绵[④]呵！其若存[⑤]，用之不堇[⑥]。

注解

①谷神：过去据高亨说：谷神者，道之别名也。谷读为毂，《尔雅·释言》:“毂，生也。”《广雅·释诂》:“毂，养也。”谷神者，生养之神。另据严复在《老子道德经评点》中的说法，“谷神”不是偏正结构，是联合结构。谷，形容“道”虚空博大，像山谷；神，形容“道”变化无穷，很神奇。

②玄牝：玄，原义是深黑色，在《老子》书中是经常出现的重要概念。有深远、神秘、微妙难测的意思。牝：本义是雌性的兽类动物，这里借喻具有无限造物能力的“道”。玄牝指玄妙的母性，这里指孕育和生养出天地万物的母体。

③门：指产门。这里用雌性生殖器的产门的具体含义来比喻造化天地生育万物的根源。

④绵绵：连绵不绝的样子。

⑤若存：若，如此，这样。若存：据宋代苏辙解释，是实际存在却无法看到的意思。

⑥堇：通“勤”。作“尽”讲。

译文

生养天地万物的道（谷神）是永恒长存的，这叫做玄妙的母性。玄妙母体的生育之产门，这就是天地的根本。连绵不绝啊！它就是这样不断的永存，作用是无穷无尽的。

评析

本章用简洁的文字描写形或上的实存的“道”，即继续阐述第四章“道”在天地之先的思想，用“谷”来象征“道”体的虚状；用“神”来比喻“道”生万物，而且绵延不绝，认为“道”是在无限的空间支配万物发展变化的力量，是具有一定物质规律性的统一体。它空虚幽深，无穷无尽，永远不会枯竭，永远不会停止运行。这种支配万物发展变化的力量，就是对立统一规律。“谷神不死”，体现出“道”的永恒性，即恒“道”。他想说明“道”的作用是无穷无尽的，从时间而言，它历久不衰、天长地久。从空间而言，它无处不在、无穷无尽。它孕育着宇宙万物而生生不息。

“玄牝之门”是产生万事万物的根源，它的作用非常大。“玄牝之门”“天地根”，都是用来说明“道”为产生天地万物的地方。

我们知道人类最原始的本性表现为对母体的依恋，这应该在每个人的内心中都有所感知。然而这种本性在人类的精神的需求上，却又曲折地表现为依赖于自然，企求与自然合为一体的那种强烈愿望。我们今天对大自然的怀念，对田园牧歌式生活的那种向往，也正如孩提时对温柔的母体，急切地希望在自然无穷的奥秘中寻回我们失去太多了的东西，并从它那里获取源源不断的生命和享用不尽的养料。

它养育着却不据为己有，给予却不自恃有功。这种奉献而不索取的品质和精神恰似养育我们的父母。我们的父母对我们付出了毕生的心血，作为子女就应该尊重父母、孝顺父母，也就是要尊重他们的人格和情感，尊重他们的付出和劳动，尊重他们为家庭、为社会所作的贡献。古代的仁人君子都给我们做出了良好的榜样。

天长地久

原文

天长地久[①]。天地之所以能长且久者，以其不自生[②]也，故能长生。

是以圣人后其身而身先[③]，外其身[④]而身存。非以其无私邪[⑤]？故能成其私。

注解

①天长地久：长、久，均指时间长久。

②以其不自生也：因为它不为自己生存。以，因为。

③身：自身，自己。以下三个“身”字同。先：居先，占据了前位。此是高居人上的意思。

④外其身：外，是方位名词作动词用，使动用法，这里是置之度外的意思。

⑤邪：同“耶”，助词，表示疑问的语气。

译文

天长地久。天地所以能长久存在，是因为它们不为了自己的生存而自然地运行着，所以能够长久生存。

因此，有道的圣人遇事谦退无争，反而能在众人之中领先；将自己置于度外，反而能保全自身生存。这不正是因为他无私吗？所以能成就他的自身。

评析

在这一章老子也是由天道推论人道，反映了老子以退为进的思想主张。这一章是继第五章之后，再一次歌颂天地。天地是“道”所产生并依“道”的规律运行而生存，是客观存在的自然，从而真正地体现道。

老子用朴素辩证法的观点，说明利他（“后其身”“外其身”）和利己（“身先”“身存”）是互相统一的，老子认为利他往往能够转化为利己，老子想以此说服人们都来利他，这种谦退无私的精神，有它积极的一面。

老子赞美天地，由天道推及人道，希望人道效法天道。老子所认为的人道，就是以天道为依归，也就是天道在具体问题上的具体运用。在老子书中经常可以看到这样的观点，在本章里，他就表达了这种观点。紧接着，老子以“圣人”来说明人道的问题。老子认为：天地由于“无私”才能长存永在，人间的“圣人”由于忘私退身而成就其伟大理想。我们都知道大禹为人民治水，八年在外三过其门而不入，人民拥戴他为天子。他就足以成为“圣人”。圣人是处于最高地位的理想的统治者，对他而言，人道既要用于为政治世，又要用于修身养性，而且最重要的是要切实效法天地的无私无为。对天地来说，“以其不自生，故能长生”。

“后其身而身先”，指落于人后反能先到。“外其身而身存”，指把身体交出去反能保存。“以其无私成其私”，就是用无私来成就自己。

有的人永不满足，所以永远得不到。有的人容易满足，所以能够得到。得到什么？得到自己想要的东西。与其说人想要得到某种东西，不如说人想要得到某种感觉。有感觉就津津有味，没感觉就味同嚼蜡。

老子说“以无私成其私”，就是要我们把自身交出去，给家庭，给朋友，给团队，给国家民族，给全人类，变小我为大我，这样才会成就真正的自我。

老子说：“圣人外其身而身存。”就是说把身体交出去，反而能保存。意思是用大我换小我，以“无我”的方式“为我”。石头把自己交给路，反而无伤害，能长久。美玉把自己藏在山里，反而被开采，不能存璞。

上善若水

原文

上善若水①。水善利万物而不争，处众人之所恶②，故几于道③。

居，善地；心，善渊④；与⑤，善仁；言，善信；政⑥，善治；事，善能；动⑦，善时。

夫唯不争，故无尤⑧。

注解

①上善若水：上，最的意思。上善即最善。这里老子以水的形象来说明"圣人"是道的体现者，因为圣人的言行有类于水，而水德是近于道的。

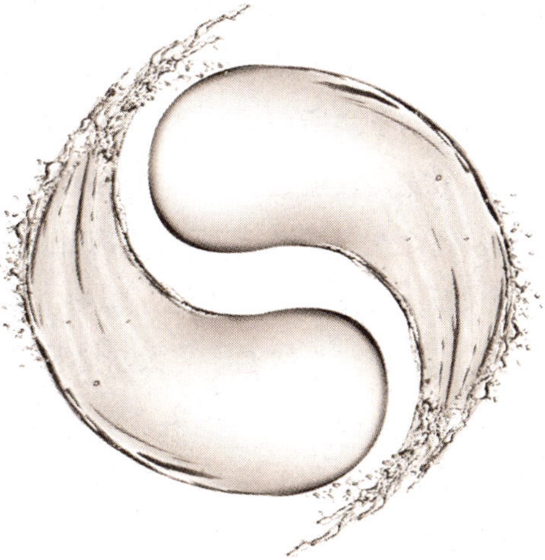

②处众人之所恶：即居处于众人所不愿去的地方。

③几于道：几，接近。即接近于道。

④渊：沉静、深沉。

⑤与，善仁：与，指与别人相交相接。善仁，指有修养之人。

⑥政，善治：为政善于治理国家，从而取得治绩。

⑦动，善时：行为动作善于把握有利的时机。

⑧尤：过失、罪过。

译文

最善的人好像水一样。水善于滋润万物而不与万物相争，停留在众人都不喜欢的地方，所以最接近于“道”。

最善的人，居处最善于选择地方，心胸善于保持沉静而深不可测，待人善于真诚、友爱和无私，说话善于恪守信用，为政善于精简处理，能把国家治理好，处事能够善于发挥所长，行动善于把握时机。

最善的人所作所为正因为有不争的美德，所以没有过失，也就没有怨咎。

评析

在自然界万事万物中，老子最赞美水，他认为水德是近于道的。而理想中的“圣人”是道的体现者，因为他的言行类似于水。为什么说水德近于道呢？王夫之解释说：“五行之体，水为最微。善居道者，为其微，不为其著；处众之后，而常德众之先。”不争，无私，这就是水的最显著特性。

相关资料上记载了孔子答弟子子贡问水的一段对话：“孔子观于东流之水。子贡曰：君子之所以见大水必观焉者，是何？孔子曰：夫水，偏与诸生而无为也，似德。其流也埤下，裾拘必循其理，似义。其洸洸乎不屈尽，似道。若有决行之，其应佚若声响，其赴而仞之谷不惧，似勇。主量必平，似法，盈不求概，似正。淖约微达，似察。以出以入，以就鲜洁，似善化，其万折也必东，似志。是故君子见大水必观焉。”在此处，孔子以水描述了他理想中的具备崇高人格的君子形象，这里涉及德、义、道、勇、法、正、察、志以及善化等道德范畴。这其中的观点与道家有显而易见的区别，但也有某些相似之处。

最上等的德行莫过于水的德行。老子在本章提出了水的性格、品德和行为，指出水具有滋润万物的本性，却与万物毫无利害冲突，水具有宽广的胸怀，毫无所求，甘居众人厌恶的埤下、垢浊之地。水的德行是接近于“道”的了。

水是稀的、软的、无色透明的，一句话，水性温柔。光线直来直往，水比光更体贴。一个人站在阳光下还会形成阴影，一个人泡在水里则全身都充满温柔的呵护。水对人的日常生活是必需的，对人的精神生活更是必需。老子主张“阴柔”，就是取象于水。水是阴柔的，这种阴柔会聚集巨大能量。洪水也是阴柔的，但它同时也非常阳刚。

老子说：“水善利万物。”就是说水是一切生命之源，给万物以利益。水之所以善利万物，是因为它本身是流动的、运动的、功成不居的，所以能成全万物。

老子赞扬水有“处众人之所恶”的美德，意思是不择高低凹凸，一路流过，相当公平无私。大地表面凹凸不平，凸处多风比较干净，凹处空气流通不畅，渐渐会聚集为草木腐朽的场所，时间一久就会弥漫令人窒息的气味。水从高处往下流，流经凸处，冲洗之；流经凹处，还是冲洗之。这样泥沙俱下一路过来冲走了所有的脏东西。因为水是流动的，所以它本身永远清洁。万物受其恩赐，也变得清洁。

老子说“几于道”，意思是水像大道一样无所不成，无坚不摧。

水滋润万物但不取于万物，而且甘心停留在最低洼、最潮湿的地方。在此后的七个并列排比句中，都具有关于水德的写状，同时也是介绍善之人所应具备的品格。老子并列举出七个“善”字，都是受到水的启发。最后的结论是：为人处世的要旨，即为“不争”。也就是说，宁处别人之所恶也不去与人争利，所以别人也没有什么怨尤。其中“心善渊”，意思就是心灵像渊水一样深邃，善于自守。之所以能自守，是因为已经经历了该经历的一切。老子说：“江海之所以为百谷王，以其善下也。”说的就更明白了。

老子在这一章的中心思想就是“上善若水”，意思是人最好的状态就是像水一样。主要是像水的流动，像水的涓流成河、百川归海，像水的目标清晰，往既定的方向流去。我们做事当如水，曲折而坚定地奔向前方。

功遂身退

原文

持而盈[①]之，不如其已；揣而锐[②]之，不可长保。
金玉满堂，莫之能守；富贵而骄，自遗其咎[③]。
功遂身退[④]，天之道[⑤]也。

注解

①持：执也，握也，即把持；盈：满也，即丰盈。
②揣：置也，放也，即存放；锐：尖利。
③咎：祸咎。
④身退：指敛藏锋芒。
⑤天之道：符合于道的自然法则。

译文

执持盈满，不如适时停止；显露锋芒，锐势难保长久。
金玉满堂，无法守藏；富贵而骄，自取祸患。
功业完成，含藏收敛，是符合于道的自然法则。

评析

本章论述的重点是“盈”和“功遂身退”。老子劝人功成而不居，急流勇退，结果可以保全天年。然而有些人则贪心不足，居功自傲，忘乎所以，结果身败名裂。贪慕权位利禄的人，往往得寸进尺；恃才傲物的人，总是锋芒毕露，耀人眼目，这些都是应该引以为戒的。否则，富贵而骄，便会招来祸患。就普通人而言，建立功名是相当困难的，但功成名就之后如何去对待它，就更不容易了。

“功成名就”固然是好事，但其中却也含有引发祸端的因素。老子已经悟出辩证法的道理，正确指出了进退、荣辱、正反等互相转化的关系，否则便会招致灾祸。因而他奉劝人们急需趁早罢手，见好即收。在事情做好之后，不要贪恋权位名利，不要居位其间，而要收敛意欲，含藏动力。

急流勇退是一种睿智的生活态度，君子所重不在结果的功成名就，而在过程中的尽力而为。凡事发展到顶峰，随后而来的就是衰退和败落，聪明的人不会贪图虚荣放不下功名利禄这些身外之物，那样只能羁绊住自己。

《庄子·天运篇》中说：以为财富是最好的人，不会把财富让给别人；以为追逐名声是最好的人，不会把名誉让给别人；迷恋权势的人，不可能把权力交给别人。一旦获取了财富、名声和权势，便唯恐丧失而整日战栗不安，而放弃这些东西又会悲苦不堪，而且心中全无一点见识，眼睛只盯住自己无休止追逐的东西，这样的人只能是上天所刑戮的人。

如果人一味贪图财富、迷恋权势，就没有好下场。财富和权势虽然会给人带来享乐和荣耀，也会给人祸害和耻辱。

专气致柔

原文

载营魄[①]抱一[②]，能无离乎？

专[③]气致柔，能婴儿乎？

涤除玄鉴[④]，能无疵[⑤]乎？

爱民治国，能无知乎？

天门[⑥]开阖，能无雌[⑦]乎？

明白四达[⑧]，能无为乎？

生之畜之，生而不有，为而不恃，长而不宰[⑨]，是谓玄德[⑩]。

注解

①载：即载体，或运载、装载；营魄：即魂魄。

②抱一：即合一。

③专：即抟，抟气，是把体内的气抟结在一起，使之凝聚而不分散。

④涤除：即洗涤、摒除；玄鉴：玄或为眩，眩鉴为目眩十色、眼花缭乱之意。

⑤疵（cī）：病，此处指欲望、杂念。

⑥天门：即心灵之门户。

⑦雌：泛指阴柔之性，此处指清静，静则为阴。

⑧四达：即四通八达。

⑨宰：主宰。

⑩玄德：指玄妙幽深的德行。

译文

能否肩负道义无私于心中，做到表里（言行）如一永不分离吗？

能否一心侍道，如童心般纯真无邪吗？

能否对照道义无私这面镜子，经常清除自己的私心妄念吗？

能否热爱民众安邦治国，取用无私奉献的精神吗？

能否对外界的刺激，拒坏纳好而宁静取舍定夺吗？

能否清楚通晓了事理，就不会伪智牟利吗？

生长万物，蓄养万物，生长而不占有，蓄养而不自恃有功，统率而不自以为是主宰，这就是最高深的修养了。

评析

本章继前几章而深入阐述有关修身的问题。开头六句提出六种情况、六个疑问:“能无离乎?”“能婴儿乎?”“能无疵乎?”“能无知乎?”“能无雌乎?”“能无为乎?”这六个问题，实际上说的就是有关修身、善性、为学、治国诸多方面的内容。

“载营魄抱一，能无离乎?”这是说一个健全的生活必须是形体和精神合一而不偏离。“抱一”即是抱“道”，能抱“道”，即是使肉体生活与精神生活可达到和谐的状况。

“专气致柔”是集气到最柔和的境地。“气柔”是心境极其静定的一种状态。

“涤除玄鉴”即是洗清杂念，摒除妄见，而返自观照内心的本明。

“无离”“无疵”文法辞例一致;“营”“魄”分别说形、神，“涤除”“玄鉴”亦分别说形、神的高境界修炼。

“如婴儿”与“无雌”同一辞例，也是相近的比喻。“儿”说其“和”，“雌”说其“守”，这是老子修身学两种形式而同一指向的最高境界。

“无知”“无为”也是一样的辞例。“明白四达”却若“无知”是“营魄抱一”“涤除玄鉴”“专气致柔”“天门开阖”等修养的终极结果;而“修之于身”的“余德”之自然流行，便是以“无为”去“爱民治国”的“修之于天下”。

判断一个人的好坏，不在于他的外表，而是在于他的灵魂的高贵或低贱。有的人外表很好看，但是灵魂却很肮脏;有的人长得虽然不好看，但灵魂却很洁净。长得又美丽，灵魂又洁净的人真是难得。与人交往得久了，我们都会有这样的经验，朋友的音容笑貌永生难忘，不是因为他长得好看，而是因为他人好。敌人的样子也许非常漂亮，可是，我们想起来就恨得不得了。灵魂是本质的东西，容貌只是装饰。内在质量和外在包装统一，是否能像想象中那么容易呢?我们人类有一个很大的特点，那就是拥有自己的精神与意志，人类利用自己的精神和意志来思考和判断，从而来理解世界。这也就有了人类灵魂的特性。

由于我们对自身认识的局限性和片面性，结果导致出现很多错误与失败。

我们人类的灵魂和肉体，大多数时间处于“分离状态”，它们是经常不在一起的。通常我们的灵魂要达到一个很高的程度，但我们的肉体却无法承受，这样就容易使我们的万丈雄心经常在残酷的现实面前表现得极其脆弱。这正是我们人类最大的烦恼，它会带给我们心理与生理的失调。要想使身心达到平衡，就必须做到心境极其静定、清洗杂念、摒除妄见，懂得自然规律，加深自身的道德修养。

无之为用

原文

三十辐[①]共一毂[②]，当其无，有车之用[③]。

埏埴[④]以为器，当其无，有器之用。

凿户牖[⑤]以为室，当其无，有室之用。

故有之以为利，无之以为用[⑥]。

注解

①辐：车轮中连接轴心和轮圈的木条。古时候的车轮由三十根辐条所构成，这个数目是取自于月数（每月三十日）。

②毂（gǔ）：车轮中心的圆孔，即插轴的地方。

③当其无，有车之用：有了车毂中空的地方，才有车的作用。“无”指毂的中空之处。

④埏（shān）埴（zhí）：埏，和。埴，土。

⑤户牖（yǒu）：门窗。

⑥有之以为利，无之以为用：“有”给人便利，“无”发挥了它的作用。

译文

三十根辐条汇集到一个毂当中，有了车毂中空的地方，才有车的作用。

揉合陶土做成器具，有了器皿中空的地方，才有器皿的作用。

开凿门窗建造房屋，有了门窗四壁中空的地方，才有房屋的作用。

所以“有”给人便利，“无”发挥了它的作用。

评析

在《道德经》这本书中，老子用大部分篇章，通过认识天地、刍狗、风箱、山谷、水、土、容器、锐器、车轮、房屋等具体的东西去发现抽象的道理。老子的学说，往往是从具体到抽象、从感性认识到理性认识，而并非故弄玄虚。

老子举了三个例子：车子的作用在于载人运货；器皿的作用在于盛装物品；房屋的作用在于供人居住，这是车、皿、室给人的便利。车子是由辐和毂等部件构成的，这些部件是“有”，毂中空虚的部分是“无”。没有“无”，车子就无法行驶，当然也就无法载人运货，其“有”的作用也就发挥不出来。器皿没有空虚的部分，即没有“无”，就不能起到装盛东西的作用；其外壁的“有”，也无法发挥作用。房屋同样如此，如果没有四壁门窗之中空的地方可以出入、采光、流通空气，人就无法居住。可见，是房屋中的空的地方发挥了作用。所以说:“无之以为用。”

一般人只注意实有的作用，而忽略空虚的作用。老子举例说明：一、“有”和“无”是相互依存，相互为用的。在这一章所说的“有”“无”是就现象界而言的，本书中第一章上所说的“有”“无”是就超现象界、本体界而言，这是两个不同的层次，它们符号形式虽然相同，而意义内容却不一样。二、无形的东西能产生很大的作用，只是不容易为一般人所觉察。老子特别把这个“无”的作用彰显出来。

有了实物（有）才有利用价值；有了虚空（无）才能发挥种种功能、作用。

老子说:“当其无，有车之用。”就是说车轮是空的，所以能转动起来。如果实心如菜板，也能转，但必不畅快。车轮是空心的，所以能转动。菜板实心，所以转动不灵。实际上老子所说的这句话道出了一个简单的道理，一切事物要留出空间才能发展。

去彼取此

原文

五色[①]令人目盲[②]，五音[③]令人耳聋[④]，五味[⑤]令人口爽[⑥]，驰骋[⑦]畋猎令人心发狂[⑧]，难得之货令人行妨[⑨]。

是以圣人为腹不为目[⑩]，故去彼取此[⑪]。

注解

①五色：指青、赤、黄、白、黑。

②目盲：喻眼花缭乱。

③五音：指角、徵、宫、商、羽。

④耳聋：喻听觉不灵。

⑤五味：指酸、苦、甘、辛、咸。

⑥口爽：口病。爽，引申为伤、亡，比喻味觉差失。

⑦驰骋：纵横奔走，比喻纵情。

⑧心发狂：心放荡而不可制止。

⑨行妨：伤害操行。妨，害，伤。

⑩为腹不为目：只求安饱，不求纵情于声色之娱。

⑪去彼取此：摒弃物欲的诱惑，而持守安逸满足的生活。彼，指“为目”的生活；此，指“为腹”的生活。

译文

五光十色会使人眼花目盲，五音混杂会使人重听耳聋，五味佳肴会使人口涩失味，纵情狩猎会使人放荡不羁，稀有财货会使人产生贪求之欲。

因此，圣人只求饱腹不求声色悦目。所以，要摒弃那些而保守这些，就得明白以上所说的这些道理并切身去实行。

评析

老子在这一章提醒人们要摒弃外界物欲的诱惑，保持内心的清静，确保固有的天性。可是在如今的社会，许多人只求声色物欲的满足，价值观、道德观严重扭曲，在许多场合可以普遍看到人心发狂的事例。

老子认为正常的生活是为“腹”不为“目”，务内而不逐外。

为“腹”，即求建立内在宁静恬淡的生活；为“目”，即追逐外在贪欲的生活。一个人越是投入外在化的旋涡里，则越是流连忘返，使自己产生自我疏离，而心灵日益空虚。因而老子唤醒人要摒弃外界物欲生活的诱惑，而持守内心的安足，确保固有的天真。

最容易使人失去自我的东西是财、官、色、味。为了口腹之乐不惜盗用公款，为了声色之娱可以丧心病狂，为了金钱可以出卖肉体，为了谋取官位更可以出卖良心。这些人弄到了官、财、味、色，还以为自己有所得，脸上浮现着一副得意的神情。其实，这与被卖掉装在笼子里的猴子没有两样，笼子里的猴子有吃有穿，人们仍然可怜它被出卖，如今某些人出卖了自己换来金钱地位，不仅不知道可怜自己，反而还飘飘然得意起来。

人不能贪欲奢侈、纵情声色，糜烂生活令人目盲、令人耳聋、令人心发狂；物欲横流，引起人精神被腐蚀。

无论是五色、五音还是五味，之所以会带给人们伤害，都是因为人们的欲望在无限制地膨胀。人们莫不由于对外物的贪欲而丧失本性。隐士伯夷为了名声好听，饿死在首阳山下；盗跖为了金银财宝，被人打死在金陵山上。这两人死的原因虽然是一个求名、一个为利，却同样残害了生命丧失了本性。

“世人都说神仙好，唯有功名忘不了”，人人都想活得潇洒一点、轻松一点、快乐一点，但终其一生也潇洒不了、轻松不了、快乐不了。他们被什么东西拖住了、缠住了、压住了？就是功名利禄。功名利禄成了他们人生的境界，似乎功名愈厚，人生也愈美妙滋润。其实功名利禄是一副用花环编织的罗网，只要你进去了，你就无法自在与逍遥。没有功名利禄，于是想得到功名利禄；得到了小的功名利禄，又想得到更大的功名利禄；得到了功名利禄，又害怕失去功名利禄。人生就在这患得患失中度过，哪里品尝得到人生的甘美清纯滋味呢？某些人只知道功名利禄会给人带来幸福，殊不知功名利禄也会给人带来痛苦。为了功名利禄，他们劳心、劳神、劳力；为了功名利禄，他们计划、忙碌、奔波；为了功名利禄，他们怀疑、欺诈、争斗。为了功名利禄，他们玩阴谋、要诡计、溜须拍马；为了功名利禄，他们如履薄冰、患得患失。

在这一章，老子主张的是：保持一种属于自我的、内在的、安静恬淡的生活，放弃追逐远离自我的、外在的、声色犬马的物欲生活。假如我们能控制欲望，甚至消减它，我们也就不会被这些外在的东西轻易伤害到，我们也就能成为一个能真正享受快乐、享受自由的人！而且我们还能得到真正的完善和平安！

由此而见，真实的享受是有理性、有节制的，是有正确取向的，是放弃虚假的享乐和愚蠢的放纵，回归自然、顺其正道的宁静！

宠辱若惊

原文

宠[1]辱[2]若惊，贵[3]大患若身。

何谓宠辱若惊？宠为下也。得之若惊，失之若惊，是谓宠辱若惊。

何谓贵大患若身？吾所以有大患者，为吾有身；及吾无身，吾有何患！

故贵以身为天下者，若可寄天下；爱以身为天下，若可托天下。

注解

①宠：尊荣。

②辱：耻者，耻辱。

③贵：畏惧。

译文

得到恩宠和受到屈辱都会使人感到心神震惊而不得安宁。重视大的祸患，就像重视自己的身体性命一样。

什么叫“宠辱若惊”呢？受宠意味着地位卑下。所以当受宠者得到额外赐予时，就会感到震惊；如果失去了额外赐予，也会因失宠受辱而感到震惊，从而失去安宁，这就叫做得宠与受辱都感到震惊。

什么叫“贵大患若身”呢？我们之所以感到大的祸患，是因为我们有身体的存在；如果不顾及到自己的身体，那我们还有什么祸患呢？

所以，能做到贵身（珍贵自己生命）那样去服务于天下的人，才可以把天下大事寄托于他。能做到爱身（爱自己生命）那样服务于天下的人，才可以把天下的重任交付给他。

评析

本章所讲关于“贵身”和人的尊严问题，大意是说“圣人”不以宠辱荣患等身外之事易其身，这是接着上一章“是以圣人为腹不为目”而言的。凡能够真正做到“为腹不为目”，不为外界荣辱乱心分神者，才有能力担负治理天下的重责。

老子在此提到的“宠辱若惊”四个字，非常形象地刻画出人类心态及行为动态的最重要特征，如果说宠辱这两个字代表了人生的所有衰荣，应该不是夸大之词。

一般人对于身体的宠辱荣患十分看重，甚至许多人重视身外的宠辱远远超过自身的生命。人生在世，难免要与功名利禄、荣辱得失打交道。许多人是以荣宠和功名利禄为人生最高理想的，目的就是为享荣华富贵、福及子孙。总之，人活着就是为了功、名、位、货等身外之物。对于功名利禄，可以说是人人都需要。但是，把它摆在什么位置上，人与人的态度就不同了。如果你把它摆在比生命还要宝贵的位置之上，那就大错特错了。

老子告诫，人若只追求自己的荣誉欲望，反而会为其所误，不能完善、保全自己。只有舍弃了追求荣誉、欲望之私，以奉献之心对待天下，才会得到人们真正的信赖寄托，才是真正的珍重、爱惜自己，才符合做人应尽的义务与责任。

《庄子·在宥》中有段耐人深思的话，道出了“宠辱不惊，去留无意”的真谛。以庄子说的这段话来做此章的结尾。庄子说：“喜欢目明，是迷恋彩色；喜欢耳聪，是沉湎音声；喜欢仁，是乱了德性；喜欢义，是违背常理；喜欢礼，是助长表面技巧；喜欢乐，是助长荒淫；喜欢圣明，是助长各种技术；喜欢求知，是助长天下的弊病。天下人要使性情安宁，这八条可有可无。天下人要不求性情安宁，这八条才纠结扰攘搅乱了天下。而天下人才开始尊崇它们，珍爱它们，天下人的迷惑真是太严重了。岂止是知道一下就算了，而是非常虔诚地谈论它，恭恭敬敬地接受它，唱歌跳舞来歌颂它，这种情况，我有什么办法呢？

“所以君子不得已而统治天下，不如实行无为。无为，然后才能使百姓性情安宁。所以说，能珍惜自己的生命来治理天下，就可以把天下托付给他；能爱护自己的生命来治理天下，就可以把天下交给他。

“所以君子假如能不放纵自己的情欲，不卖弄自己的聪明，坐如木雕泥塑，动如龙腾虎跃；沉默如深渊，出言如雷鸣。精神活动完全出于自然，从容无为就像尘埃在空中飘动，我又何必去治理天下呢！”

视之不见

原文

视之不见，名曰夷；听之不闻，名曰希；搏之不得，名曰微[①]。此三者不可致诘[②]，故混而为一。其上不皦[③]，其下不昧[④]。绳绳[⑤]兮不可名，复归于无物。是谓无状之状，无物之象，是谓惚恍[⑥]。迎之不见其首，随之不见其后。

执古之道，以御今之有[⑦]。能知古始[⑧]，是谓道纪[⑨]。

注解

①“夷”“希”“微”：这三个名词都是用来形容感观所不能把握的道。

②致诘：究诘，追究。

③皦：光明。

④昧：阴暗。

⑤绳绳：形容纷纭不绝。

⑥惚恍：若有若无，闪烁不定。

⑦有：指具体的事物。

⑧古始：宇宙的原始或道的端始。

⑨道纪：道的纲纪，即道的规律。

译文

看它看不见，名叫“夷”；听它听不到，名叫“希”；摸它摸不着，名叫“微”。这三者的形象无从究诘，它是混沌一体的。它上面不显得光亮，它下面也不显得阴暗。它绵绵不绝而不可名状，一切的运动都会回到不见物体的状态。这是没有形状的形状，不见物体的形象，叫它“惚恍”。迎着它，看不见它的前头；随着它，却看不见它的后面。

把握着早已存在的道，来驾驭现在的具体事物。必须了解最初的历史，才能参透“道”的规律。

评析

在本章，老子提出了三个带有悬念的命题，即所谓“夷”“希”“微”，它们分别是不可见、不可闻、不可摸的、没有形体的东西，也就是无形、无声、无状的东西。老子认为：这些无形、无声、无状的东西，根本不能追根问底，但是它们却可以浑然而为一体。

老子说：“视之不见，名曰夷”，是说看不见的名叫“没有”。老子这话隐含的意思是：要人看到“没有”，看到“空无”。老子在另一章说“大象无形”，意思是大的图像是没有形状的，感觉像是没有，其实有。人从认识有形到认识无形，本身的形状也渐渐扩大。

老子说“听之不闻，名曰希”，是说听不到的叫“寂静”。老子这话隐含的意思是：要人听到“寂静”，听到无声之声。老子在另一处说“大音希声”，是说，最大的声音充盈世界，以至听不见。比如人睡在夜晚的海船上，开始时听见波涛，渐渐地也就什么也听不见了。这样，我们就知道，寂静其实是一种声音，正如寂寞，其实是一种语言。之所以让人感觉不到寂静的声响，是因为它已完全占据我们的心灵，合二为一。

老子说：“搏之不得，名曰微”，是说捉不到的叫“微茫”。老子这话隐含的意思是：人们应该捉到微茫。微茫如暮色，仿佛不可触摸，其实人走在暮色中，全身都是暮色。

老子说，它们确实存在，但却无法命名，因为它们缺少可以进行比拟的对立或等同物。而且同时，它们也没有形状、没有表象、没有标记，只不过就是一个混沌的存在。按照老子的理论，这个不能言说的东西，就是“道”，老子认为，大道就是那个看也看不见，听也听不见，摸也摸不着，无法用人类的感官去感觉的东西，只有用意识去体会；无法以概念来分析和判断，只能以精神来接近的自然规律。因此夷、希、微，都只是一个简单的描绘词，无法用它们来探索大道的本源，也无法真正了解大道。因为大道是宇宙万物的主宰，是存在于冥冥之中的，是变化的，是无影无形、无声无息的。它没有光亮和黑暗，没有前进与后退，没有停止与运动。可以说，它没有丝毫的相对性，它是永恒的，是生生不息、绵延不绝的。当你感觉到它的存在，似乎可以把握到时，它却又忽然回归到先前无迹可寻的状态中去了。总之，它给我们的感觉是惚惚恍恍、恍恍惚惚，无始无终，无上无下，无左无右，无前无后，其大无外，其小无内，没有最贴切的概念来概括它，因此把它叫做“惚恍”，是没有办法的办法。

“迎之不见其首”，指看不见开头。“随之不见其后”，指找不到结尾。看不见开头，并不是没有开头，而是开头太乱或太远。找不到结尾，并不是没有结尾，而是结尾太远或出乎意料。这两句话形象地说明了龙的巨大与灵动，我们做事当如神龙，不能让人看见首尾，不能示人以全貌，这样才能不被控制，连龙都怕被控制，因为龙多，屠龙的人也多，何况人。有的人喜欢无保留地展示自己，只能自取灭亡。

在这一章，老子要表明的观点是：做大事之人，如神龙一般，自身清清楚楚，却只让人看到该看到的部分。有人看到龙鳞，说是金子；有人看到龙爪，说是霹雳。其实都是管中窥豹，只能看见斑点。盲人摸象，只能摸到厚墙。豹与象都只能走不能飞，已经让人如此难以见到全貌，何况飞龙！一代圣人孔子，就把老子比喻成“乘风云而上天”的神龙。

微妙玄通

原文

古之善为道者，微妙玄通①，深不可识②。夫唯不可识，故强为之容③：豫④兮，若冬涉川；犹⑤兮，若畏四邻；俨⑥兮，其若客；涣兮，其若凌释⑦；敦兮，其若朴⑧；旷⑨兮，其若谷；混⑩兮，其若浊。

孰能浊以静之徐清⑪？孰能安以动之徐生⑫？

保此道者，不欲盈⑬。夫唯不盈，故能蔽而新成⑭。

注解

①微妙：细微玄妙；玄通：通达。就是说古代的一些得道者，心思幽深而高深莫测，精神能沟通上天。

②深不可识：其心思和精神幽深玄妙，不能从表象上被认识。

③容：形容。

④豫：踌躇。

⑤犹：犹豫。

⑥俨：俨然，形容神态庄严。

⑦涣：散也；释：解也。

⑧敦：厚重；朴：淳朴。

⑨旷：空阔。

⑩混：浑，浑浊。

⑪静之徐清：谓沉静后会徐徐而清澈。

⑫动之徐生：谓行动后会徐徐而产生。

⑬盈：丰盈。

⑭蔽而新成：即推陈出新。

译文

古时候善于行道的人，其微妙玄通，真是深不可识。由于深不可识，所以只好勉强来形容他：他小心谨慎，仿佛在冬天里涉过大河；他处处警惕，仿佛畏惧四周的邻居一样；他严于律己，仿佛在别人家里做客；他胸襟潇洒，仿佛春天里冰雪融化一样温和自如；他淳厚朴实，仿佛未经雕琢的玉石；他豁达开阔，仿佛那空山幽谷；他浑浑沌沌，仿佛是污水浊流。

谁能在浑浊动乱中平静下来，使身心清静如水呢？谁能在安定祥和中长久守持，使心平气和徐徐而生呢？

能遵循此规律的人，能保持谦虚而不盈满。正因为他不盈满，所以总能不断地从陈旧中创新。

评析

在这一章中，老子继续阐述“道”。“道”是玄妙精深、恍惚不定的。一般人对“道”感到难于捉摸，而得“道”之士则与世俗之人明显不同，他们有独到的风貌、独特的人格形态。世俗之人“嗜欲深者天机浅”，他们极其浅薄，让人一眼就能够看穿；得“道”人士静密幽沉、难以测识。老子把他认为的理想的人格描写得淋漓尽致，老子认为理想的人格是敦厚朴实、静定持心，内心世界极为丰富，并且可以在特定的条件下，由静而转入动。这种人格的静与动同样符合于“道”的变化规律。

我们要认识“道”，并不是只要认识它的形状、声音、物体，而是主要认识它的规律。它的规律对我们立身处世有巨大的指导意义，认识了“道”的规律，我们的行为就不会出现障碍和祸患，就能真正达到明哲保身的境界。

老子对于得道之士的风貌和人格形态试图作一番描述：从“豫兮，若冬涉川”到“混兮，其若浊”这七句，写出了得道者的容态和心境：慎重、戒惕、威仪、融和、敦厚、空豁、淳朴、恬静、飘逸等人格修养的精神面貌。

（一）“豫兮，若冬涉川。”这句话的意思是说，得道者的每一个行动，都怀着特别慎重、警惕的心理，就好像在冬天里赤足渡河一样小心翼翼。这是通过生活常理来阐述高深的道理，一般人都知道在冬天里渡河是很危险的事情，在中原地区，冬天的结冰期很短暂而且冰面非常脆弱，稍不小心就会失足落水，所以，冬天渡河必然要采取非常慎重的态度，不是万不得已，就不要冒这样的大险。君子的日常行为像是冬日渡河，须时刻小心翼翼。但在日常生活中，人们当然不会经常遇到冬天涉大川的事情，所以，人们处理一般生活事物就往往表现得漫不经心和粗心大意。得道者则不然，只要涉及了具体行动，则在行动之前或行动中，都能够以冬天涉河的谨慎态度来进行，扩大地说，他们在日常生活中每每以这种态度生活。

（二）“犹兮，若畏四邻。”这句话的意思是说，得道者在日常生活中处处严格要求自己，约束着自己的言行使之不逾常规，制止着自己的行动使之不过分嚣张放肆，好像是畏惧邻居们的注视。为什么要这样小心、拘谨地生活？邻居是我们非常熟悉的，对于大多数人来说，可能对一些远亲倒是并不十分熟悉，但对所有的邻居却无不了如指掌。所以，乡邻关系构成了人生的重要部分。一个人可以在自己的乡土之外有一些诡秘的或不那么正大光明的活动，却不能做任何令邻居切齿的事；一个人可以不见容于天下，却不能不见容于邻居。所以，老子郑重地告诉人们，一个得道者的所有行动，都一定是百般地犹豫和小心，好像是畏惧邻居一样。也就是说人们在日常生活中，要严格地要求自己，并使自己不断完善，这样才能拥有良好的人际关系。

（三）“俨兮，其若客。”这句话的意思是说，一个得道者无论在任何时候，也无论在任何场合，都好像是做客的客人一样，以一本正经的姿态来处理生活问题。俨，是形容庄严的样子，也就是一本正经的意思。在这里，老子为大家提供了一个日常生活中的样板，这是一个以极端严肃认真的态度来对待日常生活、来处理问题、来行动的得道者的生活常态，以客人的姿态来生活，就势必以谦卑的态度对待自己而以崇拜的态度屈从自然；而以主人的姿态来生活，则势必以尊贵的态度对待自己而以嚣张的态度征服自然。可是在生活中，人们难免会看高自己却看不起别人，所以老子的思想是做人应该像客人一样，不要太嚣张。

（四）“涣兮，其若凌释。”这句话的意思是像冰雪融化一样温和自如。

（五）“敦兮，其若朴。”这句话的意思是像未经雕琢的玉石一样淳朴。

（六）“旷兮，其若谷。”这句话的意思是像山谷一样豁达。

其中（四）、（五）、（六）是说做人要效法“道”，成为得“道”之人，就应具有温和、淳朴、豁达的品格，一个人想取得人生的成功，那么他只有学会做人。

（七）“混兮，其若浊。”像污水浊流一样浑浊。

老子在通篇里一直提倡“无为”“不言”的处世态度，像污水的浑浊正是这种处世态度的体现。虽然外貌上表现得浑浑噩噩的样子，但内心却如明镜。

郑板桥有云：“大巧若拙，大勇若怯，天下之智皆在一个‘藏’字。与人交往，藏得巧妙，则能先发制人，出其不意，比之锋芒毕露者，不知要高明多少倍。”从表面上看这种处世态度似乎保守，可细想起来却很是可取。凡事为自己留条退路，不炫耀显露自己，如浊水一般，这样的人才不会犯大错，才会有所成就。

“孰能浊以静之徐清，孰能安以动之徐生”，这是说得道之士的静定功夫和精神活动的状况。“浊”和“清”对立，“安”（静）和“生”（动）对立，一是说明动极而静的生命活动过程，一是说明静极而动的生命活动过程。“浊”是动荡的状态，得道之士在动荡的状态中，透过“静”的功夫，恬退自养，静定持心，转入清明的境界，这是说明动极而静的生命活动过程。在长久沉静安定（“安”）之中，得道之士又能生动起来，趋于创造的活动（“生”），这是说明静极而动的生命活动过程。

总之，老子在这一章要说明的是人要具有敦厚朴实、宽容豁达的人格。

虚极静笃

原文

致虚极，守静笃①。

万物并作②，吾以观复③。夫物芸芸④，各归其根⑤。归根曰静，静曰复命⑥。复命曰常⑦，知常曰明⑧。

不知常，妄作，凶。

知常容⑨，容乃公，公乃全⑩，全乃天⑪；天乃道，道乃久，没身不殆。

注解

①致虚极，守静笃（dǔ）：虚和静都是形容人的心境是空明宁静的状态，但由于外界的干扰、诱惑，人的私欲开始活动。因此心灵闭塞不安，所以必须注意“致虚”和“守静”，以期恢复心灵的清明。极、笃，意为极度、顶点。

②作：生长、发展、活动。

③复：循环往复。

④芸芸：茂盛、纷杂、繁多。

⑤归其根：根，指道，归根即复归于道。

⑥复命：复归本性，重新孕育新的生命。

⑦常：指万物运动变化的永恒规律，即守常不变的规则。

⑧明：明白、了解。

⑨容：宽容、包容。

⑩全：周到、周遍。

⑪天：指自然的天，或为自然界的代称。

译文

内心虚化到极点，持守安静到纯一。

我就能在万物的蓬蓬勃勃中，看出其来龙去脉。那万物纷纷芸芸，各自返回它的本根。返回到它的本根就叫做清静，清静就叫做复归于生命。复归于生命就叫自然，认识了自然规律就叫做聪明。

不认识自然规律的轻妄举止，往往会出乱子和灾凶。

认识自然规律的人是无所不包的，无所不包就会坦然公正，公正就能周全，周全才能符合自然。符合自然才能符合于“道”，符合于道才能长久，终生不会遭到危险。

评析

这一章并不是专讲人生，而是主要讲认识世界，当然也包括认识人生。但无论是认识人生哲理，还是认识客观世界，其基本态度是“致虚”“清静”“归根”和“复命”。

先说“致虚”。虚无是道的本体，但运用起来却是无穷无尽的。“致虚极”是要人们排除物欲的诱惑，回归到虚静的本性，这样才能认识“道”，而不是为争权夺利而忘了“道”。“致虚”必“守静”，因为“虚”是本体，而“静”则在于运用。致虚守静中的致虚即是心智作用的消解，消解到没有一点心机和成见的地步。一个人运用心机会蔽塞明澈的心灵，固执成见会妨碍明晰的认识，所以致虚是要消解心灵的蔽障和理清混乱的心智活动。致虚必守静。透过静的功夫，乃能深蓄厚养，储藏能量。

何谓“归根”“复命”？“归根”就是要回归到一切存在的根源。根源之处，便是呈虚静的状态。而一切存在的本性，即是虚静的状况，还回到虚静的本性，就是“复命”的思想。老子复命的思想，乃就人的内在之主体性、实践性这一方面做工作。他们以为人心原本清明透澈，只因智巧嗜欲的活动而受骚乱与蒙蔽。故应舍弃智巧嗜欲的活动而复归于原本的清净透明的境地。

“复命曰常”，这个“常”是通常、经常、正常、非常，推衍开来，也有常情、常理、常规、常例等意思。老子既然把静、虚空、虚无、无为等作为生命的正常存在形式，则所有并作、芸芸、丰盈、作为，便成为生命的不正常存在形式。但无论形式上是正常或不正常，而生命最终将通过不同方式回复到他（它）们的根源处，则是万物之存亡的常情常理。作为人类（动物或植物当然不能理解这种道理），知道了这个常情常理后——则无论他是采取修道者通过摒弃欲望和作为来达到“复命”，还是通过生命力的尽情宣泄而最后走向复命——都可以算是明达了，这就是老子所说的“知常曰明”。明，即明了、明达、明智、明白，都是通晓的意思。既然知道了物之生死的常情常理，当然就不必心存任何痴愚的幻想，完全可以按照自己所乐于接受的方式来选择自己活着时候的生活方式以及生命最后的结束方式。事实上，生时的安静如果与死后的沉静没有什么本质以及结局上的不同，则生死对于他们也就不是什么了不起的事情了，一切都顺其自然，这当然应该算是明达。

每一种生命最终总是要复归于它们的根源之处，没有任何例外。而且，从生命的本质来说，它在展开过程中尽管努力争取到了一个多姿多彩的过程，但一旦复归了它的根源时，便立即就沉静了下来，至少从表面看来，万物莫不如此。生命的结局虽然是沉寂，但不是死亡，从生命循环的道理看，不过是新的生命历程之开端。

从生存到死亡是万物的常情，生命的本质既然如此，则明达的人自然会遵循着一种常情或常理来安顿自己的生命过程，尽管修道与不修道都各有不同的活法，但他们一般不会拼命地以耗费自己的本体来追求外在的表现。但对于一些不知常情和常理的人，他们往往以轻举妄动的行为来追求生命的外在表现，全然不顾生命本质的枯萎消耗，在老子看来，这种行为对于生命存在来说，是一件非常凶险的事情。

老子本章强调了“虚”“静”“复”“复命”“常”“知常”“明”等概念，

它们是一组意义逐渐深入的排比组合，也可以说它们是一组高深哲理的逻辑排列。也就是说我们只有了解到大道沉静无为的根本，将事物的一切来源弄清楚，自然而然就可以包容一切，也自然而然地摆脱掉了欲望的束缚。

一个心胸开阔的人，能视黄金如粪土，把万贯家财作为仗义行事的资本；一个心胸狭窄的人，会把鸡毛蒜皮的小事看作天那么大，在财产上也如守财奴那般只进不出。心胸开阔的人，必须具有豁达的人生观，以义作为取舍，仗义而疏财，但绝不挥霍浪费。一个人的心胸是需要后天培养的，心胸豁达往往是成功事业的基础。

如果一个人的心胸过于狭窄，在遇到不顺心之事、听到不顺耳的话语时，就怒不可遏，见到强于自己者就嫉妒，“恨人有，笑人无”，结果只会有损自己的形象，危害事业，使自己的气质秉性受到破坏，极大地伤及了嫉妒者自身的元气与身心。

功成事遂

原文

太上①，下知有之②；其次，亲而誉之；其次，畏之；其次，侮之。

信不足焉，有不信焉。悠兮③其贵言④，功成事遂，百姓皆谓：“我自然⑤。”

注解

①太上：至上、最好，指最好的统治者。

②下知有之：人民仅仅知道有统治者的存在。

③悠兮：悠闲自在的样子。

④贵言：指不轻易发号施令。

⑤自然：自己本来就如此。

译文

最好的统治者，人民仅仅知道他的存在；其次的统治者，人民亲近他并且称赞他；再次的统治者，人民畏惧他；更次的统治者，人民轻蔑他。

统治者的诚信不足，人民才不相信他。最好的统治者是多么悠闲。他很少发号施令，事情办成功了，老百姓说："我们本来就是这样的。"

评析

在这一章里，老子说最好的国君，由于他以自然无为处事，任人民顺应自然、自由生存而不强加制约，所以人民就只知有个国君存在而感觉不到君主之威。比最好的国君差一些的，虽不是自然无为治国，但是尚能以仁义治国，所以能得到人民的亲近、赞誉与拥护；比这种国君再差的是制定刑法治国的国君，人民畏惧刑法而惧怕于他；最差的国君，只图自己享乐、满足个人欲望、地位，不顾国民的死活，残害欺骗国民，使民不聊生，以致人民轻蔑他，甚至反抗、打倒他。

最好的国君，以自然无为治国，看起来似乎很悠闲的样子，他不轻易发号施令，让人民顺应自然，自由地生活。他默默地完成天下太平、国富民强的大业（无不为），却不言己功，使百姓皆认为这种自由自在的太平生活是自然而成的、自然应有的。

老子把这种理想的政治情境，与儒家主张实行的“德治”、法家主张实行的“法治”相对比，将其等而下之。实行“德治”，老百姓觉得统治者可以亲信，而且称赞他，这当然不错，但还是次于“无为而治”者。实行“法治”的统治者，用严刑峻法来镇压人民，实行残暴扰民政策，这就是统治者诚信不足的表现，人民只是逃避他，畏惧他。老子强烈反对这种“法治”政策，而对于“德治”，老子认为这已经是多事的征兆了。最美好的政治，莫过于统治者“贵言”，从不轻易发号施令，人民和政治相安无事，以至于人民根本不知道统治者是谁。当然，这种情况在当时并不存在，只是老子的“乌托邦”式幻想。

这一思想运用到日常生活中，在现代社会里，社会的分工越来越细，做老板的或其他管理人员，也需要“抓大放小”，给下属以充分发展的空间。这是衡量一个老板、一个领导能力大小的一把尺子。

诸葛亮的悲剧，就在于太相信自己，而总是不相信别人，不相信自己的手下，自然也就没有将别人也可以做的事情让别人去做，没有充分“放权”。诸葛亮的能耐再大，也不可能将所有的事情都做了。

用才之道，首要的一条就是以诚相待，充分信赖。如果你怀疑他，那么就不要使用他；而使用他，就必须信任他。试问，你如果对他疑神疑鬼，他怎么能够放开手脚去工作呢?

用人不疑，保护和支持人才，是一种强大的激励手段。如果一个人被信任，一种强烈的责任感和自信心便油然而生。尤其是上级对下级的充分信赖，就是对下级的最好奖赏，它将形成一股促使下级努力工作的强大动力。因此，可以这样说，信任是一种催化剂，是一种助推器，它可以加速蕴藏在人体深处的自信力的爆发，而这种自信力一旦爆发，工作起来就可以达到忘我的程度。

领导者在使用人才时，特别需要以自己的真诚来对待人才，在真诚的基础上，建立相互信赖的感情。而要做到这一点，首先要求领导者的语言表达必须真诚恳切，而不是虚华浮夸。对下级讲话一定要一是一，二是二，推心置腹，情真意切，绝不可言不由衷，装腔作势，封官许愿。现代领导者一定要避免说假话、说大话、说空话、说套话。其次，要求领导者在工作行为上诚实，并多同下级商量。凡能公开的一定要公开，商量研究工作时，要搞

"群言堂"而绝不能搞"一言堂""家长制"。

领导者对下属人才的引导必须充满情感。列宁就曾认为，没有对人的感情，就从来没有也不可能有人对于真理的追求。人们常说的"通情达理"，强调的是先"通情"，然后才能"达理"。因此，不能忽视感情因素，不能不在晓之以理、以理服人的同时，动之以情，以情感人，只有这样，才能真正使人"心悦诚服"，激起下级的信赖和力量。

充分授权给下属，在"抓大放小"的前提下，把本来属于下属的工作或者适合下属的工作，以及完成这项工作所需要的权威坚决地交给下属，这样不但可以将自己从繁忙的事务中解脱出来，同时对下属也是一个很好的锻炼机会。

为了能把自己真正地解放出来，要学会把具有挑战性的工作，甚至是决策性的工作，还有使下属有所收益的工作授权给他们，让他们去做。这首先建立在充分信任下属的基础上，"用人不疑，疑人不用"，在授权的时候，别忘了把整个事情都托付给对方，同时交付足够的权力好让他做必要的决定。

大道废焉

原文

大道[1]废，有仁义；
智慧[2]出，有大伪；
六亲[3]不和，有孝慈[4]；
国家昏乱，有忠臣。

注解

①大道：指社会政治制度和秩序。

②智慧：聪明、智巧。

③六亲：父子、兄弟、夫妇。

④孝慈：一本作孝子。

译文

大道废弃了，才出现仁义；

智慧出来了，才有大伪诈；

六亲不和，才大讲孝慈；

国家昏乱，才呼唤忠臣。

评析

本章接着上一章“信不足焉，有不信焉”，认为社会上出现的仁义、大伪、孝慈、忠臣等，都是由于君之失德所致。至德之世，大道兴隆，仁义行于其中，人皆有仁义，所以仁义看不出来，也就没有倡导仁义的必要。及至大道废弃，人们开始崇尚仁义，试图以仁义挽颓风，此时，社会已经不纯厚了。在这里，老子把辩证法运用于社会治理。他指出：仁义与大道废、大伪与智慧出、孝慈与六亲不和、忠臣与国家混乱，形似相反，实则相成。老子揭示了它们之间的对立统一关系，表达了相当丰富的辩证思想。

下面我们详细地介绍这几者之间的关系：

“大道废，有仁义。”这句话的意思是：大道被废弃了，才有提倡仁义的需要。随着文明范围的日益扩大，人类逐渐从生命本能支配下的自然行为冲动化，而走向礼仪道德支配下的行为规范化。这时，个人行为不再只是他个人的事情，而是涉及宗族、集体甚至国家的事情。因此，他的个人行为，不仅要对他自己负责，也要对家族、集体和国家负责。所以，国家政权的出现，也并不完全是阶级斗争的产物，进一步维系氏族的内聚力以对其他邻近部族构成优势地位，是国家出现的重要作用之一。国家的作用，也不完全是冰冷冷的镇压工具，为民众制定共同遵守的行为规范，并使这些规范成为法令而广泛地推广到民间社会，亦是国家政权的重要功能之一。进行这种推广工作，虽然也可能要采取一些过激手段，但主要是依靠道德教化的进行。老子在此似乎并不是完全否认仁义本身，而是因为仁义的出现，象征着远古时代的道德原则的消失。换言之，仁义的出现，是因为古代时期人民的行为原则遭到破坏。

“智慧出，有大伪。”这句话的意思是：聪明智巧的现象出现了，伪诈才盛行一时，这是人类从蒙昧走向理智的重要标志。老子认为：智慧是大伪出现的诱因，在文明出现之前，人类还没有产生出那么多汹涌澎湃的欲望，那时，人类在心灵感受上与其他比较高级的动物相比并没有多少优势，人们过着一种安然的生活，随着人类和社会的进步，所谓的智慧也就是知识的出现，人的私欲越来越强，贪婪如同一个永远难以填满的沟壑，愈是贪婪的人，愈是觉得自己一无所有。他们为了得到一切，就想尽各种办法，于是就放弃了做人的根本，比如说诚信，把自己变成积累财富的奴隶，为财富不择手段，为权势投机钻营，那么，这种人就会永远贪得无厌，陷于心智的麻痹。老子在此虽然批评了智慧，但并不是为了否定智慧本身；他反对的是，伴随着智慧之出现亦同时出现了虚伪、狡诈、欺骗等行为。我们做人要做到安守本分，首先要约束自己，从“大伪”中走出来。归根于为人处世上就是做人要厚道，厚道不外乎“忠厚之道”，它包含了诚实、善良、豁达、感恩、直率、助人为乐、爱憎分明等品质，浓缩了几千年来人类的精神美。而对天性追求真善美的人类来讲，没有谁愿意拒绝厚道。

“六亲不和，有孝慈。”这句话的意思是：家庭出现了纠纷，才能显示出孝与慈。孝和慈本身没有多少令人非议之处，它们在本质上都是血缘关系的习俗沿袭和具体表现，维系六亲之间的和睦，孝慈之贡献亦非浅。老子也不是完全否定孝道和慈爱，关键在于一种出于自然的血缘关系应该是发自人们的内心情感，而这种情感不是靠个别人的大力提倡就可以风行于世的。老子之所以对孝慈的提倡表示反感，是因为它们象征着“六亲不和”。但事实上，无论孝慈出不出现，六亲却已不和了。

“国家昏乱，有忠臣。”这句话的意思是：国家陷于混乱，才能出见忠臣，这和“六亲不和，有孝慈”具有同解，这是老子对国家兴衰的真知灼见，这样的现象在老子之前已经无数次出现，在老子的时代则愈演愈烈。家贫出孝子，艰难出英才，自古圣贤皆寂寞等，都是指灾难对个人的影响。事实上，人类如果离开了灾难恐怕还不行，国家亦如此，“生于忧患，死于安乐”，灾难造成的人类心理忧患，往往有力地促进了人类历史的进步。

国家虽然从出现伊始就表现出了强大的超人力量，但每个国家的发展道路并不平坦，内部的“六亲不和”以及外部的因种族矛盾所引发的战争，屡屡使国家陷于毁灭与再生的轮回之中。国家混乱，就出现了一些“忠臣”，也就是有了“忠臣”的概念，而国家混乱就是由于人的不安守本分导致。

“智慧”“孝慈”“忠臣”的产生，都是消极的，是远离大道的，是因为人不守本分。老子在这一章就是要告诉我们：做人要安守本分才无大碍，如此社会才会安定，家庭才会和睦，国家才能太平，人民才能安然地生活着。

少私寡欲

原文

绝圣弃智[①]，民利百倍；绝仁弃义，民复孝慈；绝巧弃利，盗贼无有。

此三者[②]，以为文[③]不足，故令有所属[④]：见素抱朴[⑤]，少私寡欲，绝学无忧[⑥]。

注解

①绝圣弃智：抛弃聪明智巧。此处“圣”不作“圣人”，即作最高的修养境界解，而是自作聪明之意。

②此三者：指圣智、仁义、巧利。

③文：条文、法则。

④属：归属、适从。

⑤见素抱朴：意思是保持原有的自然本色。“素”是没有染色的丝；“朴”是没有雕琢的木；素、朴是同义词。

⑥绝学无忧：指弃绝仁义圣智之学才能免于忧患。

译文

弃绝成功与智慧，对人民有百倍的好处。弃绝仁义的说教，人民就会复归孝慈。弃绝技巧与功利，就不会有盗贼为患。

然而，用这三者作诫律是不够的，一定要让人心有所归属才行。保持纯洁朴实的本性，减少私欲杂念，抛弃圣智礼法的浮文，才能免于忧患。

评析

在这一章里老子告诉我们，圣智、仁义与巧利三者，是绝对不能鼓励的，这样做就会与“道”相背离，招致祸端。正如人如果不安守本分喜欢用小聪明，那就有灾祸了。“见素抱朴，少私寡欲”，恢复人的自然本性的观点，对我们这个社会是非常有意义的。这也是本章所阐述的重点。

老子在本章所阐述的观点，透露出这样一个道理：一个领导者只有使人们认识到智慧的根本、人的本质，才能使人们有所归属。没有了所谓的圣明，揭去了虚伪的包装，才能有实实在在的安定。人的本来面目应当是遵循大道的规律、顺应自然。恢复了本质的朴素，没有了仁义与不仁义的分别，也就没有了对与错的概念，也不存在贵贱之差异了。没有分别之心，自然也就不会有争夺心。那么人与人之间也就自然而然地和睦了，我们的生活也会自然而然地回归于安详与幸福了！如果人不安守本分喜欢要小聪明，那就会出现灾祸。

生活中总有一些经常要小聪明的人，聪明固然是造物者的一大恩赐，但是假如聪明过度，反而会危害到本身的生存，聪明反被聪明误。对聪明人来说是这样。如果你本不聪明，而故作聪明状，那就更不是滋味了。因为你会由此而玩弄了你自己。

事物是复杂的，不顾客观实际，一味循着自己的思路去考虑问题，卖弄小聪明，是愚人的行为，是招灾引祸的根源。多点踏实，多点考虑，应是自作聪明者的座右铭啊！

道理就是这么简单，却又无比深奥。一个不知道“急流勇退”的人实在是一个傻瓜，一个机关算尽的人最终会算到自己头上。俗语云：“搬起石头砸自己的脚”，正好是“聪明反被聪明误”的绝妙写照，最后只能导致“赔了夫人又折兵”。耍小聪明的人头上都悬着一把“达摩克利斯剑”，这把剑随时会落到聪明者的头上，斩下他的头颅。这是一种极其危险的游戏。它能让人玩得耳红心跳，初次让人尝到甜头后，便一发不可收拾，最终连自己也玩进去，然而最可悲的是，耍小聪明的人最终也不知自己的劫难从何而起，他们永远不会总结教训。

墨家

墨家为中国古代春秋战国时期的诸子百家之一，创始人为墨翟，世称墨子，墨家之名从创始人而得。在春秋时期，儒家和墨家同为春秋战国时期显学，当时有“不入于儒，即入于墨”之说。

◆ 名人与典籍

先秦时期，儒、墨两家曾经分庭抗礼。战国后期，墨学的影响一度甚至在孔学之上。同时，墨家被视为中国最早的民间结社组织，有着严密组织和严格纪律，其最高的领袖被称为“巨子”，墨家的成员都自称为“墨者”。之后由于西汉汉武帝的“独尊儒术”、社会心态的变化以及墨家本身并非人人可达的艰苦训练、严厉规则及高尚思想，墨家在汉朝之后基本消失。墨家的代表人物是墨翟。其大概生活在公元前479年~前381年之间，他是中国春秋战国时思想家、政治家。提出“兼爱”“非攻”等观点，反对当时的兼并战争，主张非命、天志、明鬼，但同时又承认鬼神的存在。

《墨子》

墨家学派的代表作是《墨子》，由墨子和各代门徒逐渐增补而成，是研究墨子和墨家学说的基本材料。其中的《经上》《经下》《经说上》《经说下》《大取》《小取》等6篇，一般称作《墨经》或《墨辩》，着重阐述认识论和逻辑学，在逻辑史上被称为后期墨家逻辑或墨辩逻辑（古代世界三大逻辑体系之一，另两个为古希腊的逻辑体系和佛教中的因明学）；其中还包含许多自然科学的内容，特别是天文学、几何光学和静力学。

亲士

原文

入国[1]而不存其士，则亡国矣。见贤而不急，则缓其君矣。非贤无急，非士无与虑国。缓贤忘士，而能以其国存者，未曾有也。

昔者文公出走而正天下，桓公去国而霸诸侯，越王勾践遇吴王之丑而尚摄中国之贤君。三子之能达名成功于天下也，皆于其国抑而大丑也。太上无败，其次败而有以成，此之谓用民。

吾闻之曰："非无安居也，我无安心也；非无足财也，我无足心也。"是故君子自难而易彼，众人自易而难彼。君子进不败其志，内究其情；虽杂庸民，终无怨心。彼有自信者也。是故为其所难者，必得其所欲焉；未闻为其所欲，而免其所恶者也。是故逼[2]臣伤君，谄下伤上。君必有弗弗[3]之臣，上必有詻詻[4]之下，分议者延延[5]，而支苟[6]者詻詻，焉可以长生保国。

臣下重其爵位而不言，近臣则喑，远臣则吟，怨结于民心。谄谀在侧，善议障塞，则国危矣。桀纣不以其无天下之士邪？杀其身而丧天下，故曰：归国宝，不若献贤而进士。

今有五锥，此其铦，铦者必先挫。有五刀，此其错[7]，错者必

先靡。是以甘井近竭，招木近伐，灵龟近灼，神蛇近暴。是故比干之殪，其抗也；孟贲之杀，其勇也；西施之沈，其美也；吴起之裂，其事也。故彼人者，寡不死其所长，故曰：太盛难守也。

故虽有贤君，不爱无功之臣；虽有慈父，不爱无益之子。是故不胜其任而处其位，非此位之人也；不胜其爵而处其禄，非此禄之主也。良弓难张，然可以及高入深；良马难乘，然可以任重致远；良才难令，然可以致君见尊。是故江河不恶小谷之满已也，故能大。圣人者，事无辞也，物无违也，故能为天下器。是故江河之水，非一源之水也；千镒之裘，非一狐之白也。夫恶有同方，取不取同而已者乎？盖非兼王之道也！是故天地不昭昭，大水不潦潦，大火不燎燎，王德不尧尧者，乃千人之长也。

其直如矢，其平如砥，不足以覆万物。是故溪陕者速涸，逝浅者速竭，墝埆[8]者其地不育。王者淳泽，不出宫中，则不能流国矣。

注解

①入国：“入”疑“乂”之形误，乂国即治国。

②逼：同“壁”。

③弗：通“拂”。

④詻詻：同“谔谔”。

⑤延延：通“炎炎”。

⑥支苟：疑“交苛”二字形误。

⑦错：同“厝”，磨刀石。

⑧埆：土地坚硬而瘠薄。

译文

治国而不优待贤士，国家就会灭亡。见到贤士而不急于任用，他们就会怠慢君主。没有比用贤更急迫的了，若没有贤士，就没有人和自己谋划国事。

怠慢遗弃贤士而能使国家长治久安的，还不曾有过。

从前，晋文公被迫逃亡在外，后为天下盟主；齐桓公被迫离开国家，后来称霸诸侯；越王勾践被吴王战败受辱，终成威慑中原诸国的贤君。这三君所以能成功扬名于天下，是因为他们都能忍辱负耻，以图复仇。最上的是不遭失败，其次是失败而有办法成功，这才叫善于使用士民。

我曾听说："我不是没有安定的住处，而是自己没有安定之心；不是没有丰足的财产，而是怀着无法满足的心。"所以君子严于律己，宽以待人。而一般人则宽以律己，严以待人。君子仕进顺利时不改变他的素志，不得志时心情也一样；即使杂处于庸众之中，也终究没有怨尤之心。他们是有着自信的人。所以说，凡事能从难处做起，就一定能达到自己的愿望，但却没有听说只做自己所想的事情，而能免于所厌恶之后果的。所以奸臣与谗佞之辈往往伤害君主。君主必须有敢于矫正君主过失的臣僚，上面必须有直言极谏的下属，分辩议事的人争论锋起，互相责难的人互不退让，这才可以长养民生，保卫国土。

如果臣下只以爵禄为重，不对国事发表意见，近臣缄默不言，远臣闭口暗叹，怨恨就郁结于民心了。谄谀阿奉之人围在身边，好的建议被他们阻挡难进，那国家就危险了。桀、纣不正是因为他们不重视天下之士吗？结果身被杀而失天下。所以说：赠送国宝，不如推荐贤士。

比如现在有五把锥子，一把最锋利，那么这一把必先折断。有五把刀，一把磨得最快，那么这一把必先损坏。所以甜的水井最易用干，高的树木最易被伐，灵验的宝龟最先被火灼占卦，神异的蛇最先被曝晒求雨。所以，比干之死，是因为他抗直；孟贲被杀，是因为他逞勇；西施被沉江，是因为长得美丽；吴起被车裂，是因为他有大功。这些人很少不是死于他们的所长。所以说：太盛了就难以持久。

因此，即使有贤君，他也不爱无功之臣；即使有慈父，他也不爱无益之子。所以，凡是不能胜任其事而占据这一位置的，他就不应居于此位；凡是不胜任其爵而享受这一俸禄的，他就不当享有此禄。良弓不容易张开，但可以射得高没得深；良马不容易乘坐，但可以载得重行得远；好的人才不容易驾驭，但可以使国君受人尊重。所以，长江黄河不嫌小溪灌注它里面，才能让水量增大。圣人勇于任事，又能接受他人的意见，所以能成为治理天下的英才。所以长江黄河里的水，不是从同一水源流下的；价值千金的狐白裘，不是从一只狐狸腋下集成的。哪里有与自己相同的意见才采纳，与自己不同的意见就不采纳的道理呢？这不是统一天下之道。所以大地不昭昭为明（而美丑皆收），大水不潦潦为大（而川泽皆纳），大火不燎燎为盛（而草木皆容），王德不尧尧为高（而贵贱皆亲），才能做千万人的首领。

像箭一样直，像磨刀石一样平，那就不能覆盖万物了。所以狭隘的溪流干得快，平浅的川泽枯得早，坚薄的土地不长五谷。做王的人深恩厚泽不出宫中，就不能流遍全国。

评析

这是《墨子》开宗明义第一篇，名曰《亲士》，说的是正才大道。其一，为臣为子者，当以功业正道自立，而不能希图明君慈父垂怜自己，若是依靠垂怜赏赐而得高位，最终也将一无所得。其二，要成正道，便得寻觅依靠有锋芒的国士人才，虽然难以驾驭，然却是功业根基。其三最为要紧，说的是天地万物皆有瑕疵，并非总是昭昭荡荡，大水有阴沟，大火有烟瘴，王道有阴谋。身为重要人物，既不能因诸般瑕疵而陷入宵小之道，唯以权术对国事，又不能如箭矢般笔直，磨刀石般平板。只有正道谋事，才能博大宏阔伸展自如，才能亲士成事。

墨子以齐桓公、晋文公、越王勾践等贤君与

桀、纣等昏君对待贤人的两种截然不同的态度为例，说明能否亲士用贤，关系着国家的兴衰成败；并进一步指出，国君要做到亲士用贤，除了要有自任其难的爱士之心外，还需具备宽容、体谅的态度，广泛采纳各色人才，让他们各抒己见，面折廷争。这才是可以王天下、保国家的兼王之道。

墨子认为，要治国安邦，君主必须亲近贤士，任用贤才。认为执政者只有像江河纳百川那样，不拘小流，虚怀宽谷，才能广泛延揽使用各方面的人才；只有像江河有无数源头那样，善于采纳不同的意见和兼收并蓄，才能兼听则明，君臣上下同心同德，长生保国。反之，如果器量狭小，不能包容万物，广布恩泽，就会像狭小的溪流容易干涸、很小的小川容易枯竭那祥，成为孤家寡人，最终落得个众叛亲离、土崩瓦解的下场。墨子明确指出所谓圣王所以致天下之大治，其原因有二，一是本身圣，二是辅者贤。

胡适曾提出，《墨子》前几篇应当是后儒篡改之作，并非墨子的学说。有的人不这样认为，墨家与儒家本有不可分的关系，（据说墨子早期师从于儒家）。但要完全说这篇就是墨子原著，却也不敢苟同，比如其中大段道家言论就让人很是奇怪。

墨子主张贤君要亲近贤士，这是和当时的时代发展密不可分的。春秋战国之际，战乱纷繁，诸侯国之间战争不断，逞强辱弱，使广大人民生活在水深火热之中，有识之士皆奔走疾呼，要求改变这种生活状态。儒家试图回归奴隶社会，以开明奴隶主贵族来治理社会，其思想观点得到一些有回归情结诸侯国君主的认同，主要集中在那些受到凌辱的小诸侯国身上。但是，社会在进步，历史的车轮不会倒退，使儒家的思想在当时产生不了深刻而广博的影响。以无为而治的道家而言，他们试图回归到原始社会来躲避这个纷乱的现实世界，“无为而治”“老死不相往来”的思想对于那些争霸诸侯和苟且偷生的小国而言，是不可行的；唯有在一些高识之士中引起共鸣，他们退而出世，伴侣鱼虾友麋鹿，过起了超然的隐居生活。这些对于“贱民”出生的墨子来说，都是做不到的。他要改变这个局面，必定从其民主性出发。他察看社会，回顾历史，剖析为政者，认为造成如此局面的主要原因是为政者不仁，所用人不贤。“昔者文公出走而正天下，桓公去国而霸诸侯，越王勾践遇吴王之丑，而尚摄中国之贤君，三子之能达名成功于天下也，皆于其国抑而大丑也。”回顾历史，过去圣王所以致天下之大治，原因有二，一是本身圣，二是辅者贤，正如他所总结的："太上无败，其次败而有以成，此之谓用民。"境界最高的当然是一点过错也没有，完美无缺，自身圣明，辅者贤惠。其次不错的就是虽然有些曲折，但终因辅者贤明，"而有以成"，这就是亲近"士"的作用。

修　身

原文

君子战虽有陈[①]，而勇为本焉；丧虽有礼，而哀为本焉；士虽有学，而行为本焉。是故置本不安者，无务丰末；近者不亲，无务求远；亲戚不附，无务外交；事无终始，无务多业；举物而暗，无务博闻。

是故先王之治天下也，必察迩来远，君子察迩而迩修者也。见不修行见毁而反之身者也，此以怨省而行修矣。谮慝之言，无入之耳；批扞之声，无出之口；杀伤人之孩[②]，无存之心，虽有诋讦之民，无所依矣。

故君子力事日强，愿欲日逾，设壮日盛。君子之道也：贫则见廉，富则见义，生则见爱，死则见哀；四行者不可虚假，反之身者也。藏于心者，无以竭爱；动于身者，无以竭恭；出于口者，无以竭驯。畅之四支，接之肌肤，华发隳颠，而犹弗舍者，其唯圣人乎！

志不强者智不达；言不信者行不果；据财不能以分人者，不足

与友；守道不笃，遍物不博，辩[3]是非不察者，不足与游。本不固者未必几，雄而不修者，其后必惰，原浊者流不清，行不信者名必秏。名不徒生而誉不自长。功成名遂，名誉不可虚假，反之身者也。务言而缓行，虽辩必不听。多力而伐功，虽劳必不图。慧者心辩而不繁说，多力而不伐功，此以名誉扬天下。言无务为多而务为智，无务为文而务为察。故彼智无察，在身而情[4]，反其路者也。善无主于心者不留，行莫辩于身者不立；名不可简而成也，誉不可巧而立也，君子以身戴[5]行者也。思利寻焉，忘名忽焉，可以为士于天下者，未尝有也。

注解

①陈：同“阵”。

②孩：毕沅云：“当读如根荄之荄。”

③辩：同“辨”。

④彼：借为“非”。情：为“惰”之形讹。

⑤戴：同“载”。

译文

君子作战虽用阵势，但必以勇敢为本；办丧事虽讲礼仪，但必以哀痛为本；做官虽讲才识，但必以德行为本。所以立本不牢的，就不必讲究枝节的繁盛；身边的人不能亲近，就不必讲究招徕远方之民；亲戚不能使之归附，就不必讲究结纳外人；做一件事情有始无终，就不必谈起从事多种事业；举一件事物尚且弄不明白，就不必追求广见博闻。

所以先王治理天下，必定要明察左右而招徕远人。君子能明察左右，左右之人也就能修养自己的品行了。君子不能修养自己的品行而受人诋毁，那就应当自我反省，因而怨少而品德日修。谗害诽谤之言不入于耳，攻击他人之语不出于口，伤害人的念头不存于心，这样，即使遇有好诋毁、攻击的人，也就无从施展了。

所以君子本身的力量一天比一天加强，志向一天比一天远大，庄敬的品行一天比一天完善。君子之道（应包括如下方面）：贫穷时表现出廉洁，富足时表现出恩义，对生者表示出慈爱，对死者表示出哀痛。这四种品行不是可以装出来的，而是必须自身具备的。凡是存在于内心的，是无穷的慈爱；举止于身体的，是无比的谦恭；谈说于嘴上的，是无比的雅驯。（让上述四种品行）畅达于四肢和肌肤，直到白发秃顶之时仍不肯舍弃，大概只有圣人吧！

意志不坚强的，智慧一定不高；说话不讲信用的，行动一定不果敢；拥有财富而不肯分给人的，不值得和他交友；守道不坚定，阅历事物不广博，辨别是非不清楚的，不值得和他交游。根本不牢的，枝节必危。光勇敢而不注重品行修养的，后必懒惰。源头浊的流不清，行为无信的人名声必受损害，声誉不会无故产生和自己增长。功成了必然名就，名誉不可虚假，必须反求诸己。专说而行动迟缓，虽然会说，但没人听信。出力多而自夸功劳，虽劳苦而不可取。聪明人心里明白而不多说，努力做事而不夸说自己的功劳，因此名誉扬于天下。说话不图繁多而讲究富有智慧，不图文采而讲究明白。所以既无智慧又不能审察，加上自身又懒惰，则必背离正道而行了。善不从本心生出就不能保留，行不由本身审辨就不能树立，名望不会由苟简而成，声誉不会因诈伪而立，君子是言行合一的。以图利为重，忽视立名，（这样）而可以成为天下贤士的人，还不曾有过。

评析

意志不坚强的，智慧一定不高；说话不讲信用的，行动一定不果敢；拥有财富而不肯分给人的，不值得和他交友；守道不坚定，阅历事物不广博，辨别是非不清楚的，不值得和他交游。根本不牢的，枝节必危；光勇敢而不注重品行修养的，后必懒惰。

对于每一个要克服的障碍，都离不开意志力；面对着所执行的每一个艰难的决定，我们所依靠的是内心的力量。事实上，意志力并非是生来就有或者不可能改变的特性，它是一种能够培养和发展的技能。

词典上将“意志力”解释成“控制人的冲动和行动的力量”，其中最关键的是“控制”和“力量”。“力量”是客观存在的，问题在于如何“控制”它。

怎样才能增强自己的毅力呢?

一是强化正确的动机。人们的行动都是受动机支配的，而动机的萌发则起源于需要的满足。什么也不需要或者说什么也不追求的人，从来没有。人，都有各自的需要，也有各自的追求；只是由于人生观的不同，不同的人总是把不同的追求作为自己最大的满足。斯大林说，伟大的目的产生伟大的毅力。从奥斯特洛夫斯基和张海迪身上，我们可以看到，崇高的人生目的怎样有力地激发出坚韧的毅力。

二是从小事做起，可以锻炼大毅力。李四光一向以工作坚韧、一丝不苟著称，这与他年轻时就锻炼自己每步走零点八米这类的小事不无关系。道尔顿平生不畏困难，看来从他五十年天天观察气象而养成的韧性中得益匪浅。高尔基说：“哪怕是对自己的一点小小的克制，也会使人变得强而有力，”生活一再昭示，人皆可以有毅力，人皆可以锻炼毅力，毅力与克服困难伴生。克服困难的过程，也就是培养、增强毅力的过程。毅力不很强的人，往往能克服小困难，而不能克服大困难。今天，你或许挑不起一百斤的担子，但你可以挑三十斤，这就行。只要你天天挑，月月练，总有一天，一百斤的担子压在你肩上，你也能健步如飞。恽代英说的深刻：“立志需用集义功夫。余谓集义者，即在小事中常用奋斗功夫也。……在小处不能不犯过失者，其在大处犯过失必矣。小压迫小引诱即能胜过，在大压迫大引诱中能否胜过尚为一个问题。如小处不能胜过尚望大处胜过，岂非自欺之甚呼？胜过小者，再胜过较大者。此所谓集义也。不然集交仍然是一句空话。”

所染

原文

子墨子言见染丝者而叹曰：染于苍则苍，染于黄则黄。所入者变，其色亦变；五入必而已则为五色矣。故染不可不慎也！

非独染丝然也，国亦有染。舜染于许由、伯阳，禹染于皋陶、伯益，汤染于伊尹、仲虺，武王染于太公、周公。此四王者所染当，故王天下，立为天下，功名蔽天地。举天下之仁义显人，必称此四王者。

夏桀染于干辛、推哆[①]，殷纣染于崇侯、恶来，厉王染于厉公长父、荣夷终，幽王染于傅公夷、蔡公穀。此四王者所染不当，故国残身死，为天下僇。举天下不义辱人，必称此四王者。

齐桓染于管仲、鲍叔，晋文染于舅犯、高偃，楚庄染于孙叔、沈尹，吴阖闾染于伍员、文义，越勾践染于范蠡、大夫种。此五君者所染当，故霸诸侯，功名传于后世。

范吉射染于长柳朔、王胜，中行寅染于藉秦、高强，吴夫差染于王孙雒、太宰嚭，智伯摇染于智国、张武，中山尚染于魏义、偃长，宋康染于唐鞅、佃不礼。此六君者所染不当，故国家残亡，身为刑戮，宗庙破灭，绝无后类，君臣离散，民人流亡。举天下之贪暴苛扰者，必称此六君也。

凡君之所以安者何也？以其行理也。行理性于染当。故善为君者，劳于论人而佚[②]于治官。不能为君者，伤形费神，愁心劳意；然国逾危，身逾辱。此六君者，非不重其国、爱其身也，以不知要故也。不知要者，所染不当也。

非独国有染也，士亦有染。其友皆好仁义，淳谨畏令，则家日益，身日安，名日荣，处官得其理矣，则段干木、禽子、傅说之徒是也。其友皆好矜奋，创作比周，则家日损，身日危，名日辱，处官失其理矣，则子西、易牙、竖刀之徒是也。诗曰“必择所堪[③]，必谨所堪”者，此之谓也。

注解

①推哆（chǐ）：桀臣。

②佚：同“逸”。

③堪：当读为“湛”，浸染之意。

译文

墨子说，他曾见人染丝而感叹说：“（丝）染了青颜料就变成青色，染了黄颜料就变成黄色。染料不同，丝的颜色也跟着变化。经过五次之后，就变为五种颜色了。所以染这件事是不可不谨慎的。”

不仅染丝如此，国家也有“染”。舜被许由、伯阳所染，禹被皋陶、伯益所染，汤被伊尹、仲虺所染，武王被太公、周公所染。这四位君王因为所染得当，所以能称王于天下，立为天子，功盖四方，名扬天下，凡是提起天下著名的仁义之人，必定要称这四王。

夏桀被干辛、推哆所染，殷纣被崇侯、恶来所染，周厉王被厉公长父、荣夷终所染，周幽王被傅公夷、蔡公穀所染。这四位君王因为所染不当，结果身死国亡，遗羞于天下。凡是提起天下不义可耻之人，必定要称这四王。

齐桓公被管仲、鲍叔牙所染，晋文公被舅犯、高偃所染，楚庄王被孙叔敖、沈尹戌所染，吴王阖闾被伍员、文义所染，越王勾践被范蠡、文种所染。这五位君主因为所染得当，所以能称霸诸侯，功名传于后世。

范吉射被长柳朔、王胜所染，中行寅被籍秦、高强所染，吴王夫差被王孙雒、太宰嚭所染，智伯摇被智国、张武所染，中山尚被魏义、偃长所染，宋康王被唐鞅、佃不礼所染。这六位君主因为所染不当，所以国破家亡，身受刑戮，宗庙毁灭，子孙灭绝，君臣离散，百姓逃亡。凡是提起天下贪暴苛刻的人，必定称这六君。

大凡人君之所以能够安定，是什么原因呢？是因为他们行事合理。而行事合理源于所染得当。所以善于做国君的，用心致力于选拔人才。不善于做国君的，劳神伤身，用尽心思，然而国家更危险，自己更受屈辱。上述这六位国君，并非不重视他们的国家、爱惜他们的身体，而是因为他们不知道治国要领的缘故。所谓不知道治国要领，即是所染不得当。

不仅国家有染，士也有“染”。一个人所交的朋友都爱好仁义，都淳朴谨慎，慑于法纪，那么他的家道就日益兴盛，身体日益平安，名声日益光耀，居官治政也合于正道了，如段干木、禽子、傅说等人即属此类（朋友）。一个人所交的朋友若都不安分守己，结党营私，那么他的家道就日益衰落，身体日益危险，名声日益降低，居官治政也不得其道，如子西、易牙、竖刀等人即属此类（朋友）。《诗》上说：“选好染料。”所谓选好染料，正是这个意思。

评析

凡是国君，靠什么来保持安定和谐？要靠自己行事合乎公理。而行事合乎公理，源于所染得当。所以善于执政的，用心致力于选拔贤能之人，就不必劳累于反腐败。不善于执政的，劳神伤身，用尽心思，但国家却越来越危险，自己被天下人所辱的日子也一步步走近。

刘邦这个人本来没有什么帝王样子，相反倒是一个无赖。他自小“不事家人生产作业，及壮，试为吏，为泗水亭长。”亭长的任务是“捕盗”，手下可以管五个兵，而且在捕捉犯人时多少也有一点小权力，于是刘邦可以借机交点朋友，如萧何、曹参、王陵、周勃、樊哙、夏侯婴、灌婴等。其中萧何是沛主吏椽，曹参是沛狱椽，与刘邦打交道最多，“高祖为布衣时，萧何数以吏事护高祖。高祖为亭长，常左右之。高祖以吏繇咸阳，吏皆送奉钱三，何独以五”。为此，刘邦最信任的是以萧何、曹参为首的丰沛老乡。这些丰沛老乡组成的队伍，本来不一定能成大事，偏偏在下邳遇上了张良。

刘邦一见张良，便认定这是一个有才干的人，拜张良做厩将，对张良的建议也言听计从。而张良“为他人言，皆不省”，从而认定刘邦是一个值得辅佐的人，于是不断给刘邦出主意，包括破武关取咸阳，屯军霸上，鸿门宴全身而遁，制止郦食分封六国主张，说服刘邦封韩信为齐王等关键性谋略，终于把一个“好酒及色”的无赖，变成了代秦而立的皇帝。张良对这样一个流氓无赖出身的皇帝不大看得起，何况刘邦做了皇帝后又拼命封赏他的丰沛同乡。

高帝说，追赶捕杀野兽兔子的是狗，然而发现遗迹并且推出野兽所在地方的是人，现在诸位功臣，只能获得走兽罢了，就像打猎的时候猎狗所获功劳一样。至于萧何这样的人，他能够发现遗迹并且指出野兽所在的地方，他的功劳就像打猎的时候人所建立的功劳一样。况且各位仅仅以本身跟随我作战，最多也不过两三人。但是萧何全宗族几十人都跟随我作战，他的功劳是不能忘记的。这个时候，群臣们没有人敢说话了。

张良见刘邦只认萧何等丰沛同乡的“人”，将其他功臣皆视为“狗”，立即明白了自己的处境。他见到刘邦将非丰沛同乡的韩信、彭越、英布等功臣分别诛杀，更想到跟刘邦供职是一件危险的事情。当刘邦说：“运筹策帷帐中，决胜千里外，子房功也。自择齐三万户。”张良立刻说：“始臣把下邳与上会留，此天以臣授陛下。陛下用臣计，幸而时中，臣原封留足矣，不敢当三万户”。刘邦想，留离长安较近，让张良住在留比让他去齐更容易监视一些，于是封张良于留。

这就是一代帝王的成功之术。

法 仪

原 文

子墨子曰：天下从事者，不可以无法仪；无法仪而其事能成者，无有也。虽至士之为将相者，皆有法。虽至百工从事者，亦皆有法。百工为方以矩，为圆以规，直以绳，正以县[①]。无巧工、不巧工，皆以此五者为法。巧者能中之，不巧者虽不能中，放[②]依以从事，犹逾己。故百工从事，皆有法所度。

今大者治天下，其次治大国，而无法所度，此不若百工辩[③]也，然则奚以为治法而可？当皆法其父母，奚若？天下之为父母者众，而仁者寡。若皆法其父母，此法不仁也。法不仁，不可以为法。当皆法其学，奚若？天下之为学者众，而仁者寡。若皆法其学，此法不仁也。法不仁，不可以为法。当皆法其君，奚若？天下之为君者众，而仁者寡。若皆法其君，此法不仁也。法不仁，不可以为法。故父母、学、君三者，莫可以为治法。

然则奚以为治法而可？故曰：莫若法天。天之行广而无私，其施厚而不德，其明久而不衰，故圣王法之。既以天为法，动作有为，必度于天。天之所欲则为之，天所不欲则止。然而天何欲何恶者也？天必欲人之相爱相利，而不欲人之相恶相贼也。奚以知天之欲人之相爱相利，而不欲人之相恶相贼也？以其兼而爱之，兼而利之也。奚以知天兼而爱之、兼而利之也？以其兼而有之、兼而食之也。

今天下无大小国，皆天之邑也。人无幼长贵贱，皆天之臣也。此以莫不犓[④]羊，豢犬猪，洁为酒醴粢盛，以敬事天。此不为兼而有之、兼而食之邪？天苟兼而有食之，夫奚说以不欲人之相爱相利

也？故曰：爱人利人者，天必福之；恶人贼人者，天必祸之。曰：杀不辜者，得不祥焉。夫奚说人为其相杀而天与祸乎？是以知天欲人相爱相利，而不欲人相恶相贼也。

昔之圣王禹汤文武，兼爱天下之百姓，率以尊天事鬼。其利人多，故天福之，使立为天子，天下诸侯，皆宾事之。暴王桀纣幽厉，兼恶天下之百姓，率以诟天侮鬼。其贼人多，故天祸之，使遂失其国家，身死为僇于天下。后世子孙毁之，至今不息。故为不善以得祸者，桀纣幽厉是也。爱人利人以得福者，禹汤文武是也。爱人利人以得福者，有矣！恶人贼人以得祸者，亦有矣！

注解

①县：即“悬”的本字。

②放：通“仿”。

③辩：通“辨”。

④辆：同“刍”。

译文

墨子说：天底下办事的人，不能没有法则；没有法则而能把事情做好，是从来没有的事。即使士人作了将相，他也必须有法度。即使从事于各种行业的工匠，也都有法度。工匠们用矩划成方形，用圆规划圆形，用绳墨划成直线，用悬锤定好偏正，（用水平器制好平面）。不论是巧匠还是一般工匠，都要以这五者为法则。巧匠能切合五者的标准，一般工匠虽做不到这样水平，但仿效五者去做，还是要胜过自身的能力。所以工匠们制造物件时，都有法则可循。

现在大的如治天下，其次如治大国，却没有法则，这是不如工匠们能明辨事理。那么，用什么作为治理国家的法则才行呢？假若以自己的父母为法则何如？天下做父母的很多，但仁爱的少。倘若人人都以自己的父母为法则，这实为效法不仁。效法不仁，这自然是不可以的。假若以自己从学的师长为法何如？天下做师长的很多，但仁爱的少。倘若人人都以自己的师长为法则，这实为效法不仁。效法不仁，这自然是不可以的。假若以自己的国君为法则何如？天下做国君的很多，但仁爱的少。倘若人人都以自己的国君为法则，这实为效法不仁。效法不仁，这自然是不可以的。所以父母、师长和国君三者，都不可以作为治理国家的法则。

那么用什么作为治理国家的法则才行呢？最好是以天为法则。天的运行广大无私，它的恩施深厚而不自居，它的光耀永远不衰，所以圣王以它为法则。既然以天为法则，行动做事就必须依天而行。天所希望的就去做，天所不希望的就应停止。那么天希望什么不希望什么呢？天肯定希望人相爱相利，而不希望人相互厌恶和残害。怎么知道天希望人相爱相利，而不希望人相互厌恶和残害呢？这是因为天对人是全爱和全利的缘故。怎么知道天对人是全爱和全利呢？因为人类都为天所有，天全部供给他们吃的。

现在天下不论大国小国，都是天的国家。人不论长幼贵贱，都是天的臣民。因此人无不喂牛羊、养猪狗，洁净地准备好酒食祭品，用来诚敬事天。这难道不是全部地拥有和供给人食物？天既然全部地拥有和供给人食物，为何能说天不要人相爱相利呢？所以说："爱人利人的人，天必定给他降福；相互厌恶和残害人的人，天必定给他降祸。所以说：杀害无辜的人，会得到不祥后果。为何说人若相互残杀，天就降祸于他呢？这是因为知道天希望人相爱相利，而不希望人相互厌恶和残害。"

以前的圣王禹、汤、周文王、周武王，对天下百姓全都爱护，带领他们崇敬上天，侍奉鬼神。他们给人带来的利益多，所以天降福给他们，使他们

立为天子。天下的诸侯，都恭敬地服侍他们。暴虐的君王桀、纣、周幽王、周厉王，对于天下的百姓全部厌恶、憎恨，带领他们咒骂上天，侮辱鬼神。他们残害的人多，所以天降祸给他们，使他们丧失了国家，身死还要受辱于天下。后代子孙责骂他们，至今不休。所以做坏事而得祸的，桀、纣、周幽王、周厉王即是这类；爱人利人而得福的，禹、汤、周文王、周武王即是这类。爱人利人而得福的是有的，厌恶人残害人而得祸的，也是有的！

评析

天底下办事的人，不能没有法则；没有法则而能把事情做好，是从来没有的事。

世界上，最难的是做人和处事。人活了数十载，往往做人不得其分，处事不得其法。尽管有很多的道理告诉我们如何做人，怎样处事，若我们只知理论，不能起而行，也是徒劳无功。究竟如何做人处事呢?

一、只从柔处不从刚：世间上的人，有的太过刚猛、执着与好强，所谓“好出头的椽子先烂坏”。我们口里的齿和舌，虽然齿硬舌软，最先蛀坏的却是牙齿，并非舌头，舌头直到人死后，才逐渐腐坏，可见柔软比较久长。《华严经》说：“常乐柔和忍辱法，安住慈悲喜舍中。”憨山大师也说：“红尘白浪两茫茫，忍辱柔和是妙方。”所以做人应该只从柔处不从刚。

二、只想好处不想坏：所谓“三界唯心，万法谁识”，你心好，想的事情皆是好；你心坏，想的都是如何算计人家的坏事。圣人看社会，大家皆圣人；坏人看众人，全部是坏人。所以我们应该先把心健全起来。

三、服务勤劳不后退：青年守则上说“人生以服务为目的”，我们在社会上做事要想让主管看重我们、肯定我们，首先要有勤劳的美德、服务的性格，遇事要积极主动，前进不后退，具足了一些基本的人生态度，不但能成就一番事业，必然也会到处受欢迎，成为一个得人缘的人。

四、恭敬谦和满芬芳：谦虚是中国人的美德，所谓“敬人者人恒敬之”。我们只要能对人谦卑、恭敬，必能赢得别人的好感，“做人低姿态，做事高水平”，宇宙只有五尺高，而昂藏六尺之躯的人类生存其间，岂能不低头？所以做人本来就应该要谦虚，应该要受一点委屈，就像梅花，未经冬雪的熬炼，怎得梅花扑鼻香？所以做人要像梅花一般，“恭敬谦和满芬芳”。

七患

原文

子墨子曰：国有七患。七患者何？城郭沟池不可守而治宫室，一患也；边[1]国至境，四邻莫救，二患也；先尽民力无用之功，赏赐无能之人，民力尽于无用，财宝虚于待客，三患也；仕者持禄，游者爱佼[2]，君修法讨臣，臣慑而不敢拂，四患也；君自以为圣智而不问事，自以为安强而无守备，四邻谋之不知戒，五患也；所信者不忠，所忠者不信，六患也；畜种菽粟不足以食之，大臣不足以事之，赏赐不能喜，诛罚不能威，七患也。

以七患居国，必无社稷；以七患守城，敌至国倾。七患之所当，国必有殃。

凡五谷者，民之所仰也，君之所以为养也。故民无仰，则君无

养；民无食，则不可事。故食不可不务也，地不可不力也，用不可不节也。五谷尽收，则五味尽御于主，不尽收则不尽御。一谷不收谓之馑，二谷不收谓之旱，三谷不收谓之凶，四谷不收谓之馈[3]，五谷不收谓之饥。

岁馑，则仕者大夫以下皆损禄五分之一；旱，则损五分之二；凶，则损五分之三；馈，则损五分之四；饥，则尽无禄，禀食而已矣。故凶饥存乎国，人君彻鼎食五分之五[4]，大夫彻县[5]，士不入学，君朝之衣不革制；诸侯之客，四邻之使，雍[6]飧而不盛；彻骖騑，涂[7]不芸，马不食粟，婢妾不衣帛，此告不足之至也。

今有负其子而汲者，队[8]其子于井中，其毋必从而道之。今岁凶，民饥，道饿，重其子此疚于队，其可无察邪！故时年岁善，则民仁且良；时年岁凶，则民吝且恶。夫民何常此之有！为者疾，食者众，则岁无丰。

故曰：财不足则反之时，食不足则反之用。故先民以时生财，固本而用财，则财足。故虽上世之圣王，岂能使五谷常收而旱水不至哉！然而无冻饿之民者，何也？其力时急而自养俭也。故《夏书》曰："禹七年水。"《殷书》曰："汤五年旱。"此其离[9]凶饿甚矣，然而民不冻饿者，何也？其生财密，其用之节也。故仓无备粟，不可以待凶饥；库无备兵，虽有义不能征无义；城郭不备全，不可以自守；心无备虑，不可以应卒[10]，是若庆忌无去之心，不能轻出。

夫桀无待汤之备，故放；纣无待武之备，故杀。桀纣贵为天子，富有天下，然而皆灭亡于百里之君者，何也？有富贵而不为备也。

故备者，国之重也。食者，国之宝也；兵者，国之爪也；城者，所以自守也；此三者，国之具也。

故曰：以其极赏，以赐无功；虚其府库，以备车马、衣裘、奇怪；苦其役徒，以治宫室观乐；死又厚为棺椁，多为衣裘。生时治台榭，死又修坟墓。故民苦于外，府库单⑪于内，上不厌⑫其乐，下不堪其苦。故国离寇敌则伤，民见凶饥则亡，此皆备不具之罪也。且夫食者，圣人之所宝也。故《周书》曰：“国无三年之食者，国非其国也；家无三年之食者，子非其子也。”此之谓国备。

注解

①边：“敌”字之误。

②佼：通“交”。

③馈：通“匮”，缺乏。

④五分之五：疑作“五分之三”。

⑤县：通“悬”，此指钟磬等悬挂的乐器。

⑥雍：当作“饔”，指早餐和晚餐。

⑦涂：通“途”。

⑧队：通“坠”。

⑨离：通“罹”，遭受。

⑩卒：通“猝”。

⑪单：通“殚”。

⑫厌：通“餍”，满足。

译文

墨子说：国家有七种祸患。这七种祸患是什么呢？内外城池壕沟不足守御而去修造宫室，这是第一种祸患；敌兵压境，四面邻国都不愿来救援，这是第二种祸患；把民力耗尽在无用的事情上，赏赐没有才能的人，（结果）民力因做无用的事情而耗尽，财宝因款待宾客而用空，这是第三种祸患；做官的人只求保住俸禄，游学未仕的人只顾结交党类，国君修订法律以诛戮臣下，臣下畏惧而不敢违拂君命，这是第四种祸患；国君自以为神圣而聪明，而不过问国事，自以为安稳而强盛，而不作防御准备，四面邻国在图谋攻打他，而尚不知戒备，这是第五种祸患；所信任的人不忠实，而忠实的人不被信任，这是第六种祸患；家畜和粮食不够吃，大臣对于国事不胜使令，赏赐不能使人欢喜，责罚不能使人畏惧，这是第七种祸患。

治国若存在这七种祸患，必定亡国；守城若存在这七种祸患，国都必定倾毁。七种祸患存在于哪个国家，哪个国家必有祸殃。

五谷是人民所仰赖以生活的东西，也是国君用以养活自己和民众的。所以如果人民失去仰赖，国君也就没有供养；人民一旦没有吃的，就不可使役了。所以粮食不能不加紧生产，田地不能不尽力耕作，财用不可不节约使用。五谷全部丰收，国君就可兼进五味。若不全都丰收，国君就不能尽其享受。一谷无收叫做馑，二谷无收叫做旱，三谷不收叫做凶，四谷不收叫做匮，五谷不收叫做饥。

遇到馑年，做官的自大夫以下都减去俸禄的五分之一；旱年，减去俸禄的五分之二；凶年，减去俸禄的五分之三；匮年，减去俸禄的五分之四；饥年，免去全部俸禄，只供给饭吃。所以一个国家遇到凶饥，国君撤掉鼎食的五分之三，大夫不听音乐，读书人不上学而去种地，国君的朝服不制新的；诸侯的客人、邻国的使者，来时饮食都不丰盛，驷马撤掉左右两匹，道路不加修理，马不吃粮食，婢妾不穿丝绸，这都是告诉国家已十分困乏了。

现在假如有一人背着孩子到井边汲水，把孩子掉到井里，那么这位母亲必定设法把孩子从井中救出。现在遇到饥年，路上有饿死的人，这种惨痛比孩子掉入井中更为严重，能忽视这种局面吗？年成好的时候，老百姓就仁慈驯良；年成坏且遇到凶灾，老百姓就吝啬凶恶；民众的性情哪有一定的呢！生产的人少，吃饭的人多，就不可能有丰年。

所以说：财用不足就注重农时，粮食不足就注意节约。因此，古代贤人按农时生产财富，搞好农业基础，节省开支，财用自然就充足。所以，即使前世的圣王，岂能使五谷永远丰收，水旱之灾不至呢！但（他们那时）却从无受冻挨饿之民，这是为何呢？这时因为他们努力按农时耕种而自奉俭朴。《夏书》说："禹时有七年水灾。"《殷书》说："汤时有五年旱灾。"那时遭受的凶荒够大的了，然而老百姓却没有受冻挨饿，这是何故呢？因为他们生产的财产多，而使用很节俭。所以，粮仓中没有预备粮，就不能防备凶年饥荒；兵库中没有武器，即使自己有义也不能去讨伐无义；内外城池若不完备，不可以自行防守；心中没有戒备之心，就不能应付突然的变故。这就好像庆忌没有逐走要离之意，就不可轻出致死。

桀没有防御汤的准备，因此被汤放逐；纣没有防御周武王的准备，因此被杀。桀和纣虽贵为天子，富有天下，然而都被方圆百里的小国之君所灭，这是为何呢？是因为他们虽然富贵，却不做好防备。所以防备是国家最重要的事情。粮食是国家的宝物，兵器是国家爪牙，城郭是用来自我守卫的：这三者是维持国家的工具。

所以说：拿最高的奖赏赐给无功之人；耗尽国库中的贮藏，用以置备车马、衣裘和稀奇古怪之物；使役卒和奴隶受尽苦难，去建造宫室和观赏游乐之所；死后又做厚重的棺椁，制很多衣服。活着时修造台榭，死后又修造坟墓。因此，老百姓在外受苦，内边的国库耗尽，上面的君主不满足其享受，下面的民众不堪忍受其苦难。所以，国家一遇敌寇就受损伤，人民一遭凶饥就死亡，这都是平时不做好防备的罪过。再说，粮食也是圣人所宝贵的。《周书》说："国家若不预备三年的粮食，国家就不可能成其为这一君主的国家了；家庭若不预备三年的粮食，子女就不能做这一家的子女了。"这就叫做"国备"（国家的根本贮备）。

评析

《七患》篇论述治国的七种潜在的危险，即国家在内政外交等七个方面的弊端。文章指出了造成弊端的原因和克服弊端的途径，着重论述重视农业生产，重视粮食储备对于治国安邦的决定性作用。主张在饥荒之年要从上至下尽量节省各种费用，批评统治者的奢侈浪费行为。

墨子说：国家有七种祸患。这七种祸患是什么呢？国防松弛，大兴豪宫华室，是一患；敌国压境，外无盟友相救，是二患；在一些无用的事情上兴师动众，劳尽民力，将赏赐给予无能之人，民力被无用地耗尽，财政在迎来送往大吃大喝中被掏空，是三患；官员们只关注自己的俸禄，派出去游说的人只顾着呼朋唤友，执政者修订法律讨伐人民，人民由于害怕而不敢论政，是四患；执政者自我标榜先进性，不问国事，自以为世界和平，没有守备，周围的国家都在谋求发展，而他不思进取，是五患；所信任的人并不忠于国家，真正忠于国家的人又得不到信任，是六患；民生困顿，衣食不保，在朝官僚无能力处理国事，执政者的赏赐，不能使人民欢喜，执政者的诛罚，不能产生应有的威慑，是七患。有了这七种祸患，执政则必定无社稷；守城则必定遭倾毁。七患存在于哪个国家，哪个国家就要遭殃。

辞过①

原文

子墨子曰："古之民未知为宫室时，就②陵阜而居，穴而处，下润湿伤民，故圣王作为宫室。为宫室之法，曰：'室高③足以辟润湿，边④足以圉风寒，上⑤足以待雪霜雨露，宫墙之高足以别男女之礼。'谨⑥此则止，凡费财劳力，不加利⑦者，不为也。役⑧，修其城郭，则民劳而不伤；以其常正⑨，收其租税，则民费而不病。民所苦者非此也，苦于厚作敛⑩于百姓。是故圣王作为宫室，便于生，不以为观乐也；作为衣服带履，便于身，不以为辟怪⑪也。故节于身，诲于民，是以天下之民可得而治，财用可得而足。当今之主，其为宫室则与此异矣。必厚作敛于百姓，暴夺民衣食之财以为宫室台榭曲直⑫之望、青黄刻镂⑬之饰。为宫室若此，故左右皆法象⑭之。是以其财不足以待凶饥，振孤寡⑮，故国贫而民难治也。君实欲天下之治而恶其乱也，当⑯为宫室不可不节。

注解

①过：指宫室、衣服、饮食、舟车、蓄私五者之过。

②就：靠近。陵阜：山丘。

③室高：指堂基的高。辟：通"避"。

④边：四周，此指墙壁。圉：通"御"。

⑤上：屋顶。

⑥谨：通"仅"。

⑦不加利：不增加利益，没有大益处。

⑧役：当为“以其常役”，上脱三字。

⑨正：同“征”。

⑩厚作敛：征收重税。

⑪辟怪：辟，通“僻”。指奇装异服。

⑫曲直：曲折多姿。望：指雄伟壮观的建筑物。

⑬青黄：指彩色。刻镂：雕刻。

⑭法象：仿效、效法。

⑮振孤寡：振，通“赈”。赈济孤寡。

⑯当：如。

译文

墨子说：“上古的人不懂得修造宫室的时候，靠近山丘、凭借洞穴而居，地下潮湿，伤害人民的身体，所以圣王开始修造宫室。修造宫室的原则是：‘地基的高度足以避潮湿，筑四壁可以防御风寒，盖屋顶足以抵御雪霜雨露，屋内的隔墙能够避男女之礼嫌。’仅此而已，凡是劳民伤财，得不到更大益处的事，是不做的。按照规定服劳役，修缮城郭，人民虽然辛劳但不受损伤；按照常例征收租税，人民虽然破费但不会困苦。人民感到困苦的并不是这些，而是苦于横征暴敛、役使不休。所以圣王修建宫室，是为了便于生活，不是用它来作为观赏享乐的；制作衣服、带子、鞋子等，是为了保养身体，并不是要做奇装异服来显示怪异的。所以节用首先要从圣王自身做起，然后再教诲百姓，这样天下的百姓得以治理，财用也就会充足了。当今的君主，修造宫室就和这不同了。他们一定要向百姓横征暴敛，残酷地夺取百姓穿衣吃饭的钱，去修造曲折多姿、雄伟壮观的宫室台榭，以及五彩缤纷的雕刻饰物。君主如此修造宫室，所以左右臣子都效法他。这样，他们的财物就不能应付凶饥之灾，也就不能赈济孤寡，所以国家贫困，百姓也难治理了。君主如果真的希望天下安定而不希望天下混乱，那么修造宫室就不可不节制。

原文

“古之民未知为衣服时，衣皮带茭①，冬则不轻而温，夏则不轻而清②。圣王以为不中③人之情，故作诲妇人治丝麻，梱④布绢，以为民衣。为衣服之法：‘冬则练帛之中⑤，足以为轻且暖⑥；夏则絺绤⑦之中，足以为轻且清。’谨此则止。故圣人之为衣服，适身体，和肌肤而足矣，非荣耳目而观愚民⑧也。当是之时，坚车良马不知贵也，刻镂文彩不知喜也。何则？其所道⑨之然。故民衣食之财，家足以待旱水凶饥者何也？得其所以自养之情⑩，而不感于外也。是以其民俭而易治，其君用财节而易赡⑪也。府库实满，足以待不然⑫，兵革不顿⑬，士民不劳，足以征不服，故霸王之业可行于天下矣。当今之主，其为衣服，则与此异矣。冬则轻暖，夏则轻清，皆已具矣，必厚作敛于百姓，暴夺民衣食之财，以为锦绣文采靡曼⑭之衣，铸金以为钩⑮，珠玉以为珮⑯，女工作文采，男工作刻镂，以为身服。此非云益暖之情也⑰，单⑱财劳力，毕归之于无用也。以此观之，其为衣服，非为身体，皆为观好。是以其民淫僻而难治，其君奢侈而难谏也。夫以奢侈之君御好淫僻之民，欲国无乱不可得也。君实欲天下之治而恶其乱，当为衣服不可不节。

注解

①衣（yì）：穿。皮：兽皮。带：以……为带。茭：草绳。

②清（qìng）：凉。

③不中（zhòng）人情：不符合人情。

④梱：编织。

⑤中：中衣，古时内衣。

⑥暖：轻便暖和。

⑦絺（chī）：细葛布。绤（xì）：粗葛布。

⑧荣：炫耀。观愚民：让百姓观赏。

⑨道：通“导”。

⑩自养之情：自己养活自己的道理。

⑪赡（dàn）：应作“詹”，足的意思。

⑫待：防备。不然：非常事变。

⑬顿：坏。

⑭靡曼：轻丽华美。

⑮钩：衣带钩。

⑯珮：同“佩”，指佩戴的饰物。

⑰此非云益暖之情也：这就不能说是为了更加暖和或凉爽。

⑱单：通“殚”，耗尽。

译文

“上古的人不懂得制作衣服的时候，披兽皮，以草绳为衣带。冬天穿的衣服既不轻便又不暖和，夏天穿的衣服既不轻快又不凉爽。圣王认为这不符合人情，所以开始教导妇女们做丝麻、织布绢，用来制作百姓的衣服。制作衣服的原则是：‘冬天穿素丝的内衣，只求其轻便暖和；夏天穿葛布做的内衣，只求其轻便凉爽。’仅此而已。所以圣人做衣服，只要求适合身体，使肌肤舒适就足够了，并不是为了炫耀使人感到华美并观赏的。那时候，坚车良马没有人认为贵重，雕刻锦绣没有人喜爱。这是什么缘故呢？是因为圣人诱导百姓如此啊！所以百姓衣食的资财，家家都足以应付旱涝凶饥的灾难，这又是什么缘故呢？是因为百姓懂得自己养活自己的道理，而又不受外界的影响。所以百姓俭朴就易治理，君王节俭用财就容易富足了。官府的仓库满满的，就足以应付非常之变；兵器甲胄不坏，百姓不劳困，就足以征讨不服的国家，因此霸王之业就可行于天下了。现在的君主，制作衣服就跟这不同了。冬天穿得轻便暖和，夏天穿得轻便凉爽，这些都已具备了，但他们还要向百姓加重赋税，残暴地夺取百姓穿衣吃饭的钱，用来做有锦绣文采的豪华衣服，用金铸造衣服的带钩，用珠玉做佩饰。女工刺绣，男工雕刻，用来制作君王身上的穿戴。这就不能说是为了更加暖和或凉爽了，耗尽财力和人力，完全归于无用。由此看来，用这种方法制作衣服，并不是为了身体舒适，而全是为了外表好看。所以这种国家的百姓奸巧难以治理，其君主奢侈难以规劝啊。以奢侈的君主治理奸巧的百姓，想要国家不乱那是不可能的。君主如果真的希望天下安定而不希望天下动乱，那么制作衣服就不可不节俭了。

原文

“古之民未知为饮食时，素食而分处①，故圣人作，诲男耕稼树艺②，以为民食。其为食也，足以增气充虚，强体适腹而已矣。故其用财节，其自养俭，民富国治。今则不然，厚作敛于百姓，以为美食刍豢③，蒸炙鱼鳖，大国累百器④，小国累十器，前方丈⑤，目不能遍视，手不能遍操，口不能遍味，冬则冻冰，夏则饰饐⑥。人君为饮食如此，故左右象之，是以富贵者奢侈，孤寡者冻馁⑦，虽欲无乱，不可得也。君实欲天下治而恶其乱，当为食饮不可不节。

注解

①素食：指食草木之实。分处：分散住在各处。

②树艺：种植。

③刍豢：泛指家畜。

④累：摆。器：器皿。

⑤前方丈：面前见方一丈。

⑥饰饐：食物腐臭变味。

⑦馁：饥饿。

译文

“上古的人不懂得制作饮食的时候，以野果草木为食、分散居住，所以圣人开始教导男子耕稼种植，用来作为百姓的食物。圣人们做食品，只不过能够补气益虚，强身饱肚而已。所以他用财节俭，自奉也微薄，所以百姓富足，国家安定。现在的君主就不同了，他们大量地搜刮民财，用来置办美味佳肴，蒸烤鱼鳖。大国的君主用膳摆上百样菜，小国的诸侯摆上十样菜，面前一丈见方的地方，眼睛不能全看到，伸手不能全拈取，口舌不能全品尝，冬天就冻结成冰，夏天就腐臭变味。君主饮食如此，所以臣下都仿效他，故富人奢侈浪费，孤寡穷人挨冻受饿。这样，即使希望安定，也是不可能的。君主如果真的希望天下安定而不希望天下混乱，那么，制作饮食就不可不节制。

原文

“古之民未知为舟车时，重任不移，远道不至，故圣王作为舟车，以便民之事。其为舟车也，全固轻利①，可以任重致远，其为用财少，而为利多，是以民乐而利之。法令不急而行，民不劳而上足用，故民归之。当今之主，其为舟车与此异矣。全固轻利皆已具，必厚作敛于百姓，以饰舟车，饰车以文采，饰舟以刻镂。女子废其纺织而修文采，故民寒，男子离其耕稼而修刻镂，故民饥。人君为舟车若此，故左右象之，是以其民饥寒并至，故为奸邪。奸邪多则刑罚深，刑罚深则国乱。君实欲天下之治而恶其乱，当为舟车不可不节。

注解

①全：完备。固：牢固。轻：轻快。利：便利。

译文

“上古的人不懂得造车船的时候，重物不能移动，远地不能到达，所以圣王开始制造车船，以方便百姓运行。他们造的车船，完备牢固、轻巧便利，可以载重物运行到远处。他们花钱少而得利多，所以百姓喜欢并使用它。法令不催促就施行了，百姓不劳累而君主的财用也充足，所以百姓归附于他。现在的君主，他们制造车船就跟这不同了。牢固、轻巧、便利都已经具备了，但他们还要向百姓征收重税，用来装饰车船：用五彩刺绣装饰车子，用花纹雕刻装饰船只。妇女只得放弃自己的纺织去从事刺绣，因而百姓受冻；男子只好放弃他们的耕种去从事雕刻，因而百姓挨饿。君主造车船如此，所以左右侍臣都效法他，故百姓饥寒交迫，只好去为非作歹。为非作歹多则刑罚重；刑罚重，国家就混乱。君主如果真的希望天下安定而不希望天下混乱，那么，制造车船就不可不节制。

原文

“凡回①于天地之间，包于四海之内，天壤之情②，阴阳之和③，莫不有也。虽至圣不能更也，何以知其然？圣人有传④，天地也，则曰上下；四时⑤也，则曰阴阳；人情⑥也，则曰男女；禽兽也，则曰牡牝雄雌⑦也。真⑧天壤之情，虽有先王不能更也。虽上世至圣，必蓄私不以伤行⑨，故民无怨，宫无拘女⑩，故天下无寡夫。内无拘女，外无寡夫，故天下之民众。当今之君，其蓄私也，大国拘女累千，小国累百，是以天下之男多寡无妻，女多拘无夫。男女失时⑪，故民少。君实欲民之众而恶其寡，当蓄私不可不节。

注解

①回：轮回运转。

②天壤之情：自然所禀赋的天性。

③阴阳之和：自然界相互对立和相互消长的事物的调和。

④圣人有传：指圣人的书传。

⑤四时：春、夏、秋、冬四季。

⑥人情：这里指人的性别。

⑦牡牝（pìn）：原来兽类的阳性称“牡”，阴性称“牝”，鸟类的阳性称“雄”，阴性称“雌”。后来兽类也称雄、雌。

⑧真：确实。

⑨蓄私：蓄养妻妾。行：品行。

⑩拘女：拘禁女子。

⑪失时：错过结婚生育的年龄。

译文

“一切轮回运转于天地之间，包容于四海之内的事物，无不包括自然所禀赋的天性，以及阴阳的对立统一。即使是最大的圣人，也不能更改这自然的客观规律。怎么知道它是这样呢？圣人的书传中有记载：谈到天地，就称上下；说到四季，就称阴阳；谈到人的性别，就称男女；说到禽兽，就称牡牝、雌雄。确实事物无不具有自然所禀赋的天性。虽有先王，也不能更改。即使是世上最伟大的圣人，也都蓄养妻妾，但不会伤害他的品行，所以百姓无怨。宫内没有被拘禁的女子，所以天下没有寡男。宫内没有被拘禁的女子，宫外没有寡男，所以天下的民众多。现在的君主，他蓄养的妻妾，大国君主拘禁的女子有上千，小国诸侯拘禁的女子也有上百，因此天下的男子多为单身而无妻室，女子多被拘禁而无丈夫。男女错过婚育的时机，所以天下的民众减少。君主如果真的希望民众多而害怕人口少，那么，蓄妻养妾就不能不节制。

原文

“凡此五者①，圣人之所俭节也。小人之所淫佚也。俭节则昌，淫佚则亡，此五者不可不节。夫妇节②而天地和，风雨节而五谷孰③，衣服节而肌肤和。”

注解

①凡：发语词。五者：指上述宫室、衣服、饮食、舟车、蓄私五件事。

②节：调节。

③孰：同“熟”。

译文

“以上论及的五件事，是圣人节俭的事，是小人骄奢淫逸的事。节俭就昌盛，淫逸就灭亡，这五件事不可不节制。夫妇关系调节好就能使天下和悦，风调雨顺就能使五谷丰登，衣服合宜适体就能使肌肤舒适。”

三　辩

原文

程繁[1]问于子墨子曰：“夫子曰：‘圣王不为乐。’昔诸侯倦于听治[2]，息于钟[3]鼓之乐；士大夫倦于听治，息于竽瑟[4]之乐；农夫春耕夏耘，秋敛冬藏，息于聆缶[5]之乐。今夫子曰：‘圣王不为乐’，此譬之犹马驾而不税[6]，弓张而不弛，无乃非[7]有血气者之所不能至邪?”

注解

①程繁：与墨子同时的一位兼治儒、墨两家学说的学者。

②倦：疲倦。听治：听政，处理政务。

③息：休息。钟：用青铜制的打击乐器。

④竽瑟：古代管弦乐器。

⑤聆：通“瓴”。缶：瓦制的打击乐器。

⑥税：郭璞注云：“税犹脱也。”指马从车上解脱出来。

⑦无乃：只怕。非：俞樾云：“‘非’字衍文。”

译文

程繁问墨子："先生曾说过：'圣人不作音乐。'过去诸侯们疲于处理政务时，就借钟鼓之类的音乐来休息；士大夫工作累了，就借竽瑟之类的音乐来休息；农夫们春耕夏种、秋收冬藏忙累了，就借瓴缶之类的土乐来休息。现在先生说：'圣王不作音乐'，这就譬如使马永远驾车而不解脱出来，将弓箭永远拉开而不让它松弛，这恐怕是有血气的人所不能做到的吧？"

原文

子墨子曰："昔者尧舜有茅茨者①，且以为礼，且以为乐②。汤放桀于大水③，环天下④自立以为王，事成功立，无大后患，因⑤先王之乐，又自作乐，命曰《護》⑥，又修《九招》⑦；武王胜殷杀纣，环天下自立以为王，事成功立，无大后患，因先王之乐，又自作乐，命曰《象》⑧；周成王因先王之乐，又自作乐，命曰《驺虞》⑨。周成王之治天下也，不若武王；武王之治天下也，不若成汤；成汤之治天下也，不若尧舜。故其乐逾⑩繁者，其治逾寡。自此观之，乐非所以治天下也。"

注解

①茅茨：当依旧本作"第期"。刘昶说："第期，人名，为尧舜时作乐的人。"

②且以为礼，且以为乐：马宗霍云："《广韵·三十五马》云：'且，语词。'《礼记·檀弓上》郑注云：'且者，未定之辞。'……《墨子》本文两'且'字，亦未定之辞，犹聊且姑且也。"此处意为：尧舜时就有第期作其乐，但那只是聊且用来作为礼、乐简用，不是用来治理天下的。

③大水：池名。

④环天下：张纯一云："环天下者，周围天下据为己有也。"即统一天下。

⑤因：因承。

⑥命：名。《護》：又作《濩》。汤命伊尹作《大護》，传说中乐章的名称。

⑦修：修饰。《九招》：又作《九韶》，传说中舜的乐章名。

⑧《象》：周武王作的乐章名。

⑨《驺虞》：亦作《邹吾》，周成王所作的乐章名。

⑩逾：愈。

译文

墨子说："过去尧舜帝有第期帮助作乐，但那时只是姑且用来作为礼、乐而已。等到商汤放逐夏桀至大水之后，统一天下，自立为王，事成功立，国家没有大的后患了，就承袭先王传下的音乐，自己又新作音乐，取名为《護》，又重修《九招》之乐；周武王灭殷纣之后，统一天下，自立为王，事成功立，国家没有大的后患了，于是又承袭先王传下的音乐，还自制新乐，取名叫《象》；周成王因袭先王的音乐，又自制新乐，取名叫《驺虞》。可是，周成王治天下不如周武王，周武王治天下不如商汤，商汤治天下又不如尧舜。所以他们的音乐愈繁杂，他们治理天下愈差。这样看来，音乐是不能用于治理天下的。"

原文

程繁曰："子曰[①]：'圣王无乐'，此[②]亦乐已，若之何其谓圣王无乐也？"

子墨子曰："圣王之命[③]也，多寡之[④]。食之利也，以知饥而食之者智也，因为无智矣[⑤]。今圣有乐而少，此亦无也。"

注解

①子曰：疑为"夫子曰"，应与前同。

②此：指上文墨子说的尧、汤、武王、文王的音乐。

③命：令。

④多寡之：王焕镳云：“疑有脱误，据文意疑其原文当为：‘多者寡之。’”繁多的东西要减损它。

⑤因为无智矣：王焕镳认为此句前疑脱句。他疑原文为：“不知饥而食者，固为无智矣。”以上两句是用来作喻的。墨子认为：已吃饱的人再吃，就是无智之人；那么，现在的音乐已够繁复的了，如果再增益，那无疑也是无智之人。

译文

程繁说：“先生说：‘圣王没有音乐’，但如您上述的尧、汤、文、武的音乐，也是圣王之乐呀，为什么说圣王无乐呢？”

墨子说：“圣王的命令太繁多的就要减损它。饮食是对人有益处的，但如果饿了知道去吃东西，就算是聪明的，如果吃饱了还要吃，那就是愚蠢了。现在圣王虽然有乐，但是很少，这就如同无乐一样了。”

评析

墨子对音乐的态度一直是否定的，他认为音乐对治理天下并没有帮助。他从历史传说出发，认为音乐虽然发展了，但是天下却并没有治理得更好。这些与历史实际并不是很符合。这种态度，与他的“节用”思想基本是一致的，在一定程度上反映了墨子作为小手工业者的代表人物，对文化娱乐的社会功能存有偏见，这是他思想的狭隘性。

兼爱上

原文

圣人以治天下为事者也，必知乱之所自起，焉[①]能治之，不知乱之所自起，则不能治。譬之如医之攻人之疾者然[②]，必知疾之所自起，焉能攻之；不知疾之所自起，则弗能攻。治乱者何独不然？必知乱之所自起，焉能治之；不知乱之所自起，则弗能治。

注解

①焉：乃、才。

②攻：治疗。然：这样。

译文

圣人以治理天下为己任，一定要知道乱从什么地方起，这样才能治理；不知道乱是从什么地方起的，就不能治理。这就如同医生治疗人的疾病一样，必须知道疾病的来源，才能医治；如果不知道疾病的来源，那就不能医治。治乱又何尝不是这样呢？一定要知道乱的起因，才能治理它；不知道乱的起因，就不能治理。

原文

圣人以治天下为事者也，不可不察乱之所自起，当[①]察乱何自起？起不相爱。臣子之不孝君父，所谓乱也。子自爱不爱父，故

亏[2]父而自利；弟自爱不爱兄，故亏兄而自利；臣自爱不爱君，故亏君而自利，此所谓乱也。虽[3]父之不慈子，兄之不慈弟，君之不慈臣，此亦天下之所谓乱也。父自爱也不爱子，故亏子而自利；兄自爱也不爱弟，故亏弟而自利；君自爱也不爱臣，故亏臣而自利。是何也？皆起不相爱。

虽至天下之为盗贼者亦然，盗爱其室不爱其[4]异室，故窃异室以利其室；贼爱其身不爱人，故贼人以利其身。此何也？皆起不相爱。虽至大夫之相乱家[5]，诸侯之相攻国者亦然。大夫各爱其家，不爱异家，故乱异家以利其家；诸侯各爱其国，不爱异国，故攻异国以利其国，天下之乱物[6]具此而已矣。察此何自起？皆起不相爱。

注解

①当："尝"的同声假借字，试。

②亏：损害。

③虽：即使。

④其：第二个"其"字疑为衍文。

⑤家：士大夫封邑。相乱家：侵夺封邑。

⑥乱物：天下乱事。

译文

圣人以治理天下为己任，不能不考察混乱的起因。试考察混乱的起因是什么呢？起于不相爱。臣不孝君、子不孝父，这就是乱啊。子只自爱而不爱父，所以损害父亲而自利；弟只自爱而不爱兄，所以损害兄长而自利；臣只自爱而不爱君，所以损害君王而自利，这就叫乱啊。即使是父亲不慈爱儿子，兄长不慈爱弟弟，君王不慈爱臣子，这也是天下所谓乱了。父亲只自爱不爱子，所以损害儿子而自利；兄长只自爱不爱弟弟，所以损害弟弟而自利；君王只自爱不爱臣，所以损害臣子而自利。这是什么原因呢？都是起于不相爱。

即使是天下做盗贼的也是这样，他们只爱自己的家而不爱别人的家，所以偷窃别人的家以利自己的家；他们只爱自己的身体而不爱别人的身体，所以残害别人的身体以利自己。这是什么原因呢？都是起于不相爱。推而至于大夫侵夺封邑、诸侯侵夺别国也是这样。大夫们各爱自己的封邑，而不爱别人的封邑，所以去抢夺别人的封邑而利自己的封邑；诸侯们各爱自己的国家，而不爱别人的国家，所以去攻打别的国家而利自己的国家，天下的乱事都尽于此罢了。考察这些现象起于何因？都是起于不相爱。

原文

若使天下兼相爱①，爱人若爱其身，犹有不孝者乎？视父兄与君若其身，恶施②不孝？犹有不慈者乎？视弟子与臣若其身，恶施不慈？故不孝不慈亡有③，犹有盗贼乎？故④视人之室若其室，谁窃？视人身若其身，谁贼⑤？故盗贼亡有。犹有大夫之相乱家，诸侯之相攻国者乎？视人家若其家，谁乱？视人国若其国，谁攻？故大夫之相乱家，诸侯之相攻国者亡有。若使天下兼相爱，国与国不相攻，家与家不相乱，盗贼无有，君臣父子皆能孝慈，若此则天下治。故圣人以治天下为事者，恶得不禁恶⑥而劝爱？故天下兼相爱则治，交相恶则乱。故子墨子曰："不可以不劝爱人者，此也。"

注解

①兼相爱：全都相亲相爱。

②恶（wū）施：怎么做。恶：何、怎么。施：干、做。

③亡有：没有。

④故：疑为衍字。

⑤谁贼：谁残害别人。

⑥恶（wū）得：怎么能。禁恶：禁止相互仇恨。

译文

倘若使天下的人全都相亲相爱，爱别人就像爱自己一样，还会有不孝的人吗？看待父兄与君王如同自己一样，怎么会做出不孝的事呢？还会有不慈爱的人吗？看待弟子与臣下如同自己一样，怎么会做出不慈爱的事呢？故不孝不慈的没有了，还会有盗贼吗？看待别人的家如同自己的家，谁会偷窃别人家呢？看待别人的身体如同自己的身体，谁会残害别人呢？故盗贼没有了，还会有大夫侵夺别人的封邑、诸侯攻打别的国家吗？看待别人的封邑如同自己的封邑，谁会侵夺呢？看待别人的国家如同自己的国家，谁会攻打呢？故大夫之间的侵夺、诸侯国之间的攻打没有了。倘若使天下的人都相亲相爱，国与国之间不相互攻打，封邑与封邑之间不相互侵夺，盗贼没有，君臣父子都能孝顺慈爱，像这样则天下得以治理。故圣人以治天下为己任的，怎么能不禁止相互仇恨而劝勉人们相亲相爱呢？所以天下人全都相亲相爱则治，相互仇恨则乱。因此，墨子说："不可以不劝勉爱别人，道理就在这里啊。"

评析

兼爱是墨家十大主张的核心。本文认为天下之乱起源于互不相爱。父与子，兄与弟，君与臣，都是更加爱自己而不爱对方，亏人而自利，因此社会一片狼藉。盗贼自爱而不爱他人，因此行窃；诸侯大夫自爱其国与家，而不爱他人之国与家，故相攻伐。若使天下交相爱，爱人若己，则所有窃夺攻伐现象都会消除，天下就会太平。这是墨子关于社会和人际关系的美好愿望。

兼爱中

原文

子墨子言曰："仁人之所以为事[1]者，必兴天下之利，除去天下之害，以此为事者也。"然则天下之利何也？天下之害何也？子墨子言曰："今若国之与国之相攻，家之与家之相篡[2]，人之与人之相贼，君臣不惠忠[3]，父子不慈孝，兄弟不和调[4]，此则天下之害也。"

注解

①为事：处理政事。

②篡：篡夺、夺取。

③惠：施恩惠。忠：忠诚。

④和调：和谐、和睦。

译文

墨子说："仁人处理政事的原则，一定是兴办对天下有利的，除去对天下有害的，用这样的原则来处理政事。"那么，天下的利是什么？天下的害又是什么呢？墨子说："现在如若国和国之间互相攻打，封邑与封邑之间互相篡夺，人与人之间相互残害，君不爱臣，臣不忠君，父不慈子，子不孝父，兄弟之间不和睦，这些就是天下的大害啊。"

原文

然则崇此害亦何用生[1]哉？以[2]不相爱生邪？子墨子言："以不相爱生。今诸侯独知爱其国，不爱人之国，是以不惮举[3]其国以攻人之国。今家主[4]独知爱其家，而不爱人之家，是以不惮举其家以篡人之家。今人独知爱其身，不爱人之身，是以不惮举其身以贼人之身。是故诸侯不相爱则必野战。家主不相爱则必相篡，人与人不相爱则必相贼，君臣不相爱则不惠忠，父子不相爱则不慈孝，兄弟不相爱则不和调。天下之人皆不相爱，强必执[5]弱，富必侮贫，贵必敖[6]贱，诈[7]必欺愚。凡天下祸篡怨恨，其所以起者，以不相爱生也，是以仁者非之。"

注解

①崇："察"字误写。何用生：即"从何生"，从何产生。

②以：因。

③不惮：不怕，毫无顾忌。举：动用。

④家主：指封邑的卿大夫。

⑤执：控制。

⑥敖（ào）：轻视别人。

⑦诈：奸诈的人。

译文

那么，考察一下这些大害又是从哪里产生的呢？是因为相爱而产生的吗？墨子说："是因为不相爱而产生的。现在诸侯只知道爱自己的国家，不爱别人的国家，所以毫无顾忌地动用全国的力量去攻打别的国家。现在卿大夫们只知道爱自己的封邑，而不爱人家的封邑，所以不顾一切地动用封邑的全部力量去篡夺别人的封邑。现在每个人只爱各自的身体，而不爱别人的身体，所以肆无忌惮地拼出自己的身体去残害别人的身体。因此，诸侯们不相爱就一定会发生战争，卿大夫们不相爱就一定会相互掠夺，人与人之间不相爱就一定会相互残害，君臣不相爱就出现君不爱臣、臣不忠君，父子不相爱就出现父不慈子、子不孝父，兄弟不相爱就不和睦团结。天下的人都不相爱，强壮的一定会控制弱小的，富有的一定会欺侮贫困的，高贵的一定会鄙视低贱的，奸诈的一定会欺压愚蠢的。一切天下的祸乱、争夺、怨恨，它们产生的根源，都是由于相互之间不相爱。所以仁人要反对这种不相爱的现象。”

原文

既以①非之，何以易之②？子墨子言曰：“以兼相爱交相利③之法易之。”然则兼相爱交相利之法将奈何④哉？子墨子言：“视人之国若视其国，视人之家若视其家，视人之身若视其身。是故诸侯相爱则不野战，家主相爱则不相篡，人与人相爱则不相贼，君臣相爱则惠忠，父子相爱则慈孝，兄弟相爱则和调。天下之人皆相爱，强不执弱，众不劫寡⑤，富不侮贫，贵不敖贱，诈不欺愚。凡天下祸篡怨恨可使毋⑥起者，以相爱生也，是以仁者誉⑦之。”

注解

①以：通“已”。

②何以易之：用什么改变它。

③交相利：大家互利，相互得到好处。

④将：该、当。奈何：怎样。

⑤劫：抢夺。寡：少。

⑥毋（wú）：没有。

⑦誉：赞誉、称赞。

译文

既已反对不相爱，那又用什么来改变它呢？墨子说："用彼此相爱、大家互利的方法来改变它。"那么，彼此相爱、大家互利的做法该是怎样的呢？墨子说："看待别人的国家如同自己的国家一样，看待别人的封邑如同自己的封邑一样，看待别人的身体如同自己的身体一样。因此诸侯相爱则不发生战争，卿大夫相爱则不相互篡夺，人与人相爱则不相互残害，君臣相爱则相互惠忠，父子相爱则相互慈孝，兄弟相爱则和睦友好。天下的人都相爱，强壮的不控制弱小的，人多的不抢夺人少的，富有的不欺侮贫穷的，富贵的不鄙视低贱的，奸诈的不欺压愚蠢的。天下一切的祸乱、争夺、怨恨都可使之不发生，就是因为相爱的关系。所以仁人要赞美相爱啊。"

原文

然而今天下之士君子曰："然，乃若兼①则善矣，虽然，天下之难物于故也②。"子墨子言曰："天下之士君子，特不识其利③，辩其故④也。今若夫攻城野战，杀身为名⑤，此天下百姓之所皆难也，苟君说⑥之，则士众能为之。况于兼相爱，交相利，则与此异。夫⑦爱人者，人必从而爱之；利人者，人必从而利之；恶⑧人者，人必从而恶之；害人者，人必从而害之。此何难之有？特上弗以为政⑨，士不以为行故⑩也。

注解

①乃若：如果。兼：兼爱。

②天下之难物：天下难办的事。难物，难事。于故：俞樾云："'于故'二字，当为衍文。"

③特：只是。其：指兼爱。利：好处。

④辩：同"辨"，辨别、懂得。故：缘故、道理。

诸子百家

⑤杀身为名：为了成名而牺牲生命。

⑥说（yuè）：通“悦”。

⑦夫：发语词。

⑧恶（wù）：憎恨。

⑨上：君王。弗：不。政：政务。

⑩行：行为。故：缘故。

译文

然而现在天下的士人君子说：“话是对的，如若能兼爱那就好了，但是，这是天下难于办到的事啊。”墨子说：“天下的士人君子，只是还不认识兼爱的好处，不懂得它的道理罢了。至于现在的攻城打仗，要牺牲自己生命而成名，这当然是老百姓都所难于办到的了，然而只要君主喜欢这样，那臣民们也能照着办。何况彼此相爱、大家互利，跟这个就完全不同。爱别的人，别人一定会跟从他而爱他；有利于人的人，别人一定会使他得到好处；憎恨别人的人，别人也一定会憎恨他；残害别人的人，别人也一定会残害他。这有什么难办的呢？只是君王不把这事当作该办的政务来推行，士人君子不把它作为应做的事情来实行罢了。

原文

“昔者晋文公好士之恶衣[①]，故文公之臣皆牂羊之裘[②]，韦以带[③]剑，练帛[④]之冠，入以见[⑤]于君，出以践于朝[⑥]。是其故何也？君说之，故臣为之也。

注解

①好（hào）：喜好。恶衣：粗劣的衣服。

②牂（zāng）羊：母羊。裘：皮衣。

③韦：熟牛皮。带：佩挂。

④练帛：大帛。

⑤入：进入宫廷。见：参见。

⑥践：行走。朝：朝廷。

译文

“从前晋文公喜欢臣下穿粗劣的衣服，所以文公的臣子都穿着老羊皮的袍子，腰间系一根牛皮带子挂剑，戴着大帛帽子，进入宫廷可以参见君王，出来可以在朝廷上往来行走。这是什么原因呢？君王喜欢这样，所以臣子就这样做。

原文

“昔者楚灵王好士细要①，故灵王之臣皆以一饭为节②，胁息然后带③，扶墙然后起。比期年④，朝有黧黑⑤之色。是其故何也？君说之，故臣能之也。昔越王勾践⑥好士之勇，教驯⑦其臣，和合之⑧焚舟⑨失火，试⑩其士曰：‘越国之宝尽在此！’越王亲自鼓⑪其士而进之。其士闻鼓音，破碎乱行⑫，蹈火⑬而死者左右百人有余。越王击金而退之。”

注解

①要（yāo）同“腰”。

②一饭：一天一顿饭。节：节制。

③胁息：吸气收缩。带：紧束腰带。

④比：等到。期（jī）年：一年。

⑤朝：朝廷的臣子。黧（lí）：黑色，指朝廷的臣子们因清瘦而黑。

⑥勾践：即越王勾践，春秋末年越国国君。

⑦驯：通“训”。

⑧和合之：当作“私令人”。

⑨舟：疑当为“内”，即寝室。

⑩试：试验、考验。

⑪鼓：击鼓，命令进军。

⑫破碎乱行（háng）：碎，“萃”的借字，指行列。队伍因为争相救火而凌乱。

⑬蹈火：投身火中。

译文

“从前楚灵王喜欢臣下的腰长得细，所以他的臣子每天只吃一顿饭，先吸气收缩然后系腰带，手扶墙然后才站起来。过了一年，满朝臣子都人瘦面黑。这是什么原因呢？因为君王喜欢这样，所以臣子们就这样做。过去越王勾践喜欢臣下勇敢，为了教育训练他的臣子们，他私自令人焚烧宫寝，用以考验他的臣下说：‘越王的珍宝都在这些宫寝里面。’他亲自击鼓命令臣下们上前救火，他的臣下们听到鼓声，顾不上阵行，争先恐后，投入火中而死的，光是身边左右侍臣就有一百多人。越王这才击金收兵。”

原文

是故子墨子言曰：“乃若夫①少食恶衣，杀身而为名，此天下百姓之所皆难也，若苟君说之，则众能为之。况兼相爱，交相利，与此异矣。夫爱人者，人亦从而爱之；利人者，人亦从而利之；恶人者，人亦从而恶之；害人者，人亦从而害之。此何难之有焉？特君②不以为政而士不以为行故也。”

注解

①若夫：发语词。

②君：应为“上”，指君王。

译文

所以墨子说："现在至于吃得少，穿得破，为成名而牺牲生命，这是天下百姓都认为难办的事，但如果国君喜欢这样，那大家就能这样做。然而拿兼相爱、交相利来比，就与这个不同了。爱别人的，别人也会跟从他而爱他；把利让给别人的，别人也会使他得到好处；憎恨别人的，别人也会憎恨他；残害别人的，别人也会残害他。这有什么困难呢？只是君主不把这事当作应办的政务，士人君子不把它作为应做的事情来实行罢了。"

原文

然而今天下之士君子曰："然，乃若兼则善矣。虽然，不可行之物也，辟若挈太山越河济[1]也。"子墨子言："是非其譬[2]也。夫挈太山而越河济，可谓毕劫[3]有力矣，自古及今未有能行之者也。况乎兼相爱，交相利，则与此异，古者圣王行之。何以知其然？古者禹治天下，西为西河渔窦[4]，以泄渠孙皇[5]之水；北为防原泒[6]，注后之邸[7]，嘑池之窦[8]，洒为底柱[9]，凿为龙门，以利燕、代、胡、貉[10]与西河之民；东方漏大陆[11]防孟诸之泽[12]，洒为九浍[13]，以楗[14]东土之水，以利冀州[15]之民；南为江、汉、淮、汝[16]，东流之，注五湖之处[17]，以利荆、楚、干、越[18]与南夷之民。此言禹之事，吾今行兼矣[19]。昔者文王之治西土，若日若月，乍光[20]于四方于西土，不为大国侮小国，不为众庶侮鳏寡，不为暴势夺穑人黍、稷、狗、彘[21]。天屑临[22]文王慈，是以老而无子者，有所得终其寿；连[23]独无兄弟者，有所杂于生人[24]之间；少失其父母者，有所放依[25]而长。此[26]文王之事，则吾今行兼矣。昔者武王将事泰山隧，传曰：'泰山，有道曾孙周王有事[27]，大事既获[28]，仁人尚作[29]，以祗商夏[30]、蛮夷丑貉[31]。虽有周亲[32]，不若仁人，万方有罪[33]，维予一人。'此言武王之事，吾今行兼矣。"

注解

①挈（qiè）：举。太山：泰山。越：跨越。河：黄河。济：济水。

②是非其譬：这个比喻不恰当。

③毕劫：有力的样子。

④为：治理。西河：古称西部地区南北流向的黄河为西河。渔窦：古水名，不详其处。

⑤泄：排泄。渠孙皇：古水名，在西河黑水流域。

⑥防原泒（gū）：防、原、泒为古水名，不详其处。

⑦后之邸（dǐ）：古地名。在今山西太原祁县东。

⑧嘑（hū）池之窦：即虖沱河，出今山西繁畤县。

⑨洒为底柱：洒（sǎ），分流。底柱，即底柱山。意为使黄河在底柱山分流。

⑩燕、代：古国名。燕国在今河北北部和辽宁西部。代国在今河北蔚县东北。胡、貉：古代北方的部族名称。

⑪漏：疏导。大陆：地名，在河北巨鹿县。

⑫防：拦截。孟诸之泽：即孟诸泽，古代河南商丘东北的湖泽名。

⑬九浍（kuài）：九条河水。

⑭楗（jiàn）：门限，引申为限制。

⑮冀州：今黄河中下游的中原地区。

⑯江：长江。汉：汉水。淮：淮河。汝：汝水。

⑰五湖之处：指太湖一带的湖泊。

⑱荆、楚：即楚国。干（hán）越：即吴越。干，“邗”之借字。吴、干本来是两个国家，干国被吴国灭亡，于是通称吴为干，因而又称为干越。

⑲吾今行兼矣：现在我们应实行这种兼爱了。

⑳乍光：“乍”，通“作”。即照耀。

㉑穑人：种田人。黍、稷：泛指农作物。狗、彘：泛指牲口家畜。

㉒屑临：屑，顾。临，察视。

㉓连：孙诒让云：“连疑当读为矜，一声之转，犹《史记·龟策传》，以苓

叶为莲叶。《尔雅·释诂》云:‘矜，苦也。’……连独，犹言穷苦茕独耳。”

㉔杂：集聚、杂居。生人：生活着的人们。

㉕放依：依靠。

㉖此：通观上下文，“此”字后应当有个“言”字。这一句应该是:“此言文王之事。”

㉗事：祀。隧:“遂”字误写，于是。传：陈述。有道：有神灵。曾孙：天子诸侯祭祀时用的谦称。有事：有祀，即做此祭祀。

㉘大事：指讨伐商纣之事。既获：已得胜利。

㉙仁人：指贤明的人。作：起。

㉚祗：拯救。商夏：指中原。

㉛丑貉：众多的九貉类。

㉜周亲：至亲本家。

㉝万方有罪：指四方百姓有罪。

译文

然而现在天下的士人君子说:“话是对的，如若能兼爱那就好了。但是，这是行不通的事情。这就像想一手举起泰山、一脚跨越黄河济水一样啊。”墨子说:“这个比方就比得不对了。举泰山跨越河济，可以说再强而有力的人，自古至今，没有能办得到的。然而兼相爱、交相利，就与此完全不同，古代圣王就实行了。怎么知道是这样呢？过去禹治天下，在西边治理西河和渔窦，以排泄渠、孙、皇等水流；在北边治理防、原、泒等河流，使之注入昭余祁和嘑沱河，使黄河在底柱山分流，凿通龙门，以利于燕、代、北方一些部族以及西河的老百姓；在东边治理疏导大陆积聚的大水，一方面把它拦截入孟诸泽，同时用九条河来分流，用以限制东土的水北犯，以利于中原的百姓；在南边治理长江、汉水、淮河、汝水，使之东流，注入太湖一带的湖泊中，以利于楚国、吴越与南方少数民族地区的人民。这是说的夏禹所实行的兼爱之事，我们现在也应该实行这种兼爱了。过去周文王治理西土，如同日月的光芒照耀四方和西土，不让大国欺侮小国，不让大家欺侮鳏夫寡母，不让强暴势力夺取农民的谷物和牲口。上天顾察文王的仁慈，所以老而无子的，有人供养而终其天年；孤苦无兄弟的，可以安居于人们之中；从小就失去父母的，也有所依靠而长大成人。这是讲周文王实行的兼爱之事，我们现在也应该实行这种兼爱了。过去周武王行祀泰山，于是陈述：‘泰山之神有灵，我周王来此祭祀，现在伐纣的战事已获得胜利，一大批仁人志士起来辅助我，拯救中国及四裔。商纣王虽有至亲，不如仁人，如若百姓有什么过错，应该由我一人来承担。’这是说周武王实行的兼爱之事，我们现在也该实行这种兼爱了。”

原文

是故子墨子言曰：“今天下之士君子，忠①实欲天下之富，而恶其贫；欲天下之治，而恶其乱，当兼相爱，交相利，此圣王之法，天下之治道也，不可不务为②也。”

注解

①忠：通“中”。

②务：努力。为：干、做。

译文

因此，墨子说：“现在天下的君子，内心确实想天下富起来，而厌恶贫困；想天下得治，而厌恶混乱，那就该实行兼相爱，交相利，这是圣王的法则，是天下得治的准则，不可不努力去做啊。”

评析

本篇前半段的论点基本与上篇相同，只是推论的次序有所改变。后半段的内容在上篇并没有涉及。重点解释两点疑难问题，其一指的是兼爱很难实行。墨子拿晋文公好恶衣、楚灵王好细腰、越王勾践好勇作为说明实例，说明诸君想要取乐，那么人们就必须要遵从。其二讲述的是兼爱可行。墨子拿夏禹、周文王、武王作为说明实例，说明古代圣王已经开始实行兼爱并且取得了一定的效果。

兼爱下

原文

子墨子言曰："仁人之事者，必务求兴天下之利，除天下之害。"然当今之时，天下之害孰为大①？曰："若大国之攻小国也，大家之乱小家也，强之劫弱，众之暴②寡，诈之谋愚，贵之敖贱，此天下之害也。又与为人君者之不惠③也，臣者之不忠也，父者之不慈也，子者之不孝也，此又天下之害也。又与今人④之贱人，执其兵刃、毒药、水、火，以交相亏贼⑤，此又天下之害也。"

姑尝本原⑥若众害之所自生，此胡⑦自生？此自爱人利人生与？即必曰非然也，必曰从恶人贼人⑧生。分名⑨乎天下恶人而贼人者，兼⑩与？别⑪与？即必曰别也。然即之交别⑫者，果生天下之大害者与？是故别非也。

注解

①孰为大：什么是大的危害。

②暴：虐待。

③又与：即又如。不惠：不仁慈。

④今人："人"字为衍文。

⑤交相亏贼：互相残害。

⑥姑：姑且。尝：尝试。本原：推究产生的根源。

⑦胡：何、哪里。

⑧恶人：憎恨人。贼人：残害人。

⑨分名：分辨名目。

⑩兼：指视人如己。

⑪别：指将别人与自己区分开，分别对待。

⑫然即：那么。之：这些。交别：相互之间都把别人与自己分开。

译文

墨子说："仁人的政事，一定要努力兴天下的利，除天下的害。"然而当今之时，什么是天下最大的危害？回答道："如大国攻打小国，大封邑扰乱小封邑，强壮的劫掠弱小的，人多的虐待人少的，奸诈的欺骗愚笨的，高贵的鄙视卑贱的，这就是天下的大害啊。又如做君王的不仁慈，做臣下的不忠诚，做父亲的不慈爱，做儿子的不孝顺，这又是天下的大害啊。又如现在的贱民，拿着兵刃、毒药、水、火，相互残害，这又是天下的大害啊。"

姑且试着推究这许多灾害的起源，这些灾害究竟是从哪里产生的呢？这是产生于爱人利人吗？那一定会说不是这样，一定会说是从憎恨人残害人而产生的。分辨一下吧，请问天下憎恨别人、残害别人的人，算是"兼"，还是"别"呢？那一定要说是"别"了。然则"交相别"果真是产生天下一切大害的原因，所以，"别"是不对的。

原文

子墨子曰："非人者必有以易之①，若非人而无以易之，譬之犹以水救火②也，其说将必无可③焉。"是故子墨子曰："兼以易别④。"

然即兼之可以易别之故何也？曰："藉为⑤人之国，若为其国，夫谁独举其国⑥以攻人之国者哉？为彼者由为己也。为人之都，若为其都，夫谁独举其都以伐人之都者哉？为彼犹为己也。为人之家，若为其家，夫谁独举其家以乱人之家者哉？为彼犹为己也，然即国、都不相攻伐，人家不相乱贼，此天下之害与？天下之利与？即必曰天下之利也。姑尝本原若众利之所自生，此胡自生？此自恶人贼人生与？即必曰非然也，必曰从爱人利人生。分名乎天下爱人而利人者，别与？兼与？即必曰兼也。然即之交兼⑦者，果生天下之大利者与。"是故子墨子曰："兼是也。且乡⑧吾本言曰：'仁人之事者，必务求兴天下之利，除天下之害。'今吾本原兼之所生，天下之大利者也；吾本原别之所生，天下之大害者也。"是故子墨子曰："别非而兼是者，出乎若方⑨也。"

注解

①有以易之：有其他东西来替换它。

②以水救火：俞樾云："疑《墨子》原文本作'犹以水救水，以火救火也'，故曰其说将必无可。"

③将必无可：当必不可。

④兼以易别：用视人如己来改变人我有别。

⑤藉：假如。为：对待。

⑥独：还。举其国：动用全国的力量。

⑦交兼：人们相互间都视别人如自己。

⑧乡（xiàng）：即"嚮"，不久。

⑨若：此，这。方：道理、法则。

译文

墨子说："否定'别'，一定要有其他东西来替换它，如果否定'别'而没有替换它的东西，那就好比以水救水、以火救火，这样就不行了。"因此，墨子说:“要用‘兼’来代替‘别’。”然则“兼”可以代替“别”的缘故是什么呢?回答说:“假如对待别人的国家,如同对待本国一样,那么谁还会动用本国的力量去进攻别人的国家呢?因为别国如同本国一样啊。又如对待别人的都城,如同对待自己的都城,那么,谁还会动用自己都城的力量去讨伐别人的都城呢?因为别人的都城如同自己的都城啊。又假定对待别人的封邑,如同对待自己的封邑一样,那么谁还会动用自己封邑的力量去扰乱别人的封邑呢?因为别人的封邑如同自己的封邑啊。然则国家、都城不相攻伐,人、封邑不相扰乱和残害,这是天下的害呢,还是天下的利?一定会说是天下的利。姑且尝试着推究这些利是从哪里产生的?这是产生于憎恨人、残害人吗?那一定会说不是这样,而是从爱人利人产生的。分辨一下吧,天下爱别人、利别人的,究竟是出于将别人与自己分别对待呢,还是出于视人如己?那一定会说视人如己。那么,这些相互间都视人如己,果真是产生天下大利的原因吧。”因此,墨子说:“视人如己是对的。并且我在不久前说过:‘仁人的政事,一定要努力兴办对天下有利的事,除去对天下有害的事。’现在我推究其‘兼’产生的缘由,它是天下的大利啊;我推究其‘别’产生的缘由,则是天下的大害啊。”所以墨子说:“‘别’不对而‘兼’是对的,就是出于这个道理。”

原文

今吾将正求与天下之利而取之,以兼为正①,是以聪耳明目相与视听②乎,是以股肱毕强相为动宰③乎,而有道肆④相教诲。是以老而无妻子者,有所侍养以终其寿;幼弱孤童之无父母者,有所放依以长其身。今唯毋⑤以兼为正,即若其利⑥也,不识天下之士,所以皆闻兼而非者,其故何也?

注解

①正:通“政”。

②相与视听:相互助人视听。

③动宰：动作。

④有道：用道义。肆：勉力。

⑤唯毋：语助词。

⑥即若其利：则其利若此。

译文

现在我将努力兴办对天下有利之事，除去对天下有害之事，而采用“兼”治政，因此大家都用聪耳明目相互助人视听，大家都用强而有力的手足相互帮助，进而用道义勉励相互教诲。所以年老而无妻子儿女的，有所侍养以终年寿；幼弱、无父母的孤童，也有所依靠而长大成人。现在用“兼”治政，则其利若此。然而不知道天下之士听到“兼”的说法，都加以否定，这是什么缘故呢？

原文

然而天下之士非兼者之言①，犹未止也。曰：“即善矣。虽然，岂可用哉？”子墨子曰：“用而不可，虽我亦将非之。且焉有善而不可用者？姑尝两而进之②。谁③以为二士，使其一士者执别，使其一士者执兼。是故别士之言曰：‘吾岂能为吾友之身，若为吾身，为吾友之亲，若为吾亲。’是故退睹④其友，饥即不食，寒即不衣，疾病不侍养，死丧不葬埋。别士之言若此，行若此。兼士之言不然，行亦不然，曰：‘吾闻为高士于天下者，必为其友之身，若为其身，为其友之亲，若为其亲，然后可以为高士于天下。’是故退睹其友，饥则食之，寒则衣之，疾病侍养之，死丧葬埋之。兼士之言若此，行若此。若之⑤二士者，言相非而行相反与？当使若⑥二士者，言必信，行必果⑦，使言行之合犹合符节⑧也，无言而不行也。然即敢问⑨，今有平原广野于此，被甲婴胄⑩将往战，死生之权⑪未可识也；又有君大夫之远使于巴、越、齐、荆⑫，往来及否⑬未可识也，

然即敢问，不知将恶也[14]家室[15]，奉承亲戚[16]，提挈妻子[17]，而寄托之？不识于兼之有是[18]乎？于别之有是乎？我以为当其于此[19]也，天下无愚夫愚妇，虽非兼之人，必寄托之于兼之有是也。此言而非兼，择即取兼，即此言行费[20]也。不识天下之士，所以皆闻兼而非之者，其故何也？"

注解

①非兼者之言：否定兼爱的言论。

②两：指执"兼"和执"别"的两种人。进之：尽之。

③谁：王引之云："'谁'字义不可通，'谁'当为'设'，言设于二士于此，而使之各执一说也。隶书'设'字作'访'，'谁'字作'谁'，二形略相似，故'设'误为'谁'。"

④退：退下来、返身。睹：对待。

⑤若之：像这。

⑥当使：试使。若：此。

⑦言必信，行必果：说话一定兑现，行动一定果断敢为。

⑧符节：古代朝廷用作传令、调兵遣将的凭证，双方各执一半，合之以验真假。用木、竹、金属、玉石等制成。

⑨然即敢问：那么请问。

⑩被（pī）：披。甲：铠甲。婴：系。胄（zhòu）：头盔。

⑪权：张纯一云："权衡，谓生死无定。"

⑫君大夫：有封地的大夫。巴、越、齐、荆：都为古国名。巴，在今川东鄂西一带。越，在今江浙一带。齐，在今山东一带。荆，即楚国，在今湖北湖南一带。

⑬往来及否：能否返回。

⑭不知将恶也：将如何办。

⑮家室：王焕镳先生根据旧本互有异同，合而校之，疑"家室"前有"将固庇"三字，即"将固庇家室"。固庇，保护。

⑯奉承：奉养。亲戚：指父母亲。

⑰提挈：带领。妻子：妻子儿女。

⑱有：同“友”。是：对。

⑲当其于此：当他处在这个时候。

⑳费：通“拂”，即违背。

译文

然而天下的士君子，否定兼爱的言论，还没有停止啊。他们说：“即使‘兼’好，但怎么可以用呢？”墨子说：“如果真不能用，即使是我也将否定它，怎么会是好的而不可以用呢？姑且试设执‘兼’与执‘别’的两种人完全按自己的主张行事。设二士于此，使其中一士执‘别’，使其中另一士执‘兼’。执‘别’的人说：‘我怎么能拿我朋友的身体，看作是自己的身体，拿我朋友的亲人，当作自己的亲人。’因此他退下来对待自己的朋友时，饥饿了不给饭吃，寒冷了不给衣穿，生病了不去侍养，死亡了不去埋葬。执‘别’的人是这样说的，也是这样做的。而执‘兼’的人不是这样说的，也不是这样做的。他说：‘我听说在天下要做品德高尚的人，一定要把朋友的身体，看作是自己的身体，把朋友的亲人，看作是自己的亲人，然后才可以在天下做品德高尚的人。’因此他退下来对待自己的朋友时，饥饿了给吃的，寒冷了给衣穿，生病了去侍养，死亡了去埋葬。执‘兼’的人是这样说的，也是这样做的。像这两位士人，言语不相同，行为又相反吗？试使这两人，说话兑现，行为果断敢为，他们的言行统一，如同符合符节一样，没有说就不做。那么请问：现在有平原广野作战场，有人披甲系盔将要去参加战斗，生死还不知道；又有君大夫将远使巴、越、齐、荆等地，能否返回还不知道。那么请问，要把家室、父母、妻子寄托给谁？不知道是寄托于执‘兼’的朋友是对的，还是寄托于执‘别’的朋友是对的？我以为在这个时候，世上无论多么愚蠢的男女，即使不主张兼爱的人，他们也一定会把自己的亲人托付给执‘兼’的朋友，认为这样才是对的。这就是说话要否定执‘兼’的人，而择友却要选择执‘兼’的人，这就是言行不一致啊。然而不知天下之士君子听到‘兼’的说法，都加以否定，这是什么缘故啊？”

原文

然而天下之士非兼者之言，犹未止也。曰："意可以择士[①]，而不可以择君乎？""姑尝两而进之，谁以为二君[②]，使其一君者执兼，使其一君者执别，是故别君之言曰：'吾恶能为吾万民之身[③]，若为吾身，此泰非天下之情也[④]。人之生乎地上之无几何也，譬之犹驷驰而过隙也[⑤]。'是故退睹其万民，饥即不食，寒即不衣，疾病不侍养，死丧不葬埋。别君之言若此，行若此。兼君之言不然，行亦不然。曰：'吾闻为明君于天下者，必先万民之身，后为其身，然后可以为明君于天下。'是故退睹其万民，饥即食之，寒即衣之，疾病侍养之，死丧葬埋之。兼君之言若此，行若此。然即交若之二君者[⑥]，言相非而行相反与？常使若二君者[⑦]，言必信，行必果，使言行之合犹合符节也，无言而不行也。然即敢问，今岁有疠疫[⑧]，万民多有勤苦冻馁[⑨]，转死沟壑中者[⑩]，既已众矣[⑪]。不识将择之二君者，将何从也？我以为当其于此也，天下无愚夫愚妇，虽非兼者，必从兼君是也。言而非兼，择即取兼，此言行拂也。不识天下所以皆闻兼而非之者，其故何也？"

注解

①意：或许。

②谁：为"设"之误。

③恶（wū）：何、怎么。

④泰：通"太"。

⑤犹驷驰而过隙：好比马车奔驰过隙那样短暂。喻时间过得快。

⑥然即交：衍文。

⑦常：据上文，应为"当"。

⑧疠疫：瘟疫。

⑨馁：饥饿。

⑩转：弃。

⑪既已众：已经为数很多。

译文

然而天下之士否定“兼爱”的言论，还没有停止啊。他们说：“兼爱之说抑或可以选择士人君子，然而不可以选择君王吧？”“姑且试设执‘兼’与执‘别’的两种人完全按自己的主张行事。设二君王于此，使其中一君王执‘兼’，使另一君王执‘别’。执‘别’的君王说：‘我怎么能拿我万民的身体，当作我自己的身体，这太不合天下人的情理了。一个人生活在世上时间非常短暂，就如同马车奔驰过隙那么快啊。’因此他退下来对待自己的万民时，饥饿了不给饭吃，寒冷了不给衣穿，生病了不去侍养，死亡了不去埋葬。执‘别’的君王是这样说的，也是这样做的。执‘兼’的君王所说的则不同，做的也不一样。他说：‘我听说在天下做明君的，一定要先考虑万民的身体，然后才考虑自己的身体，这样才可以在天下做明君。’所以他退下来对待万民时，饥饿了就给吃的，寒冷了就给衣服穿，生病了就去服侍，死亡了就去安葬。执‘兼’的君王是这样说的，也是这样做的。像这两位君王，言语不相同行动也相反吗？试使两位君王，言语兑现，行为果断敢为，言行统一如同符合符节一样，不说就不做。那么请问，今岁流行瘟疫，万民勤苦而受冻挨饿，死后被抛弃于沟壑中的，已经为数很多了。如果从这两君中选一位，该跟从谁呢？我以为在这种时候，天下无论多么愚蠢的男女，即使否定执‘兼’的人，也一定会认为跟从执‘兼’的君王是对的。这就是说话要否定执‘兼’的，而择君却要选择执‘兼’的君王，这就是言行不一致啊。然而不知天下的人听到‘兼’的说法，都加以否定，这是什么缘故啊？”

原文

然而天下之士非兼者之言也，犹未止也。曰：“兼即仁矣，义矣。虽然，岂可为哉？吾譬兼之不可为也，犹挈泰山以超江河[①]也。

故兼者直愿②之也，夫岂可为之物哉？”子墨子曰：“夫挈泰山以超江河，自古之③及今，生民而来未尝有也。今若夫兼相爱，交相利，此自先圣六王者亲行④之。”何知先圣六王之亲行之也？子墨子曰：“吾非与之并世同时⑤，亲闻其声，见其色也。以其所书于竹帛，镂于金石，琢于盘盂传遗后世子孙者知之。《泰誓》⑥曰：‘文王若日若月，乍照，光于四方于西土。’即此言文王之兼爱天下之博大也，譬之日月兼照天下之无有私也。”即此文王兼也，虽⑦子墨子之所谓兼者，于文王取法焉。

注解

①江河：指长江、黄河。

②直：只。愿：愿望。

③之：到、至。

④六王：孙诒让云：“下文只有四王，此‘六’疑‘四’篆文之误，下同。”即禹、汤、文、武。者：尹桐阳云：“‘者’同‘诸’，皆也。”行：实行。

⑤并世同时：同一时代。

⑥《泰誓》：《尚书》篇名，为周武王会合诸侯伐商纣的誓言，原文已佚。

⑦虽：孙诒让云：“‘虽’与‘唯’通，下并同。”

译文

然而天下之士否定“兼爱”的言论，还没有停止啊。他们说：“‘兼’即使是仁是义，但难道是可行的吗？‘兼’是不可行的，就好比一手举起泰山一脚跨过长江黄河一样啊。所以兼爱只不过是一种愿望而已，哪里是可行之事？”墨子说：“一手举起泰山一脚跨过长江黄河，自古至今，有生民以来从未有过。至于‘兼相爱’‘交相利’，这是先圣禹汤文武都亲自实行过的。”怎么知道先圣四王亲自实行过呢？墨子说：“我没有与他们同一时代生活过，没有亲自听过他们的声音，看过他们的容貌，是通过他们写在竹帛上，镂刻在钟鼎石碑上，琢雕在玉石的盘盂上，相传遗留给后世子孙而知道的。《泰誓》上说：'文王如同日月的光芒普照四方和西土。'这就说明文王兼爱天下的广大，就如同日月无私地普照天下啊。"这就是文王的"兼"了，墨子的所谓"兼"，就是取法于文王啊。

原文

"且不唯《泰誓》为然，虽《禹誓》即亦犹是也。禹曰：'济济有①众。咸听朕②言，非唯小子，敢行称乱③，蠢④兹有苗，用⑤天之罚，若予既率尔群对诸群⑥，以征有苗。'禹之征有苗也，非以求以重富贵⑦、干⑧福禄、乐耳目也，以求兴天下之利，除天下之害。"即此禹兼也。虽子墨子之所谓兼者，于禹求⑨焉。

注解

①济济：众多貌。有：语助词。

②咸：都。朕：我。

③称乱：孔安国云："称，举也。"即发动战争。

④蠢：此指不服从而蠢动。

⑤用：行。

⑥若：王焕镳云："'若'疑'兹、今'。'既'为'即'之假借字。"群对诸群：孙诒让云："此群对诸群，当读为'群封诸君'，'封'与'邦'古音近，通用。'封''对'形近而误。'群封诸君'，言众邦国诸君也。"

⑦非以求以重富贵：戴望云："下'以'字衍文。"本句为："非以求重富贵。"

⑧干：求。

⑨求：孙诒让云："'求'以上下文校之，当作'取法'。"

译文

"不光《泰誓》是这样，而且《禹誓》也是这样啊。禹说：'众人们，请都听我说，不是我胆敢发动战争，而是有苗族不服从我们而蠢动，我是行天之罚，今天即率领你们众邦国的诸君，去征讨有苗族。'禹征讨有苗族，并不是追求富贵，也不是追求福禄，更不是为了使耳目享受声色之乐啊，而是要兴天下之利，除天下之害。"这就是禹的"兼"啊。墨子的所谓"兼"，就是取法于禹啊。

原文

"且不唯《禹誓》为然，虽《汤说》[1]即亦犹是也。汤曰：'唯予小子履[2]，敢用玄牡[3]，告于上天后[4]曰：今天大旱，即当[5]朕身履，未知得罪于上下[6]，有善不敢蔽，有罪不敢赦，简[7]在帝心。万方有罪，即当朕身，朕身有罪，无及万方。'即此言汤贵为天子，富有天下，然且不惮以身为牺牲[8]，以祠说[9]于上帝鬼神。"即此汤兼也。虽子墨子之所谓兼者，于汤取法焉。

注解

①《汤说》：即《汤誓》。

②履：殷汤本名履。

③玄牡：黑色的公牛。

④上天后：孙诒让云："《御览》八十三，引《帝王纪载》此文作'告于上天后土'，疑此'后'下亦脱'土'字。"上天，指上帝。后土，指土地神。

⑤当：担当，承担。

⑥上下：指天和地。

⑦简：高亨认为"简"是"筒"（jiǎn）的假借字，存。

⑧不惮：不怕。牺牲：祭品。

⑨祠：祭祀。说：说服。

译文

“不光《禹誓》是这样，而且《汤说》也是这样啊。汤说：‘我殷履，敢用黑色的小公牛做祭品，告于上帝和土地神说：现在天大旱，应由我殷履一人承担，不知道得罪于上天下地，现在，我对于有善行的人不敢隐瞒，对于有罪行的人不敢赦免，这话可铭记在天帝心中。万方百姓有罪，由我一个人承担，我自己有罪，则不要连累到四面八方的人们。’这就是说汤贵为天子，拥有天下，然而不怕以自己为祭品，用祭祀来说服上帝鬼神。”这就是汤的“兼”啊。墨子的所谓“兼”，就是取法于汤啊。

原文

“且不唯《誓命》[①]与《汤说》为然，《周诗》[②]即亦犹是也。《周诗》曰：‘王道荡荡[③]，不偏不党[④]，王道平平[⑤]，不党不偏。其直若矢，其易若底[⑥]，君子之所履[⑦]，小人之所视[⑧]。’若吾言非语道之谓也[⑨]，古者文武为正[⑩]，均分赏贤罚暴，勿有亲戚弟兄之所阿[⑪]。”即此文武[⑫]兼也。虽子墨子之所谓兼者，于文武取法焉。不识天下之人[⑬]，所以皆闻兼而非之者，其故何也？

注解

①《誓命》：孙诒让云：“《誓命》，依上文当作《禹誓》。”

②《周诗》：王焕镳言：“疑为佚诗篇名。”下《周诗》曰四句，见今《尚书·洪范》，其文作：“无偏无党，王道荡荡。无党无偏，王道平平。”

③王道：指周王治国之道。荡荡：广阔。

④不党：不偏私。

⑤平平：公允、公平。

⑥其直若矢，其易若底：孙诒让云："《亲士》篇云'其直如矢，其平如砥'，'底'仍作'砥'，与《毛诗》同。《小雅·大东》，毛传云：'如砥，贡赋平均也。如矢，赏罚不偏也'。"

⑦履：履行，实行。

⑧视：仰望。

⑨若吾言非语道之谓也：王焕镳言："此句不可解，疑本作：'故若言，语兼道之谓也。''吾'为'故'之音讹。'非'为'兼'之形讹，文字又错乱致误。"

⑩正：孙诒让云："'正'与'政'同。"

⑪阿（ē）：偏私、偏袒。

⑫文武：周文王、周武王。

⑬人：张纯一云："旧作人，据上下文改士。"

译文

"不光《禹誓》和《汤说》是这样，《周诗》也是这样啊。《周诗》说：'周王治国之道广阔，没有偏私，周王治国之道公平，没有偏私。它的赏罚分明不偏，平直得像一支箭，它的贡赋平均不偏，平直得像一块磨刀石。这种治国之道，君子在实行，百姓在仰望。'因此这里《周诗》所说的，正是'兼'的道理啊。古时候，周文王、周武王为政，赏贤罚暴分配公平，没有偏袒父母弟兄的事。"这就是周文王、周武王的"兼"啊。墨子的所谓"兼"，就是取法于周文王和周武王。然而不知天下之士听到"兼"的说法，都加以否定，这是什么缘故啊？

原文

然而天下之非兼者之言，犹未止，曰："意不忠[①]亲之利，而害为孝乎？"子墨子曰："姑尝本原之孝子之为亲度[②]者。吾不识孝子之为亲度者，亦欲人爱利其亲与？意欲人之所恶贼其亲与？以说[③]观之，即欲人之爱利其亲也。然即吾恶先从事即得此[④]？若我先从事

乎爱利人之亲，然后人报我爱利[5]吾亲乎？意我先从事乎恶人[6]之亲，然后人报我以爱利吾亲也？即必吾先从事乎爱利人之亲，然后人报我以爱利吾亲也。然即之交孝子[7]者，果不得已乎？毋[8]先从事爱利人之亲者与？意以天下之孝子为遇而不足以为正[9]乎？姑尝本原之。先王之所[10]书，《大雅》之所道曰：'无言而不雠[11]，无德而不报，投我以桃，报之以李。'即此言爱人者必见[12]爱也，而恶人者必见恶也。不识天下之士，所以皆闻兼而非之者，其故何也？意以为难而不可为邪？尝有难此[13]而可为者。昔荆灵王好小要，当灵王之身[14]，荆国之士饭不逾乎一[15]，固据而后兴[16]，扶垣而后行。故约食为其[17]难为也，然后为而灵王说[18]之，未逾于世而民可移[19]也，即求以乡其上[20]也。昔者越王勾践好勇，教其士臣三年，以其知[21]为未足以知之也，焚舟失火，鼓而进之，其士偃[22]前列，伏水火而死，有[23]不可胜数也。当此之时，不鼓而退也，越国之士可谓颤[24]矣。故焚身为其难为也，然后为之越王说之，未逾于世而民可移也，即求以乡上也。昔者晋文公好苴服[25]，当文公之时，晋国之士，大布之衣，牂羊之裘，练帛之冠，且苴之屦，入见文公，出以践之朝。故苴服为其难为也，然后为而文公说之，未逾于世而民可移也，即求以乡其上也。是故约食、焚舟、苴服，此天下之至难为也，然后为而上说之，未逾于世而民可移也。何故也？即求以乡其上也。今若夫兼相爱，交相利，此其有利且易为也，不可胜计也，我以为则无有上说之者而已矣。苟有上说之者，劝之以赏誉，威之以刑罚，我以为人之于就兼相爱交相利也，譬之犹火之就上，水之就下也，不可防止[26]于天下。"

注解

①意：抑或、或许。忠（zhòng）：当作“中”，符合。

②度：忖度，谋划。

③说：道理。

④恶先从事：何先从事。即先从事什么。此：指爱利吾亲。

⑤爱利：孙诒让云：“‘爱利’上当有‘以’字。”

⑥恶人：俞樾云：“‘恶’下脱‘贼’字，当据上文补。”

⑦之：这。交孝子：相互为孝子。

⑧毋：语词，无义。

⑨遇（yú）：孙诒让云：“‘遇’当为‘愚’，同声假借字。”正：尹桐阳云：“‘正’‘善’也。”

⑩所：孙诒让云：“‘所’字疑衍文。”

⑪雠：答应。

⑫见：被。

⑬难此：难于此，比此还难。

⑭当灵王之身：当灵王在世时。

⑮饭不逾乎一：吃饭不超过一顿。

⑯固：通“故”。据：指据杖。兴：站起。

⑰约食：减少食量。其：高亨云：“‘其’为‘綦’字之误。”极也。

⑱后：孙诒让云：“‘后’疑当作‘众’。”说（yuè）：通“悦”。

⑲未逾于世：未超过世代，即世代未变。民可移：指民俗改变。

⑳乡（xiàng）：孙诒让云：“‘乡’与‘向’字通。”迎合。上：君王。

㉑以其知：即“以其智”。苏时学云：“上知字，当读如智。”

㉒偃：《仪礼·乡射礼》中郑注云：“偃，犹仆也。”即仆倒在地。

㉓有：王念孙云：“‘有’字文义不顺，‘有’当为‘者’字之误也。”应属上句，即：“伏水火而死者，不可胜数也。”

㉔颤：李渔叔云：“按上下文义，应作‘殚’。此处全句为：‘当此之时，不鼓而退也，越国之士，可谓殚矣。’”殚，竭和尽之意。

㉕苴服：粗服。

㉖不可防止：其势不可制止。

译文

然而天下之士否定“兼爱”的言论，还没有停止啊。他们说:“恐怕这不符合父母亲的利益而有害于尽孝道吧?”墨子说:“我们姑且推究一下一个孝子为父母谋划一件事，我不知道孝子为父母谋划这件事，是想别人爱护自己的父母亲，还是想别人残害自己的父母亲?按理说，应该是想让别人爱护自己的双亲啊。然而，我先怎么做才能获得爱护父母亲的结果呢?是先爱护别人的双亲，然后别人报答我以爱护我的双亲呢，还是我先残害别人的双亲，然后别人报答以爱护我的双亲呢?那一定是我先爱护别人的双亲，然后别人报答以爱护我的双亲啊。那么，这种相互为孝子的情况，果真是出于不得已吗?是先爱护别人的双亲呢，还是认为天下的孝子是愚蠢的而不足以为善呢?姑且推究一下先王的书，《大雅》所说的:‘没有什么话我不答应，没有什么恩德我不报答，别人赠给我红桃，我即报答人家以好李。’这就是说爱人的人一定被人爱，憎恶人的人一定被人憎恶啊。然而不知道天下的士人君子，说到‘兼’的说法，都加以否定，是什么缘故啊?抑或以为行‘兼’难而不能做到吗?曾有过比这难得多的却可以做到的事。从前，荆灵王喜欢细腰，当灵王在世时，荆国的士君子每天吃饭不超过一顿，所以要据杖才能站立，扶墙才能行走。节缩饭量是一件极难做到的事，然而大家为使灵王高兴，时世未变而民俗却改变了，这就是希求以此来迎合君王的欢心啊。以前，越王勾践喜欢勇敢，教练他的士臣三年，凭他的智慧，不足以预知训练的效果，于是他故意放火焚船，击鼓命令他的士臣们前进，他的将士们前仆后继，仆倒在水火中死去的，不计其数啊。在这个时候，他如果不停止击鼓退却的话，那越国勇士们就快死尽了。牺牲自己生命是极难做到的事，然而大家为使越王高兴，时世未变而民俗却改变了，这就是希求以此来迎合君王的欢心啊。从前，晋文公喜欢穿粗布衣服，晋文公在世时，晋国的士君子，都穿着粗布衣服，披着老羊皮袍子，戴着大帛帽子，穿着麻葛鞋子，进入宫廷可以参见文公，出来在朝廷上可以自由行走。穿粗布衣服是极难做到的事啊，然而大家为使文公高兴，时世未变而民俗却改变了，这就是希求以此来迎合君王的欢心啊。所以压缩饭量、焚舟牺牲、穿粗布衣服，这是天下极难做到的事，然而大家为使君王高兴，时世未变而民俗却改变了，这是什么缘故呢?就是希求以此来迎合君王的欢心罢了。现在兼相爱，交相利，这种做法有利并且容易做到，例子数不胜数。我认为是没有君王喜欢它而已啊。如果有君王喜欢它，用赏誉来勉励，用刑罚来威胁，我以为人们趋向于兼相爱、交相利之道，就如同火向上窜，水往下流一样，在天下形成一种不可制止的势态。”

原文

故兼者圣王之道也，王公大人之所以安也，万民衣食之所以足也。故君子莫若审[1]兼而务行之，为人君必惠，为人臣必忠，为人父必慈，为人子必孝，为人兄必友[2]，为人弟必悌[3]。故君子莫若[4]欲为惠君、忠臣、慈父、孝子、友兄、悌弟，当若兼之不可不行也，此圣王之道而万民之大利也。

注解

①莫若：不如。审：明察。
②友：《尔雅·释训》："善兄弟为友。"即友爱其弟。
③悌（tì）：敬顺兄长。
④莫若："若"上"莫"字疑衍文，当删。

译文

因此"兼"是圣王的治国之道，王公大人用它才安定，万民用它才丰衣足食啊。所以君子不如明察"兼"并努力实行它。做人君的一定要恩惠，做人臣的一定要忠诚，做人父的一定要慈爱，做人子的一定要孝顺，做人兄的一定要友善弟弟，做人弟的一定要敬顺兄长。故君子若想为惠君、忠臣、慈父、孝子、友兄、悌弟，那么，"兼"是不可不执行的，这就是圣人的治国之道和万民的大利啊。

评析

本文开头几段与结尾两段基本观点与上篇、中篇相同。中间几段为上述两篇所无，其内容是分别驳斥非兼者的诘难。一是设有兼别二士，远行者必托妻子于兼友；二是设有兼别二君，民众必从兼君；三是详引《诗》《书》，证明禹汤文武皆行兼道；四是驳斥兼爱有害于孝，理由是欲人之爱利其亲，必先从事于爱利人之亲。

非攻上

原文

今有一人，入人园圃[①]，窃其桃李。众闻则非之，上为政者得则罚之。此何也？以亏人自利也。至攘人犬豕鸡豚[②]者，其不义又甚[③]入人园圃窃桃李。是何故也？以亏人愈[④]多，其不仁兹[⑤]甚，罪益厚[⑥]。至入人栏厩[⑦]，取人马牛者，其不仁义又甚攘人犬豕鸡豚。此何故也？以其亏人愈多。苟亏人愈多，其不仁兹甚，罪益厚。至杀不辜人也，拖[⑧]其衣裘，取戈剑者，其不义又甚入人栏厩取人马牛。此何故也？以其亏人愈多。苟亏人愈多，其不仁兹甚矣，罪益厚。当此，天下之君子皆知而非之，谓之不义。今至大为[⑨]攻国，则弗知非，从而誉之，谓之义。此可谓知义与不义之别乎？

注解

①园圃：毕沅云："《说文》云'园所以树果'，'种菜曰圃'。"

②攘：孙诒让云："《穀梁》成五年，范宁注云'攘，盗也'。"豚（tún）：小猪。

③甚：超过。

④以：因为。亏：损害。愈：更。

⑤仁：墨子这里的"仁"，疑包含"义"的内容。兹：孙诒让云："兹、滋古今字。"更。

⑥厚：重。

⑦栏厩：关牛马的圈。

⑧拖（tuō）：即"拖"，夺。孙诒让云："《说文·手部》云'拕，曳也'。《淮南子·人间训》云'秦牛缺径于山中而迁盗，拖其衣被'，许注云'拖，夺也'，'拖'即'拕'之俗。"

⑨大为："大为"后据下文当补"不义"。毕沅云："据后文云'大为不义攻国'。"

译文

现在有一人，到别人园圃里，偷摘别人的桃子、李子。大家知道了就责备他，被上面执政的人抓到就要处罚他。这是什么原因呢？因为他损人利己啊。至于偷盗别人的狗猪鸡等家畜的，他的不义更超过入人园圃偷桃李的。这是什么原因呢？因为损人越多，他的不义不仁就越厉害，罪恶也越重。至于进入别人的牛马圈，偷别人的牛马的，他的不仁不义又更超过那些偷鸡摸狗的。这是什么原因呢？因为他损人更多。如果损人更多，他的不仁义就更甚，罪恶就更重。至于杀害无辜的人，夺取衣裘，抢劫戈剑的人，他的不义就更超过钻进别人牛马棚偷牛马的人。为什么呢？因为他损害别人的越发多了。如果损人越多，他的不仁义越甚，罪就越重。对于这些，天下的君子都知道反对，指责其不义。可是现在最大的不义是攻打别国，却不知道反对，还进而加以赞扬，称之为“义”，这能够说是懂得“义”与“不义”的区别吗？

原文

杀一人谓之不义，必有一死罪矣，若以此说往[①]，杀十人十重[②]不义，必有十死罪矣；杀百人百重不义，必有百死罪矣。当此，天下之君子皆知而非之，谓之不义。今至大为不义攻国，则弗知非，从而誉之，谓之义，情[③]不知其不义也，故书其言以遗后世。若知其不义也，夫奚说书其不义以遗后世哉？今有人于此，少见黑曰黑，多见黑曰白，则以此人不知白黑之辩矣[④]；少尝苦曰苦，多尝苦曰甘，则必以此人为不知甘苦之辩矣。今小为非，则知而非之。大为非攻国，则不知非，从而誉之，谓之义。此可谓知义与不义之辩乎？是以知天下之君子也，辩义与不义之乱也。

注解

①说往：推度、类推。

②十重（chóng）：十倍。

③情：王念孙云：“情、诚通用。”确实。

④则以此人不知白黑之辩矣：依下文，此句应为：“则必以此人为不知白黑之辩矣。”辩：通“辨”。

译文

杀死一人，说他不义，必定有一条死罪了。如果照此类推，杀了十个人，就是十倍的不义，必定有十条死罪了；杀了一百人，就是百倍的不义，必定有一百条死罪了。对于这种行为，天下的君子都知道反对，称之为“不义”。现在最大的不义是攻打别国，却不知道反对，还进而加以赞扬，称之为“义”。那大概是真的不知道这是不义，所以把那些颂扬不义的话写在书上传于后代。如果知道这是不义，怎么解释把那些赞扬不义的话写在书上面传于后世呢？现在这里有一个人，看到少许黑的就说是黑的，看到许多黑的却说是白的，大家一定会认为这个人是不知白和黑的区别了；尝到一点苦味就说是苦的，尝到很多苦味反说是甜的，大家一定会认为这个人是不知苦和甜的区别了。现在看到别人做了很小的坏事，就知道反对他，但做了像进攻别国那样大的坏事，却不知道反对，反而加以赞扬，称之为“义”。这能算懂得“义”和“不义”的区别吗？由此可见，天下的君子对于“义”和“不义”的分辨是何等混乱啊。

评析

春秋战国时期，诸侯兼并，战乱频起。墨子认为，这些战争是非正义的。就如同偷窃别人财产的强盗行为一样，应该加以谴责。文章采取从小到大、层层推论的方法，以民众普遍认同的社会公德为依据，证明掠夺性战争乃大不义，有百重之罪。然而天下君子不以为非，反而誉之，乃不识义与不义之别。

非攻中

原文

子墨子言曰：“今古者[①]王公大人，为政于国家者，情欲毁誉之审[②]，赏罚之当[③]，刑政之不过失[④]。”

是故子墨子曰：“古者有语：‘谋[⑤]而不得，则以往知来[⑥]，以见知隐[⑦]。’谋若此，可得而知[⑧]矣。今师徒唯毋兴起[⑨]，冬行恐寒，夏行恐暑，此不可以冬夏为者也。春则废民耕稼树艺，秋则废民获

敛[10]。今唯毋废一时[11]，则百姓饥寒冻馁而死者，不可胜数。今尝计军上[12]，竹箭羽旄[13]幄幕，甲盾拔劫[14]，往而靡弊腑冷不反[15]者，不可胜数；又与矛戟戈剑乘车[16]，其列住[17]碎折靡弊而不反者，不可胜数；与其[18]牛马肥而往，瘠[19]而反，往死亡而反者，不可胜数；与其涂道之修远，粮食辍绝[20]而不继，百姓死者，不可胜数也；与其居处之不安，食饭之不时[21]，饥饱之不节，百姓之道疾病而死者，不可胜数；丧师多不可胜数，丧师尽不可胜计，则是鬼神之丧其主后，亦不可胜数。"

注解

①古者：王念孙云："'古者'当为'今者'。"

②情：诚。孙诒让云："情亦与诚通，下并同。"誉：孙诒让云："'誉'上有'毁'字，而今本脱之，则文义不明。"此句应为："情欲毁誉之审。"审：慎重。

③当：得当。

④刑政：刑事和政务。此句下疑脱文。王念孙云："'过失'下有脱文，下文曰：'今者王公大人，情欲得而恶失，欲安而恶危，故当攻战而不可不非。'"

⑤谋：谋划、思虑。

⑥以往知来：用往事推知未来。

⑦见（xiàn）：通"现"。指明显的事。隐：隐匿的事。

⑧可得而知：是能够知道的。

⑨师徒：王焕镳云："师徒，军队。兴起，出征。"唯毋：语词。

⑩获敛：收获储藏。此句下疑脱文。孙诒让云："此下依上文，或当有'此不可以春夏为者也'句。"

⑪一时：一季。

⑫上：孙诒让云："'上'字误，疑当作'出'。"

⑬羽旄（máo）：古代在旗杆头上用羽毛、牦牛尾做装饰的旗子。幄幕：孙诒让云："'幄'，《节葬下篇》作'屋'，此俗作。《周礼·幕人》中郑注云：'在旁曰帷，在上曰幕，四合象宫室曰幄。'"

⑭拔（fá）：大盾牌。孙诒让云："《史记·孔子世家索引》云：'拔音伐，谓大盾也'。"劫：尹桐阳云："同'铗'（jié）"。铗，《说文》云："组带铁也。"段注："'组'上疑当有'马'字。"即马组带铁。

⑮往：拿出去。靡弊：损坏。腑冷：毕沅云："'腑'即'腐'字异文。'冷''烂'音相近，当为'烂'。"即腐烂。反：通"返"。

⑯又与：又如。乘车：兵车。

⑰列住：疑为"列往"，言其出征时，矛、戟、戈、剑、兵车，列队而往。

⑱与其：如其。

⑲瘠：瘦。

⑳涂：同"途"。辍绝：中止、断绝。

㉑不时：不能按时。

译文

墨子说："现在的王公大人，为政治理国家的，确实想做到责备和称赞慎审，奖赏处罚得当，刑事政务没有过失。"

所以墨子说："古时有人说：'谋划而一时得不到结果，则用过去的事推知未来，以明显的事推知隐匿的事。'像这样的谋划，可以得到结果是肯定的了。现在军队出征，冬天行军恐其寒冷，夏天出征恐其酷暑，这就说明不可以在冬夏出征啊。春天出征要毁坏老百姓的庄稼果木，秋天出征则要毁坏老百姓的收获储藏。现在毁掉一季，那么老百姓饥寒冻馁而死的，就不可胜数。现在试计算一下军队出征的情况吧，竹箭、羽旄、幄幕、盔甲、大小盾牌、马组带铁等，拿出去而损坏腐烂再拿不回来的，不可胜数；又如矛、戟、戈、剑、兵车，出兵时列队而往，但碎折损坏拿不回来的，不可胜数；如其去时牛马肥壮，回来时却瘦弱不堪，出去死了而不能回来的，不可胜数；如其道路遥远，粮食断绝而接济不上的，百姓因此饿死的，不可胜数啊；如其居处不能安，吃饭不能按时，饱饿没有节制，老百姓在路途中生病而死亡的，不可胜数；阵亡的兵士多得不可胜数；全军覆没的不计其数；连鬼神都丧失其主祭和后裔的，也不可胜数。"

原文

国家发政[①]，夺民之用，废民之利，若此甚众，然而何为为之[②]？曰[③]："我贪伐胜之名[④]，及得之利[⑤]，故为之。"子墨子言曰："计其所自胜，无所可用也。计其所得，反不如所丧者之多。今攻三里之城，七里之郭[⑥]，攻此不用锐[⑦]，且无杀而徒得此然也。杀人多必数于万[⑧]，寡必数于千，然后三里之城、七里之郭，且可得也。今万乘之国[⑨]，虚[⑩]数于千，不胜而入[⑪]；广衍[⑫]数于万，不胜而辟[⑬]。然则土地者，所有余也，王民[⑭]者，所不足也。今尽王民之

死，严[15]下上之患，以争虚城，则是弃所不足，而重所有余也。为政若此，非国之务[16]者也。”

注解

①发政：发布政令。

②何为为之：即“为何为之”，为什么干这样的事？

③曰：言征战者说。

④伐胜之名：攻伐胜利的美名。

⑤得之利：得到的利益。

⑥郭：外城。

⑦攻此不用锐：疑“攻此”下脱“非”字，此句当为：“攻此非不用锐，且无杀而徒得此然也。”攻打这样的城郭并不是不要用锐利兵器，也不用拼杀就能白白取得的。

⑧数于万：为数在万。

⑨万乘之国：乘（shèng）：一车四马的战车。具备万辆战车装备的国家。即大国。

⑩虚：《说文》云：“古者九夫为井，四井为邑，四邑为丘，丘谓之虚。”即小国。

⑪不胜而入：不能完全纳入自己的统治。

⑫广衍：毕沅云：“王逸注《楚辞》曰‘衍，广大也’。”此指大一点的诸侯国。

⑬不胜而辟：不能完全辟为己有。

⑭王民：王念孙云：“‘王民’二字，义不可通，当是‘士民’之误。士民与土地对文，下文‘王民’同。”即兵士和老百姓。

⑮严：加剧。

⑯务：尽力、努力。

译文

国家发布政令，夺走老百姓财物，破坏老百姓的利益，如此众多，为什么干这样的事呢？征战者说：“我贪图攻伐胜利的美名，以及所获得的利益，所以这样干。”墨子说：“考虑一下你所获得的名声，没有地方可用啊。计算一下你所得到的利益，反而不如失掉的多。现在攻打一个三里大小的内城、七里大小的外城，攻打这样的地方并不是不需要锐利的武器，也不是不用拼杀就能白白取胜的。杀人多的一定为数在万，少的也一定为数在千，然后这三里内城、七里外城才可以得到。现在的万乘大国，小国为数在千，不可能完全纳入自己的统治；大一点的国家，为数在万，更不可能完全辟为自己的国土。然而土地是有很多的，而士兵和老百姓却不足啊。现在使士民们都去战死，使上下的祸害进一步加剧，以争虚城，这就是放弃自己的不足而不顾，加重自己多余的东西啊。如此为政，就不是治理国家的要务啊！”

原文

饰攻战者①言曰：“南则荆、吴②之王，北则齐、晋之君，始封于天下之时，其土地之方③，未至有数百里也；人徒之众，未至有数十万人也。以攻战之故，土地之博至有数千里也；人徒之众至有数百万人。故当攻战而不可为也④。”子墨子言曰：“虽四五国则得利焉，犹谓之非行道也。譬若医之药人之有病者然⑤。今有医于此，和合其祝药之于天下之有病者而药之⑥，万人食此，若医四五人得利焉，犹谓之非行药也⑦。故孝子不以食其亲⑧，忠臣不以食其君。古者封国于天下，尚者以耳之所闻⑨，近者以目之所见，以攻战亡者，不可胜数。何以知其然也？东方自莒之国者⑩，其为国甚小，间⑪于大国之间，不敬事于大，大国亦弗之从而爱利。是以东者越人夹削其壤地，西者齐人兼而有之⑫。计莒之所以亡于齐越之间者，以是攻战也。虽南者陈、蔡⑬，其所以亡于吴越之间者，亦以攻战。虽北者且不一著何⑭，其所以亡于燕、代、胡、貊之间者⑮，亦以攻战也。”是故子墨子言曰：“今者王公大人，情欲得而恶失，欲安而恶危，故当攻战而不可不非。”

注解

①饰攻战者：为攻战辩护的人。

②吴：孙诒让云：“吴当作越，墨子时吴已亡，故下文以夫差亡吴事为戒，不宜此复舍越而举吴也。”

③方（páng）：通“旁”，广。

④不可为也：孙诒让云：“下文云‘故当攻战而不可不非’，则此文当作‘故当攻占而不可非也’。”

⑤药，作动词，用药医病。

⑥和（huò）合其祝药：张纯一云："古时医为巫者之事。……所谓和合说有二义。一方制药时，虔诚祝祷，如法修合。二至疗病时，祝说药物，二者并施也。释氏密宗亦有咒药之法，药之药，疗也。家语正论解，不如吾所闻而药之注。李笠定本墨子间诂校补云，祝药者，谓经祝咒之药也。近世修合丸散，有须斋戒祝祷者，其古代祝药之遗法与。药经祝咒，而后和合施行天下之有病者，故云万人食也。"

⑦行药：通行的好药。

⑧食（sì）其亲：给他父母亲吃。

⑨尚者：上者，指远的。

⑩莒（jǔ）：古小国，在今山东境内。

⑪间：夹。

⑫兼而有之：兼并占有它。

⑬陈、蔡：都是周分封诸侯国。陈，都宛丘，今河南淮阳。公元前479年为楚所灭。蔡，都上蔡，迁新蔡，又迁州来，今安徽寿县。公元前447年为楚所灭。因为陈、蔡的国土与吴越接壤，所以下文说"亡于吴越之间"。

⑭且不一著何：王焕镳言："当依旧本作'且一不著何'。且（jū），即租（jū），国名，所在无考。'一'疑'以'之音讹。以，与。不著何，国名，亦称'不屠何'，故城在今辽宁境内。"

⑮貉（mò）：古代北方民族名，貉之俗。

译文

为攻战者辩解的人说："南边的荆、吴之王，北边的齐、晋之君，开始封于天下的时候，他们的土地的广度，没有数百里，人口没有数十万。因为攻战的缘故，土地之博大达到数千里，人口达到数百万，所以攻战是不能说是不对的啊。"墨子说："虽有四五个国家因此得利，还是要说这不是正道。这就像医生医治病人一样，现在有一医生在此，和合、祝祷药，给天下有病的人治疗，一万个人吃了这药，假若只四五个人得利医好了，那这药就不能算是通行的好药。所以孝子不用它来给父母亲吃，忠臣不用它给自己的君王吃。古时候天下的封国，年代久远的由耳所闻，年代近的用眼睛看，因为攻战而亡国的，不可胜数。何以知道是这样呢？东方的莒国，自己的国家很小，夹在齐、越两个大国之间，莒国不敬事大国，大国也就不爱利小国。所以东边越人夹削莒国的壤地，西边齐国就兼并占有它了。思考莒国之所以亡于齐越之间的原因，就是因为攻战的缘故。即如南边的陈国、蔡国，其所以亡于吴越之间的原因，也是因为攻战的缘故。虽是北边的租国和不屠何，其所以亡于燕、代、胡、貉之间的原因，也是因为攻战的缘故啊。"所以墨子说："现在的王公大人，真心想获得而害怕损失，想得到安定而憎恶危难，所以对于攻战是不可不反对的。”

原文

饰攻战者之言曰：“彼不能收用①彼众，是故亡。我能收用我众，以此攻战于天下，谁敢不宾服②哉？”子墨子言曰：“子虽能收用子之众，子岂若古者吴阖闾哉？古者吴阖闾教七年，奉甲执兵③，奔三百里而舍④焉，次注林⑤，出于冥隘⑥之径，战于柏举⑦，中楚国而朝宋与及鲁⑧。及至夫差之身，北而攻齐，舍于汶⑨上，战于艾陵⑩，大败齐人而葆之大山⑪；东而攻越，济⑫三江五湖，而葆之会稽。九夷⑬之国莫不宾服。于是退不能赏孤⑭，施舍群萌⑮，自恃其力，伐⑯其功，誉其智⑰，怠于教⑱，遂筑姑苏之台⑲，七年不成。及若此，则吴有离罢⑳之心。越王勾践视吴上下不相得㉑，收其众以复其仇㉒，入北郭，徙大内㉓，围王宫，而吴国以亡。昔者晋有六将军㉔，而智伯莫为强焉。计其土地之博，人徒之众，欲以抗诸侯，以为英名，攻战之速㉕，故差论㉖其爪牙之士，皆列㉗其舟车之众，以攻中行氏而有之㉘。以其谋为既已足㉙矣，又攻兹㉚范氏而大败之，并三家以为一家㉛，而不止，又围赵襄子于晋阳。及若此，则韩、魏亦相从而谋曰：‘古者有语，唇亡则齿寒’。赵氏朝亡，我夕从之；赵氏夕亡，我朝从之。《诗》曰：‘鱼水不务㉜，陆将何及㉝乎？’是以三主之君，一心戮力辟门除道，奉甲兴士，韩、魏自外，赵氏自内，击智伯大败之。”

注解

①收用：收买利用。

②宾服：诸侯按时朝贡，表示诚服。

③奉甲执兵：披着甲，拿着兵器。

④舍：休息。

⑤次：驻扎。注林：古代地名，无考。

⑥冥隘：孙诒让云：“此冥隘，即《左传》之冥阨。”古汉东之隘道。

⑦柏举：古楚地名。

⑧中楚国：中，据中，指在天下称霸主。即称霸主于楚地。及鲁：苏时学云："'及鲁'二字误倒，'鲁'字属上句，'及'字属下句也。"因此，上下两句应为："中楚国而朝宋与及鲁。及至夫差之身……"朝宋与及鲁，使鲁、宋来朝贡。

⑨汶：山东汶水。

⑩艾陵：春秋齐地名。

⑪葆：通"保"，守住。大山：即泰山。

⑫济：渡过。

⑬九夷："夷"是我国古代对东方少数民族的通称，据说有九种。这里泛指东方各小国。

⑭赏孤：奖赏战死者的妻儿子女。

⑮群萌：群氓，即众多的百姓。

⑯伐：夸耀。

⑰誉其智：标榜自己的才智。

⑱怠于教：懒于教练兵士。

⑲姑苏之台：姑苏台，春秋时吴国国君所建。《国语》云姑苏台为夫差所筑，《越绝》云姑苏台为阖闾所筑。未详。

⑳吴：指吴国人。罢（pí）："披"假借字，散。

㉑不相得：不相合。

㉒复其仇：越王勾践曾为夫差所败，勾践求和，并以美女、珠宝送给夫差。后用范蠡、文种"十年生聚，十年教训"之策，卧薪尝胆，发愤图强，终于复仇，攻灭吴国。

㉓徙：迁。大内：王念孙云："'徙大内'三字，义不可通。'大内'，当为'大舟'，隶书'舟'字或作'自'，与'内'相似而误。"

㉔六将军：指韩康子、赵襄子、魏桓子、范吉射、中行文子、智伯。

㉕以为英名，攻占之速：张纯一云："疑当作'以攻战之速为英名'。"

㉖差论：选择。

㉗皆列：王念孙云："'皆'当为'比'。《天志篇》'比列其舟车之卒'是其证。下篇'皆列'同。"比列，排列。

㉘有之：占有中行氏之地。

㉙谋：谋略。足：高超极了。

㉚兹：孙诒让云："'兹'字疑衍文。"

㉛并三家以为一家：兼并中行氏、范氏、智伯三家为智伯一家之地。

㉜务：孙诒让云："'务''骛'字通。《淮南子·主术训》云'鱼得水而骛'，高注云'骛，疾也。'"

㉝陆将何及：一旦到了陆地，怎么还来得及呢。

译文

为攻战者辩解的人说："他们不能收买利用他们的民众，所以灭亡。我能够收买利用我的民众，用他们在天下攻战，谁敢不纳贡诚服呢？"墨子说："你虽能收买利用你的民众，你难道比得了上古时候的吴王阖闾吗？古时的吴王阖闾教练兵士七年，披着甲，拿着兵器，追奔三百里才停下来休息。他们驻扎在注林，从冥隘之道突出，与楚战于柏举称霸于楚地而且使宋、鲁来朝。到了吴王夫差为国君时，北面攻打齐国，驻兵汶水，在艾陵一战，大败齐人，使他们退守泰山；东面攻战越国，渡过三江五湖，迫使他们退守会稽山。东方的各国没有哪一个不进贡诚服。在这时，战罢四国后，不能抚恤战死者的妻儿子女，也不能把财物分给众多的人民，仗恃自己的力量，夸耀自己的功劳，标榜自己的才智，懒于训练兵士，于是筑姑苏台尽情享乐，历时七年尚未造成。到了这时候，吴民就有了离散之心。越王勾践看到吴国上下离心离德，于是集合他的士众以报昔日之仇，从吴都北面攻入，迁走大船，围攻王宫，吴国就这样灭亡了。过去晋国有六将军，而其中以智伯最强大。他考虑自己的土地博大，人口众多，想以此抗击诸侯，乃以其攻战之速而得英名。所以他选择勇猛的战士，排列好兵船和兵车，用以攻打中行氏而占领了它的土地。他以为自己的谋略已经极高了，又去攻打范氏并打败了它，并将中行氏、范氏与自己的土地合为一家，这还不罢休，又在晋阳围攻赵襄子。等到这时，韩、魏在一起商谋说：'古人有语，唇亡齿寒。'赵氏早上灭亡，我们晚上就会跟着灭亡；赵氏晚上灭亡，我们早上就会跟着灭亡。《诗经》说：'鱼在水中不赶快跑，到了陆地上，怎么来得及呢？'所以三个君主，齐心戮力开门清道，披甲令士，韩、魏从外，赵氏在内，夹击智伯，使之大败。"

原文

是故子墨子言曰："古者有语曰：'君子不镜于水而镜①于人，镜于水，见面之容，镜于人，则知吉与凶。'今以攻战为利，则盖②尝鉴之于智伯之事乎？此其为不吉而凶，既可得而知矣。"

注解

①镜：作动词，照。

②盖（hé）：何不。

译文

所以墨子说："古人曾说：'君子不用水照自己而用人照自己，用水照，只能见到自己的面貌，用人来对照自己，则可以知道吉与凶。'现在用攻战争利，那么何不试用智伯好战而亡为鉴？这样攻战是凶而不是吉，这是可得而知的啊。"

评析

本文论述三个问题：一、攻战消耗巨大，即使战胜也得不偿失。今大国土地有余人口不足，损民以得地，是弃所不足而重有余。二、驳攻战可以广土众民。历史上因攻战而成大国者不过四五国，而亡于攻战之国不可胜数。三、驳"我能用兵，故战必胜"。以夫差、智伯为例，说明虽兵强而且常胜，好战必亡。

非攻下

原文

子墨子言曰："今天下之所誉善[1]者，其说将何哉[2]？为其上中[3]天之利，而中中鬼之利，而下中人之利，故誉之与？意亡[4]非为其上中天之利，而中中鬼之利，而下中人之利，故誉之与？虽使下愚之人[5]，必曰：'将为其上中天之利，而中中鬼之利，而下中人之利，故誉之。'今天下之所同义者[6]，圣王之法也。今天下之诸侯将犹多皆免攻伐并兼[7]，则是有誉义之名，而不察其实也。此譬犹盲者之与人，同命[8]白黑之名，而不能分其物也，则岂谓有别哉？是故古之知者之为天下度[9]也，必顺虑[10]其义，而后为之，行是以动则不疑，速通成得其所欲[11]，而顺天鬼百姓之利，则知者之道也。是故古之仁人有天下者，必反大国之说[12]，一天下之和，总四海之内，焉[13]率天下之百姓，以农臣事[14]上帝山川鬼神。利人多，功故又大，

是以天赏之，鬼富之，人誉之，使贵为天子，富有天下，名参⑮乎天地，至今不废。此则知者之道也，先王之所以有天下者也。

注解

①誉善：王纯一云："此文当作'誉义'。"

②其说将何哉：这种说法应当作什么解释呢？将，应当。

③中（zhòng）：符合。

④意亡：还是。

⑤虽使：即使。下愚之人：最愚蠢的人。

⑥天下之所同义者：天下之人共同认为符合"义"的。

⑦将犹多皆免攻伐并兼：马宗霍云："此'免'字当通作'勉'。《说文·力部》云：'勉，疆也。'言今天诸侯多皆强相攻伐并兼也。"

⑧命：呼。

⑨知：通"智"。度（duó）：谋划。

⑩顺：王树相云："'顺'当为'慎'，古顺字作'慎'。形近而误。"顺虑，慎重思考。

⑪速通成得其所欲：孙诒让云：此句"疑当作'远迩咸得其所欲'。"远近都能得到自己所希望的东西。

⑫大国之说：指大国攻战之说。

⑬焉：乃，于是。

⑭以农：以农业生产。臣事：作为下臣侍奉。

⑮参：立。

译文

墨子说："现在天下人赞赏的'义'，应当怎样理解呢？是因为它所行之事，在上符合上天利益，中间符合鬼神的利益，在下符合百姓的利益，所以才赞誉它？还是因为它所行之事，上不符合天之利，中不符合鬼神之利，下不符合人之利，所以才赞誉它呢？即使是最愚蠢的人，也一定会说：'是因为它所行之事，上符合天之利，中符合鬼神之利，下符合人之利，所以赞誉它。'现在天下人共同认为符合'义'的，就是圣王的法则。当今天下的诸侯多数都强相攻伐兼并，就是在名义上赞美'义'，而不考察'义'的实际意义。这就好比瞎子与别人一道叫出黑白的名称，但不能分辨其物的黑白啊，这难道能说会辨别吗？所以古时的智者为天下谋划，一定慎重考虑是否符合

'义'，然后才行动，因此行动就没有疑惑，远近的人都能得到自己想要的东西。而且顺应上天鬼神百姓的利益，就是智者的方法。所以，古代占有天下的仁人，一定要反对大国攻战之说，使天下人和睦，使四海之内的百姓团结一致，于是率领天下的百姓从事农业生产，作为下臣的对上帝山川鬼神进行侍奉。这样给别人的利益多，功劳又大，所以天赞赏他，鬼神使他富足，老百姓赞誉他，使他贵为天子，富有天下，名声立于天地之间，至今不朽。这就是智者的方法，先王之所以能占有天下的缘故啊。

原文

"今王公大人、天下之诸侯则不然，将必皆差论其爪牙之士，皆列其舟车之卒伍①，于此为②坚甲利兵，以往攻伐无罪之国。入其国家边境，芟刈③其禾稼，斩其树木，堕④其城郭，以湮⑤其沟池，攘杀其牲牷⑥，燔溃⑦其祖庙，劲杀⑧其万民，覆⑨其老弱，迁其重器⑩，卒进而柱乎斗⑪，曰：'死命为上⑫，多杀次之，身伤者为下，又况失列北桡⑬乎哉，罪死无赦！'以谭其众⑭。夫无⑮兼国覆军，贼虐万民，以乱圣人之绪⑯。意将⑰以为利天乎？夫取⑱天之人，以攻天之邑，此刺杀天民，剥振⑲神之位，倾覆社稷，攘杀其牺牲，则此上不中天之利矣。意将以为利鬼乎？夫杀之⑳人，灭鬼神之主㉑，废灭先王，贼虐万民，百姓离散，则此中不中鬼之利矣。意将以为利人乎？夫杀之人，为利人也博㉒矣！又计其费此㉓，为周生之本㉔，竭天下百姓之财用，不可胜数也，则此下不中人之利矣。

注解

①卒伍：队伍。

②于此：在本国。为：准备。

③芟刈（shān yì）：割掉。

④堕：《左传》僖公三十二年，杜注云："堕，毁也。"

⑤湮（yān）：堵塞。

⑥牲牷：牲指牛、马、羊、豕、犬、鸡六畜。牷指纯色牲口。此处"牲牷"泛指牲口。

⑦燔（fán）：烧。溃：高亨云："'溃'通'隤'。"隤，毁。

⑧劲杀：刺杀。《史记·陈涉世家》，《索引》引《三苍》郭璞注云："劲，刺也。"

⑨覆：覆灭。

⑩重器：国家的宝重物。

⑪柱乎斗：戴望云："'柱'乃'极'字误，草书'极'与'柱'相似。'乎'字衍文。极，'亟'字之借。"此句为："卒进而极斗。"卒，急。

⑫死命为上：从命而战死的最好。

⑬失列：失其行列，即"掉队"。北桡：败退。王念孙云："桡，毕本作'挠'。云'北，谓奔北也。北之言背驰。挠之言曲行'。"

⑭以谆其众：毕沅云："《说文》《玉篇》无谆字。古字言心相近，即'惮'字。"惮：惧。

⑮夫无：发语词。

⑯绪：《广雅·释诂》云："绪，业也。"

⑰意将：还是。

⑱取：用。天之人：曹耀湘云："人者天之所生，故曰天之人。有生皆系于天，故他国亦天之邑。"

⑲剥振，王念孙云："'振'当为'挀'字之误也。"《说文》："剥，裂也。"《广雅》："挀，裂也。"剥挀，剥裂，毁坏。

⑳杀之人：戴望云："'杀'下脱'天'字。"应为："夫杀天之人。"

㉑主：指鬼神的祭主。

㉒博：俞樾云："'博'，疑当作'薄'。言杀人以利人，其利亦薄也。"

㉓此：李渔叔云："与'赀'同，费赀为行军所费的赀财。"

㉔周生之本：李渔叔云："意思就是济生之本，指衣食之赀。"

译文

"现在的王公大人及天下的诸侯就不是这样，他们必定要选择勇猛的战将，排列起他们的船、车队伍，准备坚固的铠甲和锐利的兵器，去攻打无罪的国家。攻入他们的边境，割除他们的庄稼，砍伐他们的树木，毁掉他们的城郭，用以填平沟池，夺杀他们的牲口，烧毁他们的祖庙，屠杀他们的人民，残害他们的老弱，夺走他们的宝物，急进而鏖战，并一面高喊：'从命而战死的最好，多杀敌人的次之，身体受伤的为下，至于掉队和败退的，各杀无赦！'用这些话来威吓士兵们。这无非是要兼并他国，歼灭军队，残害百姓，以败坏圣人创建的功业。还认为这样有利于上天吗？用上天拥有的人，去攻打上天拥有的城邑，这就是刺杀上天的人民，毁坏神的灵位，倾覆宗庙社稷，夺杀六畜牲口，这就上不符合天的利益了。还认为这样有利于鬼神吗？杀死上天拥有的人民，毁灭鬼神的祭主，废灭先王的祭祀，残害万民，使百姓离散，这就是不符合鬼神的利益了。还认为这样有利于人民吗？杀死天拥有的人民，用以来利人，这种利也就很薄了。再计算一下那些行军的费用，都是人民的衣食之赀，竭尽天下百姓的钱财，不可胜数，这就不符合人民的利益了。

原文

今夫师者之相为[①]不利者也，曰：将不勇，士不分[②]，兵不利，教不习，师不众，率不利和[③]，威不圉[④]，害[⑤]之不久，争之不疾，孙[⑥]之不强。植心不坚，与国[⑦]诸侯疑。与国诸侯疑，则敌生虑[⑧]，而意羸[⑨]矣。偏具此物[⑩]，而致从事焉，则是国家失卒，而百姓易务[⑪]也。今不尝观其说好攻伐之国[⑫]，若使中兴师，君子庶人[⑬]也，必且数千，徒[⑭]倍十万，然后足以师而动矣。久者数岁，速者数月，是上不暇听治，士不暇治其官府，农夫不暇稼穑，妇人不暇纺绩织纴，则是国家失卒，而百姓易务也。然而又与其车马之罢弊[⑮]也，幔幕帷盖，三军之用，甲兵之备，五分而得其一，则犹为序疏[⑯]矣。然而又与其散亡道路[⑰]，道路辽远，粮食不继傺[⑱]，食饮之时[⑲]，厕役[⑳]以此饥寒冻馁疾病，而转死沟壑中者，不可胜计也，此其为不利于人也，天下之害厚矣。而王公大人，乐而行之。则此乐贼灭天下之万民也，岂不悖[㉑]哉？今天下好战之国，齐、晋、楚、越，若使此四国者得意于天下，此皆十倍其国之众，而未能食其地也。是人不足而地有余也。今又以争地之故，而反相贼也，然则是亏不足，而重有余也。”

注解

①师者：指军队中。相为：都认为、都当作。

②分：孙诒让云：“分’疑‘奋’，声近，假借字。”

③率不利和：率，嘉靖本“率”均作“卒”。李渔叔云：“似以作‘卒不和’之义为长。”利，俞樾云：“‘利’即‘和’字之误而衍者。”删去。

④圉：《逸周书·谥法篇》云：“威德刚武曰圉”，孔注云：“圉，御也。”

⑤害：孙诒让云：“害’疑当作‘围’，形近而误。”

⑥孙：孙诒让云：“‘孙’无义，疑当作‘系’。”“系”与“缚”同。

⑦与国：友善的国家。

⑧敌生虑：王焕镳云：“疑本作‘生敌虑’。”

⑨羸（léi）：弱。

⑩偏：“偏”为“遍”的假借字。即普遍。此物：指上面提出的“不利者”。

⑪易务：改变职业。

⑫今不尝观其说好攻伐之国：按王焕镳先生的意见，此句疑为："今不尝观其好（hào）攻伐之说。"下句为"若使国中兴师"。

⑬君子：即"贤良"。孙诒让认为"君子"下有脱字，疑为"君子数百"。庶人：即"庶子"。

⑭徒：尹桐阳云："徒，步兵。"

⑮又与：又和。罢（pí）：疲乏。弊：损坏。

⑯序疏：孙诒让云："'序疏'二字义不可通，疑当为'厚馀'，皆形之误。厚馀，言多余也。"

⑰散亡道路：疑"道路"后面脱"者"字。指散亡在道路上的人。

⑱不继傺（chì）：俞樾云："疑墨子原文本作'粮食不傺'，不傺，即不接也。"

⑲食饮之时：应为"饮食不时"。

⑳厕役：当为"厮役"。

㉑悖（bèi）：荒谬。

译文

现在军队都认为不利的是：将领不勇猛，兵士不奋激，兵器不锐利，训练不够，人数不多，将帅不和，受威胁而不能御，围敌不久，争斗不烈，凝聚力不强，决心不坚，友善的国家诸侯猜疑。友善的国家诸侯猜疑，就会产生敌意，而共同对敌的意志就弱了。如果以上不利因素全都存在了，而要发动战争，那国家就要损兵，老百姓就要失业了。现在且不考察那些赞美攻伐的论调（即考察一下攻伐的事实）。假如一个国家发动中等规模的战争，贤良将士必将数百人，宫室庶子必将数千人，一般士兵就将要以数十万计了，然后才能组成一个像样的队伍出动。久的要数年，快的要数月，这时上面无暇处理政务，官员们无暇治理官府，农民们无暇种田，妇女们无暇纺织，这就是国家损兵，老百姓失业了。又如他们的车马疲损，幔幕帷帐等三军的用具，铠甲兵器等设备，能够收回五分之一，那已经是很多的了。又如他们散亡在道路上的人，由于道路遥远，粮食不继，饮食不时，厮役们因此饥寒冻饿发生疾病，而辗转死于沟壑中的，不计其数。像这样不利于人，成为天下的祸害可说够大了。而那些王公大人们，都乐于这样做，这就是以残害毁灭天下万民为乐，岂不是太荒谬了吗？当今天下喜好攻战的国家，有齐、晋、楚、越，如果让这四个国家在天下得逞，即使他们的民众十倍于现在的人数，也不能布满他们所得到的土地。这是人不足而地有余啊。现在又因争夺土地的缘故，而相互残害，这就是亏损自已的不足，而去争夺自已的多余。"

原文

今遝[1]夫好攻伐之君，又饰其说以非子墨子曰:“以攻伐之为不义，非利物[2]与?昔者禹征有苗，汤伐桀，武王伐纣，此皆立为圣王，是何故也?”子墨子曰:“子未察吾言之类，未明其故者也。彼非所谓‘攻’，谓‘诛’也。昔者三苗大乱，天命殛[3]之，日妖宵出[4]，雨[5]血三朝，龙生于庙，犬哭乎市，夏冰，地坼及泉，五谷变化，民乃大振[6]。高阳乃命玄宫[7]，禹亲把天之瑞令，以征有苗，四电诱祇[8]，有神人面鸟身，若瑾以侍，扼矢有苗之祥[9]，苗师大乱，后乃遂几[10]。禹既已克有三苗，焉磨[11]为山川，别物上下，卿制大极[12]，而神民不违，天下乃静。则此禹之所以征有苗也。遝至乎夏王桀，天有辂命[13]，日月不时，寒暑杂至，五谷焦死，鬼呼国[14]，鹤鸣十夕余。天乃命汤于镳宫[15]，用[16]受夏之大命，夏德大乱，予既卒其命于天矣，往而诛之，必使汝堪之[17]。汤焉敢奉[18]率其众，是以乡[19]有夏之境，帝乃使阴暴[20]毁有夏之城。少少[21]有神来告曰:‘夏德大乱，往攻之，予必使汝大堪[22]之。予既受命于天，天命融隆火[23]，于夏之城间西北之隅。汤奉桀众以克有[24]，属诸侯于薄[25]，荐[26]章天命，通于四方，而天下诸侯莫敢不宾服。则此汤之所以诛桀也。遝至乎商王纣，天不序[27]其德，祀用失时，兼夜中，十日雨土于薄[28]，九鼎迁止[29]，妇妖宵出，有鬼宵吟，有女为男，天雨肉，棘生乎国道，王兄[30]自纵也。赤鸟衔珪[31]，降周之岐社[32]，曰:‘天命周文王伐殷有国。’泰颠来宾[33]，河出绿图[34]，地出乘黄[35]。武王践功[36]，梦见三神曰:‘予既沈渍殷纣于酒德[37]矣，往攻之，予必使汝大堪之。’武王乃攻狂夫[38]，反商之周[39]，天赐武王黄鸟[40]之旗。王既已克殷，成帝之来[41]，分主[42]诸神，祀纣先王，通维[43]四夷，而天下莫不宾，焉袭汤之绪[44]，此即武王之所以诛纣也。若以此三圣王者观之，则非所谓‘攻’也，所谓‘诛’也。”

注解

①遝（dài）：洪颐煊云:“遝，逮古字通用。”逮，及。

②物：事。

③殛（jí）：诛杀。

④日妖宵出：太阳晚上出来，故曰“日妖”。

⑤雨（yù）：下雨。

⑥振：同“震”。

⑦高阳乃命玄宫：孙诒让云：“《蓺文类聚符命部》，引《随巢子》云‘天命夏禹于玄宫，有大神人面鸟身’云云，则非高阳所命也，此文疑有脱误。”此句疑为“天乃命禹于玄宫”。

⑧四电诱祇：孙诒让云：“疑当为‘雷电誖振’，‘雷’坏字为‘田’，又误为‘四’。‘誖’‘诱’，‘振’‘祇’，形并相近。‘誖’‘勃’，‘振’‘震’，字通。”勃震，突然震动。

⑨若瑾以侍，扼矢有苗之祥：此上二句，疑有脱误。王焕镳认为此二句原文本为：“若以谨持矢，扼有苗之将。”“瑾”为“谨”之形误。“侍”为“持”之形误。“扼矢”二字倒误，且“矢”应断为上句。“祥”为“将”之形误。

⑩遂几：几，微。言不久即衰败。

⑪焉：于是。磨：当为“磿”（lì），与“离”同。

⑫卿制大极：孙诒让云：“疑当为‘鄉制四极’。”“鄉”即“饗”之省。

⑬犆命：孙诒让云：“‘犆’，疑当为‘酷’。谓严命也。”

⑭鬼呼国：王念孙云：“‘呼’下当有‘于’字，方合上下句法。”即“鬼呼于国”。

⑮镳（biāo）宫：古宫殿名。

⑯用：以。

⑰夏德大乱……必使汝堪之：此四句孙诒让认为：“文义与下文重复，疑校书者附记异同，遂与正文淆混。”当删去。

⑱焉：于是。奉：承受。

⑲乡（xiàng）：通“向”，攻伐。

⑳使阴：疑为“阴使”。暴：通“爆”。

㉑少少：片刻。

㉒堪：《尔雅》云：“堪，胜也。”

㉓融：即祝融，古神话中的火神。隆：即丰隆，雷神。火：焚烧。

㉔奉：承受、接受。有：苏时学云：“‘有’下脱‘夏’字。”

㉕属：会合。薄：地名，即“亳”，汤的都城。

㉖荐：进。章：明。

㉗序：俞樾云：“‘序’乃‘享’字之误。”

㉘兼夜中，十日雨土于薄：此句应为“兼夜中十日，雨土于薄”。中，为“出”之形误。

㉙九鼎：传说为禹所铸。止：通“址”。

㉚兄：王念孙云：“‘兄’，与‘況’同。況，益也。”

㉛衔（xián）：口含。珪：玉器。

㉜岐社：周族设在岐山上祭祀的神社。

㉝泰颠：周文王大臣。宾：归。

㉞河：黄河。绿：通“箓”。箓图：符图。黄河中浮出符图，古代传说是一种应天命出天子的征兆。

㉟乘黄：神马。

㊱践功：“践”为“缵”的假借字，继。继功，继承事业。

㊲沈渍（zì）：沉溺。德：高亨云：“‘德’疑当作‘食’。”

㊳狂夫：指殷纣王。

㊴反商之周：旧本或作“反商作周”，即推翻商建立周。

㊵黄鸟：即“皇鸟”，凤凰之类。凤飞群鸟跟从，以此为旗，喻意为聚天下之众。

㊶来：“赉（lài）”之假借字，赐予。

㊷主：主祭。

㊸维：通“于”。

㊹袭：继承。绪：功业。

译文

现在那些好战的国君，又夸饰他的理论而非议墨子说：“你认为攻打别国是不义的，这不是有利的事吧？从前禹征讨三苗，汤讨伐桀，武王伐纣，这几位都被称为圣王，这是什么缘故呢？”墨子回答说：“你没有分清我说的战争的类别，不明白其中的缘故。禹、汤、武王他们的讨伐不是我所说的‘攻’，而是我所说的‘诛’。过去三苗大乱，上天命令要诛杀它，当时太阳从夜里出现，一连三天下血雨，龙在祖庙出现，狗在集市上哭叫，夏天结冰，大地开裂深至泉水，五谷不按时生长成熟，人民大为震惊。天神于是在玄宫向禹授命，禹亲自拿着天神赐的玉符，前往征讨三苗。雷电突然震响，有一个人面鸟身的神，谨慎地拿着箭，掐住三苗的将领，三苗的军队大乱，不久三苗的后世就衰微了。禹既已战胜三苗，于是区划了山川，区分了事物的高下，飨制四方，人神和谐，天下就安定了。

这就是禹征讨三苗的原因。等到了夏桀王之时，天有严命，那时日月不按时出没，寒暑节气错乱，五谷焦死，鬼呼叫于国，鹤鸣叫十余夜不止。天神于是在镳宫授命给汤，以接替夏王桀的权力。汤于是承受天命，率领他的军队，攻伐夏国国境，天神于是暗中使夏都城墙爆毁。不久有神来告诉汤说：'夏王桀十分淫乱，你去攻打他，我一定使你大胜。我已经从天神那里得到命令，天命火神祝融、雷神丰隆焚烧了夏都城的西北角。'汤利用桀的队伍战胜了夏桀王，在亳地会合各路诸侯，声明灭夏是秉承天命，并通告四方，天下诸侯没有谁敢不服从。这就是汤讨伐夏桀的原因。等到了商纣王之时，天因纣王道德败坏而不再给其享用，纣祭祀不按时举行，连夜出现十个太阳，天在亳地下土雨，九鼎自动迁址，女妖晚上出现，鬼怪夜叹，有女的变成了男的，天还下了肉雨，荆棘生长在国道上，纣王日益放纵自己。赤鸟口含着珪玉，降落在周之岐山的神社上，珪玉上写道：'天命周文王伐殷有国。'接着贤臣泰颠归顺，黄河里浮出符图，地上出现了神马，武王继承了文王的事业，他梦见三神说：'我已经使殷纣王沉溺于酒食之中，你去攻打他，我一定使你大胜。'武王于是攻伐殷纣这个狂夫，推翻商朝，建立周朝，天赐给武王凤凰旗。武王既灭了殷，完成了天帝的赐命，使诸侯分别主祭诸神，还祭祀纣的先王成汤，通告于四方，天下没有谁不服从，于是继承了汤的功业。这就是武王伐纣的原因。若以上述三个圣王的事例看，就不是我所说的'攻'，而是我所说的'诛'了。"

原文

则夫好攻伐之君，又饰其说以非子墨子曰："子以攻伐为不义，非利物与？昔者楚熊丽始讨此睢山①之间，越王翳亏②，出自有遽③，始邦④于越。唐叔与吕尚⑤邦齐晋。此皆地方数百里，今以并国之故，四分天下而有之。是故何也？"子墨子曰："子未察吾言之类，未明其故者也。古者天子之始封诸侯也，万有余，今以并国之故，万国有余皆灭，而四国独立。此譬犹医之药⑥万有余人，而四人愈⑦也，则不可谓良医矣。"

注解

①楚熊丽：《史记·楚世家》："鬻熊子事文王，蚤卒，其子曰熊丽。"讨：毕沅云："'讨'字当为'封'。"睢（suī）山：山名。尹桐阳云："在今湖北保康县西南。楚初都丹阳，即今秭归。后迁枝江，仍号丹阳。此云睢山之间，

则秭归也。”

②翳亏：越国始封的君主，即越王无余。

③有遽：古地名，无考。

④邦：建邦、建国。

⑤唐叔：周朝晋国之祖。姬姓，名虞。周公灭唐后封于其地，其子即位后改称晋。吕尚：即姜太公，齐国之祖。

⑥医之药：犹言医生医治。这里是将万余国的诸侯国君比作医生医治本国人民。

⑦四人愈：言只有四个诸侯国君医治好本国。

译文

但是喜好攻伐的君王，又夸饰他的理论而非议墨子说：“你认为攻打别国是不义的，这不是有利的事吧？从前楚熊丽初封于秭归，越王无余出自有遽，开始在越建国。唐叔与吕尚受封于齐晋，这些地方都不过数百里。现在因兼并他国的缘故，楚、越、晋、齐将天下分成四份而霸有之，这是什么原因呢？”墨子回答说：“你没有分清我说的战争的类别，不明白其中的缘故。古时候天子初封诸侯，受封的有万余国，到如今因兼并的缘故，这上万个国家都灭亡了，唯有这四个国家独立存在。这就譬如上万个医生给上万人开药方治病一样，其中只有四个人吃了见效，这就不能算是好医生了。”

原文

则夫好攻伐之君又饰其说曰：“我非以金玉、子女、壤地为不足也，我欲以义名立于天下，以德求诸侯也。”子墨子曰：“今若有能以义名立于天下，以德求诸侯者，天下之服可立而待也。夫天下处[①]攻伐久矣，譬若傅子[②]之为马然。今若有能信效[③]先利天下诸侯者，大国之不义也，则同忧之；大国之攻小国也，则同救之；小国城郭之不全也，必使修之；布粟之绝[④]，则委[⑤]之；币帛不足，则共[⑥]之。以此效大国，则小国之君说[⑦]，人劳我逸，则我甲兵强。宽以惠，缓易急，民必移[⑧]。易攻伐以治我国，攻[⑨]必倍。量我师举之费，以争诸侯之毙[⑩]，则必可得而序利[⑪]焉。督以正[⑫]，义其名，必务宽吾众，信吾师，以此授[⑬]诸侯之师，则天下无敌矣，其为下不可胜数也[⑭]。此天下之利，而王公大人不知而用，则此可谓不知利天下之巨务[⑮]矣。”

注解

①处：曹耀湘云："'处'当作'苦'。"

②傅子：孙诒让云："'傅'或当为'孺'，'孺'俗作'㛐'，与'傅'形近。"孺子，儿童。

③效：孙诒让云："读为'交'，同声假借字。"信交：以信义相邦交。

④之绝：王念孙云："当是'乏绝'之误。"

⑤委：输，供应。

⑥共：通"供"。

⑦以此效大国，则小国之君说：张纯一云："'大国'下脱'则大国之君说，以此效小国'十一字。"此句疑为："以此效大国，则大国之君说；以此效小国，则小国之君说。"效，交。说（yuè），通"悦"。

⑧移：犹归。

⑨攻：为"功"之借字。

⑩"争"：旧本作"诤"。王焕镳云："疑'诤'为'竫（jìng）'字之形讹。'竫'与'靖'音同义通，安扶、安定之意。"毙：困乏而倒，此作危困解。

⑪序利：王念孙云："当为'厚利'之误。"

⑫督：率。正：正道。

⑬授：孙诒让云："'授'字无义，疑当为'援'。"

⑭其为下不可胜数也：苏时学云："句有脱字，当作'其为利天下，不可胜数也'。"

⑮巨务：大事。

译文

但是喜好攻战的国君，又夸饰他的理论而非议墨子说："我并不是以我的金玉、子民、土地为不足，我是想以义名立于天下，用德来使天下诸侯归顺。"墨子说："当今假若真有人能立义名于天下，用德来供诸侯归顺，那么天下服从他，就指日可待了。因为天下人受攻伐之苦已很久了，就好像拿小孩当马骑一样。现在若有能先以信义相交而利天下诸侯的，凡是有大国不义，大家就商量对付他；大国攻打小国，大家就共同去援救他；小国的城郭不够完好坚固，大家就一定把它修理好；如果衣食困乏，大家就接济他；如果钱财不足，大家就供给他。像这样去结交大国，则大国的国君高兴；像这样去结交小国，小国的国君高兴。别人劳而我逸，那么我的兵力一定强大。待臣民宽大而恩惠，以从容代替急迫，人民必定会归顺。转变攻伐政策来治理我们的国家，其功效必定加倍。估量我花费于兴师攻伐的费用，将它用于安抚诸侯的危困，那么必定可以获得很大的好处。以正道统率人民，以义名立于世，还必须宽厚地对待民众，以诚信取信于自己的军队，用此援助诸侯小国，就可以无敌于天下了，如此为利于天下，真是数也数不尽的了。这算是天下的大利，而那些王公大人不知道去用它，真可说是不知利天下的大事啊。”

原文

是故子墨子曰：“今且天下之王公大人士君子，中情①将欲求兴天下之利，除天下之害，当若繁为攻伐②，此实天下之巨害也。今欲为仁义，求为上士，尚③欲中圣王之道，下欲中国家百姓之利，故当若非攻之为说，而将不可不察者此也。”

注解

①中情：诚心。

②繁为攻伐：频繁地进行攻战。

③尚：通“上”。

译文

所以墨子说：“当今天下的王公大人和士君子，诚心想要为天下图利，为天下除害，若仍然频繁地从事攻战，这实在是天下最大的祸害啊。现在若要行仁义，做上等的士人，上要符合圣王之道，下要符合国家百姓的利益，所以对于‘非攻’这样的主张，就不可不细心审察了。”

评析

本文前一部分说明，攻战上不利天，中不利鬼，下不利人。中间一部分着重区别攻与诛。“攻”就是以大欺小的非正义的侵略战争；“诛”则是奉天命讨伐无道之国的正义战争，如禹征有苗，汤伐桀，武王伐纣等。第三部分驳斥攻伐之君谎称以义名立天下而战；主张若大国攻小国则救之，应帮助弱小的被侵者，抵抗强暴的侵略者，提倡备战以反战。

法　家

法家是战国时期的重要学派之一，因主张以法治国，“不别亲疏，不殊贵贱，一断于法”，故称之为法家。而法家也是先秦诸子中对法律最为重视的一派。他们提出的一整套理论和方法，是我国古代封建社会的政治与法制主体。

◆ 名人与典籍

法家在法理学方面作出了贡献，对于法律的起源、本质、作用以及法律同社会经济、时代要求、国家政权、伦理道德、风俗习惯、自然环境以及人口、人性的关系等基本的问题都做了探讨，而且卓有成效。

春秋时期，管仲、子产即是法家的先驱。战国初期，李悝、商鞅、申不害、慎到等开创了法家学派。商鞅、慎到、申不害三人分别提倡重法、重势、重术，各有特点。到了法家思想的集大成者韩非时，韩非提出了将三者紧密结合的思想。法是指健全法制，势指的是君主的权势，要独掌军政大权，术是指的驾驭群臣、掌握政权、推行法令的策略和手段。主要是察觉、防止犯上作乱，维护君主地位。

商鞅原名卫鞅，战国时期卫国人，早年为魏国宰相公叔痤家臣。公孙痤病死后，魏王没有重用商鞅。后来听说秦孝公下令求贤者，便携同李悝的《法经》到秦国去。通过秦孝公宠臣景监，三见孝公，商鞅畅谈变法治国之策，孝公大喜，商鞅得到了施展他变法理想的舞台。秦国自商鞅变法后，迅速成为一个强大的诸侯国，为后世统一天下奠定了基础。

《韩非子》

韩非子是法家学说的集大成者。韩非本是韩国的王族贵人，但是其理论却不被韩王所采纳，所以在悲愤之下，写出了《孤愤》《五蠹》《内外储》《说林》《说难》等十余万言的著作。后来这些著作传到了秦国，秦王政看完后，发出了“嗟乎！寡人得见此人与之游，死不恨矣”的感叹。但韩非在出使秦国时，没有得到秦王政的信任，更被李斯、姚贾陷害，最后自杀于秦狱中。韩非虽然一生都没能施展自己的抱负，却著成了流传千古的《韩非子》。

初见秦

原文

臣闻："不知而言，不智；知而不言，不忠。"为人臣，不忠当死①，言而不当亦当死。虽然，臣愿悉言所闻，唯大王②裁其罪。

注解

①死：《易·豫·六五》："贞，疾恒，不死。"《诗·鄘风·柏舟》："之死矢靡它。"《老子·四十二章》："强梁者不得其死，吾将以为教父。"《论语·子罕》："天之将丧斯文也。後死者不得与於斯文也。"《论语·先进》："若由也，不得其死然。"《大戴礼记·本命》："化尽数穷谓之死。"《孟子·离娄下》："可以死，可以无死；死伤勇。"《荀子·大略》："流言止焉，恶言死焉。"《广雅·释诂四》："死，穷也。"《后汉书·皇甫嵩传》："讹言'苍天已死，黄天当立，岁在甲子，天下大吉。'"常建《吊王将军墓》："战余落日黄，军败鼓声死。"这里用为穷、尽之意。

②大王：这里用指为秦昭王（公元前324~前251年）。

译文

我听说："不知道的开口就说，是没有智慧；知道了而不说，就是不忠。"做臣子的，不忠诚就应该去穷尽，说了不得当也应该去穷尽。即使这样，我还是愿意把我所知道的都说出来，希望大王来判定我陈述见解的罪过。

原文

臣闻：天下阴[①]燕[②]阳[③]魏[④]，连荆[⑤]固齐[⑥]，收韩[⑦]而成从[⑧]，将西面以与[⑨]秦[⑩]强为难。臣窃笑之。世有三亡，而天下得之，其此之谓乎！臣闻之曰："以乱攻治者亡，以邪攻正者亡，以逆攻顺者亡。"今天下之府库不盈，囷[⑪]仓空虚，悉其士民，张[⑫]军数十百万，其顿首戴羽为将军断死于前不至千人，皆以言死。白刃在前，斧锧[⑬]在后，而却走不能死也。非其士民不能死也，上不能故也。言赏则不与，言罚则不行，赏罚不信，故士民不死也。今秦出号令而行赏罚，有功无功相[⑭]事也。出其父母怀衽之中，生未尝见寇耳，闻战，顿足徒裼[⑮]，犯白刃，蹈炉炭，断死于前者皆是也。夫断死与断生者不同，而民为之者，是贵[⑯]奋死也。夫一人奋死可以对十，十可以对百，百可以对千，千可以对万，万可以克天下矣。今秦地折长补短，方数千里，名师数百万。秦之号令赏罚，地形有利，天下莫若也。以此与天下，天下不足兼而有也。是故秦战未尝不克，攻未尝不取，所当未尝不破，开地数千里，此其大功也。然而兵甲顿[⑰]，士民病[⑱]，蓄积索[⑲]，田畴荒，囷仓虚，四邻诸侯不服，霸王之名不成。此无异故，其谋臣皆不尽其忠也。

注解

①阴：《周书·王会》："墠上张赤帟阴羽。"《诗·大雅·公刘》："相其阴阳。"《周礼·大司乐》："阴竹之管。"《周礼·柞氏》："令剥阴木而水之。"《列子·汤问》："达于汉阴。"《说文》："陰，闇也。山之北，水之南也。从阜，从侌。"这里泛指北面之意。

②燕（yān）：周代诸侯国名。本作：匽、郾。姬姓；周召公之后，世称北燕，拥有今河北省北部和辽宁省西端，建都蓟（今北京）。战国时成为七雄之一。后灭于秦。

③阳：《周礼·柞氏》："利刊阳木而火之。"《尔雅》："山东曰朝阳，山西曰夕阳。"这里泛指南面之意。

④魏：诸侯国名。战国七雄之一。开国君主魏文侯（名斯）是毕万后代，和赵韩一起瓜分晋国。公元前503年被周威烈王承认为诸侯。建都安邑（今山西夏县西北）。《战国策·齐策》："韩魏闻之。"《战国策·魏策》："灭韩亡魏。"《史记·魏公子列传》："不敢加兵谋魏。"

⑤荆（jīng）：诸侯国名。《墨子·公输》："荆国有余。"《吕氏春秋·察今》："荆国之为政。"荆国即楚国。楚：春秋战国时期著名的五霸之一。《孟子·梁惠王上》："南辱于楚，寡人耻之。"

⑥齐：周代诸侯国名，其疆土相当于今山东省大部分地区。春秋战国时期著名的五霸之一。《孟子·梁惠王上》："及寡人之身，东败于齐，长子死焉。"

⑦韩：周朝时的一个诸侯国，在今山西省韩城县。为战国七雄之一，在今山西省东部和河南省西北部。后为秦所灭。

⑧从：古通"纵"。《楚辞·沈江》："不别横之与纵。"古人认为，南北为纵向，东西为横向，这里用为合纵之意。

⑨与：《诗·鄘风·定之方中》："望楚与堂，景山与京。"《荀子·王制》："王夺之人，霸夺之与，强夺之地。"《史记》："敌多则力分，与众则兵彊。"这里用为朋党、同类之意。

⑩秦：春秋战国时期著名的五霸之一。《孟子·梁惠王上》："西丧地于秦七百里。"

⑪囷：《诗·魏风·伐檀》："胡取禾三百囷兮？"《国语·吴语》："一而囷鹿空虚。"《礼记·月令》："修囷仓。"《荀子·荣辱》："余刀布，有囷窌，然而衣不敢有丝帛。"《考工记·匠人》："囷窌仓城。"《说文》："囷，禀之圆者。"这里用为圆形的谷仓之意。

⑫张：《战国策·秦策一》："张乐设饮，郊迎三十里。"《广雅·释诂三》："张，施也。"这里用为张设、部署、设置之意。

⑬锧：《公羊传》："负羁縶，执鈇锧。"古多指腰斩刑具，两斤相合，如后之铡刀。这里用为斧之意。

⑭相（xiāng）：《书·盘庚上》："相时民，犹胥顾于箴言。"《诗·鄘风·相鼠》："相鼠有皮，人而无仪！"《诗·大雅·生民》："诞后稷之穑，有相之

道。”《荀子·非相》:“相人，古之人无有也，学者不道也。”《史记·滑稽列传》:“相马失之瘦，相士失之贫。”这里用为看之意。

⑮裼：《诗·小雅·斯干》:“乃生女子，载寝之地，载衣之裼，载弄之瓦。”《礼记·玉藻》:“裘之裼也，见美也。”这里用为古代加在裘上面的无袖衣之意。徒裼：露出上身，为赤膊上阵之意。

⑯贵：《老子·十三章》:“宠辱若惊，贵大患若身。”《国语·晋语》:“贵货而贱土。”《礼记·中庸》:“去谗远色，贱货而贵德。”《荀子·大略》:“贵贵、尊尊、贤贤、老老、长长，义之伦也。”《荀子·宥坐》:“因丽节文，非无良材也，盖曰贵文也。”《吕氏春秋·察今》:“有道之士，贵以近知远，以今知古，以所见知所不见。”《商君书·画策》:“圣王者不贵义而贵法。”这里用为崇尚、重视之意。

⑰顿：古同“钝”。《孙子·谋攻》:“故兵不顿而利可全。”《韩非子·初见秦第一》:“兵甲顿，士民病。”《文选·檄吴将校部曲》:“兵不钝锋。”柳宗元《捕蛇者说》:“号呼而转徙，饥渴而顿踣。”这里用为不锋利之意。

⑱病：《老子·七十一章》:“知不知，尚矣；不知知，病也。”《论语·卫灵公》:“子曰：‘君子病无能焉，不病人之不己知也。’”《礼记·乐记》:“对曰：‘病不得其众也。’”郑玄注：“病，犹忧也。以不得众心为忧。”《孟子·公孙丑上》:“今日病矣，予助苗长矣。”《荀子·非相》:“远举则病缪，近世则病庸。”《荀子·正论》:“王公则病不足于上。”《广韵·映韵》:“病，忧也。”这里用为忧虑、担心之意。

⑲索：《易·震·上六》:“震，索索，视矍矍，征凶；震不于其，躬于其，邻无咎，婚媾有言。”《左传·襄公八年》:“悉索敝赋，以讨于蔡。”《玉篇·索部》:“索，散也。”《广韵·铎韵》:“索，散也。”这里用为离散之意。

译文

我听说：天下各国以赵国为中心，北边连接燕南面连接魏，又联络楚国加强与齐国的关系，收买韩国而成合纵之势，准备对西面的秦国竭力作对。我私下里讥笑他们。世上有三种亡国的情形，而天下各国都得到了，大概是这样说的吧！我曾听说，“以混乱的国家去攻击有治理的国家必亡，以邪恶的战争去攻击正当的国家必亡，以倒行逆施的人去攻击顺应人心的国家必亡。”如今天下各国府库财物都不足，谷仓里都空虚，他们却动员所有士民，设置军队数十百万，其中磕头披戴羽毛在将军面前宣誓愿意决一死战不止千人，都说要决一死战。但当雪白的锋刃在前，砍斧铡刀在后面督战时，他们还是逃跑而不拼死。并非是他们不能拼死一战，而是上层统治者不能拼死一战。说好的奖赏不给予，说好的惩罚不施行，赏罚不讲信用，所以士民们不愿决

一死战。如今秦国颁布号令实行赏罚，有功无功要看事实验证。民众从父母怀抱襁褓里出来后，有生以来没有见到过贼寇，但听说有战事，立刻跺脚赤膊，迎刃而上，踏着火红的炉炭火，决一死战而冲上前的比比皆是。那决一死战和决心生还是不一样的，而民众之所以为之，是崇尚奋勇死战。如果一个人奋勇死战就可以抵抗十人，十个人就可以抵抗百人，百人就可以抵抗千人，千人就可以抵抗万人，一万人奋勇死战就可以征服天下了。如今秦国土地截长补短，方圆有几千里，有名的部队有数十百万。秦国的法令赏罚，加上地形有利，天下各国都不如。凭这些取得天下，天下各国还不够秦国占有。所以秦国作战从没有不攻克的，攻击敌国从没有不取得的，所当其锋从没有不打破的，开辟土地数千里，这是秦国的丰功伟绩。然而现在兵甲不锋利了，士民百姓担忧了，府库积蓄离散空了，田野耕地荒芜了，谷仓也空虚了，四面相邻的诸侯国不顺从了，称王称霸的功名也不能成就。这没有别的原因，是你手下的谋臣不能竭尽忠诚啊！

原文

臣敢言之：往者齐南破荆，东破宋①，西服秦，北破燕，中使韩、魏，土地广而兵强，战克攻取，诏令天下。齐之清济浊河，足以为限，长城巨防，足以为塞。齐，五战之国也，一战不克而无齐。由此观之，夫战者，万乘之存亡也。臣且闻之曰："削株无遗根，无与祸邻，祸乃不存。"秦与荆人战，大破荆，袭郢②，取洞庭、五湖、江南，荆王君臣亡走，东服于陈③。当此时也，随荆以兵，则荆可举；荆可举，则民足贪也，地足利也，东以弱齐、燕，中以凌④三晋⑤。然则一举而霸王之名可成也，四邻诸侯可朝也，而谋臣不为，引军而退，复以荆人为和。令荆人得收亡国，聚散民，立社稷主，置宗庙令，率天下西面以秦为难。此固以失霸王之道一矣。天下又比⑥周⑦而军华下⑧，大王以诏破之，兵至梁郭下。围梁⑨数旬，则梁可拔；拔梁，则魏可举；举魏，则荆、赵⑩之意绝；

荆、赵之意绝，则赵危；赵危，而荆狐疑[11]；东以弱齐、燕，中以凌三晋。然则是一举而霸王之名可成也，四邻诸侯可朝也，而谋臣不为，引军而退，复与魏氏为和。令魏氏反收亡国，聚散民，立社稷主，置宗庙，令率天下西面以与秦为难。此固以失霸王之道二矣。前者穰侯[12]之治秦也，用一国之兵而欲成两国之功，是故兵终身暴露于外，士民疲病于内，霸王之名不成。此固以失霸王之道三矣。

注解

①宋：周代诸侯国名。《墨子·公输》："吾在北方闻子为梯，将以攻宋，宋何罪之有？"

②郢（yǐng）：古代中国楚国的都城，在今湖北省江陵县附近。《说文》："郢，故楚都，在郡江陵北十里。从邑，呈声。"

③陈：周代的一个诸侯国，故都在今淮阳县。《孟子·尽心下》："孔子在陈曰：'盍归乎来！吾党之士狂简。'"

④凌：假借为"夌"。屈原《国殇》："终刚强兮不可凌。"这里用为侵犯之意。

⑤三晋：春秋时期韩、赵、魏三家瓜分晋国，所以后人称此为三晋。

⑥比：《易·比·辞》："比，吉；原筮，元永，贞，无咎；不宁方来，后夫，凶。"《诗·唐风·杕杜》："嗟行之人，胡不比焉？"《诗·小雅·六月》："比物四骊，闲之为则。"陆德明释文："比，齐同也。"《诗·大雅·皇矣》："王此大邦，克顺克比。"《论语·为政》："君子周而不比，小人比而不周。"《礼记·乐记》："郑、卫之音，乱世之音也，比于慢矣。"郑玄注："比，犹同也。"《庄子·逍遥游》："故夫知效一官，行比一乡，德合一君，而徵一国者，其自视也亦若此矣。"陆德明释文："比，李云：'合也'。"《孟子·梁惠王上》："愿比死者一洒之，如之何则可？"《荀子·修身》："然夫士欲独修其身，不以得罪于比俗之人也。"《广韵·脂韵》："比，和也。"这里用为"相合、和同"之意。

⑦周：《诗·小雅·鹿鸣》："人之好我，示我周行。"《诗·小雅·皇皇者华》："载驰载驱，周爰咨谋。"《左传·昭公四年》："其藏之也周。"《国语·鲁语》："忠信为周。"《管子·人主》："人不可不周。"《论语·为政》："君子周而不比，小人比而不周。"《礼记·缁衣》："自周有终。"《孟子·尽心下》："周于利者凶年不能杀，周于德者邪世不能乱。"《荀子·劝学》："方其人之习君子之说，则尊以遍矣，周于世矣。"《说文》："周，密也。"这里用为周密、周到之意。

⑧华下：华阳为战国时期时韩国地名，位于今河南省密县东北。华下，即华阳城下。

⑨梁：周时诸侯国名。战国七雄之一，即魏。魏惠王于公元前362年迁都大梁，故称梁。《战国策·齐策四》："游于梁。"

⑩赵：周代诸侯国之一，战国七雄之一。在今山西北部、河北西部和南部一带

⑪狐疑：狐性多疑，每渡冰河，且听且渡。后用以称遇事犹豫不决。《资治通鉴》："尚怀狐疑。"

⑫穰侯：人名。即魏冉，原为楚国人，秦昭襄王母宣太后的异父弟，昭襄王时四次任相，因受封于穰地（位于今河南省邓县），所以称为穰侯。

译文

我大胆地说说吧：过去齐国向南打败了楚国，向东攻破了宋国，向西征服了秦国，向北攻破了燕国，在中部能驱使韩国、魏国，土地广阔而兵力强大，战无不克，攻无不取，对天下各国发号施令。齐国那清澈的济水和混浊的黄河，足够用来当作防线；齐国的长城和巨防，足以用来作为要塞。齐国，是五战都取胜的国家，但由于一次战斗失败便没有了齐国。这样看来，所谓的战争，也关系着万乘之国的存亡。而且我还听说，"砍树不留根，就不会与灾祸为邻，灾祸就不会发生。"秦国与楚国发生战争，大破楚国，袭击了郢都，夺取了洞庭、五湖、江南一带，楚国君主、臣子都亡命逃跑，归附于陈国。就在这个时候，如果随着楚国的兵追下去，那么楚国就可以到手；楚国可以到手，那么楚国的民众就足够秦国使用，它的土地就可以足够利用，再向东削弱齐国、燕国，在中部可以侵犯三晋。这就是一举而霸王之名就成功了，四邻诸侯就可以来朝贺了，但是那些谋臣们不这样作为，引军退后，恢复与楚国的和谈。使得楚国人得以收复已经灭亡的国家，聚拢已经四散的民众，树立起社稷坛上的神主，设置起宗庙里的官员，率领天下他们的人向西与秦国为敌。这就是已经失去了称霸天下的道路的一次机会。天下人又周密和同而进军华阳城下，大王下令把他们打败，秦兵直进到大梁外城下。围困住大梁几十天，那么大梁就可以攻下；

攻下大梁，那么魏国就可以到手；魏国到手，那么楚国、赵国联合抗秦的意图就无法实现，那么赵国就会危险了；赵国危险了，而楚国人就会疑虑而徘徊不前；再向东削弱齐国、燕国，在中部就可以侵犯三晋。这样一举，称霸的名声就成功了，四邻诸侯就可以来朝贺了，但是那些谋臣们不这样作为，引军而退，恢复与魏国的和谈。使得魏国人回过头来收复已经灭亡的国家，聚拢已经四散的民众，树立起社稷坛上的神主，设置起宗庙里的官员。这就是失去称霸天下的道路的第二次机会。从前穰侯魏冉治理秦国的时候，想用秦国一个国家的兵力来完成两个国家的功业，因此士兵终年在外日晒雨淋，士兵们疲惫担忧不堪，这是失去称霸天下的道路的第三次机会。

原文

且臣闻之曰："战战栗栗[1]，日慎一日，苟慎其道，天下可有。"何以知其然也？昔者纣[2]为天子，将率天下甲兵百万，左饮于淇溪[3]，右饮于洹溪[4]，淇水竭而洹水不流，以与周武王[5]为难。武王将素甲[6]三千，战一日，而破纣之国，禽[7]其身，据其地而有其民，天下莫伤。知伯[8]率三国之众以攻赵襄主[9]于晋阳[10]，决水而灌之三月，城且拔矣，襄主钻龟筮占兆，以视利害，何国可降。及使其臣张孟谈。于是乃潜行而出，反知伯之约，得两国之众以攻知伯，禽其身，以复襄主之初。今秦地折长补短，方数千里，名师数十百万。秦国之号令赏罚、地形利害，天下莫如也。以此与天下，可兼而有也。臣昧死愿望见大王，言所以破天下之从[11]，举赵、亡韩、臣荆、魏、亲齐、燕，以成霸王之名、朝四邻诸侯之道。大王诚听其说，一举而天下之从不破，赵不举，韩不亡，荆、魏不臣，齐、燕不亲，霸王之名不成，四邻诸侯不朝，大王斩臣以殉国，以为王谋不忠者也。

注解

①栗：这里用为恐惧之意。

②纣：殷商王朝的最后一个国君，名帝辛。《尚书·微子》："我祖底遂陈于上，我用沈酗于酒，用乱败厥德于下。殷罔不小大好草窃奸宄。卿士师师非度。凡有罪辜，乃罔恒获，小民方兴，相为敌雠。今殷其沦丧，若涉大水，其无津涯。殷遂丧，越至于今。"《史记·殷本纪》："帝纣资辨捷疾，闻见甚敏；材力过人，手格猛兽。知足以拒谏，言足以饰非。矜人臣之能，高天下以声，以为皆出己之下。好酒淫乐，嬖于妇人。爱妲己，妲己之言是从。于是使师涓作新淫声，北里之舞，靡靡之乐。厚赋税以实鹿台之钱，而盈巨桥之粟。益收狗马奇物，充仞宫室。益广沙丘苑台，多取野兽蜚鸟置其中。慢于鬼神。大最乐戏于沙丘，以酒为池，悬肉为林，使男女裸相逐其间，为长夜之饮。百姓怨望而诸侯有畔者，于是纣乃重刑辟，有炮烙之法。"传说其荒淫无度，酒池肉林，使得很多中下层官僚仿而效之，自己的财产不够，于是便向人民横征暴敛，拼命搜刮，弄得民怨沸腾、民不聊生。于公元前1055年被周武王推翻。

③淇溪：今河南省东北部之淇水，流入卫河。左：东边。饮：饮马。

④洹溪：今河南省北部之安阳河，卫河支流之一。右：西边。

⑤周武王：周文王之子，周国的开国君主。文王长子伯邑考被纣所杀。文王死后，由后立的太子发继位，即周武王。武王即位的第二年，兴师东至孟津伐商，但因时机不够成熟，只得暂时还师。后来商王纣更加暴虐，杀比干，囚箕子，商朝矛盾急剧激化。周武王又率军东征，渡孟津，与诸侯相会，作誓声讨纣的罪行。在甲子日清晨，周军进至商郊，与纣兵于牧野决战。牧野之战，周军全胜。纣被迫自焚而死，商朝亡。

⑥素甲：《易·履·初九》："素履，往，无咎。"《小尔雅·广服》："缟之麄者曰素。"《礼记·杂记下》："纯以素，训以五彩。"孔颖达疏："素，谓生帛。"《说文·素部》："素，白致缯也。"这里用指为"本色的布帛"之意。周武王当时在丧服，故作白甲。

⑦禽：《易·师·六五》："田有禽，利执言，无咎；长子帅师，弟子舆尸，贞，凶。"《易·井·初六》："井泥不食，旧井无禽。"《新序·善谋》："虞、虢共守之，晋不能禽也。"汉曹操《让县自明本志令》："推弱以克强，处小而禽大。"这里用为"战胜、克服"之意。

⑧知伯：人名。"知"古通"智"，智伯，荀氏，名瑶，所以史称"智氏""智伯"，是智文子荀跞的孙子，春秋末期晋国六卿之一，势力最大。公元前558年，他与韩、赵、魏三家灭掉了范氏、中行氏，瓜分了他们的土地。前555年，他又联合韩、魏攻打赵襄子。前553年失败而国灭身亡。

⑨赵襄主：即赵襄子，名无恤，春秋末期晋国大夫，因其封邑之主，故称赵襄主。

⑩晋阳：地名。周代诸侯国名。周成王封弟叔虞于唐，叔虞子燮父改国号为晋，春秋时居有今山西省大部与河北省西南地区，地跨黄河两岸。后被其大夫韩、赵、魏所分而亡。《左传·僖公32~33年》："晋于是始墨。"《吕氏春秋·慎行论》："子夏之晋。"

⑪从，古通"纵"。《楚辞·沈江》："不别横之与纵。"古人认为，南北为纵向，东西为横向，这里用为合纵之意。

译文

而且，臣下我听说过这样的话："战战兢兢，一天比一天谨慎，如果慎重对待所走的道路，天下就可以占有。"怎么样知道这个道理呢？从前商纣王为天子，率领有天下士兵百万，东边在淇溪喝水，西边在洹溪喝水，使得淇溪水干洹溪水不流动，他用这样的军队来与周武王为敌。而周武王只有穿丧服装甲的士兵三千人，只战斗一天，就打破纣王国都，战胜了商纣王，占据了他的土地并拥有了他的人民，而整个天下没有受到损伤。智伯率领智氏、韩氏、魏氏三国的军队围攻赵襄主在晋阳城，决开晋水河堤灌水入城达三月之久，就在晋阳城将被攻克时，赵襄主钻龟壳算八卦，来预测凶吉，看看可以投降哪一国。于是就派遣出他的使臣张孟谈。张孟谈偷偷摸出晋阳城，使韩、魏两家背叛了与智伯缔结的盟约，用两国合起来的军队攻打智伯，战胜了智伯军队，恢复了赵襄子原来的地位。如今秦国土地截长补短，方圆也有几千里，还有名震天下的军队数千万。秦国的号令赏罚、地形便利，天下没有哪一国能比得上。凭这些去攻取天下，天下各国就可以兼并而占有了。我冒着死罪请求面见大王，陈说一下破除各国纵横联盟、拿下赵国、灭掉韩国、让荆国、魏国俯首称臣、使齐国、燕国前来亲附、从而成就称霸王之名、使四方诸侯都来朝贺的谋略。大王如果真的听说后，一开始如果各国纵横联盟不破，赵国拿不下来，韩国不灭亡，荆国、魏国不称臣，齐国、燕国不来亲附，霸王之名没有享誉天下，四方诸侯不来朝拜，大王您就杀死我以告全国，让所有人都知道我不是为大王忠心谋划的臣子。

评析

《韩非子》作为我国先秦时代流传下来的一部思想巨著，不仅对于思想史的研究具有重要意义，同时也包含了一些重要的史料，这其中就有饱受争议的《初见秦》篇。对于该篇是否出于韩非子之手曾引起过广泛的争论，有人主张出自韩非，《战国策》将其归为张仪所做，后又有范雎、蔡泽等说，郭沫若先生更是认为出自吕不韦之手。也有的人不赞同以上这些意见的，因为这篇文章中涉及了一些较高级别军事将领、政治官员才能了解到的、甚至被司马迁忽视掉的珍贵史料，除非亲身参与，某些事情是不会出现在此文中却没有出现在《史记》中的，而某些事情恐怕也不是以上提到的这些人第一次见秦王就能接触到的；同时，该文中的其他线索又显示出一些军人的色彩和出自秦国国内的特点。不过本文的目的不在于此，所以对此不进行详细论述。

《初见秦》一篇中涉及秦昭王时期的确定史料包括以下三段：秦昭王二十七年至三十一年的击楚之战，秦昭王三十一年至三十四年以魏国为主要打击对象的连续战事，秦昭王四十六年至四十八年的长平之战。而这些史料暗示出前两次连续战事之间的内部联系，同时揭示出长平之战中不为人知的一个战略构想，这对于研究历史、学习战争具有非同寻常的意义。这其中包含的，是我国先秦时代高深的军事思想，而这些上升到哲学层面的战略指导思想，不是时间的推移可以改变的，时间的延长，只会不断地证明其正确性！

按照韩非子所分析的，秦国确实失去了三次称霸天下的机会，但如果秦

国真的抓住了机会，是否就能称霸天下了呢？当然，称霸天下的概率是要大得多，能实现称霸天下的愿望。但如果按照韩非子的老师荀子的看法，称霸天下容易，能守住天下，能得到天下人民的拥护，那就难得多了。

韩非子分析了当时的形势，力图说明赵国是可以轻而易举的消灭的，据《史记·秦本纪》记载：秦昭王四十七年（公元前260年），“秦攻韩上党，上党降赵，赵发兵击秦，相距，秦使武安君白起击，大破赵于长平，四十余万尽杀之。四十八年十月，韩献垣雍，秦军分为三军，武安君归，王龁将，伐赵武安、皮牢，拔之。”这次秦军从邯郸“罢而去”，发生在公元前257年，当时魏、楚联军救赵，在邯郸城下大破秦军，经过长平之战后，秦相范雎请求许可韩国割让垣雍，赵国割让六城献秦。韩非子认为当时应该乘胜追击，就可一鼓作气占领半个天下。实际上可不可能呢？当然，也许可能，也许不可能，历史的发展总是不以人的意志为转移的。

韩非子的中心思想就是要说服秦王抓紧时机进军中原地区，因为韩非子也看透了所谓六国合纵其实是很脆弱的，根本不堪一击。再加上当时连年战乱，人民百姓已苦不堪言。所以他首先举了周武王克商的例子，当时周国只是商王朝的一个小诸侯国，方圆不过百里，但周武王能一举攻克殷商王朝，并不是依靠士兵奋勇杀敌的精神，而是他抓住了民心；商纣王百万军队中，人人反殷，所以在周国军队行进中，商纣王军队纷纷弃戈反向，加入到周国军队中来，周国军队实际上并没有遇到战斗抵抗，一路顺畅到达殷商王都，商纣王在看到这种形式后，便自杀了。然后韩非子又举了赵襄子拼死抵抗的例子来说明，只要得到人民拥护，即使被围困三月之久，赵襄子的人民也绝不会向智伯投降。这两个例子充分说明了民心向背决定着一切，而在人民都不愿意再有战争的战国末期，如果某国能允诺平定天下，安抚百姓，那么，他就会得到所有人民的拥护。因为人民都已经厌恶了战争，厌恶了你争我夺。所以韩非子认为，现在的秦国比起当年的周国，形势还要有利，关键就要看领导人的决策。

存韩

原文

韩事[1]秦三十余年，出则为扞[2]蔽[3]，入则为席荐。秦特出锐师取韩地而随之，怨悬于天下，功归于强秦。且夫韩人贡职，与郡县无异也。今日臣窃闻贵臣之计，举兵将伐韩。夫赵氏聚士卒，养从徒，欲赘[4]天下之兵，明秦不弱则诸侯必灭宗庙，欲西面行其意，非一日之计也。今释赵之患，而攘[5]内臣之韩，则天下明赵氏之计矣。

注解

①事：作动词，这里用为侍奉之意。

②扞：古同"捍"。古字作"扞"，后作"捍"。形声。从手，旱声。《左传·文公六年》："亲帅扞之。"这里用为抵御、保卫之意。

③蔽：《周礼·巾车》："蒲蔽。"《管子》："乘马其蔽五。"《淮南子·修务》："景以蔽日。"《说文》："蔽，蔽蔽小草也。"《广雅》："蔽，障也，隐也。"这里用为遮住、遮掩、庇护之意。

④赘：通"缀"。《公羊传·襄公十六年》："君若赘旒然。"班固《西都赋》："虎贲赘衣。"这里用为连缀、附着之意。

⑤攘（rǎng）：《诗·大雅·皇矣》："攘之剔之，其檿其柘。"《国语·齐语》："攘白翟之地。"《庄子·胠箧》："攘弃仁义。"《公羊传·僖公四年》："攘夷狄。"《楚辞·七谏·沈江》："反离谤而见攘。"《广韵》："攘，除也。"这里用为排斥、努力消去之意。

译文

韩国侍奉秦国三十余年，在对外方面它是秦国的捍卫者、屏障，在对内方面它是秦国的草席、垫子。秦国只要派出精锐部队经过韩国土地去夺取别的国家，韩国军队就会跟随而去，因此怨言传遍天下，而功劳却归于强大的秦国。而且韩国向秦国进贡供职，和秦国的郡县没有两样。现在我私下听说权贵大臣有计划，将要起兵征伐韩国。可是那赵国正在聚集士卒，蓄养那些合纵之徒，想要联结天下之兵，到处宣扬秦国如果不被削弱，那么诸侯必然被消灭，所以要一致对付西方的消息，他们已经不是短暂之计了。如今放下赵国的这个忧患，却去排斥像内臣一样的韩国，那么天下各国就明白赵国合纵攻秦的计谋是得当的了。

原文

夫韩，小国也，而以应天下四击，主辱臣苦，上下相与同忧久矣。修守备，戒强敌，有蓄积，筑城池以守固。今伐韩，未可一年而灭，拔一城而退，则权轻于天下，天下摧我兵矣。韩叛，则魏应之，赵据齐以为原，如此，则以韩、魏资赵假[①]齐以固其从，而以与争强，赵之福而秦之祸也。夫进而击赵不能取，退而攻韩弗能拔，则陷锐之卒勤于野战，负任之旅罢于内攻，则合群苦弱以敌而共二万乘，非所以亡赵之心也。均[②]如贵臣之计，则秦必为天下兵质[③]也。陛下虽以金石相弊[④]，则兼天下之日未也。

注解

①假：《诗·大雅·文王》："假哉天命，有商孙子。"《左传·隐公十一年》："而假手于我寡人。"《左传·成公二年》："唯器与名不可以假人。"《礼记·曲礼》："假尔大龟有常。"《荀子·劝学》："假舆马者。"《广雅》："假，借也。"这里用为凭借之意。

②均：《史记·廉颇蔺相如列传》："均之二策。"这里用为衡量、比较之意。

③质：《荀子·劝学》："是故质的张而弓矢至焉。"《器胜策》："骑而驰，而击方寸之质。"这里用为箭靶之意。

④弊：通"敝"。《周礼·巾车》："岁时更续共其弊车。"《左传·僖公十

年》:“及期而往，告之曰：帝许我罚有罪矣，弊于韩。”《荀子·正论》:“舌弊口，犹将无益也。”这里用为破旧、破损之意。

译文

韩国，是一个小国，却要来应付天下各国的攻击，君主受辱，臣下受苦，上下共同忧患的日子已经很久了。因此修筑了防御工事，以戒备强敌，储备有物资，筑起了城墙护城河可以固守。如今伐韩，不可能一年就把它灭掉，如果只攻占一城就退后，那么就会被天下各国轻视，天下各国就会来摧毁我秦军。韩国如果背叛了秦国，那么魏国就会响应韩国，赵国背靠齐国而以齐国为后援，如果这样，那么就是让韩国、魏国资助赵国凭借齐国以加强合纵，从而与秦国争强，这是赵国的福气又是秦国的灾祸。如果进击赵国不能取胜，退过来攻伐韩国又不能攻克，就会使精锐部队陷入长年野战中，使负责军需的部队疲于内部供应，这是用一群劳苦疲惫的人去应对联合起来的两万乘大军，所以这不是消灭赵国的心思。衡量比较权贵大臣的计谋，那么秦国必然成为天下之兵的箭靶。陛下您寿命虽然与金石一样长久，但兼并天下的日子您还是不会有的。

原文

今贱臣之愚计：使人使荆，重币用事之臣，明赵之所以欺秦者；与魏质以安其心，从韩而伐赵，赵虽与齐为一，不足患也。二国事毕，则韩可以移书定也。是我一举，二国有亡形，则荆、魏又必自服矣。故曰：“兵者，凶器也。”不可不审用也。以秦与赵敌衡[①]，加以齐，今又被韩，而未有以坚荆、魏之心。夫一战而不胜，则祸构矣。计者，所以定事也，不可不察也。韩、秦强弱，在今年耳。且赵与诸侯阴谋久矣。夫一动而弱于诸侯，危事也；为计而使诸侯有意伐之心，至殆也。见二疏，非所以强于诸侯也。臣窃愿陛下之幸熟图之！夫攻伐而使从者间焉，不可悔也。

注解

①衡：同“横”。《荀子·致士》:“不官而衡至者，君子慎之。”汉贾谊《论积贮疏》:“有勇力者聚徒而衡击。”这里用为蛮横之道。

译文

如今我这个卑贱的臣子有一个愚计：派人出使到荆国（即楚国）去，用丰厚礼物收买执政大臣，说明赵国之所以欺侮秦国的原因；再派骨肉之亲到魏国去当人质以安抚魏国，再合纵韩国一齐去征伐赵国，赵国虽然与齐国抱成一团，但不足为患。楚国和魏国的事做了后，韩国只凭一封书信就可以搞定。我秦国这样一个举动，赵、齐二国就有了灭亡之形，那么楚、魏二国就会自动归服。所以说："动兵，就是凶器。"不能不审慎地使用兵啊。以秦国和赵国对抗，再蛮横地加上齐国，如今又与韩国相背，而且还没有坚定楚国和魏国的决心。如果不能一战而胜，那么秦国的祸患就构成了。所谓的计划、计谋，是来决定成败的，不可以不详察。韩国与秦国的强弱，在今年已经显明。而且赵国与其他诸侯国阴谋已久了。如果一动就使力量弱于合纵诸侯国，那就是很危险的事了；如果计谋使得各诸侯国产生图谋我秦国的心思，那就更危险了。见到我两次上疏，我并非是说秦国目前就强过各诸侯国。我只是私下希望陛下再深思熟虑！如果攻伐韩国而使合纵联盟来兴师问罪，那就不可以后悔了。

原文

诏[①]以韩客之所上书，书言"韩子之未可举"，下臣斯。臣斯甚以为不然。秦之有韩，若人之有腹心之病也，虚处则心亥[②]然，若居湿地，著而不去，以极走，则发矣。夫韩虽臣于秦，未尝不为秦病，今若有卒报之事，韩不可信也。秦与赵为难，荆苏[③]使齐，未知何如。以臣观之，则齐、赵之交未必以荆苏绝也；若不绝，是悉赵而应二万乘也。夫韩不服秦之义[④]而服于强也，今专于齐、赵，则韩必为腹心之病而发矣。韩与荆有谋，诸侯应之，则秦必复见崤塞[⑤]之患。

注解

①诏：又称诏书，是君主下达指示和命令的文书。

②亥：此字无法在电脑上找到，姑用“骇”代替。其实该字也应与“骇”同意。《说文·心部》：“骇，苦也。”《玉篇·心部》：“骇，恨苦也。”《广韵·代韵》：“骇，患苦。”《韩非子·存韩》：“秦之有韩，若人之有腹心之病也，虚处则骇然。”《太平经·分别贫富法》：“今小生闻是，心大悲而恐骇。”这里用为心里不安，易惊恐之意。

③荆苏：人名。秦国使者。

④义：人际之间最佳的行为方式之意。

⑤崤塞：山名。在今河南省洛宁县北。

译文

诏书所要关于韩国客人的上书，文书所言“韩国还不可以攻取”，下臣李斯呈上。下臣李斯认为韩非的说法很不对。秦国边上有个韩国，就像人患了心腹之病一样，无事时经常害怕有事，就像居住在潮湿的地方，湿气附着无法除去，如果快步行走，湿气的毛病就会发作。那韩国虽然对秦国俯首称臣，但未尝不是秦国的病灶，现在如果有人报告突发事，韩国是不可以相信的。秦国与赵国为敌，荆苏出使到齐国，结果下落不明。以臣下我的看法，齐国、赵国的交往联盟未必荆苏去了就会使他们断绝；如果断绝不了，那么赵国的兵力就还有两万乘的后援。如果韩国不服从秦国的行为方式而要服从强大的一方，而我们专心对待赵国、齐国时，那么韩国必然就会像心腹之病一样发作。韩国与荆国有谋，诸侯各国就会响应，那么秦国一定又会看见兵败崤塞的祸患了。

原文

非之来也，未必不以其能存韩也，为重于韩也。辩说属辞，饰非诈谋，以钓利于秦，而以韩利窥陛下。夫秦、韩之交亲，则非重矣，此自便之计也。

译文

韩非的到来，未必不是想保存韩国而且在韩国谋取高位。他善辩巧言，文过饰非以诈谋对人，像撒鱼饵钓鱼一样似乎利于秦国，而且还为了韩国的利益来试探陛下。如果韩国和秦国交往亲密，那么韩非的地位就重要了，这是便利他自己的计策啊。

原文

臣视非之言，文其淫①说，靡辩②，才甚。臣恐陛下淫非之辩而听其盗心，因不详察事情。今以臣愚议，秦发兵而未名所伐，则韩之用事者以事秦为计矣。臣斯请往见韩王，使来入见，大王见，因内其身而勿遗，稍召其社稷之臣，以与韩人为市③，则韩可深割也。因令象④武发东郡⑤之卒，窥兵于境上而未名所之，则齐人惧而从苏之计，是我兵未出而劲韩以威擒、强齐以义从矣。闻于诸侯也，赵氏破胆，荆人狐疑，必有忠计。荆人不动，魏不足患也，则诸侯可蚕食而尽，赵氏可得与敌矣。愿陛下察愚臣之计，无忽！

注解

①淫：《书·大禹谟》："罔淫于乐。"孔传："淫，过也。"《左传·隐公三年》："骄奢淫泆。"孔颖达疏："淫，谓耆欲过度。"《论语·八佾》："子曰：'关雎，乐而不淫，哀而不伤。'"《诗·关雎序》："不淫其色。"孔颖达疏："淫者，过也，过其度量谓之为淫。"《礼记·王制》："齐八政以防淫。"孔颖达

疏："淫，谓过奢侈。"《孟子·滕文公下》："富贵不能淫，贫贱不能移，威武不能屈：此之谓大丈夫。"《荀子·不苟》："小心则淫而倾。"《荀子·富国》："或佚或乐，或劬或劳，非特以为淫泰夸丽之声。"这里用为过度之意。

②靡：这里用为华丽、美好之意。

③市：这里用为交易之意。

④象：应是"蒙"，见《史记始皇本纪》《史记蒙恬列传》。人名，秦国将军之一。

⑤东郡：地名。位于今河南省北部滑县一带。

译文

我仔细看了韩非的上书，他说的话都太过度了，华丽的辩论，很有才华。我害怕陛下过度听从韩非的辩说听信他的盗心，因而不详察事情的真相。现在依据我愚蠢的想法，秦国发兵不要说明去伐什么国家，那么韩国的执政者就会以侍奉秦国为安国大计了。臣下李斯我就去请见韩王，使韩王来秦国，大王见到韩王，就让他居住在宫内而不要遣返他，然后召集韩国的社稷大臣，拿韩王来与韩国人做交易，那么韩国就可以随我们分割了。接着再命令蒙武派出东郡的部队，到边疆上集结侦察而不说明到什么地方去，那么齐国人就会恐惧而听从荆苏的计策，这就是我们的兵马未动而强劲的韩国就被我们的威势擒住，强迫齐国以最佳行为方式随从我们。这件事被各诸侯国知道后，赵家就会被吓破胆，楚国人就会犹豫不决，就必然会有忠于秦国的计策。楚国人按兵不动，魏国就不值得忧虑了，那么各诸侯国我们就可以逐步蚕食了，赵国怎么可能与我们为敌呢？愿陛下有幸详察臣下愚计，不要忽略。

原文

秦遂遣李斯使韩也。李斯往诏韩王，未得见，因上书曰："昔秦、韩勠[①]力一意，以不相侵，天下莫敢犯，如此者数世矣。前时五诸侯尝相与共伐韩，秦发兵以救之。韩居中国，地不能满千里，而所以得与诸侯班位于天下、君臣相保者，以世世相教事秦之力也。先时五诸侯共伐秦，韩反与诸侯先为雁行，以向秦军于关下矣。诸侯兵困力极，无奈何，诸侯兵罢。杜仓[②]相秦，起兵发将以报天下之怨而先攻荆。"荆令尹患之，曰："夫韩以秦为不义，而与秦兄弟共苦[③]天下。已又背秦，先为雁行以攻关。韩则居中国，辗转不可知。"天下共割韩上地十城以谢秦，解其兵。夫韩尝一背秦

而国迫地侵，兵弱至今。所以然者，听奸人之浮说，不权事实，故虽杀戮奸臣，不能使韩复强。

注解

①勠（lù）：《国语·齐语》："与诸侯戮力同心。"《战国策·中山策》："勠力同忧。"《汉书·高帝纪》："戮力攻秦。"《说文》："勠，并力也。从力，戮声。"这里用为并力、合力之意。

②杜仓：人名。秦国人。

③苦：《战国策·秦策》："不苦一民。"《列子·汤问》："何苦而不平。"《史记·陈涉世家》："天下苦秦久矣。"《汉书·谷永传》："纳至忠甚苦。"这里用为使困苦、困于之意。

译文

秦国于是派遣李斯出使韩国。李斯到韩国后把秦国诏书交给韩王，却没有见到韩王，因此就上书给韩王说：从前秦、韩两国齐心合力，互不相犯，天下没有谁敢来侵犯，像这样有好几代了。前些时候五个诸侯国曾经联合起来攻打韩国，秦国派出军队援救韩国。韩国地处中原，土地方圆不满千里，之所以得到与各诸侯平起平坐侍奉天子，而且君臣都得到保全，是因为世世代代都教导后代侍奉秦国的作用啊。原先五个诸侯国伐秦国，韩国反而与诸侯们列成雁行队伍在函谷关下对抗秦国军队。诸侯们兵力困倦，没有办法了，才后退罢兵。杜仓到秦国为相，调兵遣将来报仇首先攻伐楚国。楚国的令尹很忧虑，说："那韩国认为秦国是不义的，却又和秦国结成兄弟使天下困苦。然后又背叛秦国，与各诸侯国列成雁行队伍攻打秦国。韩国才是一个地处中原，然而是个反复无常的国家。"各诸侯国于是共同割取了韩国上党地区十个城镇向秦国谢罪，解除了秦兵对各国的威胁。那韩国背叛了一次秦国就受到各国压迫和土地割让，兵力衰弱到如今。之所以造成这种局面，是因为听信了奸臣的浮夸之说，没有权衡事实，所以虽然杀掉奸臣，也不能使韩国重新强盛起来。

原文

今赵欲聚兵士卒[1]，以秦为事，使人来借道，言欲伐秦，其势必先韩而后秦。且臣闻之曰："唇亡则齿寒。"夫秦、韩不得无同忧，其形可见。魏欲发兵以攻韩，秦使人将使者于韩。今秦王使臣斯来而不得见，恐左右袭曩[2]奸臣之计，使韩复有亡地之患。臣斯不得见，请归报，秦、韩之交必绝矣。斯之来使，以奉秦王之欢心，愿效便计，岂陛下所以逆贱臣者邪？臣斯愿得一见，前进道愚计，退就菹[3]戮，愿陛下有意焉。今杀臣于韩，则大王不足以强，若不听臣之计，则祸必构矣。秦发兵不留行，而韩之社稷优矣。臣斯暴身于韩之市，则虽欲察贱臣愚患之计，不可得已。边鄙残，国固守，鼓铎[4]之声闻于耳，而乃用臣斯之计，晚矣。且夫韩之兵于天下可知也，今又背强秦。夫弃城而败军，则反掖之寇必袭城矣。城尽则聚散，聚散则无军矣。城固守，则秦必兴兵而围王一都，道不通，则难必谋，其势不救，左右计之者不用，愿陛下熟图之。若臣斯之所言有不应事实者，愿大王幸使得毕辞于前，乃就吏诛不晚也。秦王饮食不甘，游观不乐，意专在图赵，使臣斯来言，愿得身见，因急与陛下有计也。今使臣不通，则韩之信未可知也。夫秦必释赵之患而移兵于韩，愿陛下幸复察图之，而赐臣报决。

注解

①卒：同"猝"。《战国策·燕策》："而卒惶急无以击轲，而乃以手共搏之。"《汉书·食货志》："行西逾陇卒。"《汉书·成帝纪》："兴卒暴之作。"《汉书·辛庆忌传》："则亡以应卒。"这里用为仓促、急速之意。

②曩（nǎng）：《左传·襄公二十四年》："曩者，志人而已。"《尔雅》："曩，久也。"《国语·晋语》："曩而言戏乎。"《楚辞·惜诵》："犹有曩之态也。"《礼记·檀弓》："曩者，尔心或开予。"《汉书·贾谊传》："曩令樊郦绛灌。"这里用为以往、过去之意。

③菹：古代一种酷刑，把人剁成肉酱。《汉书·刑法志》："菹其骨肉于市。"

④铎：本义是指木舌铜铃。是周朝宣布政教法令时或有战事时召集众人所用的一种作警惕用的响器，这里用为军队集合的响器之意。

译文

如今赵国想要聚集兵士，仓促以秦国为事端，派人来韩国借路，说是要攻打秦国，但他们必然是先消灭韩国然后再攻打秦国。我李斯听说有句话:“嘴唇没有了门牙就会感到寒冷。”秦、韩两国不能不有共同的忧患，这是显而易见的。魏国想出兵攻打韩国，秦国就派人将魏国使者送到韩国。如今秦王派使臣我李斯来韩国而得不到面见韩王，恐怕左右大臣会沿袭过去奸臣的计策，使韩国又发生亡地之患。我李斯如果见不到陛下，就请让我回去汇报，那么秦、韩两国的交往就要断绝了。我李斯这次出使，是为了讨秦王的欢心，愿意向陛下效劳献上方便之计，难道陛下就用这种方式对待我？我李斯愿意得见一面，向前就说出我愚计，退出来就接受碎尸的刑罚，希望陛下把我这个要求放在心上。现在如果杀我李斯于韩国，那么大王也不会因此而强大；如果不听从我的计策，那么祸患必然就构成了。秦国如果发兵不停止脚步，那么韩国的社稷就值得担忧了。我李斯的死尸如果暴露在韩国市集上，那么您再想考虑我忠诚的计谋，也是得不到了。要是等到边境残破，国都固守，军队集合的鼓、铃声不绝于耳，才采用愚臣我李斯之计就晚了。而且韩国的兵力之弱是天下都知道的事，况且如今又违背强大的秦国。如果您抛弃城镇又打了败仗，那么反对您的贼寇就会乘势袭击您的都城。城镇陷落那民众就会离散，民众离散军队也就没有了。如果都城固守，那么秦军就会围困大王的都城，道路不通，形势就会很艰难，再怎样计谋，形势都不可挽救，左右大臣再怎么计划都没用了，愿陛下深思熟虑。如果下臣我李斯所说的话有不应验事实的，愿大王让我有幸在您面前讲清楚，然后再交给狱吏斩杀我也不晚。秦王吃饭不香甜，游玩观赏不快乐，心思都用在图谋赵国上面，派遣李斯出使来传话，就是想见您一面，这是因为有很紧急之计献给陛下。如今使臣我李斯见不到您，那么韩国的信息秦国就不知道。秦国就一定会解除对赵国的围攻而转移兵力到韩国，愿陛下反复考虑定好图谋，再交给我回报而采取决策。

评析

本篇原名《存韩第二》，为《韩非子》之第二篇，内容由韩非子上秦王书、李斯上秦王及韩王书三个部分组成，因韩非子在篇中主张先赵后韩且和平解决韩国问题的战略，故名“存韩”。事件的历史背景发生在始皇十四年(公元前233年，另一种说法根据《史记·韩世家》记载，当在韩王安五年，即公元前234年)，秦攻打韩国，韩国告急，遂起用长期郁郁不得志的韩非子出使秦国。

本篇主题围绕秦国应该先赵后韩还是先韩后赵这一战略问题展开。韩非子认为，秦国首要的敌人是赵国而非韩国，主张秦国应该用重金收买的办法稳住楚国，再以质子的方式取得魏国的信任，然后联合韩国军队，重点打击赵、齐两国。此时秦国只需以和平方式收编改造韩国军队，顺利占领韩国，而一旦赵、齐被打败，战略形势便对楚、魏极为不利，他们也会主动归顺。针对韩非子的观点，李斯上书秦王进行批驳，认为秦国欲集中主要力量对付赵国，必须首先解决近在咫尺的韩国问题，从而提出“割韩”“惧齐”“吓赵”“疑楚”“孤魏”这一先韩后赵的战略方针，并献上诱骗韩王到秦国谈判进而将其扣押以要挟韩国割地的妙计。

从逻辑角度和军事战略角度分析，韩非子先赵后韩的观点确实存在太多漏洞，因为秦国不会真正相信曾背叛过它的韩国会死心塌地地跟随秦军南征北战。而且更重要的是，楚、魏、赵、齐诸国对于秦国东征的野心早就洞若观火，因此，是否能够成功说服楚、魏中立，存在太多变数。相反，李斯先韩后赵的分析则非常现实。李斯出使韩国而非韩非子回韩国复命的历史事实充分表明，秦王是采纳了李斯的意见而非韩非子的观点，而韩非子“身死云阳”的悲剧命运亦因此而注定，最终惨死在异国他乡。

难言

原文

臣非非难言也，所以难言者：言顺比滑泽，洋洋纚纚[①]然，则见以为华而不实；敦[②]祗[③]恭厚[④]，鲠[⑤]固[⑥]慎完[⑦]，则见以为掘[⑧]而不伦。多言繁称，连类比物，则见以为虚而无用。总微说约，径省

而不饰，则见以为刿[9]而不辩。激急亲近，探知人情，则见以为谮[10]而不让[11]；闳[12]大广博，妙远不测，则见以为夸而无用。家计小谈，以具数言，则见以为陋；言而近世，辞不悖逆，则见以为贪生而谀上；言而远俗，诡躁人间，则见以为诞。捷敏辩给，繁于文采，则见以为史[13]；殊释文学，以质[14]信[15]言，则见以为鄙；时称《诗》《书》，道法往古，则见以为诵。此臣非之所以难言而重患也。

注解

①纚：《诗·小雅·采菽》："汎汎杨舟，绋纚维之。"《抱朴子·外篇·知上》："徒薪曲突于方炽之火，纚舟弭檝于冲风之前。"《后汉书·张衡传》："前祝融使举麾兮，纚朱鸟以承旗。"这里用为系住之意。

②敦：《诗·大雅·行苇》："敦彼行苇，牛羊勿践履。"《左传·成公十六年》："民生敦厖。"《国语·周语上》："敦厖纯固于是乎成。"这里用为丰富、丰厚之意。

③祇（zhī）：《书·皋陶谟》："日尹祇敬六德。"《诗·小雅·我行其野》："成不以富，亦祇以异。"《诗·小雅·无将大车》："无将大车，祇自尘兮。"《诗·商颂·长发》："上帝是祇。"《左传》："父不慈，子不祇，兄不友，弟不共，不相及也。"《周礼·大司乐》："中和祇庸孝友。"《说文》："祇，敬也。"《广雅》："祇，祇敬也。"这里用为恭敬之意。

④厚：《论语·学而》："曾子曰：'慎终，追远，民德归厚矣。'"《史记·高祖本纪》："周勃重厚少文，然安刘氏者必勃也。"这里用为形容词，谓淳厚、厚道之意。

⑤鲠（gěng）：这里用为刚直、正直之意。

⑥固：《论语·述而》："子曰：'奢则不孙，俭则固。与其不孙也，宁固。'"《国语·周语上》："吾闻夫犬戎树谆，帅旧德而守终纯固，其有以御我矣。"韦昭注："固，一也。"《礼记·中庸》："苟不固聪明圣知，达天德者，其孰能知之？"《列子·汤问》："汝心之固，固不可彻。"《荀子·儒效》："尽善挟治之谓神。曷谓固。"《广韵·暮韵》："固，一也。"这里用为坚定专一之意。

⑦完：《荀子·劝学》："巢非不完也。"《荀子·议兵》："完全富足而趋赵。"《战国策·秦策一》："不如伐蜀之完也。"《史记·廉颇蔺相如列传》："完璧归赵。"贾谊《治安策》："功少而最完，势疏而最忠。"《说文》："完，全也。"这里用为完备、完整之意。

⑧掘：通"拙"。《史记·货殖列传》："田农掘业，而秦阳以盖一州。"这里用为愚笨、粗劣之意。

⑨刿：通"昧"。《老子·五十八章》："是以圣人方而不割，廉而不刿。"《荀子·不苟》："廉而不刿。"《荀子·法行》："廉而不刿，行也。"《韩非子·难言》于省吾新证："刿应读作昧……昧谓暗昧。"这里用为暗昧之意。

⑩谮：《诗·小雅·巷伯》："彼谮人者，谁适与谋？"《论语·颜渊》："浸润之谮，肤受之愬，不行焉，可谓明也已矣。"《公羊传·庄公元年》："夫人谮公于齐侯。"《玉篇》："谮，谗也。"这里用为无中生有地说人坏话之意。

⑪让：《书·尧典》："允恭克让。"《论语·学而》："夫子温、良、恭、俭、让以得之。夫子之求之也，其诸异乎人之求之与？"《国语·周语》："让，文之材也。"《国语·晋语》："让，推贤也。"这里用为退让、谦让之意。

⑫闳：通"宏"。《礼记·月令》："其器圜以闳。"《史记·孟子荀卿列传》："其语闳大不经，必先验小物。"《汉书·扬雄传下》："闳言崇议。"司马相如《上林赋》："布濩闳泽。"《汉书·张山拊传》："人则乡唐虞之闳道。"这里用为宏大之意。

⑬史：《论语·雍也》："子曰：'质胜文则野，文胜质则史。文质彬彬，然后君子。'"《礼记·聘礼》："辞多则史，少则不达。"郑玄注："史谓策祝。"这里用为文辞繁多之意。

⑭质：本义为本质，这里用为内容之意。

⑮信：古同"伸"。《易·系辞下》："尺蠖之屈，以求信也。龙蛇之蛰，以存身也。精义之神，以致用也。"《周礼·考工记》："引而信之．欲其直也．信之而直．则取材正也。"《荀子·天论》："老子有见于诎，无见于信。"《孟子·告子上》："今有无名之指屈而不信。"《汉书·律历志》："丈者，张也。引者，信也。"这里用为舒展开之意。

译文

臣韩非并不是很难言说，之所以很难言说：说话顺畅比周圆滑润泽，言辞洋洋洒洒相互连缀，就会被认为华而不实；丰厚恭敬厚道，刚直坚定谨慎完备，就会被认为是笨拙而不伦不类。长篇大论旁征博引，联系类同而相比较，就会被认为是没有用。总要细致概括简要，直截了当不加修饰，就会被认为是暗昧而不明辩。激烈急促想拉亲套近，想摸清别人的内心思想，就会被认为是无中生有而不谦让。宏大广博，漫无边际，就会被认为是浮夸而不切实用。家常小事，具体详细，就会被认为是浅陋。言谈接近世俗，言辞不背逆世俗，就会被认为是贪生怕死而阿谀奉承上级。言谈远离世俗，奇异独特而轰动世间，就会被认为是荒诞不经。言辞敏捷巧妙，极富华丽辞藻，就会被认为是文辞繁多。特异地解释文章，将内容任意展延，就会被认为是鄙陋。动不动就说《诗》《书》，称颂古代，就会被认为是歌功颂德。这就是臣韩非之所以很难言说，而深感忧患的原因。

原文

故度量虽正，未必听也；义理虽全，未必用也。大王若以此不信，则小者以为毁誉诽谤，大者患祸灾害死亡及其身。故子胥[1]善谋而吴戮之，仲尼[2]善说而匡围之，管夷吾[3]实贤而鲁囚之。故此三大夫岂不贤哉？而三君不明也。上古有汤[4]，至圣[5]也；伊尹[6]，至智也。夫至智说至圣，然则七十说而不受，身执鼎俎为庖宰，昵近习亲，而汤乃仅知其贤而用之。故曰：以至智说至圣，未必至而见受，伊尹说汤是也；以智说愚必不听，文王[7]说纣[8]是也。故文王说纣而纣囚之；翼侯[9]炙[10]；鬼侯[11]腊[12]；比干[13]剖心；梅伯[14]醢[15]；夷吾束缚；而曹羁[16]奔陈；伯里子[17]道乞；傅说[18]转鬻[19]；孙子[20]膑[21]脚于魏；吴起[22]收泣于岸门，痛西河[23]之为秦，卒枝[24]解于楚；公孙痤[25]言国器反为悖，公孙鞅[26]奔秦；关龙逢[27]斩；苌宏[28]分胣[29]；尹子[30]穽于棘；司马子期[31]死而浮于江；田明[32]辜[33]射；宓子贱[34]、西门豹[35]不斗而死人手；董安于[36]死而陈于市；宰予[37]不免于田常[38]；范睢[39]折协于魏。此十数人者，皆世之仁贤忠良有道术之士也，不幸而遇悖乱暗惑之主而死。然则虽贤圣不能逃死亡避戮辱者，何也？则愚者难说也，故君子难言也。且至言忤[40]于耳而倒于心，非贤圣莫能听，愿大王熟察之也。

注解

①子胥：人名，即伍子胥，名员，字子胥。春秋时期楚国大夫伍奢次子。楚平王七年（公元前522年）伍奢被杀，子胥出逃，经历宋、郑等国入吴，后为吴国大夫，帮助吴王阖闾攻破楚国，以功封于申，故又称申胥。吴王夫差时，他曾劝王拒绝越国求和。公元前585年，夫差伐齐，他又以越为心腹

之患，劝勿攻齐。夫差怒，赐剑逼他自杀，因死。

②仲尼：即孔子，名丘，字仲尼。春秋末鲁国人。中国古代思想家、教育家、儒家创始人。《荀子·非十二子》："以为仲尼、子游为兹厚于后世，是则子思、孟轲之罪也。"

③管夷吾：即管仲，一称管敬仲。名夷吾，字仲。齐颍上（颍水之滨）人。春秋时齐国著名的政治家、思想家，出身微贱。辅佐齐桓公实行了一系列重大的政治和社会改革，使齐桓公成为春秋时期第一个霸主。

④汤：商王朝的建立者，原为商族部落领袖。主癸之子。传说名履，又称成汤、武汤、武王、天乙。殷墟甲骨文称成或唐，亦称大乙。西周甲骨与金文称成唐。据史书记载，商族从始祖契到汤，曾先后迁居八次，至汤定居于亳。夏末自孔甲始，荒淫无度，力量渐衰，至桀时更甚。汤定居于亳，为灭夏之战创造了有利条件。汤初置二相，以伊尹、仲虺共同辅助国事，又陆续灭掉邻近的葛国（今河南宁陵）以及夏的联盟韦（在今河南滑县）、顾（在今河南范县）、昆吾（在今河南许昌）等部落、方国，十一征而无敌于天下，成为当时的强国，而后作《汤誓》伐夏。汤与桀大战于鸣条（今河南封丘东），桀大败，逃至南巢（在今安徽巢湖），汤放桀而归于亳。此后三千诸侯大会，汤时为诸侯，被推为天子。三让，诸侯不从，于是汤即天子之位，建立商朝。《孟子·梁惠王下》："汤放桀，武王伐纣，有诸？"

⑤圣：《诗·小雅·巧言》："圣人莫之。"《诗·小雅·小宛》："或圣或否。"《老子·十九章》："绝圣弃智，民利百倍。"《论语·子罕》："夫子圣者与？何其多能也？"《荀子·劝学》："积善成德，而神明自得，圣心备焉。"《吕氏春秋·察今》："是故有天下七十一圣，其法皆不同。"《韩非子·五蠹》："是以圣人不期修古，不法常可。"本义是指封建时代称颂帝王或与帝王有关的事物之词。宗教圣徒对所崇拜事物的也尊称圣人。又指儒家所称道德智能极高超的理想人物，德高望重、有大智、已达到人类最高最完美境界的人。这里用为神圣的、又有聪明而才智胜人之意。

⑥伊尹：尹是官名。传说伊尹出身奴隶，生于伊水边，原为有莘之君的近身奴仆，听说商汤"贤德仁义"，而心向往之。商汤与有莘结亲，他作为有莘氏女的陪嫁之臣来到商汤手下，成为汤的"小臣"。他身为庖人（厨师），便乘机用"割烹"作比喻向商汤陈说，要他"伐夏救民"。据《韩非子·难

言》载，伊尹曾对汤“七十说而不受”，可见耐心陈说之情形。后伊尹受汤的赏识，被任以国政，帮助商汤攻灭夏桀，并潜入夏王朝内部以“间夏”。在商汤被夏桀扣押后，伊尹等人又给桀送去大批珍宝，使汤得以释放。《管子·地数》称伊尹“善通移轻重、开阖、决塞，通于高下徐疾之筴”。他辅佐商汤先后灭掉葛、韦、顾、昆吾等方国，最后一举灭夏，建立了商王朝。伊尹被商汤尊为“阿衡”（相当于宰相）。商建国初，伊尹总结海内万邦存亡的教训，制定出君臣之间的关系准则。汤去世后，他又历佐汤子外丙、中壬两王。中壬后，汤之孙太甲继位，商朝实权落到身居相位的伊尹手里。因太甲不理国政，破坏了商汤之法制德行，伊尹将他放逐，囚禁于桐，自摄行政当国。太甲居桐三年，悔过自新，伊尹还政于太甲。太甲死后，伊尹作《太甲训》三篇（今佚），并尊太甲为“中宗”。据说伊尹活了一百余岁，卒于沃丁时，沃丁以天子礼葬之。伊尹在商代受到诸王隆重的祭祀，殷墟甲骨文中就有祭祀伊尹的卜辞，可见他的地位之高。

⑦文王：商末西方诸侯之长。姬姓，名昌。古公亶父之孙，季历之子。传说古公亶父见少子季历和昌贤德，想传位给他们，季历的两兄太伯、仲雍为让位奔于荆蛮。古公死，季历继位，后又传位于昌。昌即位后，礼贤下士，得太颠、闳夭、散宜生、鬻熊、辛甲等臣，周国势日强。昌和九侯、鄂侯一起，任商朝三公。商王纣杀九侯、鄂侯，昌不满，为崇侯虎所谗，被囚于羑里（今河南汤阴北）。得释后，昌向商献洛西之地，请除炮烙酷刑，得任西伯即西方诸侯之长。西伯昌晚年，周的势力已非常强盛，所谓“三分天下有其二”，但他终身没有称王。其子武王（见周武王）伐商后，始追称他为文王。

⑧纣：殷商王朝的最后一个国君，名帝辛。

⑨翼侯：人名，殷商时期诸侯国君主。

⑩炙：《诗·小雅·楚茨》：“或燔或炙，君妇莫莫，为豆孔庶。”《诗·小雅·瓠叶》：“有兔斯首，燔之炙之。”《诗·大雅·行苇》：“醓醢以荐，或燔

或炙。”《礼记·曲礼》:“毋嘬炙。”《礼记·礼运》:“以烹以炙。”《史记·刺客传》:“置匕首鱼炙之腹中。”《说文》:“炙，炮肉也。从肉，在火上。”这里用为烧烤之意。

⑪鬼侯：人名，《史记》作九侯，殷商时期诸侯国君主。

⑫腊：《仪礼·有司彻》:“无腊与肤。”《广雅·释器》:“腊，脯也。”《穆天子传》:“鱼腊。”《晋书·谢安传》:“布千匹，腊五百斤。”这里用为干肉之意。

⑬比干：商代贵族，纣王叔父，官少师。相传因屡谏纣王，被剖心而死。

⑭梅伯：人名，殷商时期诸侯国君主。

⑮醢：《诗·大雅·行苇》:“醓醢以薦，或燔或炙。”《周礼·天官·醢人》:“朝事之豆，其实韭菹醓醢。”《吕氏春秋·本味》:“和之美者，鳣鲔之醢。”《广雅·释器》:“醢，酱也。”这里用为肉酱之意。

⑯曹羁：人名，春秋时期曹国大夫。

⑰伯里子：人名，即百里奚。虞国大夫，虞灭后被转卖到楚国，秦穆公听说他有贤才，遂以五张羊皮的代价将他赎出，任命他为秦国大夫。在他的辅佐下，秦穆公成就了春秋霸业。

⑱傅说：人名，其原在傅岩地方作建筑工人，为人筑墙，殷王武丁访寻他，用为宰相。《孟子·告子下》:“傅说举于版筑之间，胶鬲举于鱼盐之中。”《荀子·非相》:“傅说之状，身如植鳍。”

⑲鬻：《左传·昭公十四年》:“鲋也鬻狱。”《国语·齐语》:“市贱鬻贵。”《孟子·万章上》:“百里奚自鬻于秦牧养牲者五羊之皮。”这里用为卖，出售之意。

⑳孙子：人名，即孙膑。春秋战国时期著名军事家，尝与庞涓俱学兵法，涓既仕魏，得为惠王将军，而自以为能不及孙膑，乃阴使召孙膑，膑至，涓恐其贤于己，疾之，则以法断其足而黥之。

㉑膑：《书·刑德》:“放膑者，脱去人之膑也。”《周礼·司刑》注:“周改膑作刖。”汉司马迁《报任少卿书》:“孙子膑脚。”《汉书·刑罚志》:“髌罚之属五百。”这里特指古代一种剔掉膝盖骨的酷刑。

㉒吴起：为战国时卫国左氏（今山东定陶西）人，曾师事左丘明的弟子曾申。他初为鲁将，后为魏将，因率兵击秦并参加攻取中山之战，被荐为西河郡守。魏武侯时，吴起甚有声名，后受大臣王错排挤，去魏入楚。楚悼王任吴起为令尹进行变法，楚因而强盛一时。悼王既死（公元前381年），宗室大臣作乱，吴起被攻杀于治丧之所。吴起不仅是先秦时代著名的政治家和军事家，他的兵书在战国和西汉时十分流行。

㉓西河：地名，战国时魏国郡名。位于今陕西东部黄河西岸地区。

㉔枝：通“肢”。人的手足与鸟兽翼足的总称。《管子·内业》:“四枝坚

固。"《荀子·儒效》:"若生四枝。"《韩非子·难言》:"吴起收泣于岸门，痛西河之为秦，卒枝解于楚。"《吕氏春秋·圜道》:"人之有形体四枝。"枝解：一种分裂肢体的酷刑。

㉕公叔痤：人名，战国时期魏国宰相。

㉖公孙鞅：人名，（约公元前390~前338）中国战国时期政治家、思想家，法家代表人物。卫国人。原姓公孙，名鞅，亦称卫鞅。因功受封商（今陕西商县东南）十五邑，故称商君或商鞅。初为魏相公叔痤家臣，后入秦进说秦孝公。始说以"帝王之道"，未能投合；继说以"霸道"和"强国之术"，遂见重用。秦孝公元年（公元前356年）任左庶长，旋升大良造。先后两次实行变法，主张废井田、开阡陌，奖励耕战，取消分封制和世袭制，实行郡县制，统一法令等。秦孝公死后，商鞅遭贵族诬陷被秦惠王处以车裂之刑。商鞅被杀，但变法成果仍沿袭不变，促使秦国奠定了富强的基础。商鞅无原作。《汉书·艺文志》著录《商君》计29篇，今存24篇，为战国时法家所辑录，这些著作中反映了他的思想。

㉗关龙逢：夏桀王的臣子，因谏诤夏桀王而被杀。《荀子·解蔽》:"桀蔽于末喜、斯观而不知关龙逢。"

㉘苌宏：人名，春秋时期周灵王大臣。

㉙胣（chǐ）：这里用为剖腹挖肠之意。

㉚尹子：人名，春秋时期人。

㉛司马子期：司马：掌管军政的官员；子期：人名，楚国大夫子西之弟，为大司马，白公作乱，杀子西、子期于朝，事见《左传哀公十六年》。

㉜田明：人名，即齐明，一曰田光，均见《战国策》。

㉝辜：《周礼·秋官·掌戮》:"杀王之亲者辜之。"《韩非子·内储说上》:"大罪莫重辜磔于市。"这里用为肢解、分裂肢体的酷刑之意。

㉞宓子贱：孔子的学生。姓宓，名不齐，字子贱。春秋末鲁国人。少孔子三十岁。以德行著称。

㉟西门豹：人名，春秋战国时期魏国人。

㊱董安于：人名，春秋时期晋国人，晋卿赵鞅的家臣。晋国内乱，董安于力劝赵鞅要及早防备晋卿范氏、中行氏的进攻，未能被赵鞅采纳。晋卿智伯发现安于的才干，怕他发挥作用，对己不利，于是威逼赵鞅迫使安于自杀。董安于死后，尸体被陈放在市中示众。

㊲宰予：孔子的学生，姓宰我，名予，字子我。春秋末鲁国人。少孔子二十九岁。能言善辩，以"言语"著称。

㊳田常：人名，春秋时期齐国大臣。也作田成常、田成恒、田恒、田子、陈恒、陈成子，"成"是他的谥号。他的祖先陈公子完因内乱而逃到齐国，从此将陈氏改姓田。田完的后代逐渐强盛，到齐悼公时，陈厘子田乞已控制了

齐国大权。田乞死后，他的儿子田常代立，继续推行他父亲争取民众的办法，用大斗出贷，用小斗收取。齐简公四年（公元前581年），田常杀死简公，拥立齐平公，任相国。从此，齐国的政权完全由田氏控制。

㊴范雎（jū）：人名，战国时期魏国人。字叔。早年在魏国时，曾受人陷害而被打断肋骨，后逃到秦国，改名叫张禄，做了秦昭襄王之相。后受封于应（位于今河南省鲁山县东北），号应侯。

㊵忤（wǔ）：《战国策·燕策》："不敢与忤视。"这里用为背逆之意。

译文

所以度量标准虽然很正，但上面未必能听；行为方式的道理虽然很全面，但上面未必能用。大王如果认为这些话不真实而不信，从小处说就会把这些话当成诋毁诽谤，从大处说就会把这些话当成是祸害、灾难会灭亡自身。所以伍子胥善于计谋而被吴王赐死，孔子善于说教而被匡人围攻，管夷吾很贤能但被鲁国囚禁。难道这三个大夫不贤能吗？是三个君主不明智呀。上古时代有商汤王，很神圣而聪明；有伊尹，极有智慧。那最有智慧的臣子劝说极神圣而聪明的君主，但还是游说了七十次而没有被接受，直到伊尹亲自拿着锅子砧板去做商汤王的厨师，与商汤王亲昵接近，然后商汤王才知道伊尹贤能而任用了他。所以说，以最有智慧的人去劝说最神圣的人，未必一到场就被接受，伊尹劝说商汤就是这样；以智慧来劝说愚蠢必然不听，周文王劝说商纣王就是这样。所以周文王劝说商纣王就被商纣王囚禁了；鄂侯劝说商纣王而被烧烤死去；鬼侯劝说商纣王而被杀死做成干肉；比干劝说商纣王而被剖开心腹；梅伯劝说商纣王而被剁成肉酱；管仲在鲁国被捆绑；曹羁劝说劝说曹伯不听而逃到陈国；百里奚在路上讨饭；傅说做奴隶时被转卖；孙膑在魏国因庞涓的谗言而被处砍腿的刑法；吴起当西河守被魏武侯召回时在岸门抹泪，痛惜西河郡将成为秦国的土地；最后在楚国因为变法得罪人而被五马分尸；公叔痤病重时向魏惠王推荐栋梁之材公孙鞅却被认为是神志错乱，公孙鞅只好投奔秦国；关龙逢向夏桀进谏而被杀；苌宏被开肠剖腹；尹子被抛在荆棘中致死；司马子期尸体漂在长江上；田明被分尸；宓子贱、西门豹不与人争斗却死在别人手上；董安于死了后还被陈尸街上示众；宰予不免被田常诛杀；范雎在魏国时被打断肋骨。这十几个人，都是世间仁爱贤惠忠良有道德的读书人，不幸碰上乱世并愚昧的君主而遭到杀害。虽然贤良神圣的人也不能逃脱死亡、避免遭受凌辱，这是为什么呢？就是因为愚昧的君主难以劝说呀，所以君子认为说话很难。而且最实惠的话如果逆耳不顺心，那么不是贤君圣人是听不听去的，希望大王仔细考虑一下我的这些话吧！

评析

《难言》篇的核心内容在于揭示一个人类社会普遍面临的交往困境：语言的价值和功能在于能够承载意义传递思想，不能准确传达意义的语言顶多是说话者个人的私人语言或自言自语，因此，说话过程便不仅仅关涉说话者能否说明白的问题，而且更重要的是在此过程中如何能够使听话者便于并乐于接受的问题，当然，说话者能够准确清楚地表达其观点和意见是一个基本的前提。韩非子开篇即明确表示，“臣非非难言也”，就是说，韩非子并不是不能准确清楚地表达他的政治见解，尽管司马迁在韩非子的传记中曾称其“非为人口吃，不能道说”，但是“善著书”的论断却足以印证韩非子确实具备准确阐述自己意见的能力。所以韩非子在关注说话者“如何说”（态度）、“怎样说”（方式）及“说什么”（内容）的同时，更侧重于揭示听话者对于说话者产生怎样的印象。

当说话者与听话者无法产生思想和感情的共鸣时，交流和沟通总是充满了种种无法预测的变数，这种变数足以使二者之间的沟通变得异常艰难甚至不再可能，这种交流困境甚至存在于智者与圣贤之间，伊尹那样的极顶聪明之人去游说商汤那样的古圣先王，游说了七十次（极言其多）尚且不得重用，最终以拍马屁、说软话的方式才获得青睐，游说之难可想而知。这种交往困境体现于政治领域，非常容易导致种种曲解和误解，而一旦这种曲解和误解体现于政治领域便足以导致政治悲剧的产生，韩非子所列的文王、翼侯、鬼侯、比干、梅伯、夷吾、曹羁、伯里子、傅说、孙子、吴起、公孙鞅、关龙逢、苌弘、尹子、司马子期、田明、宓子贱、西门豹、董安于、宰予、范雎等皆属此类。换言之，只要听话者对说话者抱有成见或不欣赏说话者的观点、态度或方法，总能从中听到具有负面内涵的弦外之音，足以使说话者处于被动的局面。

韩非子敏锐地洞察到，处于政治边缘状态的士人（说话者）实际陷入了一种进退两难的境地，即：一方面，梦想“为王者师”“君臣共治”，根本目的在于希望借助士人力量的介入从而改造和调教昏聩无能的君主；另一方面，处于既定政治体制之外的士人阶层实现“为王者师”“君臣共治”的有效途径，又必须以得到君主的欣赏和器重手握重权为基本前提。这样，事实上就会产生如下悖论：希望一个平庸的君主任用一个对自己的政治统治强烈不满或意见完全相左的士人来改变自己的“平庸”。显然，无论从逻辑上还是从实践的层面来说，这都是很难说通的。因为一个“平庸”甚或“无道”的君主如果能够任用一个批评自己统治的士人其实就证明他不是“平庸”或“无道”的（既能明白自己的不足，又能重用与批评自己不足的君主无疑不是一

个“平庸”君主)，既然他不是“平庸”的，也就没有必要任用一个士人来做自己的老师而使自己变得“有道”；反过来说，一个真正“平庸”的君主是不会任用一个“持不同政见者”的。按照一般思维逻辑和士人固有的精神气节，“为王者师”“君臣共治”的理想在“平庸”的世袭君主统治下必然无法实现。由此，探求影响说话者与听话者之间交流障碍的根本原因尤显必要，从而说话者与听话者之间关系的亲疏远近的极端重要性得以凸显。

韩非子认为，影响说话者与听话者之间沟通和交流的关键因素在于二者之间的疏密关系及情感深浅，至智的伊尹尚且需要以“身执鼎俎为包宰，昵近习亲”这样一种近乎拍马屁的方式来实现自己的观点能够得到至圣的商汤的理解和接受，对于一般常人而言，疏密关系及情感深浅在交流过程中更是占有举足轻重的作用。“难言”难就难在说话者以疏远的关系向听话者阐述一些“忤于耳而倒于心”的“至言”的时候，无论说话者具备多好的表达能力，他极有可能会遇到巨大的阻力面临无法预测的政治风险。这是一个无情的政治现实，人性的弱点决定了听话者很难彻底捐弃个人好恶及情感偏向的影响而采取一种绝对公平、公正、无私的态度。

然而，为了有效克服说话者于听话者之间的沟通障碍，使得“仁贤忠良有道术之士”的政治主张能够为君主所接受和认同，韩非子提出了两种解决途径：其一，从听话者（君主）的角度来说，沟通之所以所阻，根本原因在于君主的昏聩迷惑，所谓“愚者难说也，故君子难言也。”强调君主应该以“贤圣”的标准来要求自己，真正做到“疏贱必赏，近爱必诛”（《主道》）、“不辟亲贵，法行所爱”（《外储说右上》），克服个人情感好恶和价值偏好所带来的负面影响。这个途径是韩非子在本篇所着重强调的。其二，从说话者（人臣）的角度来说，如果君主不是“贤圣”，而是一个彻底的难说的“愚者”，说话者又该如何做呢？本篇尚涉及一个重要问题，即有关韩非子人格及其思想的评价问题。就主观动机、问题意识而论，韩非子与其他先秦诸子一样，都以一种强烈的政治责任感和救世情怀，主张结束社会的混乱局面，实现社会秩序的恢复与重建，从而使天下百姓过上一种富足、安定、祥和的生活，并对最终实现一个正义、和谐、稳定、淳朴的理想社会充满了期待和憧憬。一言以蔽之，韩非子及其政治思想在道德道义和人类伦理层面并非提倡一种与人类公认的诸如公平、正义、公正等基本政治价值相违背的“恶”，而是体现了一种人类不断追寻政治之“善”、群体之“善”的美好愿望。此篇所提及的历史人物，文王、翼侯、鬼侯、比干、梅伯、夷吾、曹羁、伯里子、傅说、孙子、吴起、公孙鞅、关龙逢、苌弘、尹子、司马子期、田明、宓子贱、西门豹、董安于、宰予、范雎，他们不仅在事功层面切实为其所处的时代贡献了自己的智慧，而且更在道德层面长期获得后世的称许和认同，而韩非子对他们的赞扬，充分表明其对于政治之善和道德之善的追求和肯定。“愚者难说也，故君子难言也”，更在昭示韩非子对于其所处的韩国内政所持的批判意识异常强烈，“愚者”无疑指称韩国当政者也无疑。

此外，本篇中，韩非子从历史事实中寻求政治教训来论证其观点的思路，充分展现了先秦诸子通过历史叙述建立政治理性的思维模式，这一思维模式不仅通篇贯穿于《韩非子》的思想体系，而且对于后世的历史叙述及政治思想亦可谓影响深远，由此也可管窥中华民族重视历史经验教训的文化传统。

主道

原文

道者，万物之始，是非之纪[①]也。是以明君守始以知万物之源，治纪以知善败之端。故虚静以待，令[②]名自命[③]也，令事自定也。虚则知实之情，静则知动者正。有言者自为名，有事者自为形；形名参同，君乃无事焉，归之其情。故曰：君无见其所欲，君见其所欲，臣自将雕琢；君无见其意，君见其意，臣将自表异。故曰：去好去恶，臣乃见素；去旧去智，臣乃自备。故有智而不以虑，使万物知其处[④]；有贤而不以行，观臣下之所因；有勇而不以怒，使群臣尽其武。是故去智而有明，去贤而有功，去勇而有强。群臣守职，百官有常；因能而使之，是谓习[⑤]常。故曰：寂乎其无位而处，漻[⑥]乎莫得其所。明君无为于上，群臣竦惧乎下。明君之道，使智

者尽其虑，而君因以断事，故君不穷于智；贤者勑[7]其材，君因而任之，故君不穷于能；有功则君有其贤，有过则臣任其罪，故君不穷于名。是故不贤而为贤者师[8]，不智而为智者正[9]。臣有其劳，臣有其成功，此之谓贤主之经也。

注解

①纪：此处意为纲领、头绪、要领。
②令（líng）：古同“聆”。此处意为听从。
③命：此处意为教诲。
④处：此处意为治理、办理。
⑤习：此处意为调节。
⑥漻（liáo）：通“寥”。此处意为空虚。
⑦勑（chì）：同“敕”。此处意为勤劳。
⑧师：此处意为效法、学习。
⑨正：通“整”。此处意为端正。

译文

所谓的道义，是了解万物的开始，是判定是非的头绪。所以明智的君主掌握开始来了解万物的本源。所以空虚安静自己以待聆听，聆听的名称来自教诲，聆听之事自己就可以定了。空虚自己就可以知道实体的情况，安静自己就可以知道行动的正确与否。有进言的人他自己会有名称，有办事的人他自己会有形状；形状和名称互相参同，君主也就没有事了，万物就会归向它们的实情。所以说，君主不要表现出自己的欲望，如果君主表现出自己的欲望，那么臣下就会粉饰自己的言行来迎合君主；君主没有表现出自己的意愿，君主如果表露出自己的意愿，那么臣下将会表现出特异的才能。所以说，抛弃喜好的和抛弃厌恶的，臣下就什么都不知道；抛弃旧有的经验和智巧，臣下就会自我防范。所以有了智慧而不去思虑，使万物知道自己该怎样办；有行为而不以贤能表现出来，就可以观察臣下的行事依据；有勇气而不以发怒表现出来，就可以使群臣尽量发挥自己的勇武。所以抛弃智慧就会有明智，抛弃贤能就会有功业，抛弃勇敢就会强大。群臣各司其职，百官行为都有常规；根据才能而使用人才，就称为是调节常规。所以说，寂静似乎没有什么位置而处，空虚似乎没有什么所得。明智的君主无所作为于上，群臣就会在下提心吊胆了。明智的君主的道路，使有智慧的人尽量把他们的思虑说出来，而君主就根据他们的思虑来决断事情，所以君主在智慧方面不会穷困；贤能的人勤劳于他们的才能，而君主就根据他们的才能授职，所以君主在才能方面不会穷困；有了功劳那么君主也就有了贤人，有了过失那么臣下就担当罪责，所以君主在名声方面不会穷困。所以不贤能可以成为贤能的效法，无智慧可以让智慧者端正。臣下有其劳苦，臣下也会有其成功，这就称之为贤能的君主的铭文。

原文

道在不可见，用在不可知。虚静无事，以暗见疵；见而不见，闻而不闻，知而不知。知其言以往，勿变复更，以参合阅焉。官有一人，勿令通言，则万物皆尽。函[①]掩其迹，匿其端，下不能原[②]；去其志，绝其能，下不能意。保吾所以往而稽[③]同之，谨执其柄而固握之。绝其望，破其意，毋使人欲之。不谨其闭，不固其门，虎乃将存。不慎其事，不掩其情，贼乃将生。弑其主，代其所，人莫不与[④]，故谓之虎。处其主之侧，为奸臣，闻其主之忒[⑤]，故谓之贼。散其党，收其余，闭其门，夺其辅，国乃无虎。大不可量，深不可测，同合刑名，审验法式，擅为者诛，国乃无贼。是故人主有五壅[⑥]：臣闭其主曰壅，臣制财利曰壅，臣擅行令曰壅，臣得行义曰壅，臣得树人曰壅。臣闭其主，则主失位；臣制财利，则主失德；臣擅行令，则主失制；臣得行义，则主失明；臣得树人，则主失党。此人主之所以独擅也，非人臣之所以得操也。

人主之道，静退以为宝。不自操事而知拙与巧，不自计虑而知福与咎[⑦]。是以不言而善应，不约而善增。言已应，则执其契；善已增，则操其符。符契之所合，赏罚之所生也。故群臣陈其言，君以其言授其事，事以责其功。功当其事，事当其言，则赏；功不当其事，事不当其言，则诛。明君之道，臣不得陈言而不当。是故明君之行赏也，暧乎如时雨，百姓利其泽[⑧]；其行罚也，畏乎如雷霆，神圣不能解也。故明君无偷赏，无赦罚。赏偷，则功臣堕其业；赦罚，则奸臣易为非。是故诚有功，则虽疏贱必赏；诚有过，则虽近爱必诛。疏贱必赏，近爱必诛，则疏贱者不怠，而近爱者不骄也。

注解

①函（hán）：此处意为包含、容纳。
②原：此处意为"根本、本原、根源"。
③稽（jī）：此处意为考核、核查。
④与：此处意为随从、随着。
⑤忒：此处意为差误、差错。
⑥壅（yōng）：此处意为蒙蔽。
⑦咎：还里泛指灾祸、凶难、过失、错误。
⑧泽：此处意为恩泽、恩惠。

译文

君主的道路在于不可让人看见，其作用在于让人不能知道。君主空虚寂静无事，就可以在暗中见到臣下的过错瑕疵；看见了就好像没看见，听说了就好像没听说，知道了就好像不知道。知道了某人说这话的原因后，不要去改变更正他，而要用对照验证的方法考察他。每个官职配备一人，不要使他们通气，那么万物就会暴露无遗。包含自己的行踪，藏匿起自己的念头，下级就不能猜到自己的根源；抛弃智慧，不施展才能，下级就不能猜到自己的意向。保住自己走的方向而考查下级是否相同，谨慎地执掌权柄而牢固地掌握住。摈绝自己的才能和欲望，破除下级的猜度，不要使人来图谋自己。不谨慎门户的关闭，不加固自己的房门，虎视眈眈的人就会存在。不慎重自己的事情，不掩盖自己的情绪，盗贼就会产生。杀掉自己的君主，取代君主的地位，人们没有不跟从的，所以称之为虎。他们待在君主的身边，做奸臣，打听君主的过错，所以称之为贼。解散他们的党羽，收拾他们的残渣余孽，封闭他们的家门，剥夺他们的帮凶，国家就没有虎视眈眈的人了。君主的道路，大得不可以度量，深得不可以探测，汇同验合刑与名，审察检验法规的实施，擅自胡作非为的就诛杀，国家就会没有盗贼了。所以，人民的领导人有五种被蒙蔽的情况：臣下封闭情况不让领导知道叫做蒙蔽，臣下控制国家财富叫做蒙蔽，臣下擅自发号施令叫做蒙蔽，臣下得行仁义叫做蒙蔽，臣下培植人才叫做蒙蔽。臣下蒙蔽他的领导，那么他的领导就失去地位；臣下控制国家财富，那么他的领导就会失去恩德；臣下擅自发号施令，那么他的领导就会失去控制；臣下得行仁义，那么他的领导就会失去明白；臣下得行培养人才，那么他的领导就会失去党羽。这些都是领导人应该独自作为的，不是作为臣下可以掌握的。

君主的道路，是把安静和退让当成宝。不亲自操劳事务就会知道笨拙与巧妙，不亲自计划和谋虑就会知道是福还是祸。因此不说话才会有好的回应，不约束才会有好的增加。说话有了回应，那么就把它当成契约；事情已增加功效，那么就把它当成信符。契约与信符相合，就是赏罚产生的依据。所以群臣陈述自己的意见，领导人就可以根据他们的意见安排他们的工作，然后根据他们的职事来责求他们的功绩。功绩能与职事相当，职事能与意见相当，就赏赐；功绩不能与职事相当，职事不能与意见相当，就诛杀。明智的君主之道，是臣下不可以陈述了意见而做不到。所以明智的君主进行赏赐，温暖充沛得就像及时雨，百姓都得利于他的恩惠；他进行惩罚，使人就像害怕雷霆万钧，就是再神圣的人也不能解除。所以明智的君主没有偷偷摸摸随便的赏赐，没有赦免的惩罚。赏赐偷偷摸摸而随便，那么功臣就会懒得去干事业；赦免惩罚，那么奸臣就容易为非作歹。所以确实有了功劳，那么虽然是疏远卑贱的人也一定给予赏赐；确实有了过错，那么虽然是亲近喜爱的人也一定给予惩罚。疏远和卑贱的也必赏，亲近和喜爱的也必惩，那么疏远和卑贱的人做事就不会怠慢，而亲近和喜爱的人做事也就不会骄傲放纵了。

评析

主道，就是君主的道术。它是一篇论述君主统治臣民的基本原则的政治哲学论文，文章比较全面地阐述了韩非政治思想的基本要点。在本篇中，韩非把老子哲学思想中最为核心的“道”“虚静”等等加以引申，发展成为法家的政治思想原则，作为君王驾驭臣下的权术。老子所说的“道”是一种先于物质而存在的精神实体，它是产生天地万物的总根源。韩非把老子放任而没有法度的虚静无为发展成为法家所主张的君主驾驭臣下的一种政治手段。韩非主张君主无为，但前提是臣下人人自危，其目的则是保证“不贤而为贤者师，不智而为智者正。臣有其劳，君有其成”，保证君王对一切权力的“独擅”，即专制。他认为君主应该牢牢掌握国家大权，否则，就有被劫弑的危险。

孤愤

原文

智术之士，必远见而明察，不明察，不能烛[①]私；能法之士，必强毅而劲直，不劲直，不能矫奸。人臣循令而从事，案[②]法而治官，非谓重人也。重人也者，无令而擅为，亏法以利私，耗国以便家，力能得其君，此所为重人也。

智术之士明察，听用，且烛重人之阴情；能法之士劲直，听用，且矫重人之奸行。故智术能法之士用，则贵重之臣必在绳之外矣。是智法之士与当涂之人，不可两存之仇也。

当涂之人擅事要，则外内为之用矣。是以诸侯不因，则事不应，故敌国为之讼[③]；百官不因，则业不进，故群臣为之用；郎中[④]不因，则不得近主，故左右为之匿；学士不因，则养禄薄礼卑，故学士为之谈也。此四助者，邪臣之所以自饰也。重人不能忠主而进其仇，人主不能越四助而烛察其臣，故人主愈弊[⑤]而大臣愈重。

注解

①烛：此处意为照亮。

②案：同“按”。此处意为按照。

③讼（sòng）：通“颂”，此处意为歌颂。

④郎中：郎（láng），古廊字。原指宫殿廷廊，置侍卫人员所在。官名。战国始置。帝王侍从官侍郎、中郎、郎中等的通称。其职责原为护卫陪从、随时建议，备顾问差遣等侍从之职。郎官一直沿用到清朝。

⑤弊（bì）：通“蔽”。此处意为遮盖、遮挡。

译文

有智慧有办法的人，必然有远见而能明察，不明察，就不能照亮那些私下的东西；能执行法令的人，必然是刚强坚毅而刚劲正直，不能刚劲正直，就不能矫正奸邪的东西。为人臣子遵照命令而管理政事，按照法令来治理职责，就不是专权的大臣了。所谓专权的大臣，没有命令而擅自行为，破坏法令而利于自己，耗费国财以便宜自家，他的力量能够控制君主，这就是专权的大臣。

有智慧有办法的人明察，听话而且能任用，那就能照亮专权的大臣的隐私；能执行法令的人刚劲正直，听话而且能任用，那就能矫正专权的大臣的奸邪行为。所以有智慧有办法又能执行法令的人得到任用，那么权贵重要之臣必然在法律准绳以外被铲除了。这是有智慧有办法的人与当朝掌权之人，不可以同时并存否则会变成仇敌啊。

当道掌权的人擅自独揽政事机要大权，那么外国诸侯和国内大臣都要为他效劳了。因此诸侯们如果不依靠他，那么办事就没有回应，所以敌对国家也要对他歌功颂德；群臣百官如果不依靠他，那么所办之事也不会有进展，所以群臣都要为他效劳；郎中官如果不依靠他，那么就不能接近君主，所以君主身边的侍从都为他隐瞒私情；学习读书的人如果不依靠他，那么养薪俸禄就微薄而且礼节待遇也低下，所以学习读书的人也都为他吹捧。有这四种人帮助，奸邪之臣就可以自我粉饰了。专权的大臣不能忠于君主而且还引进君主的仇敌，君主又不能超越那四种帮助他的人而明察自己的臣子，所以君主被蒙蔽越来越深而大臣的权力越来越重。

原文

凡当涂者之于人主也，希不信爱也，又且习[①]故。若夫即主心，同乎好恶，固其所自进也。官爵贵重，朋党又众，而一国为之讼。则法术之士欲干上者，非有所信爱之亲、习故之泽也，又将以法术之言矫人主阿[②]辟[③]之心，是与人主相反也。处势卑贱，无党孤特。夫以疏远与近爱信争，其数不胜也；以新旅与习故争，其数不胜也；以反主意与同好争，其数不胜也；以轻贱与贵重争，其数不胜也；以一口与一国争，其数不胜也。法术之士操五不胜之势，以岁数而又不得见；当涂之人乘五胜之资，而旦暮独说于前。故法术之士奚道得进，而人主奚时得悟乎？故资必不胜而势不两存，法术之士焉得不危？其可以罪过诬者，公法而诛之；其不可被以罪过者，以私剑而穷之。是明法术而逆主上者，不僇[④]于吏诛，必死于私剑矣。朋党比周[⑤]以弊主，言曲以便私者，必信于重人矣。故其可以功伐借者，以官爵贵之；其不可借以美名者，以外权重之。是以弊主上而趋于私门者，不显于官爵，必重于外权矣。今人主不合参验

而行诛，不待见功而爵禄，故法术之士安能蒙死亡而进其说？奸邪之臣安肯乘利而退其身？故主上愈卑，私门益尊。

夫越[6]虽国富兵强，中国之主皆知无益于己也，曰：“非吾所得制也。”

今有国者虽地广人众，然而人主壅蔽，大臣专权，是国为越也。智不类越，而不智不类其国，不察其类者也。人主所以谓齐亡者，非地与城亡也，吕氏[7]弗制而田氏用之；所以谓晋亡者，亦非地与城亡也，姬氏[8]不制而六卿[9]专之也。今大臣执柄独断，而上弗知收，是人主不明也。与死人同病者，不可生也；与亡国同事者，不可存也。今袭迹于齐、晋，欲国安存，不可得也。

注解

①习：此处意为亲信。

②阿：此处意为曲从、迎合。

③辟（bì）：通“避”。此处意为回避、躲避。

④僇（lù）：通“戮”，此处意为杀戮。

⑤比周：此处意为结党营私。

⑥越：古国名。也称“於越”。姒姓，相传始祖为夏少康庶子无余。封于会稽。春秋末越王勾践卧薪尝胆，终灭吴称霸，战国时为楚灭。

⑦吕氏：西周初，周武王建国后把齐地封给开国功臣吕尚，即姜太公，又名吕望，姜子牙。

⑧姬（jī）氏：黄帝的姓。周人以后稷（黄帝之后）为祖，亦姓姬。

⑨六卿：古代天子有六军，六军的主将称六卿。

译文

凡是当道掌权的人对于君主，很少是不被信任宠爱的，而且是君主的亲信。至于迎合君主的心意，就有了同样的爱好和厌恶，就可以巩固自己的进升了。官职重权力大，党羽众多，而成为一国人歌颂的对象。那掌握法家学术的士人想求得任用，因为不是重臣所信任宠爱的、不是亲信得恩泽的，又想把有关治国办法的言论来矫正君主曲从回避的思想，就是与君主相反的。他们所处的地位形势卑下低贱，无党羽且孤独。拿关系疏远的人与关系亲近受宠爱信任的人相争，就是竞争多次也不能取胜；拿新来的游士与亲信、老关系相争，就是竞争多次也不能取胜；拿相反的主意与同样爱好的相争，就是竞争多次也不能取胜；拿地位轻微低贱的人与地位高贵重要的人相争，就是竞争多次也不能取胜；拿一张嘴与全国人相争，就是竞争多次也不能取胜。掌握法家学术的士人处在这五种不能取胜的形势下，而且一年也见不到君主一面；当道掌权的人凭着这五种能取胜的条件，而且从早到晚独自在君主面前劝说。所以掌握法家学术的士人靠什么门道得任用，而君主什么时候才能得醒悟呢？所以掌握法家学术的士人所凭借的条件是一定不能取胜而客观形式又决定了他们不能与权臣同时并存，掌握法家学术的士人怎么会不危险呢？他们之中可以用罪名来加以诬陷的，就凭着国家法律来把他们杀掉；他们之中不能强加以罪名的，就用私门剑客来了结他们。因此明白法术而与君主思想不一样的人，不遭到被污吏杀死的惩处，就必然死于刺客的暗杀。结党营私以蒙蔽君主，歪曲事实方便自己的人，必然会取信专权的大臣。所以他们之中可以用功劳作为凭借的，就会用官职爵位来使他们显贵；他们之中没有美名可凭借的，就利用外国势力而得以显贵。因此蒙蔽君主而奔走权臣之家的人，不显贵于官职爵位，也必然由于外国势力而得重用。如今当君主的不用事实来核对就行使刑罚，没有见到任何功劳就奖赏爵禄，所以掌握法家学术的士人怎么能冒着死亡的危险来进献他们的主张？奸邪之臣怎么肯处在有利的地位而罢手退身？所以领导人的地位越来越低下，而权臣之家的门庭越来越尊贵。

那越国虽然国富兵强，中原各国的君主也都知道它对自己没有什么益处，他们说:“那不是我们控制得了的。”

现在拥有国家的君主，虽然他的国家地大物博、人口众多，然而君主被壅塞蒙蔽，大臣专权，他的国家也就像越国一样了。知道自己的国家不像越国，却不知道自己的国家也不像是国家了，这就是不明察自己的国家与越国相似啊。人们之所以说齐国灭亡了，并非是说它的土地和城市灭亡了，而是指原来的吕氏已不能控制它而由田氏统治了它；之所以说晋国灭亡了，并非是说晋国的土地和城市也灭亡了，而是指原来的姬氏已不能控制而由六卿霸占了它；如今大臣掌握大权而独断专行，而上面的君主却不知道收回权力，这就是君主不明智。与死人患同样的病，不可能再活下去；与亡国的人干同样的事，不可能生存下去。如今沿着齐国、晋国的老路，想要国家安全地存在下去，那是不可能的。

原文

凡法术之难行也，不独万乘，千乘亦然。人主之左右不必智也，人主于人有所智而听之，因与左右论其言，是与愚人论智也；人主之左右不必贤也，人主于人有所贤而礼之，因与左右论其行，

是与不肖论贤也。智者决策于愚人，贤士程[①]行于不肖，则贤智之士羞而人主之论悖矣。人臣之欲得官者，其修士且以精[②]洁[③]固身，其智士且以治辩进业。其修士不能以货赂事人，恃其精洁而更不能以枉法为治。则修智之士不事左右、不听请谒矣。人主之左右，行非伯夷[④]也，求索不得，货赂不至，则精辩之功息，而毁诬之言起矣。治辩之功制于近习，精洁之行决于毁誉，则修智之吏废，则人主之明塞矣。不以功伐决智行，不以参伍审罪过，而听左右近习之言，则无能之士在廷，而愚污之吏处官矣。

万乘之患，大臣太重；千乘之患，左右太信：此人主[⑤]之所公患也。且人臣有大罪，人主有大失，臣主之利与相异者也。何以明之哉？曰：主利在有能而任官，臣利在无能而得事；主利在有劳而爵禄，臣利在无功而富贵；主利在豪杰使能，臣利在朋党用私。是以国地削而私家富，主上卑而大臣重。故主失势而臣得国，主更称蕃[⑥]臣而相室剖符[⑦]。此人臣之所以谲[⑧]主便私也。故当世之重臣，主变势而得固宠者，十无二三，是其故何也？人臣之罪大也。臣有大罪者，其行欺主也，其罪当死亡也。智士者远见而畏于死亡，必不从重人矣；贤士者修廉而羞与奸臣欺其主，必不从重臣矣。是当涂者之徒属，非愚而不知患者，必污而不避奸者也。大臣挟愚污之人，上与之欺主，下与之收利侵渔，朋党比周，相与一口，惑主败法，以乱士民，使国家危削，主上劳辱，此大罪也。臣有大罪而主弗禁，此大失也。使其主有大失于上，臣有大罪于下，索国之不亡者，不可得也。

注解

①程：此处意为法度、规程。

②精：此处意为细致、精密。

③洁：此处意为操行清白、品德高尚。

④伯夷：殷朝末年殷诸侯国孤竹君的儿子。开始时，孤竹君让伯夷的弟弟叔齐做继承人，孤竹君死后，叔齐把君位让给伯夷，他不接受。两人都不肯当君主，就投奔周文王。后来周武王伐纣，他们竭力反对，认为臣不该伐君。周武王灭商后，他们就逃往首阳山中，不食周粟而饿死在首阳山上。

⑤人主：意译之为人的主人。自荀子以来，对国家领导人就有了很多称呼，君主则是直指诸侯君主，人主则另有所指。因为战国以来，“陪臣执国

命”者大量增加，而对他们则不能称为“君主”，所以这里称呼这种人为“人主”，也可称“主人”、“主”。

⑥蕃（fān）：通“藩”，周代谓九州之外的夷服、镇服、蕃服。后用以泛指域外或外族。此处意为外邦小诸侯。

⑦剖符：指剖分信符来任命官吏，分封领地，调兵遣将等，这种大权原应为君主所执掌。

⑧谲（jué）：此处意为欺诈、诡谲。

译文

凡是办法、术数之所以很难推行，不光是万乘国家的大国君主，就是拥有千乘兵车的诸侯小国也是这样。君主身边左右近臣不一定很有智慧，但君主对人们中有智慧的人而听取他们的意见时，却还要与身边左右近臣讨论这些言论，这就是和愚蠢的人讨论智慧；君主身边左右近臣不一定贤能，但君主对人们中有贤能的人而礼遇尊重他们时，却还要与身边左右近臣讨论这些行为，这就是和不屑之徒讨论贤能。智者的决策听命于愚蠢的人，贤能的人的法度要行于不屑之徒，那么贤能有智慧的人就会感到羞耻，而君主的论断必然也就是与事实相悖的。臣子中有想得到官位的，那有修养的读书人就会以精密细致的清白操行来约束自己，那有智慧的读书人就会以治理辨别来从事事业。那有修养的读书人不会用财物贿赂侍奉人，而是凭借自己的精密细致的清白操守，所以更不会以贪赃枉法来进行治理；那么有修养有智慧的读书人就不会去侍奉左右近臣，也不会私下接受说情拜托了。君主的左右近臣，品行并不像伯夷那样清正廉洁，他们求取勒索的东西没有得到，财物没有送来，那么有修养有智慧的读书人的精辨的功业就会被抹杀，而诬陷诋毁的言论就会兴起。治理辨别的功业被控制在近臣手中，细致清白的品行由他们诋毁或赞誉，那么有修养有智慧的官吏就会被废黜，君主的明察就会被壅塞了。不根据功劳来评定群臣的智慧和品行，不根据多方面的比较检验来审查罪行和过错，而一味听信身边左右近臣的话，那么无能之辈就会在朝廷中掌权，而愚蠢腐败的小吏就会占据大官的位置。

拥有万乘兵车大国的祸患，是大臣的权势太重；拥有千乘兵车小国的祸患，是对身边侍臣太信任；这是领导人的共同忧患。况且臣子有了大罪，是因为领导人有重大失误，臣子和君主的利益是不一样的。怎么样来弄明白呢？回答是：领导人的利益在于有才能的才任官，臣子的利益在于没有才能而能得到任官干事；领导人的利益在于有功劳而赏赐爵禄，臣子的利益在于没有功劳且能得到富贵；领导人的利益在于发现豪杰并使用他们的才能，臣子的利益在于结党营私。因此国家土地被侵占削弱而大臣的封邑反而富裕，领导人地位卑下而大臣地位反而重要。所以领导人失去权势而大臣得到国家大权，领导人改称自己为外臣而执政的相国掌管印符。这就是臣子之所以欺诈君主以牟取私利的目的。所以当代掌权的大臣，在君权更替后继续得宠的，十个之中还不到二三个。这是为什么呢？为人臣子的罪过太大了。臣子中有大罪的，他的品行就是欺骗主人，他们的罪行就应该处死。有智慧的读书人目光远大能看得见死亡，必然就不会跟从专权大臣了；贤能的读书人修身廉洁羞耻于与奸臣共同欺骗主人，必然也不会跟从权臣了。因此当道掌权的权臣的徒众，如果不是愚蠢而是不知道祸患的傻瓜，就一定是贪污腐败而不回避奸邪的亡命之徒了。大臣挟持了这些愚蠢腐败的人，对上和他们一起欺骗主人，对下和他们一起收括贪污坐收渔利，结党营私，互相统一口径，迷惑主人败坏法纪，以此扰乱民众，使国家危险国土被侵占，使君主上层忧劳屈辱，这就是大罪啊。臣子有了大罪而领导人不去禁止，这就是大的过失啊。使领导人有大的过失在上，臣子有大罪在下，想求得国家不灭亡，是不可能的。

评析

所谓孤愤，即孤独与愤慨，本节中韩非着重强调了智术之士与能法之士这两种人，这两种人在现代来说，就是领导者和执法者。领导者要肩负其领导责任，树立正确的权力观，才能行使好权力、履行好职责。执法者首先要学法、懂法、守法，才能做到依法执法、公正执法、廉洁执法、文明执法，从而达到权为民所用，情为民所系，利为民所谋。只有领导者和执法者首先履行好自身的职责，才能大力弘扬忠于职守、勇于负责、清正廉洁、执法如山的正气。

解老

原文

德[①]者，内也。得者，外也。“上德不德”，言其神不淫[②]于外也。神不淫于外，则身全。身全之谓德。德者，得身也。凡德者，以无为集，以无欲成，以不思安，以不用固。为之欲之，则德无舍[③]；德无舍，则不全。用之思之，则不固；不固，则无功；无功，

则生于德。德则无德，不德则在有德。故曰："上德不德，是以有德。"

所以贵[4]无为无思为虚者，谓其意所无制也。夫无术者，故以无为无思为虚也。夫故以无为无思为虚者，其意常不忘虚，是制于为虚也。虚者，谓其意无所制也。今制于为虚，是不虚也。虚者之无为也，不以无为为有常。不无为为有常，则虚；虚，则德盛；德盛之谓上德。故曰："上德无为而无不为也。"

注解

①德：此处意为客观规律。
②淫：通"游"，此处意为遨游。
③舍：此处意为房屋（居住之宅）。
④贵：此处意为崇尚、重视。

译文

所谓的规律，是内在的。所谓的得到，是外在的。"那上面的宇宙有规律的不自以为有规律"，是说它的神志不遨游在外。神志不遨游在外，那么身体就能保全。身体保全就称之为有规律。所谓的有规律，就是得到身体保全。凡是规律，以没有为聚集，以没有欲望为成功，以不思考为安宁，以不使用为坚固。去作为而充满欲望，那么规律就居无定所，规律居无定所，那么自身就得不到保全。使用它思考它，那么它就不坚固；它不坚固，那么就会劳而无功；劳而无功，那么就生出规律。有规律的那么就没有规律，不能得到的则在于有规律。所以说："那上面的宇宙有规律的不自以为有规律，所以才有规律。"

所以重视无为无思并作为于空虚境界的人，是说其意识不再受什么制约。那种没有道术的人，故意以无为无思来作为于空虚境界。这种有意识地用无为无思来作为于空虚境界的人，其意识是被那空虚境界所制约的。所谓的空虚境界，是说其意识不再受什么制约。如今被空虚境界所制约，就是不空虚。达到空虚境界的人的无所作为，是不把无所作为当作经常要做的事。不把无所作为当作经常要做的事，那么才能达到空虚境界；达到空虚境界，那么规律才会兴盛；规律兴盛就称之为上等的规律。所以说："上等的规律是无所作为而又无所不作为。"

原文

仁者，谓其中心欣然爱人也；其喜人之有福，而恶人之有祸也；生心之所不能已[1]也，非求其报也。故曰:“上仁为之而无以为也。”

义[2]者，君臣上下之事，父子贵贱之差也，知交朋友之接也，亲疏内外之分也。臣事君宜[3]，下怀上宜，子事父宜，贱敬贵宜，知交友朋之相助也宜，亲者内而疏者外宜。义者，谓其宜也，宜而为之。故曰:“上义为之而有以为也。”

注解

①已：此处意为停止。

②义：人际之间最佳的行为方式。

③宜：此处意为合适、适宜。

译文

所谓的仁，是说其从心底里欣然地去爱别人；他喜欢别人也有福，而且不喜欢别人有灾祸；这是从心中生起而不能停止的情感，是不求回报的情感。所以说:“那上面的与人相互亲爱有所作为而不有心于作为。”

所谓的最佳行为方式，就是上级与下级之间的关系，就是父与子贵与贱之间的等级差别，就是知己、同学、熟人、朋友之间的结交，就是关系亲近的人和关系疏远的人之间的分别的行为方式问题。臣下侍奉君主适宜，下级心里有上级、儿子侍奉父亲适宜，民众敬重贵人适宜，知己、同学、熟人、朋友互相帮助也适宜，亲近的人作为内部疏远的人作为外部也适宜。所谓的最佳行为方式，是说这些都能适宜。适宜才行为之，所以说:“那上面的人推行最佳行为方式的行为就是有作为。”

原文

礼[1]者，所以情貌[2]也，群义之文[3]章也，君臣父子之交也，贵贱贤不肖之所以别也。中心怀而不谕，故疾趋卑拜而明之；实心爱

而不知，故好言繁辞以信之。礼者，外饰之所以谕[4]内也。故曰：礼以情貌也。

凡人之为外物动也，不知其为身之礼也。众人之为礼也，以尊他人也，故时劝时衰。君子之为礼，以为其身；以为其身，故神之为上礼；上礼神而众人贰，故不能相应；不能相应，故曰："上礼为之而莫之应。"

众人虽贰，圣人之复恭敬尽手足之礼也不衰。故曰："攘臂而仍[5]之。"

道有积[6]而德有功[7]；德者，道之功。功有实而实有光；仁者，德之光。光有泽而泽有事；义者，仁之事也。事有礼而礼有文；礼者，义之文也。故曰："失道而后失德，失德而后失仁，失仁而后失义，失义而后失礼。"

注解

①礼：这里专指为礼法、礼节等级社会的典章制度；传统习惯、规定社会行为的规范。

②貌：此处意为外在的仪表、态度。

③文：古"文"字是指纹理、花纹。后来发展为包括美好的言语、思想、行为、待人、处世等表之于外的都称为"文"。文明一词就是"文"的延续。其也含有文献、学问文章。

④谕（yù）：此处意为告诉。

⑤仍：《老子》原本作"扔"。扔：甲骨文字形，象以手牵引或投掷东西的样子。此处意为牵引，拉住。

⑥积：此处意为滞留。

⑦功：此处意为成效。

译文

所谓的社会行为规范，是人的情性外在的仪表、态度的表现，是各种行为方式的规范制度，是君臣父子之间的结交，是贵贱贤能不肖之所以区别的行为规范。心中有话想说却没有办法说，就用快走下跪拜见来表明；真心相爱而不被了解，所以就用连篇好话来申述以取得信任。因此所谓的社会行为规范，就是用外在的礼节来表明内心的感受。所以说：社会行为规范是用来表明外在的行为方式的。

凡是人被外物所触动，就不知道自身的行为也是一种规范。众人都行为于社会行为规范，就是用来尊敬别人，所以有时勉励有时懈怠。君子行为于社会行为规范，是为了自身；正是为了自身，所以才把社会行为规范视为神圣，尊为上等人的行为；上等人的社会行为规范神圣而众人却不一心，所以人与人之间不能相应；人与人之间不能相应，所以说："上面的人有所作为而众人都不回应。"

众人虽然不一心，圣人还是反复恭敬地遵循手足行为的规范而不懈怠。所以说："就会伸出手臂来拉住人类。"

道路会有阻滞而规律会有成效；所谓的规律，是道路的成效。成效有一定的实际内容而实际内容有一定的思想光彩；所谓的仁爱，就是规律的光彩。光彩有一定的色泽，而色泽反映出一定的事情；所谓的最佳行为方式，就是关于仁爱的事情。仁爱的事情有一定的社会行为规范而社会行为规范有一定的文明；所谓的社会行为规范，就是最佳行为方式的文明行为。所以说："人类失去了道路而后又失去了规律，失去了规律而后又失去了与人相互亲爱的思想，失去了与人相互亲爱的思想而后又失去了寻求最佳行为方式，失去了最佳行为方式而后又失去了社会行为规范。"

原文

礼为情貌者也，文为质饰者也。夫君子取情而去貌，好质而恶饰。夫恃貌而论情者，其情恶也；须饰而论质者，其质衰也。何以论之？和氏之璧，不饰以五采；隋侯之珠，不饰以银黄。其质至美，物不足以饰之。夫物之待饰而后行者，其质不美也。是以父子之间，其礼朴而不明，故曰："礼薄也。"

凡物不并盛，阴阳是也；理相夺予，威德是也；实厚者貌薄，父子之礼是也。由是观之，礼繁者，实心衰也。然则为礼者，事通人之朴心者也。众人之为礼也，人应则轻欢，不应则责怨。今为礼者事通人之朴心，而资之以相责之分，能毋争乎？有争则乱，故曰："夫礼者，忠信之薄也，而乱之首乎？"先物行、先理动之谓前识。前识者，无缘而妄意度也。何以论之？詹何[①]坐，弟子侍，牛鸣与门外。弟子曰："是黑牛也而白题[②]。"

詹何曰："然，是黑牛也，而白在其角。"

使人视之，果黑牛而以布裹其角。以詹子之术，婴[③]众人之心，华焉殆矣！故曰："道之华也。"

尝试释詹子之察，而使五尺之愚童子视之，亦知其黑牛而以布裹其角也。故以詹子之察，苦心伤神，而后与五尺之愚童子同功，是以曰：“愚之首也。”

故曰：“前识者，道之华也，而愚之首也。”

注解

①詹何：人名。春秋战国时期楚国人。

②题（tí）：此处意为额头。

③婴（yīng）：通“撄”，此处意为触犯。

译文

社会行为规范是人内心情感的外在表现，文明则是对内在本质的装饰。君子注重情感而去除外在的表现，喜好本质而厌恶粉饰。那些倚仗外在表现而谈论内心情感的人，其内心情感是邪恶的；必须粉饰外表才谈论内在本质的人，其本质也是懈怠的。凭什么这样下结论呢？卞和献给楚王的玉璧，不用五彩颜色来装饰；隋侯的宝珠，不用银黄来装饰。它们的本质很美，其他物体不足以用来装饰。那物品要等待装饰以后才流行，它们的质地肯定不美。因此在父子之间，那行为规范是简朴而不明显的，所以说：“行为规范是很淡薄的。”

凡是事物都不能共同兴盛，阴阳就是这样的；事理总是处在夺取与给予中，刑罚与奖赏就是这样的；行为规范深厚但外表却表现淡薄，父子之间的行为规范就是这样的。这样看来，行为规范很繁琐的，其内心是衰弱的。然而按行为规范行为的人，做事都是通达简朴的心理的。众人之所以行为于行为规范，别人有回应就轻松欢乐，别人不回应就会有责备和怨恨。如今行为于行为规范的人做事通达简朴的心理，而都以对方的行为互相责备，能没有争辩吗？有争辩就会混乱，所以说：“所谓的社会行为规范，使忠诚和信任表现得很淡薄，这就是混乱的开始吗？”在事物出现之前就行为，先于事理显露之前就行动称之为超前意识。所谓的超前意识，就是还没有结识认识事物就凭主观想象来猜测。怎么样来谈论这个问题呢？有一次詹何坐着，弟子在旁边侍奉，有牛叫声在门外。弟子说：“这是只黑牛而额头是白的。”

詹何说：“对，是只黑牛，但白色的是角。”

派人去验看，果然是黑牛而牛角用白布包裹着。以詹何先生的道术，触犯众人的心理，虚华得危险了！所以说：“不过是道的虚华。”

尝试着解释一下詹何先生的明察，如果使一个五尺高的儿童去看一下，就会知道是黑牛而其角是用白布包裹着的。所以用詹何先生的明察，劳苦心机又伤神，而结果才与五尺高的儿童取得同样功效，因此说："这是愚昧的开始。"

所以说："有先见的人，不过是道的虚华、愚昧的开始罢了。"

原文

所谓"大丈夫"者，谓其智之大也。所谓"处其厚不处其薄"者，行情实而去礼貌也。所谓"处其实不处其华"者，必缘[①]理不径[②]绝也。所谓"去彼取此"者，去貌，径绝而取缘理、好情实也。故曰："去彼取此。"

人有祸，则心畏恐；心畏恐，则行端直；行端直，则思虑熟；思虑熟，则得事理。行端直，则无祸害；无祸害，则尽天年。得事理，则必成功。尽天年，则全而寿。必成功，则富与贵。全寿富之谓福。而福本于有祸。故曰："祸兮福之所倚。"以成其功也。

人有福，则富贵至；富贵至，则衣食美；衣食美，则骄心生；骄心生，则行邪僻而动弃理。行邪僻，则身死夭；动弃理，则无成功。夫内有死夭之难而外无成功之名者，大祸也。而祸本生于有福。故曰："福兮祸之所伏。"

注解

①缘：此处意为凭借。

②径：此处意为径直、直接。

译文

所谓的"大丈夫"，是说其智慧很大。所谓的"大丈夫处身于淳厚而不占据于忠信之薄"的人，是指致力于自身内心情感而去除外表的礼貌礼节。所谓的"处身于朴实而不占据于虚华"的人，是指其必然凭借事理不直接加以判断。所谓的"舍弃浅薄虚华，取用淳厚朴实"的人，是指其去除外表的礼貌礼节、不直接判断而凭借事物原理、喜好内心真实情感的人。所以说："舍弃浅薄虚华，取用淳厚朴实。"

人有灾祸，那么就会内心产生畏惧恐怖；内心产生畏惧恐怖，那么就会行为端正正直；行为要端正正直，那么就要思考成熟，那么就能得到事物原理。行为端正正直，那么就会没有祸害；没有祸害，那么就能得享天年。得到事物原理，那么就必然成功。得享天年，那么就能身全而长寿。必然成功，那么就能富裕而高贵。身全长寿富裕就称之为福，而福源于灾祸。所以说："灾祸是依倚着福气而来的。"这就是灾祸成就了幸福的功业。

人有了福，那么富贵就会来到；富贵来到，那么穿衣吃饭就会丰盛美好；穿衣吃饭丰盛美好，那么骄傲的心理就会产生；骄傲的心理产生：那么行为就会邪僻而行动也就会违背事理。行为邪僻，那么身体就会死亡夭折；行动违背事理，那么就很难成功。本身有死亡夭折的灾难而在外又没有成功的名声，就是大灾祸。而灾祸本身来源于幸福。所以说："福气里面伏藏着灾祸。"

原文

夫缘道理以从事者，无不能成。无不能成者，大能成天子之势尊，而小易得卿相将军之赏禄。夫弃道理而妄举动者，虽上有天子诸侯之势尊，而天下有猗顿、陶朱、卜祝之富，犹失其民人而亡其财资也。众人之轻弃道理而易妄举动者，不知其祸福之深大而道阔远若是也，故谕人曰："孰知其极？"人莫不欲富贵全寿，而未有能免于贫贱死夭之祸也。心欲富贵全寿，而今贫贱死夭，是不能至于其所欲至也。凡失其所欲之路而妄行者之谓迷，迷则不能至于其所欲至矣。今众人之不能至于其所欲至，故曰："迷"。众人之所不能至于其所欲至也，自天地之剖判以至于今。故曰："人之迷也，其日故以久矣。"

所谓"方[①]"者，内外相应也，言行相称也。所谓"廉[②]"者，必生死之命也，轻恬[③]资财也。所谓"直"者，义必公正，公心不偏党也。所谓"光"者，官爵尊贵，衣裘壮丽也。今有道之士，虽中外信顺，不以诽谤穷堕；虽死节轻财，不以侮罢[④]羞贪；虽义端不党，不以去邪罪私；虽势尊衣美，不以夸贱欺贫。其故何也？使失路者而肯听习[⑤]问知，即不成迷也。今众人之所以欲成功而反为败者，生于不知道理而不肯问知而听能。众人不肯问知听能，而圣人强以其祸败适之，则怨。众人多而圣人寡，寡之不胜众，数也。今举动而与天下之为仇，非全身长生之道也，是以行轨节而举之也。故曰："方而不割。廉而不刿[⑥]，直而不肆[⑦]，光而不耀。"

注解

①方：此处意为“各邦国”。亦为“各地方”。
②廉：此处意为正直、刚直、品行方正。
③恬（tián）：此处意为泰然、安然。
④罢：此处意为遣归、遣去。
⑤习：此处意为通晓、熟悉。
⑥刿：通“昧（mèi）”，此处意为暗昧。
⑦肆：此处意为放纵、放肆。

译文

凭借道路和事理来办事的人，没有不成功的。办事没有不成功，那么功业大的就能成就天子的权势和尊严，而功业小的也容易获得卿相将军的高官厚禄。抛开道路和事理而轻举妄动的人，虽然在上有天子诸侯的权势和尊严，而在下有像猗顿、陶朱、卜人巫祝那样的财富，还是会失去民众而丧失其财产物资的。一般人之所以轻易抛弃道路和事理而轻举妄动，是由于不知道灾祸幸福互相转化之深之大的道路是那样辽阔深远，所以告诉人们说："怎么能知道它的究竟呢？"没有人不想富裕高贵身全长寿，但还是没有人能够避免贫穷下贱死亡夭折的灾祸。心里想着富裕高贵身全长寿，现在却贫穷下贱死亡夭折，这是没有达到想达到的目的。凡是失去他想走的道路而胡乱行为的人称之为迷惑，迷惑了就不能达到他想到达的目的。如今众人不能达到他们想到达的目的，所以说他们“迷惑”。人们不能达到他们想到达的目的状况，从开天辟地一直延续到现在。所以说："人们之迷惑这个问题，时间已经很久了。"

所谓的各地方，都是内外相应的，言行相符合的。所谓的品行方正，是指必然按照命运来处理生命，轻视泰然处理资产财富。所谓的公正正直，是指行为方式公正，有公心而不结党营私。所谓的光明明亮，是指官大官高，衣服皮袍壮丽华美。如今有道之士，虽然中外民众都信任服从他，却也不去诽谤那些贫穷堕落的人；虽然能殉身就义轻视财富，却也不去侮辱被罢免的人及羞辱那些贪官污吏；虽然行为方式端正不结党营私，却也不抛弃那些奸邪犯罪及私心重的人；虽然权势尊贵衣服华美，却也不夸耀于贫贱中人并不欺侮贫民。这是为什么呢？这是要使迷路的人肯向熟悉道路的人问路，就会不迷路了。如今众人之所以想成功而反而失败的原因，是产生于他们不知道道路和事理而且不肯去问知识又不肯去向有才能的人打听。众人不肯学习听讲，而圣人硬是要拿他们的错误过失责备他们，那么他们就怨恨。众人多而圣人少，寡不敌众，这是常理。如今用圣人的举动来与天下人为仇，就不是身全长寿的道路了，因此按照民众的轨迹来行为，有节制地来实行。所以说："所以圣人有地方而不将它割裂，品行方正而不暗昧，公正正直而不放纵放肆，明亮而不耀人眼目。"

原文

聪明睿智，天也；动静思虑，人也。人也者，乘[①]于天明以视，寄于天聪以听，托于天智以思虑。故视强，则目不明；听甚，则耳不聪；思虑过度，则智识乱。目不明，则不能决黑白之分；耳不聪，则不能别清浊之声；智识乱，则不能审得失之地。目不能决黑白之色则谓之盲，耳不能别清浊之声则谓之聋，心不能审得失之地则谓之狂。盲则不能避昼日之险，聋则不能知雷霆之害，狂则不能免人间法令之祸。书之所谓"治人"者，适动静之节，省思虑之费也。所谓"事天"者，不极聪明之力，不尽智识之任。苟极尽，则费神多；费神多，则盲聋悖狂之祸至，是以啬[②]之。啬之者，爱其精神，啬其智识也。故曰："治人事天莫如啬。"

注解

①乘（chéng）：此处意为凭持、依仗。

②啬（qiáng）：此处意为爱惜。

译文

耳聪目明智慧，是天生的；举止动静思虑，是人为的。人这种动物，凭着天生的视力来看，借着天生的听力来听，靠着天生的智慧来思虑。所以看东西太过分，那么眼睛就会变坏；听声音太过分，那么耳朵就会不灵敏；思虑太过分，那么智慧和意识就会混乱。眼睛不明，那么就不能判断黑色和白色的不同；耳朵不灵敏，那么就不能辨别清亮和混浊的声音；智慧和意识混乱，那么就不能审察成功与失败的根源。眼睛不能判断黑色和白色就称之为盲，耳朵不能辨别清亮和混浊之声就称之为聋，心里不能审察成功与失败的根源就称之为狂。眼瞎就不能避开白天的危险，耳聋就不会知道雷霆的危害，心里狂乱就不能避免触犯人间法令带来的灾祸。老子书上所谓的“治理人民”，是指要适宜动静的节制，节省思虑的浪费。所谓的“侍奉天道”，是指不要极力发挥听力和视力的功能，不要竭尽智慧和意识的能力。如果极力竭尽了，那么耗费的精神就太多；耗费的精神太多，那么眼盲耳聋心狂乱的灾祸就会来到，因此要爱惜它们。爱惜它们，就是爱惜精神、智慧和意识。所以说:“治理人民和侍奉天道，没有什么比得上爱惜。”

原文

众人之用神也躁，躁则多费，多费之谓侈。圣人之用神也静，静则少费，少费之谓啬。啬之谓术也，生于道理。夫能啬也，是从于道而服于理者也。众人离于患，陷于祸，犹未知退，而不服从道理。圣人虽未见祸患之形，虚无服从于道理，以称“蚤①服②”。故曰:“夫谓啬，是以蚤服。”

知治人者，其思虑静；知事天者，其孔窍虚。思虑静，故德不去；孔窍虚，则和气日入。故曰:“重积德。”

夫能令故德不去，新和气日至者，蚤服者也。故曰:“蚤服，是谓重积德。”

积德而后神静，神静而后和多，和多而后计得，计得而后能御万物，能御万物则战易胜敌，战易胜敌而论必盖世，论必盖世，故曰:“无不克③。”

无不克本于重积德，故曰:“重积德，则无不克。”

战易胜敌，则兼有天下；论必盖世，则民人从。进兼天下而退从民人，其术远，则众人莫见其端末。莫见其端末，是以莫知其极。故曰:“无不克，则莫知其极。”

注解

①蚤（zǎo）：即“早”，此处意为提前。

②服：此处意为担任、承当。

③克：此处意为完成。

译文

众人使用自己的精神都很浮躁，浮躁就会多费精神，多费精神就称之为浪费。圣人使用自己的精神很安静，安静就会少耗费，少耗费就称之为爱惜。爱惜之所以称之为方法，因为它产生于道路和事理。如果能爱惜精神，就是顺从于道路而承担于事理。众人离开忧患，就陷于灾祸，仍然还不知道退却，而且还不承担道路和事理的责任。圣人虽然还没有见到祸患的形成，但能虚心无成见地承担于道路和事理的责任，这样称为“提前承担”。所以说：“唯有爱惜的方法，才是提前承担一定的责任的行为。”

知道治理人民的人，他的思虑很安静；知道侍奉天的人，他的七窍就空虚。思虑安静，所以规律就不会离他而去；七窍空虚，那么和气就会一天天进来。所以说：“不断地积聚规律。”

如果能让旧的规律不去，新的和气一天天到来的人，就是提前承担责任的人。所以说：“提前担任一定的责任就是不断地积聚规律。”

积聚规律后精神就会安静，精神安静后和气就会多，和气多了后才去计较得失，计较得失后才能驾驭万物，能够驾驭万物后就容易战胜敌人，作战中容易战胜敌人而此理论必然压倒当代，此理论必然压倒当代，所以说：“无不能完成。”

没有不能完成的是来源于不断地积聚规律，所以说：“不断地积聚规律则没有什么不能完成。”

作战容易战胜敌人，那么就会兼占天下；理论必然压倒当代，那么人民就会顺从。前进能兼并天下后退能使人民顺从，这种办法极其深远，那么一般人都不能看见它的开端和结束。没有人能看到它的开端和结束，因此就没有人知道究竟。所以说：“没有什么不能完成则是没有什么比得上知道其极限。”

原文

凡有国而后亡之，有身而后殃之，不可谓能有其国、能保其身。夫能有其国，必能安其社稷[①]；能保其身，必能终其天年；而后可谓能有其国、能保其身矣。夫能有其国、保其身者，必且体道。体道，则其智深；其智深，则其会[②]远；其会远，众人莫能见其所极。唯夫能令人不见其事极，不见其事极者为保其身、有其国。故曰：“莫知其极。”

"莫知其极，则可以有国。"

所谓"有国之母"：母者，道也；道也者，生于所以有国之术；所以有国之术，故谓之"有国之母。"

夫道以与世周旋者，其建③生也长，持禄也久。故曰："有国之母，可以长久。"

树木有曼根，有直根。根者，书之所谓"柢④"也。柢也者，木之所以建生也；曼根者，木之所持生也。德也者，人之所以建生也；禄也者，人之所以持生也。今建于理者，其持禄也久，故曰："深其根。"

体其道者，其生日长，故曰："固其柢。"

柢固，则生长；根深，则视⑤久，故曰："深其根，固其柢，长生久视之道也。"

注解

①社稷（jì）：此处意为土地神神主。土神和谷神是古时君主都祭祀的社稷，后来就用社稷代表国家。

②会（kuài）：此处意为计算、算账。

③建：此处意为树立、竖起。

④柢（dǐ）：植物中向四面生长的根叫根，向下生长的根叫柢。此处意为根深蒂固。

⑤视：此处意为治理、处理。

译文

凡是有了国家以后又使它灭亡、有了身体以后又使它遭殃的，不可以说他能享有自己的国家、能保护自己的身体。能够享有自己国家的人，必然能安排自己的神主；能够保护自身的人，必然能享尽天赋的寿命；做到这些以后才能说是他能享有自己的国家、能保护好自己的身体。那些能享有自己国家、能保护自身的人，必然会体悟道路。体悟道路，那么智慧就会深刻；智慧深刻，那么计算就会深远，计算深远，那么一般人就不能见到他最大的极限。唯有令人看不到他做事的极限，使人看不到事情极限的人是为了保护自身、享有国家。所以说："不能知道其极限。"

"没有什么比得上知道其极限，然后就可以享有治理国家。"

所谓“有了国家的根本”：这个根本，就是道路；所谓的道路，产生于之所以享有国家的办法；之所以有享有国家的办法，所以称之为“有了国家的根本”。如道路与世俗的人周旋者，他们立身的时间也长久，他们保持禄位的时间也长久。所以说:“有了国家的根本，可以保持长久。”

树木有横向蔓延出来的根，有笔直向下的主根。主根，就是《老子》书上所谓的“根深蒂固”。所谓的根深蒂固，是树木之所以树立生长的根本；蔓延出去的横根，是树木之所以维持生命的部分。所谓的规律，是人之所以立身的东西；所谓的禄位，是人之所以维持生命的东西。如今树立理论的人，其保持禄位也长久，所以说:“加深根本”。

体悟这个道路的人，它的生命就长久，所以说:“要巩固根深蒂固。”

根深蒂固，那么就会生长，根本深厚，那么就能治理得长久，所以说：“加深根本，坚固根深蒂固，就是长时期产生而且长久处理政事的道理。”

原文

工人数变业则失其功，作者数摇徙则亡其功。一人之作，日亡半日，十日则亡五人之功矣；万人之作，日亡半日，十日则亡五万人之功矣。然则数变业者，其人弥众，其亏弥大矣。凡法令更则利害易，利害易则民务变，务变之谓变业。故以理观之：事[1]大众而数摇之，则少成功；藏大器而数徙之，则多败伤；烹小鲜而数挠之，则贼其泽；治大国而数变法，则民苦之。是以有道之君贵静，不重变法。故曰:“治大国者若烹小鲜。”

人处疾则贵医，有祸则畏鬼。圣人在上，则民少欲；民少欲，则血气治而举动理；举动理，则少祸害。夫内无痤[2]疽[3]瘅[4]痔之害，而外无刑罚法诛之祸者，其轻恬[5]鬼也甚。故曰:“以道莅[6]天下，其鬼不神。”

治世之民，不与鬼神相害也。故曰:“非其鬼不神也，其神不伤人也。”

鬼祟也疾人之谓鬼伤人，人逐除之之谓人伤鬼也。民犯法令之谓民伤上，上刑戮民之谓上伤民。民不犯法，则上亦不行刑；上不行刑之谓上不伤人。故曰:“圣人亦不伤民。”

上不与民相害，而人不与鬼相伤，故曰:“两不相伤。”

民不敢犯法，则上内不用刑罚，而外不事利其产业。上内不用刑罚，而外不事利其产业，则民蕃息。民蕃息而畜积盛。民蕃息而

畜积盛之谓有德。凡所谓祟者，魂魄去而精神乱，精乱则无德。鬼不祟则魂魄不去，魂魄不去而精神不乱，精神不乱之谓有德。上盛畜积而鬼不乱其精神，则德尽在于民矣。故曰："两不相伤，则德交归焉。"

言其德上下交盛而俱归于民也。

注解

①事：此处意为使用、役使。

②痤（cuó）：本意人皮肤上的肿疮。这里用指为众人都厌恶的脏病。

③疽（jū）：中医指一种毒疮，在皮肉深处的叫疽。

④瘅（dān）：中医指疟疾的一种，主要症状是发高烧、打寒战、烦躁、口渴、呕吐等。此处意为热症、湿热症。

⑤恬（tián）：此处意为泰然、安然。

⑥莅（lì）：此处意为监视、治理。

译文

工人屡次改变自己的职业就会丧失功业，耕作者屡次迁移就会使功业消亡。一个人工作，每天损失半天，十天就损失了五个人工的工作效率；一万个人工作，每天损失半天，十天就损失了五万个人工的工作成果。然而屡次改变自己职业者，这样的人越多，那么损失就越大。凡是法令改变了那么利害关系也就会改变，利害关系改变了，那么民众从事的事情也会改变，从事的事情改变就称之为改变职业。所以从事理上看，役使大众而屡次变动他们的工作，那么就会很少成功；收藏珍贵的大器物而屡次搬迁它们，那么就会多有损伤；烹调小菜而屡次搅动，那么就会破坏菜肴的光鲜；治理大国而屡次改变法规，那么民众就会苦于无所适从。因此有道的君主重视安静，不重视变法。所以说："治理大的国家，就好像是煎炒小小的新鲜的菜肴一样。"

人处在疾病中就会重视医生；有灾祸就会害怕鬼魅。圣人在上面统治，那么民众就会减少欲望；民众减少欲望，那么他们血气就会运畅举动而合理；举动合理，那么就会少有祸害。身体内没有脓疱疮痔的危害，而且外面没有刑罚诛杀的祸害的人，他们就轻视鬼魅而泰然处之。所以说："以天道监视和治理天下，那些所谓的妖魔鬼怪都不灵验。"

生活在太平盛世中的人民，不和鬼的神奇作用互相伤害。所以说："不只是妖魔鬼怪不灵验，其灵验也不会伤害人。"

鬼作怪使人生病叫做鬼伤人，人把鬼魅驱除叫做人伤鬼。民众触犯法令称之为民众伤害上级，上级用刑罚惩处杀戮人民叫做上级伤害人民。民众不犯法，那么上级就不会用刑罚；上级不行使刑罚就称之为上级不伤害人民。所以说:“圣人也不会伤害人。”

上级不与人民互相伤害，而人也不与鬼互相伤害，所以说:“两者互不伤害。”

民众不敢犯法，那么上级对内不使用刑罚，在外不役使从他们的产业中得利，那么民众就能得到繁衍生息。民众得到繁衍生息就会多有积蓄。民众得到繁衍生息而积蓄又多兴盛就称之为有规律。凡所谓的作祟，是指魂魄离去而精神错乱，精神错乱就会没有规律。鬼不对人作祟，那么魂魄就不会离去；魂魄不离去，而精神就不会错乱；精神不错乱就称之为有规律。上级使民众积蓄兴盛而鬼不搅乱民众的精神，那么规律就尽在于民众了。所以说：“因为两者互不伤害，所以他们的规律就交合而归在一起了。”

这是说规律上下相交兴盛而都归于民众了。

原文

有道之君，外无怨仇于邻敌，而内有德泽于人民。夫外无怨仇于邻敌者，其遇诸侯也外有礼义。内有德泽于人民者，其治人事也务本。遇诸侯有礼义，则役希起；治民事务本，则淫[①]奢止。凡马之所以大用者，外供甲兵而内给淫奢也。今有道之君，外希用甲兵，而内禁淫奢。上不事马于战斗逐北，而民不以马远淫通物，所积力唯田畴。积力于田畴，必且粪灌。故曰:“天下有道，却[②]走马以粪[③]也。”

人有欲，则计会乱；计会乱，而有欲甚；有欲甚，则邪心胜；邪心胜，则事经绝；事经绝，则祸难生。由是观之，祸难生于邪心，邪心诱于可欲。可欲之类，进则教良民为奸，退则令善人有祸。奸起，则上侵弱君；祸至，则民人多伤。然则可欲之类，上侵弱君而下伤人民。夫上侵弱君而下伤人民者，大罪也。故曰:“祸莫大于可欲。”

是以圣人不引五色，不淫于声乐；明君贱玩好而去淫丽。

注解

①淫（yín）：此处意为过度。

②却：此处意为“驱”。

③粪：此处意为施肥治田。

译文

走正确道路的君主，对外没有怨仇于邻近的敌国，而在国内以有规律的恩泽对待人民。如果对外没有怨仇于邻近的敌国，那么他遇到其他诸侯也就有礼仪礼节和最佳行为方式。在国内以有规律的恩泽对待人民，那么他治理民众事务的时候是致力于根本。遇见诸侯有礼仪礼节和最佳行为方式，那么战争就很少发生；治理民众致力于根本，那么过度的奢侈生活就会被禁止。凡是马匹被大大地加以使用，是因为对外要供给士兵作战而对内要供给人们过度的奢侈。如今有道的君主，对外很少使用甲兵，而对内禁止过度的奢侈。上级不在作战中使用马匹追逐敌人，而民众不使用马匹到远处运输货物供给过度的奢侈，马匹所积聚的力量唯有用在田间。马匹积聚力量于田间，那么马粪必然用来施肥。所以说：“天下太平的时候，驱使马匹以施肥治田。”

人有欲望，那么谋计算账就会混乱；谋计算账混乱，那么欲望就更加厉害；产生的欲望更厉害，那么邪恶的念头就占上风；邪恶的念头占上风，那么事情就不按照事理发展了；事情不按照事理发展，那么灾祸苦难就会发生。这样看来，灾祸苦难来自于邪恶的心理，邪恶的心理诱惑于引起欲望的东西。可以引起欲望的东西，向前就能使善良的民众成为奸邪的人，后退就会让善良的人遭遇灾祸。奸邪生起，那么往上就会侵犯软弱的君主；灾祸来到，那么就使人民多被伤害。然而那些可以引起欲望的东西，往上可以侵犯软弱的君主而往下就会伤害人民。如果往上侵犯软弱的君主而往下伤害人民，那就是大罪。所以说：“灾祸发生的最大原因在于欲望太多。”

因此圣人不被五彩缤纷的颜色所引诱，不过度沉溺于音乐；明白的君主轻视珍贵的玩物而去掉过度的华丽。

原文

人无毛羽，不衣则不犯[①]寒；上不属天而下不著地，以肠胃为根本，不食则不能活；是以不免于欲利之心。欲利之心不除，其身

之忧也。故圣人衣足以犯寒，食足以充虚，则不忧矣。众人则不然，大为诸侯，小余千金之资，其欲得之忧不除也。胥靡[2]有免，死罪时活，今不知足者之忧终身不解。故曰："祸莫大于不知足。"

故欲利甚于忧，忧则疾生；疾生而智慧衰；智慧衰，则失度量；失度量，则妄举动；妄举动，则祸害至；祸害至而疾婴[3]内；疾婴内，则痛祸薄[4]外；痛祸薄外，则苦痛杂于肠胃之间；苦痛杂于肠胃之间，则伤人也憯[5]。憯则退而自咎[6]，退而自咎也生于欲利。故曰："咎莫憯于欲利。"

注解

①犯：此处意为胜过。

②胥（xū）：通"须"。此处意为等待。胥靡疑是须臾。

③婴：通"撄"，此处意为触犯。

④薄（pò）：通"迫"，此处意为迫近。

⑤憯（cǎn）：此处意为悲痛，伤心。

⑥咎：这里泛指灾祸、凶难、过失、错误。

译文

人身上没有羽毛，不穿衣就不能战胜寒冷；人在上面不依附于天空而在下面不扎根于大地，以肠胃为生命的根本，不饮食就不能活下去；因此不免有贪图得利的心理。贪图得利的心理不去除，便是人生的忧愁。所以圣人穿衣服只求能用来战胜寒冷，吃东西只求能用来充饥，那就不忧虑了。众人却不是这样，大的做了诸侯，小的积余了上千金钱，但他们想得利的忧虑还是去不掉。等待就会有赦免，死罪有时也能活下来，如今不知足的人忧愁却终身不能解脱。所以说："灾祸发生的原因就在于不知足。"

所以想要得利的思想甚于忧愁，人有忧愁就会生病，疾病生起就会使智慧衰竭；智慧衰竭，就会失去行动的准则；行动失去准则，就会轻举妄动；轻举妄动，那么灾祸就会来到；灾祸来到疾病就会侵扰内心，疾病侵扰内心，那么疼痛的灾祸就迫于身体表面；疼痛灾祸迫于身体表面，那么痛苦便错杂在肠胃之间；痛苦错杂在肠胃之间，那么对人的伤害就够惨痛的了。悲痛了，那么才退下来反省自身过错；退下来反省自身过错也是来自于贪欲利益。所以说："过错发生的原因就在于想贪图利益。"

原文

道者，万物之所然也，万理之所稽[①]也。理者，成物之文[②]也；道者，万物之所以成也。故曰：道，理之者也。物有理，不可以相薄；物有理不可以相薄，故理之为物之制。万物各异理，而道尽稽万物之理，故不得不化；不得不化，故无常操[③]。无常操，是以死生气禀焉，万智斟酌焉，万事废兴焉。天得之以高，地得之以藏，维斗[④]得以成其威，日月得以恒其光，五常[⑤]得之以常其位，列星得之以端其行，四时得之以御其变气，轩辕[⑥]得之以擅[⑦]四方，赤松[⑧]得之与天地此处意为上下四方，天地之间的空间。

统，圣人得之以成文章。道，与尧、舜俱智，与接舆[⑨]俱狂，与桀、纣俱灭，与汤、武俱昌。以为近乎，游于四极；以为远乎，常在吾侧；以为暗乎，其光昭昭；以为明乎，其物冥冥。而功成天地，和化雷霆；宇[⑩]内之物，恃之以成。凡道之情，不制不形，柔弱随时，与理相应。万物得之以死，得之以生；万事得之以败，得之以成。道譬诸若水，溺者多饮之即死，渴者适饮之即生；譬之若剑戟，愚人以行忿则祸生，圣人以诛暴则福成。故得之以死，得之以生，得之以败，得之以成。

人希见生象也，而得死象之骨，案其图以想其生也，故诸人之所以意想者皆谓之“象”也。今道虽不可得闻见，圣人执其见功以处见其形。故曰:“无状之状，无物之象。”

注解

①稽（jī）：此处意为考核、核查。

②文：本意为华美，有文彩之意，此处意为形式。

③操：此处意为掌握。

④维斗：即北斗星。

⑤五常：指金木水火土五个行星。

⑥轩辕（yuán）：传说中的上古帝王黄帝的名号。黄帝是中国古代传说中的“人神杂糅”的人物。战国中、后期百家托古，多集于黄帝。黄帝被说成是上古的圣帝明王，是大发明家、大思想家，被尊为华夏民族的始祖。

⑦擅（shàn）：此处意为压倒、胜过。

⑧赤松：人名。古代传说中的仙人。

⑨接舆（yú）：楚国的一个隐士。世人多称他为疯子，实则他是装疯卖傻以逃避乱世。《论语·微子》："楚狂接舆，歌而过孔子。"

⑩宇：《三苍》："四方上下曰宇，古往今来曰宙。"

译文

道路，是万物都要走的，是万理都要核查的。理，是构成事物的文明形式；道，是万物之所以成就的普遍法则。所以说：道路，就是有理。事物都有事理，不可以互相逼迫；事物都各有事理不可以互相逼迫，所以事理就成为事物的制约。万物各有不同的事理，而道路却核查万物的事理，所以不得不随从着变化；不得不随从着变化，所以没有经常不变的把持掌握；没有经常不变的把持掌握，因此死与生这种自然现象就天然地生成了，各种智慧也就在万物身上体现了，各种事物也就有了衰败和兴盛。天得到道路因此而高远，大地得到道路因此而可以蕴藏，北斗星得到道路因此而成就威势，太阳和月亮得到道路因此而可以永恒放光，金木水火土五个行星得到道路因此而使自己的位置固定不变，陈列在天上的星星得到道路因此而使自己的运行正常，四季得到道路因此而驾驭自己的节气变化，轩辕黄帝得到道路因此而胜过四方，赤松子得到道路因此而与天地一样长寿，圣人得到道路因此而成就文明制度。道路，和尧、舜在一起就能有智慧，和接舆在一起就会发狂，和夏桀王、商纣王在一起就会灭亡，和商汤王、周武王在一起就会荣昌。以为道很近吗？它游荡在四方尽头；以为道很远吗？它经常在我身边；以为道很暗吗？它却在闪闪发光；以为道很明亮吗？它又看不见摸不着。但道的功能却造就天地，和同化育形成雷霆；四方上下万物凭借它才得以形成。道的真实情况是：既不造作也不表露，柔弱地随顺时间的流逝，与各种事理相适应。万物得到道路因此而死，得到道路因此而生；万事得到道路因此而败，得到道路因此而成。道路，用它来比方就好像水，沉没在水中的人过多喝了它就会死，口渴的人适当地饮用它就能生存；用它来比方就好像是剑和戟，愚蠢的人拿它来行凶泄怒那么灾祸就生起，圣人用它来诛杀暴虐那么幸福就能成就。所以得到道路因此而死，得到道路因此而生；得到道路因此而败，得到道路因此而成功。

人很少见到活着的现象，而得到死去的现象的骨骼，按照骨骼的样子来想象那活着的样子，所以人们之所以靠主观想象想出来的就称之为"象"。如今道路虽然不可以听闻看见，但圣人拿显露出来的功效来显示它的形象。所以说："没有形状的形状，没有物体的现象。"

原文

凡理者，方圆、短长、粗靡、坚脆之分也，故理定而后可得道也。故定理有存亡，有死生，有盛衰。夫物之一存一亡，乍死乍生，初盛而后衰者，不可谓常①。唯夫与天地之剖判也具生，至天地之消散也不死不衰者谓"常"。而常者，无攸易，无定理。无定理，非在于常所，是以不可道②也。圣人观其玄虚，用其周行，强字之曰:"道③"，然而可论。故曰:"道之可道，非常④道也。"

人始于生而卒于死。始之谓出，卒之谓入。故曰:"出生入死。"

人之身三百六十节，四肢、九窍，其大具也。四肢与九窍十有三者，十有三者之动静尽属于生焉。属之谓徒⑤也，故曰:"生之徒也，十有三者。"

至死也，十有三具者皆还而属之于死，死之徒亦有十三。故曰:"生之徒十有三，死之徒十有三。"

凡民之生生，而生者固动，动尽则损也；而动不止，是损而不止也。损而不止，则生尽；生尽之谓死，则十有三具者皆为死死地也。故曰:"民之生，生而动，动皆之死地，之十有三。"

是以圣人爱精神而贵处静。

注解

①常：此处意为恒久、长久不变。

②道：此处意为说、讲。

③道：此处意为道路。

④常：此处意为一般、普通、平常。

⑤徒：此处意为同一类。

译文

凡是事理，有方圆、短长、粗细、坚与脆的分别，所以理确定以后就会得到道路。所以确定的理之中就有存在与消亡的区别，有死与生的区别，有兴盛与衰亡的区别。事物之中那些一会儿存在一会儿消亡，忽然死了忽然又活了，开始兴盛而后衰竭的东西，不可以称之为永恒。唯有那和天地的开辟一起产生，直到天地消亡的时候也不死去不衰竭的东西才称之为“永恒”。而这永恒的东西，既没有什么变化，也没有确定不变的理。没有确定不变的理，也不是处在固定的状态中，因此不可以加以说明。圣人观察到它的玄妙虚无，用它周密的运行，勉强起了个名字叫：“道”，然后才可以论述它。所以说：“道路是可以称为道路的，但不是平常意义上的道路。”

人的生命开始于出生而结束于死亡。开始的时候称之为出生，结束的时候称之为入地。所以说：“出于生，入于死。”

人的身体有三百六十个部分，有四肢、九窍，这是比较大的器官。四肢和九窍共有十三个部分，这十三个部分的动静举止都属于生存，而属就称之为类，所以说：“能够生存下来的，占十分之三。”

等到死了，这十三个部分都还是属于死，属于死亡的部分也有十三个。所以说：“能够生存下来的占十分之三，属于夭折的占十分之三。”

凡是民众都重视自己的生命生活，而生活的人都要动，动得筋疲力尽那么就是损坏了；而活动不止，就是损害不止。损坏而不止，那么生命就会用尽；生命用尽就称之为死，那十三个部分也都因此而死亡在这死亡的境地中了。所以说：“民众的生活，生活着就要动，活动就会都走向死地，是十之有三。”

因此圣人爱惜精神而且重视安静。

原文

不爱精神不贵处静，此甚大于兕[①]虎之害。夫兕虎有域，动静有时。避其域，省其时，则免其兕虎之害矣。民独知兕虎之有爪角也，而莫知万物之尽有爪角也，不免于万物之害。何以论之？时雨降集，旷野闲静，而以昏晨犯山川，则风露之爪角害之。事上不忠，轻犯禁令，则刑法之爪角害之。处乡不节，憎爱无度，则争斗之爪角害之。嗜欲无限，动静不节，则痤疽之爪角害之。好用其私智而弃道理，则网罗之爪角害之。兕虎有域，而万害有原，避其域，塞其原，则免于诸害矣。凡兵革者，所以备害也。重生者，虽入军无忿争之心；无忿争之心，则无所用救害之备。此非独谓野处之军也。圣人之游世也，无害人之心，则必无人害；无人害，则不备人。故曰：“陆行不遇兕虎。”

入山不恃备以救害，故曰：“入军不备甲兵。”

远诸害，故曰：“兕无所投其角，虎无所错其爪，兵无所容其刃。”

不设备而必无害，天地之道理也。体天地之道，故曰：“无死地焉。”

动无死地，而谓之“善摄生”矣。

爱子者慈于子，重生者慈于身，贵功者慈于事。慈母之于弱子也，务致其福，则事除其祸；事除其祸，则思虑熟；思虑熟，则得事理；得事理，则必成功；必成功，则其行之也不疑；不疑之谓勇。圣人之于万事也，尽如慈母之为弱子虑也，故见必行之道；见必行之道，则明，其从事亦不疑；不疑之谓勇。不疑生于慈，故曰：“慈，故能勇。”

注解

①兕：（sì）动物名，这里指独角的犀牛。

译文

不重视自己的生命而拼命活动的危害比犀牛和老虎的危害还要大得多。那犀牛和老虎有一定的活动区域，其行动和安静也有一定的时间。避开它们活动的区域，审察它们的活动时间，那么就能免遭犀牛和老虎的伤害了。民众单单知道犀牛和老虎有爪和角，却不知道万物都有爪和角，所以不能避免万物的伤害。怎么样下这样的结论呢？不时的雨水降临汇集，空旷的原野安闲寂静，人们却在黄昏清晨跋山涉水，那么风霜寒露的爪和角就会伤害他们。侍奉上级不忠实，轻易触犯禁令，那么刑法的爪和角就会伤害他们。居住在乡间不节制约束自己，爱和憎没有法度，那么争吵角斗的爪和角就会伤害他们。嗜好和欲望没有限度，行为举止不加节制，那么痈疽疮的爪和角就会伤害他们。喜好用个人智巧而抛弃事物的道理，那么天罗地网的爪和角就会伤害他们。犀牛和老虎有一定的活动区域，而万种灾害也都有各自的根源，避开它们活动的区域，堵塞各种灾祸的根源，那么就可以避开各种祸害了。大凡兵器盔甲这些东西，是用来防备受害的。重视生命的人，虽然来到军队中也没有愤怒争强的心理；没有愤怒争强的心理，那么就没有地方使用防备受害的兵器了。这不单单是指进入在野外驻扎的军队而言。圣人生活在社会上，没有伤害人的心理，那么必然就没有人伤害他；没有人伤害他，那么就不用防备人。所以说：“在路上行走不会遇到犀牛和老虎。”

进入山中不凭借装备来防止受害，所以说：“参加军队也不用披坚执锐。”

远离各种祸害，所以说："犀牛没有办法对他使用角，老虎对他没有办法伸开爪子，士兵对他没有办法用锋刃。"

不设置防备而必然没有什么祸害，这是天地的道路和事理。体悟天地之道，所以说："没有死亡之地。"

能活动而没有死亡之地，因而就称之为"善于养生的人"。

热爱子女的人慈爱于子女，看重生命的人慈爱于身体，重视功业的人慈爱于事业。慈母对于弱小的孩子，致力于给他们造福，那么致力于排除祸害；致力于排除祸害，那么就会深思熟虑；深思熟虑，那么就能得到事理；能得到事理，那么就必然成功；必然成功，那么行为也不再会迟疑不决；不迟疑不决就称之为勇敢。圣人对于各种事物，都像慈母一样为弱小的孩子考虑，所以能见到可以行为的道路；能见到可以行为的道路，那么就会明白，做事情也就不会迟疑不决；不迟疑就称之为勇敢。不迟疑产生于慈爱，所以说："慈爱，所以能勇敢。"

原文

周公①曰："冬日之闭冻也不固，则春夏之长草木也不茂。"

天地不能常侈常费，而况于人乎？故万物必有盛衰，万事必有弛张，国家必有文武，官治必有赏罚。是以智士俭用其财则家富，圣人爱宝其神则精盛，人君重战其卒则民众，民众则国广。是以举之曰："俭，故能广。"

凡物之有形者易裁也，易割也。何以论之？有形，则有短长；有短长，则有小大；有小大，则有方圆；有方圆，则有坚脆；有坚脆，则有轻重；有轻重，则有白黑。短长、大小、方圆、坚脆、轻重、白黑之谓理。理定而物易割也。故议于大庭而后言则立，权议之士知之矣。故欲成方圆而随其规矩，则万事之功形矣。而万物莫不有规矩，议言之士，计会规矩也。圣人尽随于万物之规矩，故曰："不敢为天下先。"

不敢为天下先，则事无不事，功无不功，而议必盖世，欲无处大官，其可得乎？处大官之谓为成事长。是以故曰："不敢为天下先，故能为成事②长。"

注解

①周公：中国西周思想家。姓姬名旦。生卒年不可考。周文王之子，周武王之弟。曾辅佐武王及其子成王执政，为周朝提出了成套的统治思想。

②事：此处《老子》通行本均为“器”，原文是“我有三宝，持而保之。一曰慈，二曰俭，三曰不敢为天下先。慈故能勇；俭故能广；不敢为天下先，故能成器长。”

译文

周公说：“冬至日冰封雪冻如果不坚固，那么明年春夏的草木就不茂盛。”

天地不能够经常浪费经常消耗，更何况是人呢？所以万物必然有盛衰，万事必然有张弛，国家必然有文武，政府治理必然有赏罚。因此明智的读书人节约地使用自己的财产那么家里就富裕，圣人爱惜珍贵自己的精神那么精力就旺盛，君主不轻易让士兵去打仗那么民众就会增多，民众增多那么国家就广泛。因此老子称赞说：“俭朴，所以能广泛。”

凡是物体有形状的就容易剪裁，容易割削。怎么样来说这个问题呢？有形状，那么就有长短；有长短，那么就有大小；有大小，那么就有方圆；有方圆，那么就有坚硬或松脆；有坚硬或松脆，那么就有轻重；有轻重，那么就有黑白。长短、大小、方圆、坚脆、轻重、黑白称之为理。理确定以后而物体也就容易割削了。所以在大庭广众之下计议事情以后言论才能树立，善于权谋的说客早就懂得这个道理。所以想要做成方圆就得随从规矩，那么万事万物的功效也就形成了。而万事万物没有什么东西没有规矩，出谋划策的人，就是在谋划计算使事情合于规矩。圣人完全随着各种事物的规矩，所以说：“不敢先于天下而有所作为。”

不敢先于天下而有所作为，那么事情就没有办不成的，功业就没有建不成功的，而他的理论必然盖世，想要不处在重要官位上，那可能吗？处在重要官位上就称之为成就了事业的成长。因此说：“不敢先于天下而有所作为，所以能成就事业并能成长。”

原文

慈于子者不敢绝衣食，慈于身者不敢离法度，慈于方圆者不敢舍规矩。故临兵而慈于士吏则战胜敌，慈于器械则城坚固。故曰：

“慈，于战则胜，以守则固。”

夫能自全也而尽随于万物之理者，必且有天生。天生也者，生心也，故天下之道尽之生也。若以慈卫之也，事必万全，而举无不当，则谓之宝矣。故曰:“吾有三宝，持而保之。”

书之所谓“大道”也者，端道也。所谓貌“施[1]”也者，邪道也。所谓“径[2]”大也者，佳丽也。佳丽也者，邪道之分也。“朝甚除[3]”也者，狱讼繁也。狱讼繁则田荒，田荒则府仓虚，府仓虚则国贫，国贫而民俗淫[4]侈，民俗淫侈则衣食之业绝，衣食之业绝则民不得无饰巧诈，饰巧诈则知采文，知采文之谓“服文采。”狱讼繁，仓廪虚，而有以淫侈为俗，则国之伤也若以利剑刺之。故曰:“带利剑。”诸夫饰智故以至于伤国者，其私家必富；私家必富，故曰:“资货有余。”

国有若是者，则愚民不得无术而效之；效之则小盗生。由是观之，大奸作则小盗随，大奸唱则小盗和。竽也者，五声之长者也，故竽先则锺瑟皆随，竽唱则诸乐皆和。今大奸作则俗之民唱，俗之民唱则小盗必和。故“服文采，带利剑，厌饮食，而货资有余者，是之谓盗竽矣。”

注解

①施：此处意为给予。

②径：本义是指道路，此处意为门路。

③除：此处意为修治、修整。

④淫（yín）：此处意为过度。

译文

慈爱子女的人不敢断绝衣服和饮食，慈爱自身的人不敢离开法令制度，慈爱方圆的人不敢舍去规矩。所以面临战争而能慈爱士兵官吏那么就能战胜敌人，慈爱于器械那么城池就会坚固。所以说:“这个慈爱，用到战争上面必然会胜利，用到防守上面必然能坚固。”

那种能够保全自己而完全遵循万物的事理的人，他身上必然有大自然生成的东西。所谓天生的东西，就是生出心来，所以天下万物的道路都生在他心中。如果用慈爱来维护万物，万事也就能万无一失，而行动也没有什么不恰当，那么这样就称之为“宝贝”了。所以说：“我有三件宝，我掌握并珍惜它们。”

书上所谓的“大的道路”，是指端正的道路。所谓的好像“给予”，是指邪道。所谓的“门路”很大，是指美好华丽。美好而华丽的东西，便是邪道的一部分。所谓的“朝廷大为修治”，是指监狱诉讼案件繁多。监狱诉讼案件繁多，那么田野就会荒芜；田野荒芜，那么金库粮仓就会空虚；金库粮仓空虚，那么国家就会贫穷；国家贫穷那么民俗民风就会过分奢侈；民俗民风过度奢侈，那么衣服和食品的产业就会断绝；衣服和食品产业断绝了，那么人们就不得不乔装打扮巧妙地来诈骗钱财；乔装打扮巧妙地诈骗钱财，那么就会致力于漂亮的打扮；致力于漂亮的打扮就是“穿着华丽”。监狱诉讼案件繁多，金库粮仓空虚，而又以过度的奢侈为风俗，那么国家受到的伤害就好像是用锋利的宝剑刺身一样。所以说：“佩戴着锋利的宝剑。”凡是那种用智慧巧诈来装扮自己以致力于使国家受到伤害的人，他家里必然很富裕；私人家里很富裕，所以说：“财货多多有余。”

国家中有这样的人，那么愚蠢的老百姓就不能不想办法来仿效他们；老百姓仿效他们，那么小偷就会产生。由此看来，大奸产生了，小偷就跟随着出现；大奸倡导，那么小偷就会随和。竽这种乐器，是宫、商、角、徵、羽这五声中最主要的，所以竽声先起那么钟鼓琴瑟就能跟随，竽先演奏那么各种乐器就能应和。如今大奸产生了，那么庸俗的人就跟随着倡导；庸俗的人跟随着倡导，那么小偷们就必然附和。所以说：“穿着华丽的服装，佩戴着锋利的宝剑，满足于精美的饮食，财货多多有余；这就是强盗的倡导啊。”

原文

人无愚智，莫不有趋舍。恬淡平安，莫不知祸福之所由来。得于好恶，怵于淫物，而后变乱。所以然者，引于外物，乱于玩好也。恬淡有趋舍之义，平安知祸福之计。而今也玩好变之，外物引之；引之而往，故曰：“拔[①]”。

至圣人不然：一建其趋舍，虽见所好之物不能引，不能引之谓“不拔”；一于其情，虽有可欲之类神不为动，神不为动之谓“不脱”。为人子孙者，体此道以守宗庙，不灭之谓“祭祀不绝”。身以积精为德，家以资财为德，乡国天下皆以民为德。今治身而外物不能乱其精神，故曰：“修之身，其德乃真。”真者，慎之固也。治家，无用之物不能动其计，则资有余，故曰：“修之家，其德有余。”治乡者行此节，则家之有余者益众，故曰：“修之乡，其德乃长。”治

邦者行此节，则乡之有德者益众，故曰："修之邦，其德乃丰。"莅天下者行此节，则民之生莫不受其泽，故曰："修之天下，其德乃普。"

修身者，以此别君子小人，治乡、治邦、莅天下者，各以此科[2]适观息耗，则万不失一。故曰："以身观身，以家观家，以邦观邦，以天下观天下。吾奚以知天下之然也？以此。"

注解

①拔：此处意为动摇。

②科：此处意为标准、准则。

译文

人不论是愚蠢还是有智慧，无不有一定的取舍。只要淡泊寡欲平静安定，没有不知道祸福的由来的。只要被喜好和厌恶的欲望所俘虏、被奢侈的消费品所引诱以后，那么思想才会变得昏乱。之所以会这样，是因为被外界的事物所引诱，被珍贵的玩物所迷惑了。淡泊寡欲有取舍的行为方式，平静安定就能知道对祸福的计较。而现在被珍贵的玩物所改变，被外物所引诱，引诱后跟随着前往，所以说："就动摇了。"

到了圣人那里就不是这样，他专一于确立自己的取舍标准，虽然看见有所喜好的物品然而不被引诱，不被引诱就称之为"不动摇"；他专一于自己的情操，虽然有可以引起欲望的但心神也不为之动荡，心神不动荡就称之为"身心不脱离"。作为人类的子孙，体悟这个道理来守护宗庙不消亡就称之为"祭祀祖先不会停止"。自己以保养精神为规律，家庭以积聚资财为规律，乡村国家天下都以民众为规律。如今治理自身而外物不能扰乱其精神，所以说："用这些道理来修养自己的身心，其规律是纯真的"。纯真，是指谨慎的思想很坚固。治理家庭，没有用的东西不能动摇他的计划，那么资财就会有节余，所以说："用这些道理来修养家庭，其规律就有余"。治理乡村的人奉行这个道理，那么家庭有积余的人家就会更多，所以说："用这些道理来修养一个乡，其规律就会久长"。治理邦国的人奉行这个道理，那么乡村里有规律生活的人就会更多，所以说："用这些道理来修养一个邦国，其规律就会更加丰厚"。统治天下的人奉行这个道理，那么民众的生活无不受到恩泽，所以说："用这些道理来修养天下，其规律就会遍及天下。"

所谓修身的人，就是用这个道理来辨别君子与小人；治理乡间、治理邦国、统治天下的人，各以这些准则来观察他们的生息与消耗；那么就能万无一失。所以说："要用自身的修养来观察自身，要用家庭的修养来观察家庭，要用一个乡的修养来观察这个乡，要用一个邦国的修养来观察这个邦国，要用天下的修养来观察天下。我怎么能知道天下的情况呢？用的就是这个办法。"

评析

"解老"就是对《老子》的解释。韩非根据自己的理解对《老子》的部分章句作了解释，借用老子的观点充实自己的法治思想，既有继承又有发展，宣扬了自己的哲学、政治思想。本篇中还有很多值得注意的观点和主张。比如韩非说："凡德者，以无为集，以无欲成，以不思安，以不用固。"这就为他所提倡的君主无为的政治主张提了理论依据。再比如说韩非对"义"的解释，完全站在了维系封建专制统治利益的立场上，而且反映了他一切法度办事、一切以适度为标准的思想。

喻老

原文

天下有道，无急患，则曰静，遽[①]传不用。故曰："却[②]走马以粪[③]。"

天下无道，攻击不休，相守数年不已，甲胄生虮虱，燕雀处帷幄，而兵不归。故曰："戎马生于郊。"

翟[④]人有献丰[⑤]狐、玄豹之皮于晋文公。文公受客皮而叹曰："此以皮之美自为罪。"

夫治国者以名号为罪，徐偃王[⑥]是也；以城与地为罪，虞、虢是也。故曰："罪莫大于可欲。"

智伯兼范、中行而攻赵不已，韩、魏反之，军败晋阳，身死高梁之东，遂卒被分，漆其首以为溲器。故曰："祸莫大于不知足。"

注解

①遽（jù）：此处意为送信的快车或快马。

②却：此处意为“驱”。

③粪：此处意为施肥治田。

④翟（dí）：古同“狄”，本义是指中国古代民族名。分赤狄、白狄、长狄，诸部各有支系。因其主要居住在北方，通称为北狄。狄或北狄曾是古代中国中原人对北方各民族的泛称。

⑤丰：此处意为大。

⑥徐偃王：西周时徐国国君，传说其目能仰视，看得到自己的额头，所以称为偃王。偃，仰卧，引申为“仰”。

译文

天下有道，没有紧急的祸患战乱，那么就叫做安静，送信的快车也就不用了。所以说：“驱使马匹以施肥治田。”

天下无道，互相攻打没有休止，互相防守好几年也停不下来，以至于铠甲战盔里长出虱子，燕子和麻雀也在军营帐篷上做巢居住，但士兵还是不能回家。所以说：“连军马都在郊野生育。”

狄族有人将大狐狸、黑豹的毛皮献给晋文公。晋文公收下客人送的兽皮后叹息说：“这是因为毛皮美丽而导致了自己遭罪。”

那治理国家的人为了名声称号成为罪过的，徐偃王就是这样的；因为城邑和土地而成为罪过的，虞、虢两国就是这样。所以说：“罪恶发生的最大原因就在于欲望太多。”

智伯兼并了范氏、中行（háng）氏而且攻打赵国不停止，韩国、魏国反叛了他，结果他兵败晋阳，自己也死在高梁的东边，于是他的封地被瓜分了，他的头骨也被涂上油漆作为了便壶。所以说：“灾祸发生的最大原因就在于不知足。”

原文

虞君欲屈产之乘与垂棘之璧，不听宫之奇，故邦亡身死。故曰：“咎①莫憯②于欲得。”

邦以存为常，霸王其可也；身以生为常，富贵其可也。不以欲自害，则邦不亡，身不死。故曰：“知足之为足矣。”

楚庄王既胜，狩于河瘫，归而赏孙叔敖。孙叔敖请汉间之地，沙石之处。楚邦之法，禄臣再世而收地，唯孙叔敖独在。此不以其邦为收者，瘠也，故九世而祀不绝。故曰："善建不拔，善抱不脱，子孙以其祭祀世世不辍。"

孙叔敖之谓也。

注解

①咎（jiù）：还里泛指灾祸、凶难、过失、错误。

②憯（cǎn）：此处意为悲痛，伤心。

译文

虞国君主想要屈产的良马和垂棘的玉璧，不听宫之奇的劝告，所以国亡身死。所以说："过失错误发生的原因就在于悲痛地想要得到。"

邦国以生存为永恒的原则，称霸称王才有可能；身体以保持生存为永恒的原则，富贵荣华才有可能。不拿贪欲来害自己，那么邦国就不会灭亡，身体也不会死去。所以说："知道满足也就是满足。"

楚庄王已经取得了胜利，就去黄河、衡雍之间打猎，回国后奖赏孙叔敖。孙叔敖请求分封汉水附近的土地——那是沙石满地的地方。楚国的法律规定，享受俸禄的大臣到第二代就要收回封地，只有孙叔敖的封地得以保存下来。这不把他的封地收回的原因，是那土地太贫瘠了，所以历经九代而孙叔敖的祭祀没有断绝。所以说："善于建设的东西不会动摇，善于合住的东西不会脱离，做子孙的祭祀祖先世世代代不会停止。"

说的就是孙叔敖这种情况。

原文

制在己曰"重"，不离位曰"静"。重，则能使轻，静，则能使躁。故曰："重为轻根，静为躁君。"

故曰："君子终日行不离辎①重"也。邦者，人君之辎重也。主父②生传其邦，此离其辎重者也，故虽有代、云中之乐，超然已无赵矣。

主父，万乘之主，而以身轻于天下。无势之谓轻，离位之谓

躁，是以生幽而死。故曰："轻则失臣，躁则失君。"主父之谓也。

势重者，人君之渊也。君人者，势重于人臣之间，失则不可复得也。简公失之于田成，晋公失之于六卿，而邦亡身死。故曰："鱼不可脱于深渊。"

赏罚者，邦之利器也，在君则制臣，在臣则胜君。君见赏，臣则损③之以为德；君见罚，臣则益之以为威。人君见赏，而人臣用其势；人君见罚，人臣乘其威。故曰："邦之利器不可以示人。"

注解

①辎（zī）：这里称为古代一种有帷盖的大车。又称"辎车"。

②主父：即赵武灵王，名雍。战国时期赵国的君主，公元前325~299年在位。公元前299年，他把王位传给小儿子何（赵惠文王），自号"主父"。公元前295年，李兑帮助赵惠文王与赵武灵王长子章争夺君权，与公子成合谋，把赵武灵王围困在沙丘宫达三个月，赵武灵王因此被饿死。

③损：此处意为减少。

译文

控制自己的称之为"重"，不离开自己位置的称之为"静"。有重量，就能役使轻的，能安静，就能役使躁动的。所以说："有重量的为轻的根基，寂静的为躁动的主宰。"

所以说："君子若是整天在外行走远路就不能离开载物的辎重车辆。"所谓的邦国，是君主赖以生存的载重车辆。主父活着的时候把邦国传给儿子，这就是离开了他的载重车辆，所以虽然有代郡、云中郡的快乐，却飘飘然没有赵国了。

主父，是拥有万乘兵车的主人，反而把自身看得比社稷还要轻。没有权势就叫做轻，离开自己的位置就叫做躁，因此他活着时被围困而死去。所以说："轻就会失去臣子，躁动就会失去主宰。"这就是说主父的情况。

所谓的权势重，就像是君主的水潭。领导别人的人，权势要重于作下属的，如果失去就不可以再找回来了。齐简公把权势放给田成，晋国君主把权势放给六卿，结果却是国亡身死。所以说："鱼儿离不开深水潭。"

所谓的赏罚，是邦国的利器，掌握在君主手里就能制服臣下，掌握在臣子手里就能战胜君主。君主表示奖赏，臣下就会减少它并作为自己的恩德；君主表示惩罚，臣下就会增加它并作为自己的威势。君主表示奖赏，而臣下就利用这个权势；君主表示惩罚，而臣下就利用这个威势。所以说："国家最重要的武器不可以让别人看到。"

原文

越王入宦于吴，而观之伐齐以弊[①]吴。吴失既胜齐人于艾陵[②]，张之于江、济，强之于黄池[③]，故可制于五湖[④]。故曰："将欲翕[⑤]之，必固[⑥]张[⑦]之；将欲弱之，必固强之。"

晋献公将欲袭虞，遗[⑧]之以璧马；知伯将袭仇由[⑨]，遗之以广车。故曰："将欲取之，必固与之。"

起事于无形，而要[⑩]大功于天下，"是谓微明"。处小弱而重自卑损，谓"损弱胜强"也。

注解

①弊：此处意为衰落、疲惫。

②艾陵：地名。当时齐国的领土，位于今山东省博山县东南。

③黄池：地名。当时宋国的领土。位于今河南省封丘县西南。

④五湖：地名。即今太湖。位于江苏省南部，是中国第三大淡水湖。

⑤翕（xī）：此处意为闭合、收拢。

⑥固：此处意为一定要。

⑦张（zhàng）：通"胀"，此处意为胀满。

⑧遗：此处意为给予、馈赠。

⑨仇由：地名。春秋时期狄族在西北方建立的一个诸侯小国，位于今山西省盂县东北。

⑩要（jiǎo）：通"徼"。此处意为探求、求取。

译文

越王勾践到吴国去给吴王夫差当奴仆，而示意夫差去攻打齐国以使吴国衰落。吴国的军队在艾陵战胜了齐军，于是就把军队铺陈部署在长江到济水之间，又靠军队在黄池逞强，所以吴国才会被越国制服在太湖。所以说："将要收敛的，必须一定要先胀满它；将要削弱的，必须一定要先强壮它。"

晋献公想要袭击虞国，就先拿玉璧和宝马赠送给虞君；智伯将要袭击仇由，就先拿广阔的大车送给仇由国君主。所以说："将要收取的，必须一定要先给予它。"

在不露形迹之中开始做事，而求取大功劳于天下，"这就称为微妙的预见。"处在弱小地位而又贬低自己，就叫做"贬损弱小的来胜过强大的。"

评析

"喻"就是把抽象的事理用易懂的实例解说出来。"喻老"，就是韩非用历史故事和民间传说阐发《老子》思想的哲理文章。《喻老》篇在不长的篇幅中，用了二十五则历史故事和民间传说分别解释了《老子》十二章，其中《德经》九章、《道经》四章，使《老子》抽象的哲学思想有了具体可感的呈现，在中国哲学史和训诂学史上起着发凡起例的作用，同时也使他的形名法术之学有了比较精深的理论凭借。有一点要说明，这两篇对《老子》的理解有不一样的地方，也有一样的地方，一样的地方是韩非在解说中同时宣扬了自己的哲学、政治思想。

纵横家

纵横即合纵连横。纵横家是战国时期以从事政治外交活动为主的一派。其创始人是鬼谷子，杰出代表人物有孙膑、庞涓、苏秦、张仪。《韩非子》说：“纵者，合众弱以攻一强也；横者，事一强以攻众弱也。”

◆ 名人与典籍

九流十家中有“纵横家者流”，是诸子百家中最讲实务的，一切从客观出发，并以取得成功为目标。他们其实是一类杰出的谋士和辩士，一直是战国社会舞台上的活跃分子，并且举足轻重，被形容为“翻手为云，覆手变雨”，操纵着战国斗争的局势。

纵横家分为合纵派和连横派。合纵派的主要代表是苏秦，连横派的主要代表是张仪。苏秦为赵国相位，“合纵抗秦”，并兼六国相印，威风八面，但最终失败，苏秦死于齐闵王车裂极刑。张仪受苏秦“提携”，做了秦国大夫，而当苏秦死后，立刻推行他的“连横”术，使苏秦的合纵坦荡无存，为秦国最后统一国家奠定了理论基础。

纵横家的鼻祖是鬼谷子，其原名王诩，自号鬼谷，民间称为王禅老祖。“鬼谷”之名，由其出生地或隐居地（今河南登封县内的归谷山）而得，因“鬼”“归”二字同音相近，一音之传，兼之“鬼”字更富传奇色彩，故将“归谷”习称为“鬼谷”。

《史记·苏秦列传》中说：“苏秦者，东周雒阳人也。东事师于齐，而习之于鬼谷先生。”

而鬼谷子被喻为纵横家之鼻祖的原因是其下有苏秦与张仪两个叱咤战国时代的杰出弟子（见《战国策》）。另有孙膑与庞涓亦为其弟子之说。

《鬼谷子》

鬼谷子既有政治家的六韬三略，又擅长于外交家的纵横之术，更兼有阴阳家的祖宗衣钵，预言家的江湖神算，所以世人称鬼谷子是一位奇才、全才。他著有《鬼谷子》一书，又叫做《捭阖策》。

纵横家主要著作今仅存《鬼谷子》十三篇、《战国策》三十三篇、《苏子》三十一篇、《张子》十篇。鬼谷子后附《本经阴符》七篇乃修身养性之法，本经意为基本纲领，阴符为隐秘的符言，非常神秘。《鬼谷子》一书理论非常详细具体，也非常微妙，是一本"鬼才"之书。

捭[1] 阖[2]

原文

粤若稽古[3]，圣人之在天地间也，为众生之先[4]。观阴阳[5]之开阖以命物[6]，知存亡之门户[7]，筹策[8]万类[9]之终始，达人心之理，见变化之朕[10]焉，而守司[11]其门户。故圣人之在天下也，自古至今，其道一也[12]。变化无穷，各有所归[13]。或阴或阳，或柔或刚，或开或闭，或弛或张。是故圣人一守司其门户，审察其所先后[14]，度权量能，校其伎巧短长。夫贤不肖、智愚、勇怯、仁义有差，乃可捭，乃可阖；乃可进，乃可退；乃可贱，乃可贵，无为以牧[15]之。审定有无与其虚实[16]，随其嗜欲以见其志意，微排其所言，而捭反之，以求其实，实得其指[17]，阖而捭之[18]，以求其利[19]。或开而示之，或阖而捭之[20]。开而示之者，同其情也；阖而闭之者，异其诚也。可与不可，审明其计谋，以原其同异[21]。离合[22]有守[23]，先从其志。

即欲捭之贵周[24]，即欲阖之贵密。周密之贵微[25]，而与道相

追[26]。捭之者，料其情[27]也；阖之者，结其诚[28]也。皆见其权衡轻重[29]，乃为之度数[30]，圣人因而为之虑。其不中权衡度数，圣人因而自为之虑[31]。故捭者，或捭而出之，或捭而纳之；阖者，或阖而取之，或阖而去之。捭阖者，天地之道。捭阖者，以变动阴阳，四时开闭以化万物[32]。纵横[33]、反出、反覆[34]、反忤必由此[35]矣。

捭阖者，道之大化，说之变[36]也，必豫审其变化，吉凶大命系焉。

口者，心之门户也；心者，神之主也。志意、喜欲、思虑、智谋，此皆由门户出入，故关之以捭阖，制之以出入。捭之者，开也，言也，阳也；阖之者，闭也，谋也，阴也。阴阳其和，终始其义[37]。故言长生、安乐、富贵、尊荣、显名、爱好、财利、得意、喜欲为阳，曰“始”。故言死亡、忧患、贫贱、苦辱、弃损、亡利、失意、有害、刑戮、诛罚为阴，曰“终”。诸言[38]法阳之类者，皆曰“始”，言善以始其事；诸言法阴之类者，皆曰“终”，言恶以终其谋。

捭阖之道，以阴阳试之[39]，故与阳言者依崇高[40]，与阴言者依卑小。以下求小，以高求大。由此言之，无所不出，无所不入，无所不可[41]。可以说人，可以说家，可以说国，可以说天下。为小无内，为大无外。益损、去就、倍反，皆以阴阳御其事。阳动而行，阴止而藏；阳动而出，阴隐而入。阳还终阴，阴极反阳[42]。以阳动者，德相生也；以阴静者，形相成也。以阳求阴，苞以德也；以阴结阳，施以力也；阴阳相求，由捭阖也。此天地阴阳之道，而说人之法也，为万事之先，是谓“圆方之门户”。

注解

①捭：开的意思，敞开心怀积极行动，采取攻势，或接受外部事物及他人的主张和建议。

②阖：闭的意思，关闭心扉，把进来的事物化为自己的事物；或不让外来事物进入，取封闭形态。

③粤若稽古：粤，语助词。若，顺；稽，考察。意为按着一定的规律考察历史。

④先：先知先觉，此意指尊者，指导者，先驱者。

⑤阴阳：《易经》上的用语，指创造宇宙空间万物对应的两种气。阳意味

春、光、君、男性，是积极的行动，阴意味着秋、夜、臣、女性，是消极的行动。

⑥观阴阳之开阖以命物：观察阴阳变化来辨别事物。

⑦存亡之门户：指生死之理。

⑧筹策：计算策划。

⑨万类：万物。

⑩朕：指征兆、迹象。

⑪守司：看守加以管理，以便救亡图存。

⑫其道一也：大自然的规律，凡圣人的道理就有一个。

⑬各有所归：世间一切事物各有归宿。

⑭审察其所先后：应该先的事物应居先，应该后的事物就居后，一切都应该调查判定。

⑮以牧：进行调查。

⑯实：实情。

⑰指：意同宗旨。

⑱阖而捭之：假如明白实情，就应自行闭藏或开启。

⑲求其利：研讨对方所说的善恶利害。

⑳开而示之，或阖而闭之：开放使事物显现，或者封闭使事物隐藏。

㉑原其同异：探讨事物相同与不同的特点、性质。

㉒离合：离，不一致；合，一致。

㉓有守：确立自己的观点而信守之。

㉔欲捭之贵周：周，不遗漏。要行动时，必须做周密的考虑。

㉕微：微妙。

㉖与道相追：合乎道之理，与道相贴近。

㉗料其情：检验实情的真伪。

㉘结其诚：结，坚定，使诚意坚定，有好结果。

㉙权衡轻重：衡量比较事物轻重。

㉚为之度数：测量重量和长度的数值。

㉛不中权衡度数，圣人因而自为之虑：如果不合一般事物规律，圣人就继续引导。

㉜四时开闭以化万物：就像春夏秋冬，万物均在变化一样。

㉝纵横：自由自在的变化。

㉞反覆：或离反或复旧。

㉟由此：根据捭阖原则。

㊱道之大化，说之变：大化，变化。“说之变”，游说原则和主张灵活运用。

㊲终始其义：万物始终保持着阴阳变化之理。

㊳诸言：各种言论。

㊴捭阖之道，以阴阳试之：或开放或闭藏，都以阴阳之道试行。

㊵阳言者依崇高：和情之阳者交涉时，就谈论崇高并对之加以试行。

㊶无所不可：游说人、游说家、游说国、游说天下，都没有什么不可以的。

㊷阳还终阴，阴极反阳：意为阴阳运行，彼此相生，互相转化。

译文

纵观古今历史，可知圣人生活在天地间，就是做大众的先导者。通过观察阴阳变化可对事物作出判断，并进一步把握事物存亡之理。测算万物的发展变化过程，通晓人类思维的规律，揭示事物变化的征兆，从而控制事物发展变化的关键。所以，圣人在世界上始终是奉守大自然阴阳一道的变化规律，并以此驾驭万物的。因为事物的变化虽然无穷无尽，然而都各有自己的归宿：或者属阴，或者归阳，或者柔弱，或者刚强；或者开放，或者封闭；或者松弛，或者紧张。所以，圣人要始终把握万物发展变化的关键。审察它的变化顺序，揣度它的权谋，测量它的能力，再比较技巧方面的优劣。至于贤良和不肖，智慧和愚蠢，勇敢和怯懦，都是有区别的。所有这些，可以开放，也可以封闭；可以进升，也可以辞退；可以轻视，也可以敬重，都要仰仗无为来认识考察它们。审察它们的有无与虚实，通过对它们嗜好和欲望的分析来揭开它们的意愿。适当贬抑对方所说的话，当它们开放以后，再反复考察，以便探察实情，切实把握对方言行的实质，让对方先封闭而后开放，以便寻求有利时机。开放时使之显现；封闭时使之隐藏。开放使其显现，是因为与对方情感一致；封闭使之隐藏，是因为与对方诚意不同。至于什么可行，什么不可行，就要把那些计谋研究清楚，要明白对方计谋有与自己不相同的，有与自己相同的，必须有主见，同时要注意按照对方的思想志向，区别对待。

如果要开放，最重要的是考虑周详；如果要封闭，最重要的是处事缜密。周密最重要的是要精细，要合乎规律和道理。让对方放开，是为了侦察他的真情；让对方封闭，是为了坚定他的诚心。所有这些都是为了让对方的实力和计谋全部暴露出来，以便探测出对方的各方面实力表现。圣人要为此而用心思索，假如不能探测出对方现有实力的程度和数量，圣人会为此而焦虑。因此，所谓开放，或者是要自己出去，或是让别人进来。所谓封闭，或者是通过封闭自我约束，或者是通过封闭使他人离开。开放与封闭是世界上各种事物发展变化的规律。开放和封闭都是为了使事物阴阳对立的各方面发生变化，一年四季始行、终结促使万物发生变化。由此可知万物纵横变化，无论是离开、归复、反抗，都是必须通过开放或封闭来实现的。开放和封闭是万物运行的现象，是游说活动的一种形态。人们必须首先慎重地考察万物变化，事情的吉凶，人们的命运都系于此。

口是心灵的门窗，心是精神的主宰。意志、情欲、思想和智谋都要由口出入。因此，用开放和封闭法来把守这个关口，以控制出入。所谓“捭之”，就是使之开放、发言、公开；所谓“阖之”，就是使之封闭、缄默、隐匿。阴阳两方相谐调，开放与封闭才能有节度，才能善始善终。所以说长生、安乐、富贵、尊荣、显名、嗜好、财货、得意、情欲等，属于“阳”的一类事物，叫做“开始”。而死亡、忧患、贫贱、羞辱、毁弃、损伤、失意、灾害、刑戮、诛罚等，属于“阴”的一类事物，叫做“终止”。凡是那些遵循“阳道”的一派，都可以称为“新生派”，它们以谈论“善”来开始游说；凡是那些遵循“阴道”的一派，都可以称为“没落派”，它们以谈论“恶”来终止施展计谋。

关于开放和封闭的规律都要从阴阳两方面来试验。因此，给从阳的方面来游说的人按崇高的原则引导对方，而给从阴的方面来游说的人按卑下的原则引导对方。用卑下来求索微小，以崇高来求索博大。由此看来，没有什么不能出去，没有什么不能进来，没有什么办不成的。用这个道理可以游说人，可以游说家，可以游说国，可以游说天下。要做小事，要进入无限微妙境界——阴；要做大事，要进入无限广大境界——阳。所有的损害和补益，离去和接近，背叛和归附等等行为，都是在阴、阳的变化中运行的。阳的方面，运动前进；阴的方面，静止隐藏。阳的方面，活动显示；阴的方面，随行潜入。阳的方面，环行于终点，开端是阴，阴的方面，到了极点就反归为阳。凭“阳道”运动者，在活跃中道德就会与之相生，以“阴道”而运动者，在安静中，有力相助，自有形势。所以，用“阳”来求得“阴”，就要用道德来包容；用“阴”来求得“阳”，就要施用力量。“阳君”与“阴臣”相互追求，就是遵循“捭阖”之理。这是天下大道理——阴阳之道。也是向他人游说的基本方法。捭阖阴阳之道，是万事万物的根本道理，是天地间解决万事万物的钥匙。

评析

捭阖的本义是开合。捭就是拨动，阖就是闭藏。一开一合是事物发展变化的普遍规律，是掌握事物的关键。纵横家以开合之道作为权变的根据，并且运用在其游说时拨动对方，即捭之，是为了让对方实力和计谋全部暴露出来，以便正确地估量和判断对方，了解实情，据以说而服之；有时要适当闭藏，即阖之，这是为进一步说服对方而施展的手段。一开一合的反复，就像一个圆环，开合环绕其上，开到了极点，又复归于合，合到了极点又复归于开，反复无穷地运用，没有什么不可以成功的。与阴阳不同事物配合运作，说服别人，这时捭为阳，阖为阴，捭阖之道即阴阳法则，捭阖术即“阴阳捭阖术”。

运用捭阖阴阳术，要注意以下几点：

一、要从实际出发，根据实际情况决定用捭还是用阖，用阴还是用阳，以及如何交叉运用捭阖阴阳。

二、要分清哪是阴，哪是阳，即哪些人物属于阴类，哪些人物属于阳类，哪些事物属于阴类，哪些事物属于阳类，这是运用捭阖术的一个很重要的前提条件。

四川益州自古是兵家必争之地，历朝历代都派能人去镇守。张方平曾奉朝廷之命调任益州太守。正准备起程上任时，突然传来一个很坏的消息：西南少数民族中的侬部川的首领四处散播谣言，说壮族首领侬智高在南诏正蓄积粮草，大队人马马上就要来侵犯四川。益州城内人心惶惶，一片混乱。

朝廷接到益州的急报，火速派兵前去支援。与此同时，朝廷又命令张方平尽快赴任，主持四川地区防御事务，张方平接到命令后，便连夜赶往四川。途中，他仔细打探消息，又经过几日仔细思考，总觉得事情有点蹊跷。众侍从忙问原因。张方平说道：“南诏离四川有两千余里，道路艰险，自古飞鸟难逾。并且南诏各族之间语言不通，又没有隶属关系，难以统一指挥。如此看来，定是有人在散布谣言。”侍从们都认同此理。

在考虑妥当后，张方平遣回了援军。进入四川境内后，他又发出命令告诉四川的少数民族：“如果南诏的侬智高来犯，我定会派兵抵制的。只要是良民，朝廷都会给予保护，但若要胡说八道、乱造谣言，不论是谁，一律杀头！”接着，张方平把正在修筑城墙的士兵们全部遣回，然后秘密派人去邛部的少数民族里找一个能说汉文的人。恰好当地正逢上元节，张方平下令益州城四门大开，通宵不闭，任人自由进出，观看彩灯，不受任何盘查。百姓们见此情景渐渐没有了当初的恐惧，安下心来，四川重又安定下来。

不久，派到邛部少数民族的人找到了一个懂汉语的良民。张方平向其问明原因，果然是有人故意制造混乱。于是下令将最先散播谣言的人处斩。至此。益州之乱得到圆满解决。

从张方平处理事情的整个过程来看，他在听到那个坏消息后，并没有自乱阵脚，而是“以治待乱，以静待哗”，认真分析事情的原委，并遣回援军，大开城门，最终稳定了民心，平息了混乱局势。

以逸待劳、以静制动属于“以阴结阳，施以力也”，是人们常用的战略战术。在军事和政治上都有着很重要的意义。这与孙子所言的“以治待乱，以静待哗”，有异曲同工之妙。警示人们在人际交往中，做事一定要稳住阵脚，不可急躁冒进。而运用“以静制动”的策略，就能更有效地观察和把握对方的动向，从而制定出相应的对策。

反应

原文

古之大化者[1]，乃与无形俱生。反以观往，覆以验来[2]；反以知古，覆以知今；反以知彼，覆以知己。动静[3]虚实[4]之理，不合来今[5]，反古而求之。事有反而得覆[6]者，圣人之意也，不可不察。

人言者，动也[7]；己默者，静也。因其言，听其辞[8]。言有不合[9]者，反而求之，其应[10]必出。言有象[11]，事有比[12]。其有象比[13]，以观其次。象者象其事，比者比其辞也。以无形求有声，其钓语[14]合事，得人实也。若张罝网[15]而取兽也，多张其会[16]而司之。道合其事，彼自出之，此钓人之网也。常持其网驱之，其言无比[17]，乃为之变[18]，以象动之，以报其心，见其情，随而牧之[19]。己反往，彼覆来，言有象比，因而定基。重之袭之，反之复之，万事不失其辞，圣人所诱愚智[20]，事皆不疑。

故善反听者，乃变鬼神[21]以得其情。其变当也，而牧之审也。牧之不审，得情不明；得情不明，定基不审。变象比，必有反辞，以还听之。欲闻其声反默，欲张反敛[22]，欲高反下，欲取反与。欲开情[23]者，象而比之，以牧其辞[24]，同声相呼，实理同归。或因此，

或因彼[25]，或以事上，或以牧下[26]，此听真伪、知同异，得其情诈[27]也。动作言默，与此出入，喜怒由此以见其式[28]，皆以先定为之法则。以反求复，观其所托[29]。故用此者，己欲平静以听其辞，察其事，论万物，别雌雄。虽非其事，见微知类[30]。若探人而居其内，量其能射其意也。符应不失[31]，如螣蛇[32]之所指，若羿[33]之引矢。

故知之始己，自知而后知人[34]也。其相知也，若比目之鱼[35]。其伺言也，若声之与响；见其形也，若光之与影也；其察言也，不失若磁石之取针，舌之取燔骨[36]。其与人也微，其见情也疾。如阴与阳，如阳与阴；如圆与方，如方与圆。未见形圆以道之，既见形方以事之。进退左右，以是司之。己不先定，牧人不正[37]，事用不巧，是谓"忘情失道"；己审先定以牧人，策而无形容，莫见其门，是谓"天神"。

注解

①古之大化者：化是教化，大化者指圣人。

②反以观往，覆以验来：反，同"返"，覆，都是反复的意思，追溯过去的经验，进行研究以面对当前，认识未来。

③动静：是指运动和静止。

④虚实：真伪的意思。

⑤来今：未来与现在。

⑥反而得覆：调查过去，研究现在，以定将来的对策。

⑦人言者，动也：别人发言就是动。

⑧辞：倾诉、主张、陈情。

⑨言有不合：所说的话不合理。

⑩应：答应。

⑪象：法象，仿造形象和原形比较，确定正误。

⑫比：比较，和原则比较确定正谬。

⑬象比：按照形象进行比较。

⑭钓语：如钓鱼投饵一般，在交谈时给对方以诱饵，以便引出对方的话头。

⑮罝（jū）网：罝是捕兔子等野兽的网，网是捕鱼等水产的网。

⑯会：聚集的意思。

⑰其言无比：如果言辞不能进行比较。

⑱乃为之变：改变方法。

⑲牧之：进行调查加以说明。
⑳愚智：愚者和智者。
㉑鬼神：指死者的灵魂和万物神明。也指天地间一种精气的聚散变化。
㉒敛：收藏、制止。
㉓开情：敞开心怀叙述。
㉔象而比之，以牧其辞：用形象比喻法，驾驭言辞。
㉕或因此或因彼：从种种事情发端。
㉖或以事上，或以牧下：或者侍奉君主，或者观察民情。
㉗情诈：真诚和虚伪。
㉘式：定式、形态、态势。
㉙观其所托：分辨出主张的本意。
㉚见微知类：从微小的事情上，观察出大事物的变化。
㉛符应不失：如同合于符节一样，来响应。
㉜螣蛇：飞龙的意思。
㉝羿：即后羿，传说中的神箭手。
㉞知之始己，自知而后知人：假如你想要知道他人，就必须先了解自己。了解自己后，才能知人。
㉟比目之鱼：一双眼睛生于身体一侧的鱼，经常是两尾并游，这里比喻恩爱夫妻。
㊱燔骨：烧烤的骨头上所带的肉。
㊲牧人不正：不能公正地驾驭人。

译文

古代以大道教化众生的圣人，所以能与无形共生共存，是自然物化的规律。反顾而回溯以往，再回首察验未来，既可以知古，也可以知今。既可以了解对方，又可以知道自己。依动、静、虚、实的运动原理，如果在未来及现在得不到实践，就可以反思历史去研究前人的经验。有些事要反复考察探索才能把握。这是圣人的见解，不可不认真研究。

别人说话，是动态的；自己缄默，是静态的。要根据别人说的语，听他的辞意内涵。如果对方言辞有矛盾，要反复地追问他，对方（真正）的答辞就会出现。

语言有形象性，事物可用比喻。因为有形象与比喻，所以要观察藏在言辞下面的含义。一般地说，形象可以模拟事件，比喻可以比附言辞，然后以“无形”的规律来求得有声的言辞，引诱对方说出（我方）所要知道的事，从而得到与人、事相吻合的真相。这就像张开网逮野兽一样。多张一些网，汇信而来的野兽就会多些。如果把捕野兽的方法用在人事上，只要方法合宜，对方就会自己“出来”，这就是钓人的“网”。要经常拿着这个“网”，追逐对方，如果从对方的言辞上不能进行比较，就要改变方法。用“形象”的手段，使之感动，以体会对方的思想、情感，进而控制对方。自己返回去，对方再度来，双方言辞均有形象、类比，于是心中就有数了。反复地用言语攻击、偷袭对方，事虽万变但不失于“言辞”，用“言辞”申明大道。圣人以此诱导感化愚人、智者，使万事不容置疑。

古人善于从反面听别人言论，这可以改变鬼神，而刺探到实情。他们随机应变，很得当，对对手的控制，也很周密。如果控制不周密，得到的情况就不明了，心里底数就不实。要把形象和类比，灵活运用，就要会说反话，以便观察对方的反映。想要听别人讲话，自己就要沉默；想要敞开，就要先收敛；想要升高，就要先下降；想要获取，就要先给予。要想了解对方的内情，就要运用模仿和类比的方法，以便把握对方的言辞。同类的声音可以彼此呼应，合乎实际的道理会有共同的结果。或者由于这个原因，或者由于那个原因；或者用来侍奉君主，或者用来管理下属。这就要分辨真伪，了解异同，以分辨对手是真实情报还是诡诈骗术。活动、停止、言说、沉默都要通过这些表现出来，喜怒哀乐也都要借助这些模式，都在事先确定法则。用反向形式来得到对方的回应，以观察其寄托。所以用这种反向思维的方法，自己要平静，以便听取对方的言辞，考察事理，论说万物，辨别雌雄。虽然没有论及事情本身，但是可以根据细微的征兆，探索出同类的大事。就像刺探敌情就要深居敌境，估计敌人的能力，再摸清敌人的意图，像验合符契一样可靠，像飞龙一样神速，像后羿张弓射箭一样准确。

所以要想掌握情况，要先从自己开始，只有了解了自己，然后才能了解别人。了解别人，就像比目鱼一样形影相随；掌握对方的言论就像声响与回音一样相符；明了对方的情形，就像光和影子一样不走样；侦察对方的言辞，就像用磁石来吸引钢针，用舌头来剥取焦骨上的肉一样万无一失。自己暴露给对方的微乎其微，而侦察对手的行动要十分迅速。就像由阴变阳，又像由阳转阴；像圆变方，又像方转圆一样自如。在情况还未明朗以前，要用圆略来诱惑对手，在情况明朗以后就要用方略来战胜对方。无论是向前，还是向后，无论是向左，还是向右，都可用这个方法来控制。如果自己不事先确定策略，统帅别人就没有规范。做事没有智术，叫做“忘情失道”，自己首先认真确定策略，再以此来统领众人，策略要不暴露意图，让旁人看不到其门道所在，就可以称为“天神”。

评析

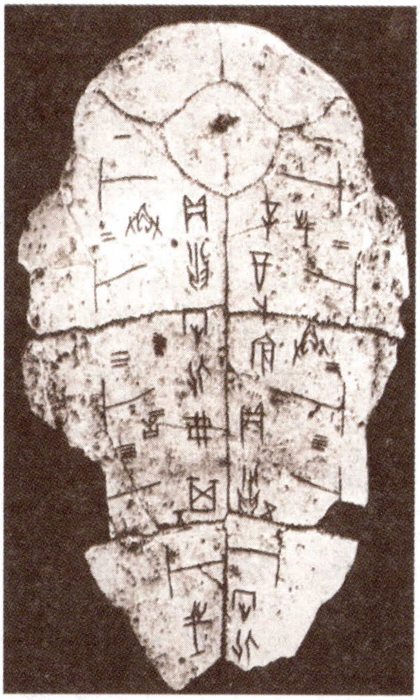

反应术是《鬼谷子》关于获取对方情报的一种方法。这里的反应，与我们现在常说的反应有区别，它专指经过刺探使对方发生的变化。要求通过反复的观察，对认知的客体实情加以探询。为了获取实情，还可以采取各种手段，或者说出某种言辞引诱对方开口，或者采取缄默诱导对方吐露实情，或者从对方言谈举止中见其喜怒哀乐之情，或者反反复复集中探求某一不清楚之处，这就犹如张开一张大网，等待对方落入或直接将对方罩住。有了此法，如探囊取物般可靠，如后羿射箭般准确。

反应术，也就是反观、复验的方法技巧，在实际运用中，要注意以下几点：

一、盯住目标，直奔目的。运用反应术目的只有一个，就是知彼知己，搞清实情，认识正确，以便进行正确决策，一切都要围绕这个中心来进行。

二、采取多种多样的反观、复验的具体方法。反观的具体方法很多，诸如请教、追问、申问、逼供、指责、发难、考试以及象、比等方法；复验的方法也很多，诸如自我总结、自我反省、自我批评、前后对比、横向比较、征求意见、开座谈会，等等。

三、注意对反观现象的区别。复验的对象是主体，即谋略主体，游说者本身。反观的对象是客体，即谋略游说的目标。由于社会的复杂性，要控制、进攻的对象也很复杂，对象不同，态度和方法也应不同。

晏子是春秋时的齐国人，他其貌不扬、身材矮小，看上去毫不起眼。但是他才高八斗，机智灵活，举国上下没有几个人能比得上他。他凭借着三寸

不烂之舌和满腹经纶很快就取得了尊贵地位。

齐王非常信任这位能干的国卿，对他委以重任。一次，晏子奉齐王之命出使楚国。楚国在当时实力雄厚，而齐国正处于发展之中，相对楚国而言落后一些。楚王本来就没有把其他国家放在眼里，一看站在面前的使者如此龌龊，因此对齐国尤其轻视。

楚王看晏子这么矮，一心想把他奚落一番，以显示自己国家的尊贵和强大。他料定晏子受了嘲笑还会忍气吞声，于是，楚王安排在宫殿正门旁边开设了一扇狗洞般大小的城门。晏子驾驶着马车来到宫殿门口，两旁的侍卫按照楚王的意思，把晏子请下马车，领着他来到那扇小门面前说："我们楚王恭请你从这里进去，他已恭候多时了！"

晏子一看就明白了楚王的意图。晏子忍住怨气，转身走向正门。侍卫立即把他挡在门外，说："你怎么能从这个门进去呢！请从那边走吧！"

晏子义正词严地说："拜访人国，理所当然走正门。那边的门充其量是个狗门，我不明白你们强烈要求我走狗门到底是什么意思！莫非里边都是狗吗？我要拜访的可不是狗啊！"

守卫士兵一听，无言以对，知道来者不是平平之辈，只好乖乖放行。

楚王知道自己的计划弄巧成拙之后，气急败坏。见晏子得意扬扬地走上殿堂，气不打一处来，当着各国大臣的面，尖刻地问：

"真没有想到你们齐国竟然连一个像样的人都找不出来！你这样矮小的个子是不是齐国身材最魁梧的？你这样丑陋的长相是不是齐国最漂亮的啊？"

晏子坦然地看着楚王，不紧不慢地回答道："大王有所不知！我们齐王素来注重邦交礼仪，在派遣使者出访别国时有很多讲究，其中有个规定就是：贤能的人拜会贤能的国君。庸俗的人就拜会昏庸无能的国家。而我又有何德何能呢？前来拜访大王，还是我求了好半天，齐王才勉强答应的呢！"

楚王这才意识到自己刚才有失王者风范，确实是昏了头。

这天，楚王搜肠刮肚，又想出一个计谋。他安排好一切后，就假意盛情邀请晏子到前厅饮酒说话。正在说话之间，进来几个威猛的士兵，中间一个

是五花大绑的罪犯，正低垂着头。

楚王高声问："你们押的是何人，犯了什么罪啊?"

士兵恭恭敬敬地回答道："回大王，此人是从齐国来的，在我国偷了别人的财物。"

犯人连忙跪下求饶说："大王饶命！我下次再也不敢了！"

楚王斜视着晏子说："没有想到你们齐国还盛产盗贼，竟然偷到我楚国来了！"

晏子明白了楚王的意图，见楚王一而再再而三地为难自己，这次再也不能客气。于是反唇相讥："橘生淮南为橘，橘移淮北为枳，前者香甜，后者苦涩。之所以这样，就是因为生长的环境不一样。我看不是齐国盛产盗贼，而是您治理的国家盛产适合盗贼生长的土壤吧！否则，这个人在齐国原本安守本分，为什么到了楚国却知法犯法、铤而走险呢?"

楚王领教了晏子的厉害，从此再也不敢刁难他。

内[①]揵[②]

原文

君臣上下之事，有远而亲[③]，近而疏[④]；就之不用，去之反求。日进前而不御[⑤]，遥闻声而相思。事皆有内揵，素结本始[⑥]。或结以道德，或结以党友，或结以财货，或结以采邑[⑦]。用其意，欲入则入，欲出则出，欲亲则亲，欲疏则疏，欲就则就，欲去则去，欲求则求，欲思则思。若蚨母[⑧]之从其子也，出无间，入无朕，独往独来，莫之能止。

内者进说辞，揵者揵所谋也。故远而亲者，有阴德也；近而疏者，志不合也。就而不用者，策不得也；去而反求者，事中来也。日进前而不御者，施不合也；遥闻声而相思者，合于谋待决事也。

故曰："不见其类[9]而为之者见逆，不得其情而说之者见非。得其情，乃制其术[10]。此用可出可入，可揵可开。"

故圣人立事，以此先知而揵万物。由夫道德、礼乐、仁义、忠信计谋，先取《诗》《书》，混说损益[11]，议论去就[12]。欲合者，用内；欲去者，用外[13]。外内者必明道数[14]，揣策来事[15]，见疑决之，策无失计，立功建德。治民入产业[16]，曰"揵而内合"。上暗不治[17]，下乱不寤[18]，揵而反之[19]。内自得[20]，而外不留说[21]，而飞之[22]。若命自来，己迎而御之；若欲去之，因危与之。环转因化，莫知所为，退[23]为大仪[24]。

注解

①内：纳的意思，也就是叙述自己的观点。

②揵：通"楗"，本义为门闩。有坚持的意思，又有承担、关闭、堵塞、束缚等意。

③远而亲：看似疏远，其实极亲密。

④近而疏：看似亲密，其实极为疏远。

⑤御："用"的意思。

⑥素结本始：素，平常。本始，本源、根本。本篇指在君臣心灵之间，紧紧的连着一条绳子。

⑦采邑：就是封地。

⑧蚨母：就是土蜘蛛，每当出入巢穴时，都要把穴口加盖以防外敌。

⑨类：类似、共同点。

⑩术：技能、谋略、手段。

⑪先取《诗》《书》，混说损益：引用《诗经》和《书经》来验证自己的观点，加以褒贬。

⑫议论去就：议论是否应该做。

⑬欲合者，用内；欲去者，用外：从内运动可使情合，在外运动可使情离。

⑭外内者必明道数：在决定内外大事时，必须明白道理。

⑮揣策来事：推断将来的事情。

⑯产业：产是谋生，财产。业是事情、经营功绩。

⑰上暗不治：是说君主昏庸不能推行善政。

⑱下乱不寤：百姓叛乱而不能辨明事理。寤通"悟"。

⑲揵而反之：固守己见，也会使事物走向反面。

⑳自得：君主自以为贤明。

㉑不留说：不采纳他人的进言。

㉒飞之：褒奖的意思，飞是表扬。

㉓退：保全。

㉔大仪：大法，大原则。

译文

君臣上下之间的事情，有的距离很远却很亲密，有的距离很近却很疏远。有的留任在身边却不使用他，有的离任以后反受聘请。有的天天都能见到君主却不被信任，有的离君主十分遥远却被思念。凡是事物内部都有规律，任何平常的东西都与本源相结合。或者用道德相结合，或者用朋党相结合，或者靠钱物相结合，或者靠封土相结合。要想推行一种主张，就要做到想进来就进来，想出去就出去；想亲近就亲近，想疏远就疏远；想接近就接近，想离去就离去；想聘用就聘用，想思念就思念。就好像母蜘蛛率领小蜘蛛一样，出来时不留痕迹，进去时不留痕迹，独自前往，独自返回，谁也没法制止它。

所谓“内”就是接受采纳意见；所谓“揵”就是进献谋策。所以说，与君主相距很远却被亲近的人，是因为能与君主心意暗合；距离君主很近却被疏远的人，是因为与君主志趣不一；在职上任而不被重用的人，是因为他的计策没有实际效果；革职离去再被返聘的人，是因为他的主张被变化着的现实证明可行；每天都出入君主面前，却不被信任的人，是因为他行为与实情相悖；距君遥远却被思念的人，是因为其主张正与决策者相合，正等他参加决断大事。所以说，在没有看清对方之前就去游说的人，定会事与愿违，在不掌握实情的时候就去游说，定然没有好结果。只有了解情况，依据实际确定方法，去推行自己的主张，才可以出去，可以进来；可以进谏君主，坚持己见；又可以放弃自己的主张，随机应变。

圣人立身处世，就是依据此理而有先见之明，议论万事万物。其先见之明来源于道德、礼乐、仁义、忠信和计谋。首先是《诗经》和《书经》的教诲，再综合分析利弊得失，最后讨论是就任还是离职。要想与人合作，就要在内部努力，要想离开现职，就要把力量用在外面。处理内外大事，必须先明确理论和方法，会预测未来，并善于在各种疑难处，当机立断。在运用策略时没有失误，从而建立功业和积累德政。管理百姓，要使他们从事生产事业，这叫做内部安定，团结一致。如果国君昏庸不理国家政务，基层纷乱不明，为臣理事，各执己见，事事抵触，还自鸣得意；不接受外面的新思想，还自以为是。在这种情况下，如果朝廷诏命自己，虽然也要迎接，但有所防备。如果要拒绝诏命时，也要设法给人一种错觉。就像圆环旋转往复一样，就不如急流勇退，乃是最好的。

评析

内揵术是《鬼谷子》关于进献说辞和固守谋略的方法，主要论述了领导者与被领导者之间的关系。“内”，就是使人采取自己的计策；“揵”，就是设法坚持自己的计策，可以以情动人，以理动人。要使说辞和谋略得到采用，必先拉近与游说对象的关系，使情投意合。一旦情投意合，就会“远而亲”、“遥闻声而相思”，一旦意气相离，就会“近而疏”、“日进前而不御”，正所谓伴君之理微妙玄奥。做臣子既要使人采纳计策，又要掌握分寸、进退有度，这样才能掌握主动权，可以进，可以退，可以坚持，也可以放弃，可以进退自如。

运用内揵术，注意以下几点：

一、注意内与揵的区别和结合。内，主要是用言辞游说对方，其目的在于先与对方搭上腔，说上话，重要的是能揣度对方的心思，“内”偏重于言辞技巧；揵，是用计谋继续与国君谈下去，重要的在于迎合对方的心意，“揵”偏重于计谋策略。如果交谈前一个阶段“内”用得成功，后一个阶段“揵”用得成功，二者又衔接得好，那么这次交往就一定能取得好的效果。

二、游说前必须做好充分准备，要准备好游说对方的“说古论今”的材料，要有奇谋在胸，不打无把握之仗。

三、分清对象，投其所好，也就是人们常说的“什么人什么待，什么馒头什么菜”。能看清游说对象，搞清游说对象的爱好、习性、特点之后再进以言辞、计谋，就比较容易成功。

四、游说活动应以情为主，而又以理服人，以义动人，仁义宽容。

五、经过一番游说后，游说者如果还不能控制游说对方，双方仍不能“合”时，游说者就不要蛮干到底，应当返回头来检讨自己，反省自己，从自身方面找出原因，改正自己游说过程中的某个环节中的过失和错误，再重新开始新一轮的游说活动。

历史上曾经有这样一段记载：伍子胥和申包胥本是相好的朋友。因为楚平王杀害了伍子胥的父兄，伍子胥想要投奔吴国，发誓要灭掉楚国，为父报仇。申包胥作为伍子胥的朋友以好言相劝，劝伍子胥不要为了私仇而背叛祖国。伍子胥不听劝告，投奔了吴国。他到了吴国后首先帮助吴公子夺取政权，立吴王阖闾。此后又为吴王阖闾出谋划策，趁楚国国内动乱之机，举兵攻楚，攻破了楚国的郢都。这时楚王已死，伍子胥掘出楚平王的尸体，鞭尸三百，算是解了他的心头之恨。当申包胥知道伍子胥这样做以后，万分气愤，他找到楚昭王商议恢复楚国的大计。申包胥到秦国去做说客。申包胥到秦国见到秦哀公陈述利弊，指出吴国灭掉楚国后，势必继续侵入中原，那时秦国也就不得安宁了。所以要求秦国赶紧派兵征吴，一则为楚国的复兴；二则也是为了秦国本土的安全。可是不管申包胥怎样强说巧辩，秦哀公却不愿打仗，只是转移话题，不提出兵之事。申包胥恳求之言说尽都无济于事，到最后弄得秦哀公心烦意乱，索性将申包胥放置一边不予理睬了。申包胥见这样做不能使秦哀公举兵伐吴，就转而抱头痛哭，哭声日夜不绝，连日不喝一口水，哭到第七天，申包胥再也支撑不住了，昏倒在了地上。秦哀公闻讯赶到，实在为申包胥的这种为楚国复兴的精神感动了，连声说："楚国有这样忠诚的爱国之士不怕不能复兴了，我们岂能不予援助！"秦哀公亲自抱着申包胥的头为他饮水、服药。当申包胥醒后，秦哀公向他朗诵了《无衣》诗，其中有"修我戈矛，与子同仇"，"修我甲兵，与子偕行"等诗句，是拿起武器共同对付敌人的意思。申包胥明白了秦哀公朗诵此诗的用意，随即向秦哀公叩了九个头，向他表示最深切的谢意。秦国即刻出兵伐吴，最后吴国被打败，楚国完全收回了失地。楚昭王从此任用贤臣，图强奋进，楚国逐渐恢复了强国的地位。

申包胥以悲泣的行为打动了秦哀公，从感情上拉近了与秦哀公的距离，秦哀公接受了他的说辞，决定出兵伐吴，为楚国的恢复和后来的强盛立下了开拓之功。这是内揵术运用的一个很好的例子。

抵[1]　巇[2]

原文

物有自然，事有合离。有近而不可见，有远而可知。近而不可见者，不察其辞也；远而可知者，反往[3]以验来[4]也。

巇者，罅也。罅者，涧也。涧者，成大隙也。巇始有朕，可抵

而塞，可抵而却，可抵而息，可抵而匿，可抵而得，此谓抵巇之理也。

事之危[5]也，圣人知之，独保其用。因化[6]说事，通达计谋，以识细微。经起秋毫之末[7]，挥之于太山[8]之本。其施外，兆萌芽蘖[9]之谋，皆由抵巇。抵巇之隙为道术用。

天下纷错[10]，上无明主，公侯无道德，则小人谗贼，贤人不用，圣人窜匿，贪利诈伪者作，君臣相惑，土崩瓦解而相伐射，父子离散，乖乱反目，是谓萌牙巇罅。圣人见萌牙巇罅，则抵之以法。世可以治，则抵而塞之；不可治，则抵而得之；或抵如此，或抵如彼；或抵反之，或抵覆之。五帝之政，抵而塞之；三王之事，抵而得之。诸侯相抵，不可胜数，当此之时，能抵为右。

自天地之合离终始，必有巇隙，不可不察也。察之以捭阖，能用此道，圣人也。圣人者，天地之使也。世无可抵，则深隐而待时；时有可抵，则为之谋；可以上合，可以检下。能因能循，为天地守神。

注解

①抵：对抗的意思。
②巇：同隙，是虚的意思。
③往：既往、过去。
④来：将来的意思。
⑤事之危：有危机征候的表现。
⑥因化：顺应变化。
⑦秋毫之末：指秋季动物所生出细毛，比喻事物微末。
⑧太山：也作泰山，是壮丽又宏伟的名山。
⑨兆萌芽蘖：兆萌是微小的征候。芽蘖是伐木后从根部所生的新芽。
⑩纷错：错是混乱、骚乱。纷错是四分五裂。

译文

万物都有它们自然存在的规律，事情都有它们自然离合的道理。有的距离很近却看不见，有的距离很远却能知其然；距离近的所以看不见，那是由于习而不察对方虚实的缘故；距离远的所以能知道，那是因为经常来往互相体察的缘故。所谓“巇”就是“瑕罅”，而罅就是裂痕，小裂痕会变成大瑕罅。当裂痕刚出现时，常有预兆，就应该设法加以对付堵塞，使其变小，使其不再扩展，使其消失，并从而有所获，这就是抵巇的原理。

当事情发生危机时，圣人是知道的，而且能独自维护其功用。利用事物变化的原理说明事情的原委，并且能通过各种谋略，以观察敌手的一举一动。万物都是从秋毫之末开始的，但是成功之后根基却能如泰山，宏伟壮观。当这种圣人的德政推行外方后，那么奸邪小人一切阴谋诡计，都被排斥，乃至于消灭。可见抵巇敌人就是一种道术。

天下纷乱，朝廷无明君，公侯无道德，小人嚣张狂妄，贤能之人不被任用，圣人逃匿，贪赃枉法者兴风作浪，君臣互相猜疑，国家纲纪土崩瓦解，以致百姓互相攻战杀伐，民不聊生，流离失所，骨肉乖离，夫妻反目，这就是“裂痕出现”。当圣人看见这种裂痕之后，就要采取相应的手段去对付这种局面。圣人认为：国家能够治理，就要对反叛者加以抵抗消灭；不可治理就对之彻底改造，使之获得新生。或这样对付，或那样对付；或使反叛者归正，或使反叛者消亡。五帝时代的政治，是对敌手进行抵抗进而消除以维护、巩固政权；三王时代的政治，是对敌手进行抵制、消灭而取得政权。至于诸侯之间的互相征伐，其次数之多已无法统计。当天下混乱时，能抵抗对手的人为尊者能人。

自从天地有离合变化以来，就有逆乱事件出现，这是为政者不可不慎察的。要想观察这问题，就要用“捭阖之术”，能用此道的就是圣人。所谓圣人，乃是天地的使者。假如世间没有可“抵”之事时，就隐形匿行等待时机，假如世间有可“抵”之事，就挺身而出，为国家谋策。对上可以跟君主合作，对下可以治理百姓。既有所根据，又有所遵循，就是天地的守护神啊。

评析

抵巇术是《鬼谷子》关于弥补缝隙的一种方法。任何事物都会出现裂痕，小的裂痕会酿成大的裂隙。而裂隙出现是有征兆的，故要防微杜渐，在裂隙的萌芽状态时就要“抵”住。“抵”住缝隙的方法多种多样，可通过“抵”使裂缝消失，最后达到自己的目的。所谓“抵”就是抵塞，击实；所谓

“巇”，就是缝隙。巇，原意指把缺漏的地方堵塞住。在这里指堵塞漏洞，弥补缝隙，挽救溃败。换言之，“巇”者，矛盾、漏洞，或待解决的问题也。而解决“巇”的术法，则称为“巇”。《鬼谷子》尤其着眼于天下治道中的“巇”，认为天下纷乱之时，朝廷无明主，公侯乏道德，小人猖狂，忠良放逐，圣人隐居，结果上下猜疑，纲纪混乱，百姓相残，父子离散，夫妻反目，这些都是裂痕，需要以一定法术来治理，或者弥补，或者征服。其巇之术被纵横家们运用于各个方面。

运用抵巇术，要注意以下几点：

一、缝隙无处不在，要善于发现问题。

二、缝隙的显著特点是可以顺势扩大，据此要善于用不同方法解决不同的问题。

三、缝隙是可以创造的，要善于掌握解决问题的时机火候。

苏秦师从鬼谷子，学成出山，曾四处游荡，凭着他三寸不烂之舌，佩上了燕、赵、韩、魏、齐、楚六国相印，推行其合纵之术。当燕易王继位时，齐国乘机夺取了燕国十座城。于是燕易王命苏秦到齐国讨回十城，苏秦不辱使命，劝齐王归还了十城，撤走了军队。可是燕国却有人在燕易王面前诋毁苏秦说：“苏秦是个卖国的奸臣，不忠不孝，反复无常，并要发动叛乱。”燕易王于是对苏秦产生怀疑，心中不悦，苏秦出使归来后，对他十分冷漠。

苏秦了解到这个情况，决定向燕王解释，消除裂隙。他首先对易王说：“臣原是一介小民，未有任何功劳，却受到您的礼遇。如今臣为大王效力，要还十城，劝齐退军，却受到您的冷遇，一定是有人乘机说了我的坏话，说我不讲忠信之义。但是，臣不讲忠信，正是大王的福分。比如有像曾参那样的孝子、伯夷那样的廉士、尾生那样的信士来侍奉大王会怎么样呢？”

燕王回答：“那我就满足了。”

苏秦得到了燕王的回答，也就找到了君臣之间裂隙的根源，于是他继续说：“曾参是孝子，不可能离开父母半步，您又叫他如何去说服齐王退兵归还十城呢？伯夷志向高洁，宁肯饿死也不做武王的臣子，您又叫他如何去说服齐王退兵归还十城呢？尾生与一女子约会桥下，可是河水上涨，尾生宁可抱

柱而死也不失信于那女子，您又叫他如何去说服齐王退兵归还十城呢？而我正是因为讲大的忠信而得罪君主的人啊！”

燕王疑虑仍未消，说：“得罪君主一般是因为不讲忠信，岂有以忠信而获罪的呢？”

苏秦说：“那不一定。臣听说有这么一件事，一个在外为官的小吏，其妻子与人私通，到了小吏回家的日子，其妻很担忧，就和通奸者商议对策，决定以药酒毒死小吏。小吏回家的那天，其妻就让小妾端着药酒递上去。小妾已知他们的奸计，想说出酒中有毒，又怕得罪女主人，不说又怕药酒毒死男主人。无奈只好端着酒假装失手摔掉在地。小吏正在高兴老婆让小妾送酒，却被摔掉，十分恼火，就痛打了小妾一顿。小妾满怀忠信，却要受皮肉之苦。这不就和为臣的不幸相似么？”

燕王听了，就消除了对苏秦的满腹狐疑，给苏秦以重赏，又恢复了他的官职，君臣消除了裂隙，和好如故。

苏秦将抵巇术运用得如此娴熟精当，可见其聪明智慧，非同小可。

飞[①] 箝[②]

原文

凡度权[③]量能，所以征远来近。立势而制事[④]，必先察同异之觉，别是非之语，见内外之辞[⑤]，知有无之术[⑥]，决安危之计，定亲疏之事[⑦]，然后乃权量[⑧]之。其有隐括[⑨]，乃可征、乃可求、乃可用。引钩箝之辞[⑩]，飞而箝之。

钩箝之语，其说辞也，乍同乍异[⑪]。其不可善者[⑫]：或先征之，而后重累[⑬]；或先重以累，而后毁之；或以重累为毁；或以毁为重累[⑭]。其用[⑮]或称财货、琦玮[⑯]、珠玉、白璧、采邑[⑰]以事之[⑱]，或量

能立势以钩之，或伺候见涧而箝之，其事用抵巇。

将欲用之于天下[19]，必度权量能，见天时之盛衰，制[20]地形之广狭，阻险之难易，人民货财之多少，诸侯之交孰亲孰疏，孰爱孰憎，心意之虑怀，审其意[21]，知其所好恶，乃就说其所重[22]，以飞箝之辞钩其所好，以钳求之。

用之于人，则量智能、权材力[23]、料气势[24]，为之枢机[25]以迎之随之，以箝和之，以意宜之，此飞箝之缀[26]也。用于人，则空往[27]而实来[28]，缀而不失，以究其辞。可箝而纵，可箝而横；可引而东，可引而西；可引而南，可引而北；可引而反，可引而覆。虽覆，能复不失其度。

注解

①飞：是扬的意思，夸奖对方使其放心发言。

②箝：牵制束缚，控制的意思。

③权：权衡，指人的计谋。

④立势而制事：把事导向成功。

⑤内外之辞：内是实质，外是表面，也就是所说事情的反正两面。

⑥有无之术：探讨有无的术数。

⑦亲疏之事：或亲密或疏远。

⑧权量：计量长短轻重。

⑨隐括：隐情，说不清的地方。

⑩引钩箝之辞：钩是弯曲金属所作的钩针，比喻诱使他人言论归顺己方。

⑪其说辞也，乍同乍异：钩箝之语，对于对方的言论，本着“有时同意，有时反对”的原则进行。

⑫不可善者：即使运用飞箝之法也不能改变的人或事物。

⑬重累：同重叠，反复试验。

⑭毁为重累：反复试验，对方暴露缺点。

⑮其用：准备要采用时。
⑯琦玮：珍贵的宝玉。
⑰采邑：封地。
⑱事之：对待他。
⑲用之于天下：把飞箝之术推广到全天下。
⑳制：知的意思。
㉑心意之虑怀，审其意：详细知道思虑和希望等。
㉒说其所重：游说其所尊重的。
㉓材力：材同“才”，指才干。
㉔气势：气和势都是势，是表现思想的力量。
㉕枢机：转动门户的轴叫枢，启动发射的装置叫机，是事物的关键。
㉖飞箝之缀：飞箝之术的秘诀。
㉗空往：仅仅用语言赞美、歌颂。
㉘实来：使对方打开心扉，拿出真情来归服己方。

译文

只要善于揣度人的智谋，考量人的才干，就能吸引远近人才。要造成一种声势，使事情获得成功，就得先观察人们相同和不同之处，区别议论的是与非，了解对内对外的各种进言，掌握其真假，决定事关安危的计谋，确定与谁亲近和与谁疏远，然后再看看这样做的利弊得失。衡量这些关系时，如果还有不清楚的地方，就要进行研究，进行探索，使之为我所用。借用引诱使对方说出真情，然后通过恭维来箝住对手。钩箝之语是一种游说辞令，其特点是忽同忽异。对于那些没法控制的对手，或者先对他们威胁利诱，然后再对他们反复试探；或者先对他们反复试探，然后再摧毁他们；或者在反复考验中，毁灭对方，或者把摧毁对方作为反复考验。想要重用某些人时，可先赏赐财物、珠宝、玉石、白璧和封地，以便对他们试探；或者通过衡量其才能创造气氛，来吸引他们；或者通过寻找机会来控制对方，在这个过程中要运用抵巇之术。

要把“飞箝”之术向天下推行，必须考量人的权谋和才干，观察天地的盛衰，掌握地形的宽窄和山川险阻的难易，以及人民财富的多少，诸侯间交往中谁与谁亲密，谁与谁疏远，谁与谁友好，谁与谁相恶。要详细考察对方的愿望和想法，了解他们的好恶，然后针对对方所重视的问题游说他，先用“飞”的方法诱出对方爱好之所在，最后再用“箝”的方法控制住对方。

如果把“飞钳”之术用于他人，就要揣摩对方的智慧和才能，度量对方的实力，估计对方的气势，然后以此为突破口与对方周旋，进而争取以“飞箝”之术达成妥协，有意识地适应对方，这就是“飞箝”的秘诀。如果把“飞箝”之术用于外交，可用华美的辞藻套出对方的实情，保持联系，勿使失误，以便考究游说的辞令。这样就可以把握关键实现合纵，也可以实现连横；也可以引而向东，也可以引而向西；可以引而向南，也可以引而向北；可以引而返还，也可以引而复去。虽然如此，还是要小心谨慎，不可丧失其节度。

评析

飞箝之术是《鬼谷子》论辩术的一个重要方法。飞是褒扬激励，箝是挟制，所谓飞箝，就是以激励、褒扬的言语去收服人心，使对方为我所用。飞箝的目的多种多样，主要是为了考察人，考察其能力、权变，辨别真伪是非。得人才能治天下，用人不当又可能误天下。所以考察人才要善于运用各种方法套引实情，可以先诱导对方发言，将需要的实情诱导出来，马上抓住不让对方收回。如果诱导不出，还可以进行威胁、利诱，达到箝制的目的。飞箝之术可以用之于人与人之间的关系，也可以运用于分析各国天时、地利及人和等各方面情况，达到与对方建立密切关系的目的，还可以运用于合纵或者联横。反复运用，灵活自如。

运用飞箝术，要注意以下几点：

一、目的要明确；

二、注重调查研究；

三、注意方法的变化，也就是说，要从不同对象出发，使用不同的方法。

巴国、蜀国互相攻打，都来向秦国告急，秦惠王想出兵讨伐蜀国，但考虑到道路险峻难行，韩国又可能来侵略，所以犹豫不决，秦王把司马错和张仪叫来商量对策。

司马错建议秦惠王出兵攻打蜀国，张仪不同意，张仪说：“不如去讨伐韩国。”秦惠王说：“请谈你的见解。”张仪回答说：“我们应该和魏国、楚国亲善友好，然后出兵黄河、伊洛一带，攻取新城、宜阳，兵临东西周王郡，控制象征王权的九鼎和天下版图，挟持天子以号令天下，各国就不敢不从，这是称王的大业。要博取名声应该去朝廷，要赚取金钱应该去集市。现在的黄河、伊洛一带和周朝王室，好比天下的集市和朝廷，大王您不去争雄，反倒和远方的戎狄小族争斗，这不是帝王的大业啊！”司马错反驳张仪说：“不对。我听说这样的话，想要使国家富强必须先开拓疆土，想要使军队强大必须先让百姓富裕，想要成就帝王大业，必须先树立德望。如果这三条具备了，帝王大业也就水到渠成。现在大王的国家地小民贫，所以我建议先从容易的事做起。蜀国，是西南偏僻之国，又是戎狄之族的首领，政治昏乱，如同夏桀、商纣，以秦国的大兵攻打蜀国，就像狼入羊群一样。攻占它的土地可以扩大秦国疆域，夺了它的财富可以赡养百姓，军队用不了多大伤亡就可以使蜀国投降。这样，吞并一个国家而并不认为秦国强暴，获广泛的利益，天下人也不认为秦国贪婪，我们一举两得，名利双收，还可以享有除暴安良的美名。秦国如果攻打韩国，劫持周天子，就会臭名远扬，也不见得有什么实际利益。周朝，是天下尊崇的王室，齐国，是韩国的亲睦联邦。周朝自知要失去九鼎，韩国自知要失去伊洛一带领土，两国将会齐心合力，共同谋划，向齐国和赵国求援，会和有旧怨的楚国和魏国和解，甚至不惜把九鼎送给楚国，把土地割让给魏国，到那时，大王您只能束手无策，那是很危险的！所以，我说攻打蜀国者是十拿九稳的上策。”秦王听从了司马错的建议，决定出兵攻打蜀国。

仅用了十个月，就打败了蜀国，蜀国被秦国吞并后，秦国更加富庶和强盛了。

在这里，司马错顺应天下大势、世道人心提出了吞并蜀国的计策，运用的飞箝术：了解国情的不富足强大，用得到多助吞并蜀国来抵塞之，从而达到了钳制秦王的目的，最终使献计成功。

忤合①

原文

凡趋合倍反②，计有适合。化转③环属④，各有形势⑤。反复相求，因事为制⑥。是以圣人居天地之间，立身御世，施教扬声明名也，必因事物之会，观天时之宜，因之所多所少，以此先知之，与之转化。世无常贵，事无常师。圣人常无为无不为，无所听无不听。成于事⑦合于计谋⑧，与之为主⑨。合于彼而离于此，计谋不两忠⑩，必有反忤。反⑪于是，忤于彼；忤于此，反于彼。

其术也，用之天下，必量天下而与之；用之国，必量国而与之；用之家，必量家而与之；用之身，必量身材能⑫气势而与之。

大小进退，其用一也。必先谋虑，计定[13]而后[14]行之以忤合之术[15]。

古之善背向者，乃协四海、包诸侯，忤合[16]之地而化转之，然后以之求合[17]。故伊尹[18]五就汤[19]、五就桀[20]，然后合[21]于汤。吕尚[22]三就文王、三入殷，而不能有所明，然后合于文王。此知天命之箝[23]，故归之不疑也。

非至圣人达奥，不能御世；不劳心苦思，不能原事；不悉心见情，不能成名[24]；材质不惠，不能用兵[25]；忠实无真，不能知人[26]。故忤合之道，己必自度材能知睿，量长短、远近孰不如，乃可以进，乃可以退；乃可以从，乃可以横。

注解

①忤合：忤，抵触、悖逆。合，符合，不违背。忤合，在这里是指以忤求合，先忤后合。

②趋合倍反：趋合是趋向合一，相当于“合”；倍反是悖逆，相当于“忤”。倍，同“背”。

③化转：变化转移。

④环属：像铁环一般连锁起来而没有裂缝。

⑤形势：事物发展变化的态势。

⑥因事为制：因，依据、凭借；制，法则，法度，控制。这里是指要根据实际情况进行控制。

⑦成于事：把事情办成功。

⑧合于计谋：实现或符合预定的计谋。

⑨与之为主：与之，与他们。为主，为主人。指都是各为其主。

⑩计谋不两忠，必有反忤：忠，忠实；反，背反；忤，抵触，悖逆。任何计谋都不可能同时忠于两个主人，必然要相抵触。

⑪反：此处当顺从解释。

⑫材能：才质和能力。

⑬计定：确定计谋。

⑭而后：然后。

⑮忤合之术：即反台之术。

⑯忤合：逆合。

⑰合：耦合。

⑱伊尹：古代传说人物，辅弼商汤消灭夏桀，是商朝开国名相。

⑲汤：商朝的开国之君，重用伊尹消灭夏桀，开创商王朝，推行善政。

⑳桀：古代传说人物，他是夏朝最后一个暴君，被商王汤消灭。

㉑合：契合。

㉒吕尚：即太公望，辅佐周文王，周武王，对周朝的建立贡献极大，是齐国的始封主。

㉓天命之箝：天命的制约。

㉔成名：树立名声。

㉕兵：这里指军队。

㉖知人：了解他人。

译文

大凡联合与对抗的行动，都有相应合宜的计策。变化和转移就像铁环一样连锁而无中断。然而，变幻着的事物各有具体情况，彼此间互相依赖，要根据实际情况处理。圣人生活在世界上，立身处世是为了教化众人，扩大影响，宣扬名声。他们必须根据事物之间的联系，来观察天时，抓住有利时机，根据国家哪些方面有余，哪些方面不足，据此先把握实质，并设法促进事物向有利的方面转化。世上没有永远显贵的事物，事物没有永恒的师长和榜样，圣人常常是无所不做，无所不听。办成要办的事，重要的是不违背预定的计谋。如果为了自己的君主，合乎这一方的利益，就要背叛那一方的利益。凡是计谋不可能同时忠于两个对立的君主，必然违背某一方的意愿。合乎这一方的意愿，就要违背另一方的意愿；违背另一方的意愿，才可能合乎这一方的意愿。这就是“忤合”之术。

如果把这种“忤合”之术运用到天下，必然要把全天下都放在“忤合”之中权衡之；如果把这种“忤合”之术用到某个国家，就必然把整个国家放在“忤合”之中权衡之；如果把这种“忤合”之术运用到某个家族，就必然要把整个家族都放在“忤合”之中权衡之；如果把这种“忤合”之术用到某一个人，就必然要把这个人的才能气势都放在“忤合”之中权衡之。总之运用“忤合”之术的范围或大或小，其功用是相同的。所做之事都要预先谋划、分析、计算之后再实行“忤合”之术。

古代那些善于以背离一方、趋向一方而横行天下的人，常常驾驭着四海之内的各家势力，控制各个诸侯，在“忤合”中促成转化，然后达到“合”于圣贤君主的目的。过去伊尹五次臣服商汤，五次臣服夏桀，然后才决定一心臣服商汤王。吕尚三次臣服周文王，三次臣服殷纣王，其行动目的仍未显露于世人，最后归服了周文王。这就是懂得天命的制约，所以才能归顺一明主而毫不犹豫。

如果不具备高尚的品德，超人的智慧，是不能驾驭天下的；如果不用心冥思是不可能揭示事物的规律的；如果不全神贯注地考察事物的实情，就不可能功成名就；如果才能、胆量都不足，就不能统兵作战；如果只是愚忠呆实而无真知灼见，就不可能有察人之明。所以，“忤合”的规律是：首先估量自我聪明才智，度量自身的优劣长短，分析在远近范围内还比不上谁。这样就可以前进，可以后退；可以合纵，可以连横了。

评析

忤合术是《鬼谷子》关于对立与顺合的方法。相背为忤，相向为合。世界上“趋合”与“背反”是普遍存在的，运用在不同的事件上有不同的方法，而且同一事件的不同阶段也应用不同的方法。“趋合”与“背反”有时又互相转化，圣明的人应该掌握这一规律，把握反忤之道，或者合于此忤于彼，或者合于彼忤于此。这种反忤之术大而言之可以协四海、包诸侯，小而言之可以运用到与人的交往。具备了了解自己和估量环境的条件，即可行忤合之术，“用之天下，必量天下而与之；用之国，必量国而与之；用之身，必量身材能气势而与之”，这样才能运用进退自如。

运用忤合术，要注意以下几点：

一、要恰当使用忤合术，须知相忤与相合，是事物发展变化的必然。

二、选择忤合时，应注意知彼知己。

三、在实施忤合术时，应配合飞箝术一起使用。

四、在使用忤合术时，要做到事隐身秘。

事情往往有正必有反，有顺必有逆，有利就有不利，有直便有曲。政治家要善于从曲中见直，从直中见曲，从利中见不利，从不利中见利。这正是对忤合术的实际运用：善于思索，抓住事物的本质和特点，制定决策，“忤合之而化转之”。

春秋战国时期，楚庄王想攻打陈国，于是他派间谍去刺探陈国的国情。侦察人员回报：“陈国小可攻伐！陈国城高沟深，储备丰富。”楚庄王听后却满意地说：“那么，陈国可以攻伐！”陈国国小储备丰富，说明赋敛繁重；城高沟深，说明民力疲惫。于是，楚国起兵，与表象忤之，与实际合之，一举攻下了陈国。这就是从曲中见直，从不利中见有利。

越国的范蠡在帮助勾践复国后坚持不就相位，汉朝的张良在灭秦锄楚后闭门不接客，因为他们深知福极祸来的道理，这就是从直中见曲，从利中见不利。

楚庄王胸有大志，腹有良谋，善于观察分析问题，具有远见卓识。

楚庄王即位三年，没有发布过一条政令，似乎是“饱食终日，无所用心”，群臣对此忧心忡忡。一次，大夫申无畏请求拜见，楚庄王坐在那里不以为然地问：“大夫求见，有何贵干？是想要饮美酒、听音乐，还是有话要和寡人说？”申无畏拐弯抹角地回答说：“我既不是来饮美酒的，也不是来听音乐的。我是有事特来请教大王的。”楚庄王听说，急忙问：“是何事！快说与寡人听听。”申无畏说：“楚国某地高岗上，栖着一只身披五彩缤纷花纹的大鸟，已历时三年，不飞不鸣，不知是何缘故？”楚庄王笑道：“这不是一般的鸟。三年不动，是为了养丰羽翼；不飞不鸣，是为了观察民情。这只鸟不飞则已，一飞冲天；不鸣则已，一鸣惊人。你拭目以待吧！”

三年后，楚庄王开始运用谋略，缓和统治阶级内部矛盾，加强中央集权，发现并任用贤才治理国政，还采取了一系列诸如兴修水利、发展生产、关心民间疾苦等措施，使国势日益强盛，最后终于灭亡中原数国，成为称霸一时的霸主。

楚庄王的思维与行为方式，与常人不同，与常理不同，而有自己的特点，趋合于客观实际：当羽翼丰满，民情考察好了之后，开始有所作为，像忤合术篇中所讲的那样：“必定先做好周密考虑，先制定好实施措施，再用飞钳术来作为补充手段”。

摩[1]篇

原文

摩者揣之术也，内符[2]者揣之主[3]也。用之有道，其道必隐[4]。微摩之以其所欲，测而探之，内符必应，其应也，必有为之[5]。故微而去之，是谓塞窖[6]、匿端[7]、隐貌、逃情，而人不知，故成其事而无患。摩之在此，符之[8]在彼。从而应之，事无不可。

古之善摩者，如操钩而临深渊，饵而投之，必得鱼焉。故曰："主事[9]日成而人不知，主兵[10]日胜而人不畏也。"圣人谋之于阴[11]，故曰"神"；成之于阳[12]，故曰"明"。所谓"主事日成"者，积德也，而民安之，不知其所以利[13]；积善也，而民道[14]之，不知其所以然；而天下比之神明也。"主兵日胜"者，常战于不争、不费[15]，而民不知所以服，不知所以畏，而天下比之神明[16]。

其摩者：有以平，有以正，有以喜，有以怒，有以名，有以行，有以廉，有以信，有以利，有以卑[17]。平者静也，正者直也，喜者悦也，怒者动也，名者发[18]也，行者成[19]也，廉者洁也，信者明也，利者求也，卑者谄也[20]。故圣人所独用者，众人皆有之，然无成功者，其用之非也。故谋莫难于周密，说莫难于悉听，事莫难于必成；此三者，唯圣人然后能任。故谋必欲周密，必择其所与通者说也。故曰："或结而无隙[21]也。"夫事成必合于数，故曰："道数[22]与时相偶者[23]也。"说者听必合于情，故曰："情合者听。"故物归类：抱薪趋火，燥者先燃；平地注水，湿者先濡。此物类相应，于势譬犹是也，此言内符之应外摩也如是。故曰："摩之以其类，焉有不相应者？"乃摩之以其欲，焉有不听者，故曰"独行之道[24]"。夫几者不晚，成而不抱，久而化成。

注解

①摩：揣摩的意思。

②内符：情欲活动在内，符验就表现在外。

③揣之主：揣是用观察表现于外的符验来判断内心状况，而符验是揣的基础。

④隐：在隐秘中进行。

⑤有为之：自己所应采取的办法，有所作为。

⑥窖：地窖。

⑦端：端绪、开始、前兆。

⑧符之：与此呼应。

⑨主事：所做的事情。

⑩主兵：所指挥的军队。

⑪谋之于阴：策划不让人知道。

⑫成之于阳：使人公开了解。

⑬其所以利：为什么那样有利呢？

⑭道：当作应走的路。

⑮不争、不费：不使用武力，不消耗军费，意思是防患于未然。

⑯比之神明：称之为神明。

⑰其摩者……有以卑：人的性格千差万别……因此摩的方法也有很多种。

⑱发：扩大名声。

⑲成：使其成功，来观察对方。

⑳卑者谄也：所以会出于笨拙，是为了迎合对方的意思。

㉑无隙：紧密的意思。

㉒道数：道与术。

㉓与时相偶：道理、权术、天时三者合一才能成事；偶是伴同、顺沿、并列之意。

㉔独行之道：只有圣人最能实行揣摩之术。

译文

所谓“摩”是一种与“揣情”相类似的方法，内心活动是“揣”的对象。进行“揣情”时，有“揣”的规律可依，而这些规律却是隐而不现的。适当地去“摩”时，要根据对方欲望投其所好进行测探，其内情就会通过外部形象反映出来。内在的感情要表现出来，必然要有所作为，这就是“摩”

的作用。在“揣摩”之后，要适当地离开对方，像把地窖盖上一样隐藏起来，消除痕迹，伪装外表，回避实情，使人无法知道是谁办成的这件事。这样，办成了事，却不会留祸患。在此处“揣摩”对方，而要在另一处，观察对方表现，顺应事物规律，使我方“揣摩”能在对方应验，则办事无所不成。

古代善于“摩”的人，就像拿着钓钩到水潭边上去钓鱼一样。只要把带着饵食的钩投入水中，就一定可以钓到鱼。所以说，主办的事情一天天成功，却没有察觉；主持的军队日益压倒敌军，却没人感到恐惧（才是高明的）。

圣人谋划什么行动总是在暗中进行的，所以被称为“神”，而办事成功都显现在光天化日之下，所以被称为“明”。所谓“主事日成”的人是暗中积累德行，老百姓安居乐业，却不知道为什么会享受到这些好处，他们还在暗中积累善行，老百姓生活在善政中却不知道为什么会有这样的局面。人们把“谋之于阴，成之于阳”的政治策略称为“神明”。那些主持军队而日益压倒敌人的统帅，坚持不懈地与敌军对抗，却不去争城夺地，消耗人力物力，老百姓也不知道为何敌国拜服，也不知道什么是恐惧。为此，普天下都称“谋之于阴，成之于阳”的军事策略为“神明”。

在实施“摩”时，有用和平进攻的，有用正义征服的，有用娱乐麻痹的，有用愤怒激励的，有用名望威吓的，有用行为逼迫的，有用廉洁感化的，有用信誉说服的，有用利害诱惑的，有用谦卑争取的。和平就是宁静，正义就是刚直，娱乐就是喜悦，愤怒就树威吓，名望就树声誉，行为就是实施，廉洁就是干净，信誉就是清明，利益就是求取，谦卑就是谄媚。所以，圣人所施用的“摩”之术，平常人也都可以具有，然而没有能运用成功的，那是因为他们运用不当。因此，谋划策略，最困难的就是周到缜密；进行游说，最困难的就是让对方全部听从自己的主张；主办事，最困难的就是必办成功。这三个方面只有成为圣人才能胜任。所以说谋划必须周到缜密，游说要选择与自己观点相通的对象。所以说:“办事情要稳健，无懈可击。”要想使所主持之事取得成功，必须有适当的方法。所以说:“客观规律是与天时互相依附的。”进行游说的人必须使自己的说辞合于情理，合情合理才有人听。

世界上万事万物都有各自的规律。好比抱着柴草向烈火走去，干燥的柴草就首先着火燃烧；往平地倒水，湿的地方就要先存水。这些都是与事物的性质相适应的。以此类推，其他事物也是这样的，这就是“内符”与“外摩”的相适应的道理。所以说按着事物的不同特性来实施“摩”之术，哪有不发生反应的呢？根据被游说者的欲望而施行“摩”之术，哪有不听从游说的呢？所以说只有圣人最能实行揣摩之术。大凡通晓机微的人都会把握好时机，有成绩也不居功，天长日久就一定取得成功。

评析

摩，即“摩意”，揣摩、研究、推测事情。摩之术，即对揣情所获得的信息进行分析、辨别、剔除、归类、整理、排绎。从而把握对方心理、嗜欲、意图、决策等的心理预测术。摩意是揣情的接续步骤，“摩”篇是“揣”篇的姊妹篇。《鬼谷子》在本篇中介绍了从内心情感变化揣测实情的具体方法。揣摩首先要在隐秘中进行，从内在情感与外在符应的变化中，探究奥妙。就像善于钓鱼的人面临深渊，以饵投之，必得鱼焉。掌握“摩”术则“主事日成”、“主兵日胜”，而天下就视若“神明”。摩的方法多样，“有以平，有以正，有以喜，有以怒，有以名，有以行，有以廉，有以信，有以利，有以卑”，然而用之不当，难以有收效，圣人之所以能独用之而成功，是其方法合于“道”。只要“摩”的方法运用合理，焉有不相应者?

在运用摩术时，应注意以下几点：

一、必须揣着对方实情。

二、切忌过于直白，要做到含而不露，隐微而行，否则将弄巧成拙，受制于人。

三、对于此术的各种技巧要善于灵活运用，不要拘泥于一法一式，要善于创新、勇于创新。

四、学习摩术，除了会用之外，也要会识、会破此术，提防他人使用此术来引诱我们上当。

春秋时，郑庄公出生时难产，把母亲武姜氏吓了一跳，故名“寤生”，从此就不喜欢他。多次在武公面前说次子叔段是贤才，应立为继承人。武公不答应，仍立寤生为世子。姜氏一计未成，仍不甘心。她在庄公继位后，又逼庄公把京城（郑国邑，在今河南荥阳县东南）封给叔段。

叔段在京城加强扩展自己的势力，与姜氏合谋，准备里应外合，袭郑篡权。

郑庄公深知自己嗣位是国母大为不悦之事，对姜氏与叔段企图里应外合夺取政权的阴谋也清清楚楚。但他却不动声色，先施韬晦，待机破之。郑国大夫祭仲向他报告说：叔段招兵买马，扩大城池，会给郑国带来麻烦。庄公却回答说：“这是国母的意思。”祭仲建议庄公先下手除掉隐患，他却说：“你就等着吧。”叔段又占领京城附近两座小城，郑大夫公子吕说：“一个国家不能有两个国君，你想怎么办？如果你想把大权交给叔段，我们就去当他的大臣；如果不打算交权，那就除掉他。不要使老百姓有二心。”庄公却假装生气，说：“这事你不要管。”

郑庄公知道，过早动手，必遭外人议论，说他不孝不义。因而庄公故意让叔段的阴谋继续暴露，一直到叔段和姜氏密谋里应外合时，才命公子吕率军伐京城。叔段逃到鄢，郑庄公伐鄢，叔段逃到共，郑庄公又把怂恿叔段作乱的母亲姜氏囚于城颍，发誓说："不到黄泉，不再见面。"这里的所谓黄泉，就是指阴间地府。

国君是"金口"，郑庄公既然已将此话说出来了，就很难再更改。但是毕竟是自己的生母，心中不免又有些内疚。正在此时，一个位卑言微的边境小官颍考叔，却使郑庄公从根本上认识了自己的不对，同时也合情合理地帮助郑庄公处理了这个棘手的问题，从而摆脱了僵持不下的局面。颍考叔采用的是什么方法呢？首先，他以献野味为名觐见郑庄公，并以这野味——"不孝鸟"，来到郑宫门口，说是向郑庄王进献野味。庄公喜欢野味，就宣他进宫。庄公一看此鸟，没有见过，就问；"这是什么鸟？"颍考叔回答："这种鸟叫'不孝鸟'，幼时母亲哺育，长大后却啄吃母鸟，所以人们称它为'不孝鸟'。"庄公听了，默然无语。献完野味后，过了一会儿，庄公命膳夫送来几盘食物，赐给颍考叔吃。颍考叔只吃素菜，却把羊肉留在一旁，庄公奇怪，问其原因。颍考叔说："我有个老母亲，因家境贫寒，平常只吃素菜，从来没有尝过如此肥美的羊肉，因此我想请您准许我把羊肉带回去奉献给母亲。"庄公听后赞许道："你真是个孝子啊！"接着长长地叹口气。但是，事情到此并未结束，因为是"金口"所言，这个关口还必须过去，郑庄公从面子上才算有个交待。好在对于颍考叔这样一位能言善谏者来说，还不算什么太大的难题。颍考叔将郑庄公所说的"不及黄泉，无相见也"中的"黄泉"，解释为黄土下的泉水，所以只要掘土出泉，郑庄公就可以在泉水旁与母亲见面了。这样，郑庄公的面子问题也解决了。最后，郑庄公把母亲继续留在宫中，以孝相待。

《摩术》篇中讲，"暗地里对人实施摩意术，顺从着对方的欲望去探测他的内心世界，导致某些表象的内在心理因素必会表露出来，为我们所掌握。"颍考叔献野味正是对摩术的实施。郑庄公喜欢野味，同时对母亲的不孝又有内疚，颍考叔投其所好，因势利导，终于教育了郑庄公，使其对母亲行孝于宫中。

谋[①]篇

原文

为人凡谋有道，必得其所因，以求其情[②]。审得其情，乃立三仪[③]。三仪者曰上、曰中、曰下。参以立焉，以生奇[④]。奇不知其所

拥，始于古之所从[5]。故郑人之取玉也，必载司南之车[6]，为其不惑也。夫度材量能揣情者亦事之司南也。故同情而俱相亲者，其俱成者也；同欲而相疏者，其偏害者也；同恶而相亲者，其俱害者也；同恶而相疏者，其偏害者也[7]。故相益则亲，相损则疏，其数行也，此所以察同异之分，其类[8]一也。故墙坏于其隙，木毁于其节，斯盖其分也[9]。故变生事，事生谋，谋生计，计生议，议生说，说生进，进生退，退生制，因以制于事。故百事一道，而百度一数[10]也。

夫仁人轻货，不可诱以利，可使出费；勇士轻难，不可惧以患，可使据危；智者达于数，明于理，不可欺以不诚，可示以道理，可使立功；是三才[11]也。故愚者易蔽也，不肖者易惧也，贪者易诱也，是因事而裁之[12]。故为强者积于弱也；为直者积于曲；有余者积于不足也；此其道术行也。

故外亲而内疏者说内，内亲而外疏者说外。故因其疑以变之[13]，因其见以然之[14]，因其说以要之[15]，因其势以成之，因其恶以权之，因其患以斥之。摩而恐[16]之，高而动之，微而证之[17]，符[18]而应之，拥而塞之[19]，乱而惑之，是谓计谋。计谋之用，公不如私，私不如结[20]，结比而无隙者也。正不如奇[21]，奇流而不止者也。故说人主者，必与之言奇；说人臣者，必与之言私。

其身内、其言外者疏；其身外，其言深者危[22]。无以人之所不欲，而强于人；无以人之所不知，而教之于人。人之有好也，学而顺之；人之有恶也，避而讳之，故[23]阴道而阳取之[24]也。故去之者纵之，纵之者乘之。貌者不美，又不恶，故至情托[25]焉。可知者可用也[26]，不可知者，谋者所不用也。故曰："事贵制人，而不贵见制于人。"制人者握权也，见制于人者制命也。故圣人之道阴，愚人之道阳；智者事易，而不智者事难。以此观之，亡不可以为存，而危不可以为安[27]，然而无为而贵智矣。智用于众人之所不能知，而能用于众人之所不能见。既用见可否，择事而为之，所以自为也；见

不可，择事而为之，所以为人也。故先王之道阴，言有之[28]曰：“天地之化，在高与深；圣人之道，在隐与匿。非独忠、信、仁、义也，中正而已矣。”道理达于此[29]义者，则可与语。由能得此，则可与谷远近之义。

注解

①谋：谋划、手段、方法。

②得其所因，以求其情：由于调查对方的心理状态，就要掌握这个人的本性。

③三仪：指上智、中才、下愚而言。

④参以立焉，以生奇：假如参考三仪来评论人物，就可以施展卓越的策略。

⑤始于古之所从：并非现在开始的事情，而是自古以来就当做到，人人遵行的事。

⑥司南之车：即指南车。是装置有磁石的车，经常指南方，以此作为定向，比喻判断正确。

⑦同恶而相疏者，其偏害者也：假如二人同时遭受君主憎恨，但两人之间又互相有矛盾，受害者只能是其中一位。

⑧以察同异之分，其类：根据这个来判断异同的原因。

⑨墙坏于隙，木毁于其节，斯盖其分也：“墙”又可写作“缡”，是指环绕住宅周围所建的土墙。恰如墙有一点点小裂痕就有崩毁的可能，而树是从有疖处开始腐败的，一般人事也是从同或不同的空隙处发生破裂。

⑩一数，一种术。

⑪三才：指仁人、勇士、智者而言。

⑫因事而裁之：谋略家策划适应事物的计谋时，要对此进行巧妙的裁夺。裁是判断、裁夺。

⑬因其疑以变之：根据对方疑问来改变自己的游说内容。

⑭因其见以然之：根据对方的表现来判断游说活动是否得法。

⑮因其说以要之：根据对方的言辞来归纳其游说要点。

⑯恐：受威胁的感受。

⑰微而证之：(对于即使在恐吓或权威下也不知改变的人)要巧妙地引用证据来证明。微是悄悄。

⑱符：取信于人的证据，为证明而作的符叫割符。

⑲拥而塞之：拥通“壅”，就是用土堵。塞是封闭，也就是封闭进去。

⑳私不如结：心的结合要比私下的解决来得好。

㉑正不如奇：正攻法虽然是合理的，但是却不如乘对方不备时使用奇攻法。

㉒其身外，其言深者危：虽然是自家人，但是却把隐私泄露于外，这种人就会被疏远；虽然是外边人，但是他的言论却深通内情，这种人就会陷于危险。

㉓故：所以。

㉔阴道而阳取之：当顺从对方又忌讳时，假如能悄悄进行，对方就不至于伤害感情。因此私下进行是谋，却从公开中获得。

㉕貌者不美，又不恶，故至情托：不论对任何事物都不喜形于色的人，是属于冷静而不偏激的人，这种人可以全心信赖。

㉖可知者可用也：假如能知道对方的内心，就可以使用。

㉗亡不可以为存，而危不可以为安：救亡图存和转危为安的都是很难的事，唯独智者才能做到这点。

㉘言有之：古语有这种说法。

㉙道理达于此：要彻底认清这种道理。

译文

凡是遵循一定的法则去筹划计策，必须查明事情的原委，以探得实情。要想得到对方实情，就需确立“三仪”。所谓“三仪”就是上智、中才、下愚。此三者互相参验，就能定出奇谋。这样产生的奇谋，拥有无所不到的威力，然而也不过是遵循古代的哲理而形成的。据说，郑国人入山采玉时，都要开着指南车去，为的是不迷失方向。在考量才干能力，揣情度理方面也如同做事时要使用指南车一样。凡是观点相同，感情亲密的人一同谋事，大家都可以成功。凡是志向相同而感情疏远的人，办事之后只能部分人得利；凡是恶习相同，而又感情亲密的人，办事之后，一定是共同受害；凡是恶习相同，而又感情疏远的人，一定是在办事后，一部分人先受损害。所以说，想要互相都有利，就必须密切关系。如果相互间受到损害，就要疏远关系。依此方法行事就可以判断事物的异同，这是有一定规律的。比如墙壁都是由于有裂隙才塌倒，树木是由于有疖疤才毁坏。这就是事物一般的规律啊！所以，事物不断变化，才能产生问题；因为要解决问题才需谋划；只有通过谋划才会产生计策。研究计策才能产生相应的方法；有了方法才能游说决策者，使前进，进而不通，再退一步，进退之中形成制度，以此制度解决现实中的问题。如此看来，万事万物的变化都是一个道理。控制万事万物也是同一法则啊！

一般说来，仁德的人不看重财货，不可以用物质引诱他们，却可以让他们提供财货。勇敢的人不能用危难去吓唬他们，却可以用他们解除危难。智慧的人有谋略通事理，不可以假装诚信去欺骗他们，却可以向他们讲明道理，让他们建功立业。这是三种人才啊！由此观之，愚昧的人是容易蒙蔽的，不肖之徒是容易被吓住的，贪婪的人就容易被引诱；所有这些都要根据具体情况来判断。然而，强者是由弱小的力量不断积累而变成强大的；强直的形式是由许多微小的曲线而积成的；由于积累才使不足者成为富裕者。这就是道术反致的规律啊！

所以，表面上亲善而内心疏远的人要从内心入手去游说他；对于那些内心亲善而表面上疏远的人要从表面上入手去游说他，可以根据对方所疑惑的问题，来改变自己游说的内容；根据对方的表现来判断游说活动是否见效；根据对方的答辞来确定自己游说的要点，根据情势的变化来征服对方。根据对方的所厌进行权衡，确定利弊；根据对方所虑对之申斥，加以防范。揣摩之后对之施以恐吓；抬高对方之后，策划行动；削弱对方之后，加以扶正；验证对方真假后，再决定是否响应他。拥堵对方后，加以阻塞。搅乱之后，迷惑对方。这些就叫做计谋。说到运用计谋，公开者不如保密；保密不如结党；结党而内部没有矛盾。另外，正常的策略不如奇谋；施以奇策是无往不胜的。所以说，游说人主的时候，必须先与他谈奇策；同理，向人臣游说时，必须先与他谈私交。

虽然是自己人，却把家丑外扬，说着有利于外人的话，就会被人疏远。同理，他是外面的人，却知道许多内情，也会有危险。不要把人家不喜欢的东西强加于人；不要把人家不懂的事，强教于人。如果对方有某种嗜好，可以迎合他的兴趣，如果对方厌恶什么，可要加以避讳，以免引起反感。所以说，所进行的虽是阴谋，所得到的却是公开的获取。因而，想要除掉的人，可以放纵他，让他犯过，然后抓住机会除掉他。无论做什么事，在外表既不喜形于色，也不怒目相视，是感情深沉的人，可以以机密大事相托。对于能了解的人，可以任用他；对于一个不了解的人，一个有谋略的人，是不会重用他的。

所以说，办事情最重要的是控制人，而不是被人控制，控制别人的人，手中握权；被人控制的人是被统治者。一般说来，圣人处世之道称为“阴”——谋略原则为隐而不露，愚人处世之道称为“阳”——谋略原则为大肆张扬。聪明智者，成事容易；而愚鲁的人成事困难。由此看来，一个国家灭亡了是难以复兴的，一旦国家动乱也难于安定。然而运用“无为”则是最高的智慧了。“无为”之智要运用在众人所不知，众人所不能见之处。如果在施用智谋之后发现了可行的迹象，就要见机行事，可做，自己就去做；如果发现不可以做，就要选择一些相应的事，让别人去做。所以，圣人能行的大道，都是属于“阴”隐而不露。古语说：天地造化在于高、深；圣人之道在于隐而不露。不单单要求忠诚、信守、仁慈、义理，主要是维护不偏不倚的正道。只有真正地认清这种道理的真谛，才能游说他人。如果双方都谈得很融洽，就可以发展长远的和目前的关系。

评析

谋就是施展谋略计策，它旨在教人如何针对不同的人物和事物去设立和使用计谋，以达到自己的目的。即所谓“运筹帷幄之中，决胜于千里之外”。《鬼谷子》强调凡事都需要谋略，有了谋略计策才能“因以制于事”。谋略要因人而生，“仁人轻货，不可以利诱之，可使出费”，“勇士轻难，不可惧以患，可使据危”。谋略的运用，还要掌握方法，公开不如隐蔽，循常理不如出奇计。谋的目的在于“制人”，而不“见制于人”，“制人者，握权也，见制于人者，制命也”，指示的道理相当深刻。

在运用谋术时，应注意以下几点：

一、利用对方的特点和弱点。

二、因势利导，善于利用别人的行为，不为察觉地加以引导，从而达到自己的目的。

三、善于分析利害关系。英国首相丘吉尔，在第一次世界大战时曾说：“如果魔鬼反对法西斯，我也愿意同魔鬼结盟。”可见，利害关系在政治中所占的比重，是任何其他事物所不可替代的。

四、分析形势，灵活运用。灵活多变是谋术的重要特点。从权善变，才能称得上有术，在政治领域里施用计谋，没有一定之规，全在于因时因事而制宜。

齐使把孙膑带到齐国后，把他推荐给将军田忌。田忌很欣赏孙膑的才能，也很同情孙膑的不幸遭遇，招他为宾客，以上礼待之，言听计从。当时，在齐国的王室贵族之中，流行一种赛马游戏。田忌与齐威王赛马时胜少负多。孙膑在场观察了多次，发现对方出场的马大致可分为上、中、下三种水准，每一种水准的马力相仿，于是对田忌说：“下次赛马，我可以使将军获胜，赌注不妨下得大一些。”田忌非常高兴，和齐威王赛马“逐射千金”。比赛当天，孙膑给田忌出了个主意，让田忌用上等马对齐威王的中等马；用中等马对齐威王的下等马；最后用下等马对齐威王的上等马。田忌恍然大悟，依计而行，结果，田忌两胜一负，赢得了千金的赌注。这就是“田忌赛马”故事的来历。这个小故事揭示军事上一条很重要的规律，就是在战争中要从全局着眼，善于统筹，为了总体的胜利，可以牺牲局部利益。正确地运用这一规律，就可以从全局上看处于劣势的一方，采取出奇制胜的战术，做出某种让步，而最终取得全面的胜利，达到以弱胜强的预期目的。正因为“田忌赛马”这个小故事里蕴含着真理的内核，所以一下传为佳话，流传深远。孙膑在“田忌赛马”中所采用的方法，也被视为“策对论”最早运用。

其实，对孙膑来说，帮助田忌在赛马中获胜不过是略施小计，田忌却由此对孙膑更加折服，并把他正式推荐给齐威王。齐威王和他交谈兵书战策，孙膑尽吐平生所学，两人谈得十分投机，齐威王认为孙膑是个难得的军事天才，真有相见恨晚之感，于是立即拜孙膑为军师。这样，通过这次赛马谈兵，孙膑一鸣惊人，由一个“刑余之人”一跃而成为统帅齐国大军的首领，在战国群雄角逐这个动荡的大舞台上，开始崭露头角，大显身手。

《谋术》篇中讲，“凡是谋划策略，都要遵循一定的规则，即首先要追寻所面临的问题的起因，进而探求事物发展过程，特别是现在的各种情况。掌握了这些情况，才可以制定三种策略。所谓三种策略就是上策、中策、下策。将这三种策略互相参验，互补互取，就能产生出解决这一问题的良策奇谋来。真正的良策奇谋是无所阻挡的、无往而不胜的。”田忌赛马，用的就是这种谋术，结果出奇制胜。

杂家

杂家，是先秦时代学术思想中的九流十家之一，杂家之所以为杂家，是因为杂家不具有原创思想，而以取各家所长，避各家所短见长。杂家的特点是“采儒墨之善，撮名法之要”。

◆ 名人与典籍

杂家的代表人物是吕不韦。他出生于卫国濮阳，在韩国阳翟经商，因“贩贱卖贵”而“家累千金”。吕不韦在赵国邯郸经商时，偶然结识秦国交给赵国的王室人质嬴异人，认为“奇货可居”，决定帮助嬴异人返回秦国，又将妻子赵姬夏莲送给嬴异人，生下一子嬴政，并资助嬴异人千金，将他送回秦国。又以五百金购珍宝献与华阳夫人，华阳夫人劝安国君嬴柱立异人为嫡嗣，改名子楚。

前251年，秦昭襄王嬴稷毙，太子安国君继位，为秦孝文王，立一年而卒，嬴异人继位，即秦庄襄王，以吕不韦为丞相，封文信侯，食河南洛阳十万户。

三年后秦庄襄王病卒，十三岁的嬴政继位，即后来秦始皇，尊吕不韦为“仲父”。但后传出嬴政为吕不韦之子，他最后饮鸩而死。

《吕氏春秋》

吕不韦生前“招致天下游士”，有食客三千人。使其门客编撰《吕氏春秋》，写成八览、六论、十二纪，共二十万言。《吕氏春秋》又称《吕览》，其内容涉及甚广，以道家黄老思想为主，兼收儒名、法、墨、农和阴阳各派言论，是杂家的代表作。书成之后，吕不韦曾把它公布于咸阳城门，如果有人能提出一个错字，赏金一千两。

孟春纪

孟春

原文

一曰：

孟春[1]之月，日在营室[2]，昏参中[3]，旦尾[4]中。其日甲乙[5]，其帝太皞[6]，其神句芒[7]，其虫鳞[8]，其音角[9]，律中太蔟[10]，其数八[11]，其味酸[12]，其臭膻[13]，其祀户[14]，祭先脾[15]。东风[16]解冻，蛰虫始振[17]，鱼上冰[18]，獭祭鱼[19]，候雁北[20]。天子居青阳左个[21]，乘鸾辂[22]，驾苍龙[23]，载[24]青旗，衣青衣[25]，服[26]青玉，食麦与羊[27]，其器疏以达[28]。

是[29]月也，以立春。先立春三日，太史谒[30]之天子曰："某日立春，盛德在木[31]。"天子乃斋[32]。立春之日，天子亲率三公、九卿[33]、诸侯、大夫，以迎春于东郊[34]；还，乃赏公卿、诸侯、大夫于朝[35]。命相布德和令[36]，行庆施惠[37]，下及兆民[38]。庆赐遂[39]行，无有不当。乃命太史，守典奉法[40]，司[41]天日月星辰之行，宿离不忒[42]，无失经纪[43]。以初为常[44]。

是月也，天子乃以元日祈[45]谷于上帝。乃择元辰[46]，天子亲载耒耜[47]，措之参于保介之御间[48]，率三公、九卿、诸侯、大夫，躬耕帝籍田[49]。天子三推[50]，三公五推，卿、诸侯、大夫九推。反，执爵于太寝[51]，三公、九卿、诸侯、大夫皆御[52]，命曰"劳[53]酒"。

是月也，天气[54]下降，地气上腾，天地和同[55]，草木繁动[56]。王布[57]农事，命田舍[58]东郊，皆修封疆[59]，审端径术[60]。善相丘陵阪险原隰，土地所宜，五谷所殖，以教道民，必躬亲之。田事既饬，先

定准直，农乃不惑。

是月也，命乐正入学习舞。乃修祭典，命祀山林川泽，牺牲无用牝，禁止伐木；无覆巢，无杀孩虫，胎夭，飞鸟，无麛无卵；无聚大众，无置城郭，掩骼霾髊。

是月也，不可以称兵，称兵必有天殃。兵戎不起，不可以从我始。无变天之道，无绝地之理，无乱人之纪。

孟春行夏令，则风雨不时，草木早槁，国乃有恐；行秋令，则民大疫，疾风暴雨数至，藜莠蓬蒿并兴；行冬令，则水潦为败，霜雪大挚，首种不入。

注解

①孟春：春季的第一个月，即夏历正月。孟，始。

②日在营室：指视太阳运行的位置在营室宿。营室，二十八宿之一，又称“室”“定”，在今飞马座。

③参：二十八宿之一，在今猎户座。中：指中星，即晨昏时刻出现在正南方中天的星宿。

④旦：平明，拂晓。尾：二十八宿之一，在今天蝎座。

⑤其：指孟春。甲乙：五行说把四时，十天干与五行相配，春季属木，甲乙也属木，所以说“其日甲乙”。下文“其帝太”，“其神句芒”，“其虫鳞”，“其音角”，“其味酸”，“其臭膻”，“其祀户”等等，也都是把五帝、五神、五虫等配于五行之后，再配于四时的。

⑥太皞：即伏羲氏，本书把它作为五帝之一，五行家说他以木德称王天下，被尊为东方之帝，木德之君。

⑦句芒：少氏之子，名重，辅佐木德之帝，被尊为木德之神。

⑧虫：古时对动物的总称。鳞：五虫（羽毛甲鳞倮）之一，指鱼龙之类。

⑨角：五音（宫商角徵羽）之一。

⑩律：律管，即定音的竹管。中：应。太蔟：古代十二律之一。十二律

分为阳律（六律），阴律（六吕），它们的名称是：黄钟，太蔟，姑洗，蕤宾，夷则，无射（六律）；大吕，夹钟，中吕，林钟，南吕，应钟（六吕）。据说古人把葭莩（jiā）的灰塞在律管里，某月到了，与它相应的律管里的灰就飞动起来，这就叫做律中某某；孟春之月，太蔟管中的灰飞动起来，所以叫“律中太蔟”。

⑪八：指木之成数。阴阳五行说认为天地生成五行，一天生水，二地生火，三天生木，四地生金，五天生土；因为阴阳不相配不能相成，所以又六地成水，七天成火，八地成木，九天成金，十地成土。天生木之数是三，天地相配成木之数是八。

⑫酸：五味（酸苦甘辛咸）之一。

⑬臭：气味。膻：五臭（膻焦香腥朽）之一。

⑭祀：祭祀。户：户祀，五祀（户灶中霤门行）之一。古人认为春天阳气上升，蛰伏的动物开始活动，由户而出，所以孟春要举行户祀。

⑮先：动词，指先用。脾：五脏（脾肺心肝肾）之一。

⑯东风：春风。五方，四时与五行相配，东方，春季都属木，所以称春风为东风。

⑰蛰虫：藏伏的动物。蛰，藏。始振：开始活动。

⑱鱼上冰：冬天寒冷之时，鱼伏在深水处，孟春天气渐暖，鱼就向上游到冰层下。上，用作动词。

⑲獭（tǎ）祭鱼：水獭将捕得的鱼陈列在水边，古人称之为“獭祭鱼”。祭，杀。

⑳候雁：雁是候鸟，所以称候雁。北：用作动词，指向北飞。

㉑青阳左个：东向明堂的北侧室。古代帝王居住及宣布政教的明堂，按五行构筑，东向的叫青阳，南向的叫明堂，西向的叫总章，北向的叫玄堂，中央的叫太庙。除太庙只有一个太室之外，其余的在正堂两侧各有一个侧室，叫“个”，左侧室叫左个，右侧室叫右个，中间的正堂也叫太庙。天子按四时，五行的运行，每月换一个居室。

㉒鸾辂：饰有鸾铃的车。鸾，鸾铃。辂，车。鸾本是青色凤鸟，这里称春天用的车为鸾辂，是取鸾凤色青。五色与五行相配，青属木，所以用青色的东西命名春天用的器物。下文的御用之物如青龙，青，青衣，青玉等都是为顺应春天的青苍之色。

㉓龙：高大的马。马八尺以上为龙。

㉔载：（把旗帜）插在车上。

㉕衣青衣：穿着青色的衣服。前一个“衣”字用作动词。

㉖服：佩戴。

㉗食麦与羊：五谷（麦黍稷麻菽），五畜（鸡羊牛犬豕）与五行相配，

麦属木，羊属火。古人认为吃东西要顺应时气，安生养性，而春气贵在调和，但还有冬日的余寒，所以吃与春同属木的谷物，并用属火之畜来御寒。

㉘器：指宗庙所用的器具。疏以达：指器物镂刻的纹理空疏而通达。疏，空。

㉙是：此。

㉚太史：官名，负责记载史事，观测天文，制订历法等。谒：告。

㉛盛德：大德。古人认为春属木而有生育万物之德，所以说春季盛德在木。

㉜斋：祭祀之前，整洁身心叫斋。

㉝三公：辅佐天子的最高官吏，这里指太师，太傅，太保。九卿：指少师，少傅，少保，冢宰，司徒，宗伯，司马，司寇，司空。

㉞迎春于东郊：当春天木气到来的时候，天子亲自率领群臣，到城外东郊迎接，以表示重视和恭敬。东郊，邑东八里为东郊（“八”取春之数）。一说迎春是迎太句芒之神。

㉟朝：朝堂。

㊱相：三公。布德和令：发布德教，宣布禁令。和，通“宣”（依王引之说）。

㊲庆：褒奖。惠：泽惠。

㊳兆民：众民。天子所治之民为兆民。这里指普天下之民。

㊴庆赐：指应该褒奖赏赐之事。遂：通达。

㊵典：指六典，即治典，教典，礼典，政典，刑典，事典。法：八法，即官属，官职，官联，官常，官成，官法，官刑，官计。六典八法是治理邦国官府的法则制度。

㊶司：掌管。

㊷宿：指太阳所在的位置。离：指月亮所经过的地方。忒：差错。

㊸经纪：纲常，法度，这里指日月星辰进退疾迟的度数。

㊹初：指作为历法计算起点的冬至点。当时人们认为冬至点在牵牛初度。常：法。

㊺元日：吉日。祈：求。

㊻元辰：吉辰。日为天干，辰为地支，所以有事于天（祈谷）用日，有事于地（耕帝籍）用辰。

㊼耒耜：农具，犁。犁柄叫耒，铧叫耜。

㊽措：放置。参于：疑当作参乘，“于”为“乘”字之坏脱（依许维说）。保介：车右，即站在车上右侧保护君主的武士。之：与（依王引之说，见《经义述闻》）。御：御者，驾车的人。车右和御者都是参乘（依孔颖达说）。

㊾躬：亲自。帝籍田：古时，天子有农田千亩，用民力耕作，来生产祭祀上帝的黍稷，所以称这千亩农田为帝籍田。又简称帝籍或籍田。

㊿推：指推耒耜入土。

(51)反：返回。这个意义后来写作“返”。爵：饮酒器。太寝：祖庙。

(52)御：侍，指陪天子饮酒。

(53)命：命名。劳：慰劳。这两句是说籍耕归来，天子举行宴饮以慰劳群臣。

(54)气：古人把构成万物的物质一般都称作气。

(55)和同：混同合一。

(56)繁：萌。动：生。

(57)布：发布。

(58)田：指田，古代主管农事的官。舍：住。

(59)修：整治。封疆：疆界，这里指田地的界限。

(60)审：周密，详细。端：端正。径，术：都是小路，这里指田间的小路。

译文

孟春正月，太阳的位置在营室宿。初昏时刻，参宿出现在南方中天；拂晓时刻，尾宿出现在南方中天。孟春在天干中属甲乙，它的主宰之帝是太，佐帝之神是句芒，它的应时的动物是龙鱼之类的鳞族，声音是中和的角音，音律与太蔟相应。这个月的数字是八，味道是酸味，气味是膻气，要举行的祭祀是户祭，祭祀时，祭品以脾脏为尊。春风吹融了冰雪，蛰伏的动物开始苏醒活动。鱼儿从深水向上游到冰层下，水獭开始捕鱼。候鸟大雁从南往北飞行。天子居住在东向明堂的左侧室，乘坐饰有用青凤命名的响铃的车子，车前驾着青色的马，车上插着绘有龙纹的青色的旗帜；天子穿着青色的衣服，佩戴着青色的饰玉，吃的食物是麦子和羊，使用的物纹理空疏而通达。这个月有立春的节气。在立春前三天，太史向天子禀告说：“某日立春，大德在于木。”天子于是斋戒，准备迎春。立春那天，天子亲自率领三公、九卿、诸侯、大夫到东郊去迎接春的降临。迎春礼毕归来，就在朝中赏赐公卿、诸侯、大夫，并命令相国宣布教化，发布禁令，实行褒奖，赈济不足，一直施及所有百姓。褒奖赏赐之事，要通达施行，不要有不当之处。于是命令太史遵奉六典八法，主管推算日月星辰运行的工作；太阳所在的位置，月亮所经过的地方，以及日月星辰运行的度数和轨迹，要计算得没有一点差错和失误，制定历法仍以冬至点在牵牛初度为准则。

这个月，天子在吉日向上帝祈求五谷丰登，并选择好的时辰，亲自用车装载着耒耜，放在参乘车右和御者中间，率领三公、九卿、诸侯、大夫，到帝籍田亲自耕作。推耒耜入土，天子推三下，三公推五下，卿、诸侯、大夫推九下。礼毕返回，天子在祖庙举行宴饮，慰劳群臣、三公、九卿、诸侯、大夫都去侍酒。这次宴饮命名叫“劳酒”。

这个月，上天之气下降，地中之气上升，天地之气混同一体，草木开始萌发。国君宣布农功之事，命令农官住在东郊，监督农民整治耕地的疆界，审视并端正田间的小路。很好地考察丘陵，山地、平原、洼地等各种地形，什么土地适宜种什么谷物，什么谷物应用什么方法种植，要用这些教诲引导农民，而且务必亲自去做。农功之事布置完毕，先确定农产品的价格标准，农民才没有疑惑。

这个月，命令乐官进入太学教国子练习舞蹈。同时修订祭祀的典则，命令祭祀山林河流不用母牲做祭品。禁止砍伐树木，不许捣翻鸟巢，不许杀害幼小的禽兽，不许捕捉小兽和掏取鸟卵；不得聚集民众，不得建立城郭，要掩埋枯骨尸骸。这个月，不可以举兵征伐，举兵必定遭到天灾。在不能兴兵征伐的时节，兵戎之事不可以从我开始。发布政令不要违背自然的规律，不要无视土地的条件，不要扰乱礼义的纲纪。孟春正月如果发布应在夏天发布的政令，那么，风雨就不能正常来去，草木就会过早地干枯，人民就会感到惶恐。如果发布应在秋天发布的政令，那么，百姓就会遭受瘟疫，狂风暴雨就会多次袭来，野草就会蓬生。如果发布应在冬天发布的政令，那么，大水就会毁害生物，霜雪就会严重地伤害庄稼，麦子就不能生成收获。

本　生

原　文

二曰：

始生之者，天也；养成之者，人也。能养天之所生而勿撄[①]之谓天子。天子之动也，以全天为故[②]者也。此官之所自[③]立也。立官者，以全生也。今世之惑主，多官而反以害生，则失所为[④]立之矣。譬之若修兵者，以备寇也。今修兵而反以自攻，则亦失所为修之矣。

夫水之性清，土者[⑤]扣之，故不得清。人之性寿，物者扣之，故不得寿。物也者，所以养性[⑥]也，非所以性养[⑦]也。今世之人，惑者多以性养物，则不知轻重也[⑧]。不知轻重，则重者为轻，轻者为重矣。若此，则每动无不败。以此为君，悖；以此为臣，乱；以此为子，狂。三者国有一焉，无幸必亡[⑨]。

今有声于此[⑩]，耳听之必慊已[⑪]，听之则使人聋，必弗听。有色于此，目视之必慊已，视之则使人盲，必弗视。有味于此，口食之必慊已，食之则使人瘖[⑫]，必弗食。是故圣人之于声色滋味也，利于性则取之，害于性则舍之[⑬]，此全性之道也。世之贵富者，其于声色滋味也，多惑者。日夜求，幸而得之则遁[⑭]焉。遁焉，性恶[⑮]得不伤？

万人操弓，共射一招[⑯]，招无不中。万物章章[⑰]，以害一生，生无不伤；以便[⑱]一生，生无不长。故圣人之制万物也，以全其天也。天全，则神和矣，目明矣，耳聪矣，鼻臭[⑲]矣，口敏[⑳]矣，三百六十节皆通利[㉑]矣。若此人者，不言而信，不谋而当，不虑而得；精通乎天地，神覆乎宇宙；其于物无不受也，无不裹也，若天地然；上为天子而不骄，下为匹夫而不惛[㉒]。此之谓全德之人。

贵富而不知道，适[㉓]足以为患，不如贫贱。贫贱之致物[㉔]也难，虽欲过之，奚[㉕]由？出则以车，入则以辇[㉖]，务以自佚[㉗]，命之曰"招蹷之机"[㉘]。肥肉厚酒，务以自强[㉙]，命之曰"烂肠之食"。靡曼皓齿[㉚]，郑卫之音[㉛]，务以自乐，命之曰"伐性之斧"。三患者，贵富之所致也。故古之人有不肯贵富者矣，由重生故也；非夸以名也，为其实也。则此论之不可不察也。

注解

①撄（yīn）：触犯。

②天：指天所生育的生命。故：事。

③官：职官。自：从。

④为：介词。

⑤者：语气词。

⑥性：生命。

⑦以性养：用生命供养外物。

⑧轻：喻物。重：喻身。

⑨无幸必亡：无可幸免，必定灭亡。

⑩有……于此：古汉语中表示假设，用于打比方的一种惯用格式。

⑪慊：满足，惬意。已：语气词，用于语尾，表示确定。

⑫瘖（yīn）：哑。

⑬害于性则舍之：告诫人们要趋利避害，才有益于健康。

⑭遁：通“循”。这里的意思是放纵不能自禁。

⑮恶（wū）：何，怎么。

⑯招：射的目标，箭靶。

⑰章章：繁盛的样子。

⑱便：利。

⑲臭：这里指嗅觉灵敏。

⑳口敏：言辞敏捷。

㉑三百六十节：指人的周身所有关节。《素问六节藏像论》：“计人亦有三百六十五节。”这里是取其整数。以人的关节总数为三百六十五，是为和周天三百六十五度相配，这是阴阳五行学说“天人相应”的观点。利：通畅。

㉒胮：通“闷”。忧闷。

㉓适：正，恰好。

㉔致物：获得物。

㉕奚：何。

㉖辇（niǎn）：人推挽的车。

㉗佚：通“逸”。逸乐。

㉘招蹷之机：导致人脚生病的器械。蹷，病名，这里指脚不能行走。

㉙强：勉强。

㉚靡曼皓齿：指美色。靡曼，皮肤细腻。皓，洁白。

㉛郑卫之音：春秋战国时郑、卫两国的民间音乐。从孔子“放郑声”，“郑声淫”起，古人历来都视之为淫靡之音，乱世之音。

译文

最初创造出生命的是天，养育生命并使它成长的是人。能够保养上天创造的生命而不摧残它，这样的人称作天子。天子一举一动都是把保全生命作为要务的。这是设立职官的由来。天子设立职官，正是用以保全生命啊。如今世上糊涂的君主，大量设立官职却反而因此妨害生命，这就失去了设立职官的本来意义了。譬如训练军队，是用以防备敌寇的。可是如今训练军队却反而用以攻杀自己，那就失去了训练军队的本来意义了。

水本来是清澈的，泥土使它浑浊，所以水无法保持清澈。人本来是可以长寿的，外物使他迷乱，所以人无法获得长寿。外物本应是供养生命的，不该损耗生命去追求它。可是如今世上糊涂的人多损耗生命去追求外物，这样做是不知轻重。不知轻重，就会把重的当作轻的，把轻的当作重的了。像这样，无论做什么，没有不失败的。持这种态度做君主，就会惑乱糊涂；持这种态度做臣子，就会败乱纲纪；持这种态度做儿子，就会狂放无礼。这三种情况，国家只要有其中一种，就无可幸免，必定灭亡。

假如有这样一种声音，耳朵听到它肯定感到惬意，但听了就会使人耳聋，人们一定不会去听。假如有这样一种颜色，眼睛看到它肯定感到惬意，但看了就会使人眼瞎，人们一定不会去看。假如有这样一种食物，嘴巴吃到它肯定感到惬意，但吃了就会使人声哑，人们一定不会去吃。因此，圣人对于声音，颜色，滋味的态度是，有利于生命的就取用，有害于生命的就舍弃，这是保全生命的方法。世上富贵的人对于声色滋味的态度大多是糊涂的。他们日日夜夜地追求这些东西，幸运地得到了，就放纵自己不能自禁。这样，生命怎么能不受伤害？

假如让一万人拿着弓箭，共同射向一个目标，那个目标没有不被射中的。万物繁盛茂美，如果用以伤害一个生命，那么那个生命没有不被伤害的；如果用以养育一个生命，那么那个生命没有不长寿的。所以圣人制约万物，是用以保全自己的生命。生命全然无损，精神就和谐了，眼睛就明亮了，听觉就灵敏了，嗅觉就敏锐了，口齿就伶俐了，全身的筋骨就通畅舒展了。像这样的人，不用说话就能取信于人，不用谋划就会得当，不用思考就有所得。他们的精神通达天地，覆盖宇宙。对于外物，他们无不承受，无不包容，就像天地一样。他们上做天子而不骄傲，下做百姓而不忧闷。像这样的人，称得上是德行完全的人。

富贵而不懂得养生之道，正足以成为祸患，与其这样，还不如贫贱。贫贱的人获得东西很难，即使想要过度地沉湎于物质享受之中，又从哪儿去弄到呢？出门乘车，进门坐辇，务求安逸舒适，这种车辇应该叫做“招致脚病的器械”。吃肥肉，喝醇酒，极力勉强自己吃喝，这种酒肉应该叫做“腐烂肠子的食物”。迷恋女色，陶醉于淫靡之音，极尽享乐，这种美色，音乐应该叫做“砍伐生命的利斧”。这三种祸患都是富贵所招致的。所以古代就有不肯富贵的人了，这是由于重视生命的缘故；并不是用轻视富贵的虚名来夸耀自己，而是为保全生命。既然这样，那么以上这些道理是不可不明察的。

重己

原文

三曰：

倕[①]，至巧也。人不爱倕之指，而爱己之指，有之[②]利故也。人不爱昆山之玉，江汉之珠[③]，而爱己之一苍璧小玑[④]，有之利故也。今吾生之为我有，而利我亦大矣。论其贵贱，爵为天子，不足以比焉；论其轻重，富有天下，不可以易之；论其安危，一曙[⑤]失之，终身不复得。此三者，有道者之所慎也。有慎之而反害之者，不达乎性命之情[⑥]也。不达乎性命之情，慎之何益？是师[⑦]者之爱子也，不免乎枕之以糠；是聋者之养婴儿也，方雷而窥之[⑧]于堂。有殊弗知慎者[⑨]。夫弗知慎者，是死生存亡可不可，未始有别也。未始有别者，其所谓是未尝是[⑩]，其所谓非未尝非。是其所谓非，非其所谓是，此之谓大惑。若此人者，天之所祸也。以此治身，必死必殃[⑪]；以此治国，必残必亡。夫死殃残亡，非自至也，惑召之也。寿长至常亦然[⑫]。故有道者不察所召，而察其召之者，则其至不可禁矣。此论不可不熟[⑬]。

使乌获疾引[⑭]牛尾，尾绝力勯[⑮]，而牛不可行，逆也。使五尺竖子引其棬[⑯]，而牛恣所以之[⑰]，顺也。世之人主贵人，无贤不肖，莫不欲长生久视，而日逆其生，欲之何益？凡生之长也，顺之也；使生不顺者，欲也。故圣人必先适欲[⑱]。

室大则多阴，台高则多阳；多阴则蹷，多阳则痿[⑲]。此阴阳不适之患也。是故先王不处大室，不为高台，味不众珍[⑳]，衣不燀热[㉑]。燀热则理塞[㉒]，理塞则气不达；味众珍则胃充，胃充则中大鞔[㉓]，中大鞔而气不达。以此长生可得乎？昔先圣王之为苑囿[㉔]园池

也，足以观望劳形㉕而已矣；其为宫室台榭㉖也，足以辟㉗燥湿而已矣；其为舆马衣裘也㉘，足以逸身暖骸㉙而已矣；其为饮食酏醴㉚也，足以适味充虚而已矣；其为声色音乐也，足以安性自娱而已矣。五者，圣王之所以养性也，非好俭而恶费也，节㉛乎性也。

注解

①倕：相传是尧时的巧匠。

②之：其。

③昆山：昆仑山。据说昆仑山产的玉石，用炉炭烧三天三夜，色泽也不改变。因此古人用“昆山之玉”指代上好的美玉。江汉：长江，汉水。传说江汉有夜明珠，因此古人用“江汉之珠”指代上好的珍珠。

④苍璧：含石多的玉。小玑（jī）：小而不圆的珍珠。

⑤一曙：一旦。

⑥达：通晓。情：实情。

⑦师：乐官，古代由盲人担任。这里指代盲人。

⑧窥（kuī）：使……从内向外看。之：代婴儿。

⑨有殊弗知慎者：大意是，盲人、聋子的所作所为同不知道小心的人相比，其实际效果又有什么不同。

⑩未尝：未曾，不曾。是：正确，与下文“非”相对。

⑪殃：遭受祸害。

⑫寿长至常亦然：长寿的得来也常是这样。常，恒久。

⑬熟：深知。

⑭乌获：战国时秦国的力士，以勇力仕秦武王。疾：用力。引：拉，拽。

⑮绝：断。勯（dān）：力尽。

⑯竖子：儿童。蒋：同“桊”。牛鼻环。

⑰恣：听任。之：往。

⑱适欲：使欲望适度，即节制欲望的意思。

⑲蹷：这里指寒雕，是一种手足逆冷的病症，古人认为是阴气盛所致。痿：一种肢体萎弱无力的病症，古人认为主要是阳气盛而五脏内热所致。蹷，

痿之疾都会使人肢体不能活动。《素问》的《痿论篇》和《蹷论篇》对这两种疾病有专门论述。

⑳味不众珍：饮食不求丰盛珍异。

㉑燀（dǎn）：通“疷”。厚。

㉒理塞：脉理闭结。

㉓充：满。中：指胸腹。鞔：通“懑”。闷胀。

㉔苑囿：都是畜养禽兽的地方，大的叫苑，小的叫囿。

㉕劳形：活动身体。古人把劳形作为养生之道的一个重要内容。

㉖台：高而平的建筑物，一般供远眺，游观之用。榭：建在高土台上的敞屋。

㉗辟：避开。这个意义后来写作“避”。

㉘裘：皮衣。

㉙骸：形骸，人的身体。

㉚酏：稀粥，可用来酿酒。醴（lǐ）：甜酒。

㉛节：调和而达到适度。

译文

倕是最巧的人，但是人们不爱惜他的手指，却爱惜自己的手指，这是由于它属于自己所有而有利于自己的缘故。人们不爱惜昆山的美玉，江汉的明珠，却爱惜自己的一块含石的次等玉石，一颗不圆的小珠，这是由于它属于自己所有而有利于自己的缘故。如今我的生命属于我所有，而给我带来的利益也是极大的。就贵贱而论，即使贵为天子，也不足以同它相比；就轻重而论，即使富有天下，也不能同它交换；就安危而论，一旦失掉它，终身不可再得到。正是由于这三个方面的原因，有道之人对生命特别小心谨慎。有人虽然对生命小心翼翼，可是实际上却在损害它，这是由于不通晓生命的天性的缘故。不通晓生命的天性，即使对生命小心翼翼，又有什么益处这正如盲人爱儿子，竟免不了把他枕卧在谷糠里；又如聋子养育婴儿，正当响雷的时候却抱着他在堂上向外张望。这种情况同不知小心谨慎的人相比，其实际效果又有什么不同？对生命不知小心爱惜的人，他们对死生存亡，可与不可从来没有分辨清过。他们认为正确的从来都

不是正确的，他们认为错误的从来都不是错误的。他们把错误的东西当作是正确的，把正确的东西当作是错误的，这种情况叫做“大惑”。像这种人，正是上天降祸的对象。持这种态度修身，自身必定遭祸，必定死亡；持这种态度治理国家，国家必定残破，必定灭亡。死亡，灾祸，残破，灭亡，这些东西都不是自己找上来的，而是惑乱所招致的。长寿的得来也常是这样。所以，有道之人不去考察招致的结果，而考察招致它们的原因，那么，结果的实现，自然就不可遏止了，这个道理不可不深知。

假使叫古代的大力士乌获用力拽牛尾，即使把力气用尽，把牛尾拽断，也不能让牛跟着走，这是违背牛的习性的缘故。如果叫一个小孩牵着牛鼻环，牛就会顺从地听任所往，这是由于顺应牛的习性的缘故。世上的人君，贵人，不论好坏，没有不想长寿的。但是他们每日都在违背生命的天性，即使想要长寿，又有什么益处？大凡生命长久都是顺应它的天性的缘故，使生命不顺的是欲望，所以圣人一定首先节制欲望，使之适度。

房屋过大，阴气就多；台过高，阳气就盛。阴气多就会生疾，阳气盛就会得痿病。这是阴阳不适度带来的祸患。因此，古代帝王不住大房，不筑高台，饮食不求丰盛珍异，衣服不求过厚过暖。衣服过厚过暖脉理就会闭结，脉理闭结气就会不通畅。饮食丰盛珍异胃就会过满，胃过满胸腹就会闷胀，胸腹闷胀气就会不通畅。在气不通畅的状态下还想求得长生，能办到吗？从前，先代圣王建造苑囿园池规模只要足以游目眺望，活动身体就行了；他们修筑宫室台榭，大小高低只要足以避开干燥和潮湿就行了；他们制作车马衣裘，只要足以安身暖体就行了；他们置备饮食酏醴，只要足以合口味，饱饥肠就行了；他们创作音乐歌舞，只要足以使自己性情安乐就行了。这五个方面是圣王用来养生的。他们之所以要这样，并不是喜好节俭，厌恶靡费，而是为了调节性情使它适度啊。

贵公

原文

四曰：

昔先圣王之治天下也，必先公。公则天下平[1]矣。平得于公。尝试观于上志[2]，有得天下者众矣，其得之以公，其失之必以偏。凡主之立也，生[3]于公。故《鸿范》[4]曰："无偏无党[5]，王道荡荡[6]。无偏无颇[7]，遵王之义[8]。无或作好[9]，遵王之道。无或作恶[10]，遵[11]王之路。"

天下，非一人之天下也，天下之天下也。阴阳之和[12]，不长[13]一类；甘露时雨，不私一物；万民之主，不阿一人[14]。伯禽[15]将行，请所以治鲁。周公[16]曰："利而勿利[17]也。"荆[18]人有遗弓者，而不肯索[19]，曰："荆人遗之，荆人得之，又何索焉？"孔子闻之曰："去其'荆'而可矣。"老聃[20]闻之曰："去其'人'而可矣。"故老聃则至公矣。天地大矣，生而弗子[21]，成而弗有[22]，万物皆被其泽[23]，得其利，而莫知其所由始。此三皇五帝[24]之德也。

管仲[25]有病，桓公[26]往问之，曰："仲父之疾病[27]矣。渍[28]甚，国人弗讳[29]，寡人将谁属国[30]？"管仲对曰："昔者臣尽力竭智，犹未足以知之也。今病在于朝夕之中，臣奚能言？"桓公曰："此大事也，愿仲父之教寡人也。"管仲敬诺，曰："公谁欲相[31]？"公曰："鲍叔牙[32]可叔牙之为人也，清廉洁直；视不己若者，不比于人[33]；一闻人之过，终身不忘。勿已[34]，则隰朋[35]其可乎？"隰朋之为人也，上志而下求[36]，丑[37]不若黄帝，而哀不己若者。其于国也，有不闻也；其于物也，有不知也；其于人也，有不见也。勿已乎，则隰朋可也。"夫相，大官[38]也。处大官者，不欲小察[39]，不欲小智[40]，故曰：大匠不斫[41]，大庖不豆[42]，大勇不斗，大兵不寇[43]。桓公行公去私恶，用管子而为五伯长[44]；行私阿所爱，用竖刀[45]而虫出于户。

人之少也[46]愚，其长也智。故智而用私，不若愚而用公。日醉而饰服[47]，私[48]利而立公，贪戾而求王[49]，舜弗能为。

注解

①平：指政治清明安定。

②尝：试。“尝试”为同义连用。上志：古代记载。志，记。

③生：出。

④《鸿范》：《尚书周书》中的一篇，一作《洪范》。鸿，大。范，法。

⑤无：通“毋”。不要。偏：不平。党：结党。

⑥荡荡：广大平坦的样子。

⑦颇：不正。

⑧义：道理，法度。

⑨或：句中语气词。好：偏好。

⑩恶：憎恶。

⑪遵：沿着……走。

⑫阴阳：古人指自然界两种对立的物质元素，并且以二者的消长盈虚，推移运动说明自然现象的变化。和：调和。

⑬长：生。

⑭阿：偏袒，庇护。

⑮伯禽：周公旦之子，鲁国始祖。周公相成王，留在东都洛阳，成王封伯禽于鲁。

⑯周公：姬姓，名旦，周武王之弟，辅佐武王灭商，建立周王朝。相传周代的礼乐制度都是周公制定的。

⑰利而勿利：大意是，施利给人民而不要为自己谋私利。两个“利”都用如动词，前者是施利的意思，后者是谋利的意思。

⑱荆：古代楚国的别称。因楚国原建国于荆山一带，故名“荆”。

⑲索：求，寻找。

⑳老聃（dān）：春秋战国时楚人，曾为周藏书室史官。相传《老子》（又名《道德经》）一书为老聃所著。

㉑子：用如动词，以……为子。

㉒有：占有。

㉓被：承受。泽：恩泽，恩德。

㉔三皇五帝：传说中的远古帝王。一般的说法是，三皇指伏羲（xī），神农，燧人，五帝指黄帝，颛顼，帝喾（kù），尧，舜。本书十二月纪则以太

（伏羲），炎帝（神农），黄帝，少，颛顼为五帝。

㉕管仲：春秋齐人，名夷吾，字仲。初事公子纠，与齐桓公为敌；后由鲍叔牙推荐，为桓公相，尊称“仲父”。

㉖桓公：指齐桓公。春秋齐国国君，姜姓，名小白，公元前685年～前643年在位，为春秋五霸之首。

㉗疾：病。病：病重。

㉘渍：病。

㉙国人弗讳：指发生国人不可避忌的事，即病死。讳，避忌。

㉚谁属（zhǔ）国：把国家托付给谁。谁，“属”的宾语，前置。属，托付。这个意义后来写作“嘱”。

㉛公谁欲相：您打算用谁为相。相，用如动词。

㉜鲍叔牙：齐大夫，管仲的好友，以知人著称。

㉝比：并列，齐等。

㉞勿已：等于说“不得已”。

㉟隰朋：齐大夫。

㊱上志：记识上世贤人而效法他们。下求：即下问。凡以能问于不能，以多问于少，以上问于下，都称“下问”。

㊲丑：用如动词，以……为羞耻。

㊳官：官职。

㊴欲：应该。小察：在小处苛求。

㊵小智：在小处聪明。

㊶大匠：手艺高超的木匠。斫：砍削。

㊷大庖：手艺高超的厨师。豆：古代食器，这里用如动词，置豆。

㊸寇：劫掠。

㊹五伯：通常写作“五霸”，指春秋时势力强大称雄一时的五个诸侯首领。通行的说法，五霸指齐桓，晋文，秦穆，宋襄，楚庄。本书《当染》等篇则把齐桓，晋文，楚庄，吴阖闾，越勾践列为春秋五霸。伯，长，首领。

㊺竖刀（diāo）：齐桓公的近侍。他书或作“竖刁”。虫出于户：桓公死，竖刀参与乱齐国，桓公五子争立，无人主丧，尸体停在床上六十多天不予殡殓，以至尸虫流出门外。

㊻也：语气词。用于句中，表示语气的顿宕。

㊼饰：通“饬”。整顿。服：指丧服制度。据礼，居丧不饮酒食肉。

㊽私：用如动词，把……归为私有。

㊾戾：贪暴。王：成就王业。

译文

从前，先代圣王治理天下，一定把公正无私放在首位。做到公正无私，天下就安定了。天下获得安定是由于公正无私。试考察一下古代的记载，曾经取得天下的人是相当多的了。如果说他们取得天下是由于公正无私，那么他们丧失天下必定是由于偏颇有私。大凡立君的本意，都是出于公正无私。所以《鸿范》中说："不要偏私，不要结党，王道多么平坦宽广。不要偏私，不要倾侧，遵循先王的法则。不要滥逞个人偏好，遵循先王的正道。不要滥逞个人怨怒，遵循先王的正路。"

天下不是某一个人的天下，而是天下人的天下。阴阳相和，不只生长一种物类。甘露时雨，不偏私一物。万民之主，不偏袒一人。伯禽将去鲁国，临行前请示治理鲁国的方法。周公说："施利给人民而不牟取私利。"有个荆人丢了弓，却不肯去寻找，他说："荆人丢了它，反正还被荆人得到，又何必寻找呢"孔子听到这件事说："他的话中去掉那个'荆'字就合适了。"老聃听到以后说："再去掉那个'人'字就合适了。"像老聃这样的人，算是达到公的最高境界了。天地是多么伟大啊，生育人民而不把他们视为自己的子孙，成就万物而不占为己有。万物都承受它的恩泽，得到它的好处，然而却没有哪一个知道这些是从哪里来的。这也正是三皇五帝的品德。

管仲有病，桓公去探问他，说："您的病相当重了。如果您病情危急，不幸与世长辞，我将把国家托付给谁呢？"管仲回答说："过去我尽心竭力，尚且不足以了解这样的人。如今病重，危在旦夕，又怎么能谈论这件事呢"桓公说："这是大事啊，望您能教导我。"管仲恭敬地答应了，说："您想用谁为相？"桓公说："鲍叔牙行吗？"管仲回答说："不行。我深知鲍叔牙。鲍叔牙的为人，清白廉正，看待不如自己的人，不屑与之为伍，偶一闻知别人的过失，便终生不忘。不得已的话，隰朋大概还行吧。隰朋的为人，既能记识上世贤人而效法他们，又能不耻下问。自愧其德不如黄帝，又怜惜不如自己的人。

他对于国政，不该管的，就不去打听；他对于事务，不需要了解的，就不去过问；他对于别人，无关大节的，就装作没看见。不得已的话，那么隰朋还行。”国相，是一种很高的职位。居于高位的人，不应该在小的地方花费精力，不应该玩弄小聪明。所以说：高超的木匠不去亲自动手砍削，高超的厨师不去亲自排列食器，大勇之人不去亲自格斗厮杀，正义之师不去劫掠为害。桓公行公正，抛却私恨，起用管子而成为五霸之长；行偏私，庇护所爱，任用竖刀而致使死后国家大乱，不得殡殓，尸虫流出门外。

人年幼的时候愚昧，岁数大了聪明。如果聪明而用私，不如愚昧而行公。天天醉醺醺的却要整饬丧纪，自私自利却要树立公正，贪婪残暴却要称王天下，这些即使舜也办不到。

评析

“孟春”指的是一年之初，在五行学说中，春季是属木，在这个季节中，阳气胜阴气弱，大自然中所有的生物开始生长，属于一个复苏生养的季节。因此这个季节里天子行使权利应该以宅心仁厚为主，禁止杀戮，爱护生灵，同时这个季节里天子应该劝农民们开垦耕地，要对世间的穷苦百姓进行体谅帮助，对天下的孤寡进行安抚。

“本生”也就是说以生命为基本。其中，“生”指的是天性，就是说人的自然生命的过程，通过这里我们可以认识到，在作者看来“全生”“全性”应该就是人生的最高追求，然而如何正确的处理“生”跟“物”之间的关系就是“全性之道”，因此在“本生”中，如果想要做到“全性之道”，那么就要做到“以物养性”，对性有利则取之，无利则舍之，而且还不能重物养生，以物养性。

“重己”也就是说对自己的生命要珍重，作者认为，就算是拿天子的尊位来换取生命那也不可以，就算是天子享受的财富也没有办法与之相提并论。然而世人假如想要长寿，那么就必须要在顺应生命的条件下有所行动，对自己的欲望要节制，适应生活的习性。“重己”的思想就是“贵己”思想跟“善生”思想的一个完美结合。

“贵公”指的是以公为贵。按照作者自身的思想，“治天下也未必先公”

君主圣王在治理天下的时候，必须要做到以公正为首要思想，只有公正才能够实现“天下平”，也就是说天下的和睦是来自于公平公正。树立君主的意思本来就是要有主持公道的人，因为天下并不是一个人的天下，天下是属于整个天下的。

仲春纪

仲 春

原文

一曰：

仲春之月，日在奎[1]，昏弧[2]中，旦建星[3]中。其日甲乙，其帝太皞，其神句芒，其虫鳞，其音角，律中夹钟[4]。其数八，其味酸，其臭膻，其祀户，祭先脾。始雨水，桃李华[5]，苍庚[6]鸣，鹰化为鸠[7]。天子居青阳太庙[8]，乘鸾辂，驾苍龙，载青旂，衣青衣，服青玉，食麦与羊，其器疏以达。

是月也，安萌牙[9]，养幼少，存诸孤[10]；择元日，命人社[11]；命有司，省囹圄[12]，去桎梏[13]，无肆掠[14]，止狱讼[15]。

是月也，玄鸟[16]至，至之日，以太牢祀于高禖[17]。天子亲往，后妃率九嫔御[18]，乃礼天子所御[19]，带以弓韣[20]，授以弓矢[21]，于高禖之前。

是月也，日夜分[22]，雷乃发声，始电[23]。蛰虫咸[24]动，开户[25]始出，先雷三日，奋铎[26]以令于兆民曰：“雷且发声，有不戒其容止者[27]，生子不备[28]，必有凶灾[29]。”日夜分，则同度量[30]，钧衡石[31]，角斗桶[32]，正权概[33]。

是月也，耕者少舍[34]，乃修阖扇[35]。寝庙[36]必备。无作大事[37]，以妨农功[38]。

是月也，无竭川泽，无漉陂[39]池，无焚山林。天子乃献羔开冰[40]，先荐[41]寝庙。上丁[42]，命乐正入舞舍采[43]；天子乃率三公，九卿，诸侯，亲往视之。中丁[44]，又命乐正入学习乐[45]。

是月也，祀不用牺牲㊻，用圭璧㊼，更皮币㊽。

仲春行秋令，则其国大水㊾，寒气总㊿至，寇戎51来征；行冬令，则阳气不胜52，麦乃不熟，民多相掠53；行夏令，则国乃大旱，暖气早来，虫螟54为害。

注解

①日在奎：指太阳的位置在奎宿。奎，二十八宿之一，在今仙女座。

②弧：星宿名，又名弧矢，在鬼宿之南，今属大犬及船尾座。

③建星：星宿名，在斗宿之上，今属人马座。

④中：应。夹钟：十二律之一。

⑤华：花，这里用如动词，开花。

⑥苍庚：黄鹂。

⑦鸠：布谷鸟。

⑧青阳太庙：东向明堂的中间正室。

⑨安：用如使动，使……安。萌牙：即萌芽。

⑩存：抚恤。孤：无父的儿童。

⑪社：土神，这里用如动词，意为祭祀土神，以祈求五谷丰登。

⑫有司：主管的官吏，这里指掌管刑法的官吏。省：减少。囹圄：牢狱。

⑬桎梏：刑具，在手上的叫梏，在脚上的叫桎。

⑭肆：陈列，这里指执行死刑后陈尸示众。掠：鞭笞。

⑮狱讼：诉讼之事。狱也是讼的意思。

⑯玄鸟：燕子。相传有娀氏女简狄吞玄鸟卵而生契，因此后人把它作为男女婚娶的征兆，在它到来时祭祀媒神以求后嗣。

⑰太牢：祭品中牛羊豕（猪）三牲具备叫“太牢”。高禖：即郊。主管嫁娶的媒神。因其祠在郊外，故称郊。

⑱嫔：古代宫廷中女官名。天子有一后，三夫人，九嫔，二十七世妇。这里九嫔泛指宫中所有女眷。御：侍从。

⑲礼：用如动词，举行礼仪。天子所御：指天子所御幸而有孕的宫眷。

⑳弓韣：弓套。

㉑授以弓矢：把弓箭授给她。给有孕的女眷带上弓套，授予弓矢，是为了祈求能生男孩，因为弓矢之类都是男子勇士所用之具。

㉒日夜分：日夜时间相等。分：半。

㉓电：用如动词，打闪。

㉔咸：都。

㉕户：指穴。孟春“蛰虫始振”，到仲春才“咸动”，“始出”。

㉖奋：振动。铎：指木铎，以木为舌的大铃。古代宣布政教法令，要巡行振鸣木铎以引起众人的警觉。

㉗戒：警戒。容止：这里指男女房中事。

㉘备：完备。不备指生的小孩有先天残疾。

㉙凶灾：指父母必有灾祸。

㉚同：统一。度：计量长短的器具或单位。量：计量体积多注少的容器。

㉛钧：均等。衡：秤杆。石：重量单位，古代一百二十斤为一石。

㉜角：校正。斗桶：都是量器。

㉝正：用如使动，使……正，校正。权：秤锤。概：平斗斛的木板。古人在日夜平分之时统一这些度量衡，是为顺应天时。

㉞少舍：稍稍休息。少，稍。舍，止息。

㉟阖扇：门户。用木做的叫阖，用竹苇做的叫扇。

㊱寝庙：古代宗庙中前边祭祖的部分叫庙，后边住人的部分叫寝。

㊲大事：指战争。

㊳妨：损害。农功：农事。

㊴漉：竭，使干涸。陂（bēi）：积蓄水的池塘。

㊵献羔开冰：古人冬天凿下冰块，藏入冰窖，仲春二月，先要献上羊羔祭祀司寒之神，然后才能打开冰窖取冰。

㊶荐：向鬼神进献。

㊷上丁：一月之中的第一个丁日。

㊸入舞：指乐正入国学教练舞蹈。舍：放置。采：指彩帛。古时初次进国学，要以彩帛敬祀先师。

㊹中丁：一个月中旬的丁日。

㊺乐：音乐。古人很重视音乐，认为它可以移风易俗，使人民和谐。

㊻祀不用牺牲：指一般的祈祷之礼不用牺牲。上文提到祀高用太牢，开

冰窖取冰用羔，都是天子举行的一年一度的大礼，不在此例。

㊼圭璧：祭祀时用作符信的玉器。圭，上尖下方的玉器。璧，圆形而中间有孔的玉器。

㊽更：更换，代替。皮币：指皮毛缯帛。

㊾大水：秋天七月，下弦月行入毕宿，日在轸，这时为多雨之时。

㊿总：忽然。

51寇戎：来犯的敌军。五行家认为秋属金，有杀气，所以行秋令则有兵戎来犯。

52胜：经受得住。

53掠：劫掠。五行家认为冬属阴，行冬令，阴气侵阳，所以阳气不胜，麦不成熟；麦不熟，人民饥饿，所以互相劫掠。

54虫螟：指吃庄稼心儿的虫子。五行家认为夏属火，炎热，所以大旱，暖气早来；因为大旱，所以虫螟为害。

译文

仲春二月，太阳的位置在奎宿。初昏时刻，弧矢星座出现在南方中天；拂晓时刻，建星出现在南方中天。这个月在天干中属甲乙，它的主宰之帝是太皞，佐帝之神是句芒，它的应时的动物是龙鱼之类的鳞族，声音是中和的角音，音律与夹钟相应。这个月的数字是八，味道是酸味，气味是膻气，要举行的祭祀是户祭，祭祀时，祭品以脾脏为尊。这个月开始下雨，桃李开始开花，黄鹂开始鸣叫，天空中的鹰逐渐为布谷鸟取代。天子居住在东向明堂的正室，乘坐饰有用青凤命名的响铃的车子，车前驾着青色的马，车上插着绘有龙纹的青色的旗帜；天子穿着青色的衣服，佩戴着青色的饰玉，吃的食物是麦子和羊，使用的器物纹理空疏而通达。

这个月，要保护植物的萌芽，养育儿童和少年，抚恤众多的孤儿。选择好的日子，命令老百姓祭祀土神。命令司法官减少关押的人犯，去掉手铐脚镣，不要杀人陈尸和鞭打犯人，制止诉讼之类的事情。

这个月，燕子来到。燕子来到的那天，用牛羊豕三牲祭祀高之神。天子亲自前往，后妃率领宫中所有女眷陪从，在高神前为天子所御幸而有孕的女眷举行礼仪，给她带上弓套，并授给她弓和箭。

这个月，日夜平分，开始打雷，打闪。蛰伏的动物都苏醒了，开始从洞穴中钻出来。打雷的前三天，振动木铎向老百姓发布命令说：“凡是不警戒房中之事，在响雷时交合的，他生下的孩子必有先天残疾，而自己也必有凶险和灾祸。”日夜平分，所以要统一和校正各种度量衡器具。

这个月，耕作的农夫稍事休息，整治一下门户。祭祀先祖的寝庙一定要

完整齐备而没有毁坏。不要兴兵征伐，以免妨害农事。这个月，不要弄干河川沼泽及蓄水的池塘，不要焚烧山林。天子向司寒之神献上羔羊，打开冰窖，然后把冰先献给祖先。上旬的丁日，命令乐正进入国学教练舞蹈，把彩帛放在前边行祭祀先师的礼节。天子率领三公，九卿，诸侯亲自去观看。中旬的丁日，又命令乐正进入国学教练音乐。

这个月，一般的祭祀不用牲畜做祭品，而用玉圭，玉璧，或者用皮毛束帛来代替。仲春二月如果发布应在秋天发布的政令，国家就会洪水泛滥，寒气就会突然到来，敌寇就会来侵犯。如果发布应在冬天发布的政令，阳气就经受不住，麦子就不能成熟，人民中间就会频繁出现劫掠之事。如果发布应在夏天发布的政令，国家就会出现干旱，热气过早来到，庄稼就会遭到虫害。

贵　生

原　文

二曰：

圣人深虑天下，莫贵于生。夫耳目鼻口，生之役[1]也。耳虽欲声，目虽欲色，鼻虽欲芬香，口虽欲滋味，害于生则止[2]。在四官[3]者不欲，利于生者则弗[4]为。由此观之，耳目鼻口不得擅行，必有所制。譬之若官职，不得擅为，必有所制。此贵生之术也。

尧以天下让于子州支父[5]，子州支父对曰："以我为天子犹[6]可也。虽然[7]，我适有幽忧[8]之病，方将治之，未暇在天下也。"天下，重物[9]也，而不以害其生，又况于他物乎？惟不以天下害其生者也，可以托天下。

越人三世杀其君，王子搜[10]患之，逃乎丹穴[11]。越国无君，求王子搜而不得，从[12]之丹穴。王子搜不肯出。越人熏之以艾，乘之以王舆[13]。王子搜援绥[14]登车，仰天而呼曰："君乎！独不可以舍[15]我乎？"王子搜非恶为君也，恶为君之患也。若王子搜者，可谓不以

国伤其生矣。此固越人之所欲得而为君也。

鲁君闻颜阖[16]得道之人也，使人以币先[17]焉。颜阖守闾[18]，鹿[19]布之衣，而自饭[20]牛。鲁君之使者至，颜阖自对[21]之。使者曰："此颜阖之家耶?" 颜阖对曰："此阖之家也。" 使者致[22]币，颜阖对曰："恐听缪[23]而遗使者罪，不若审[24]之。" 使者还反审[25]之，复来求之，则不得已[26]。故若颜阖者，非恶富贵也，由重生恶之也。世之人主多以贵富骄[27]得道之人，其不相知，岂不悲哉!

故曰：道之真，以持身[28]；其绪余[29]，以为国家；其土苴[30]，以治天下。由此观之，帝王之功，圣人之余事也，非所以完身养生之道也。今世俗之君子，危身弃生以徇物[31]，彼且奚以此之也[32]？彼且奚以此为也

凡圣人之动作也，必察其所以之与其所以为。今有人于此，以随侯之珠[33]弹千仞之雀，世必笑之。是何也? 所用重，所要[34]轻也。夫生，岂特[35]随侯珠之重也哉!

子华子曰[36]："全生[37]为上，亏生[38]次之，死[39]次之，迫生[40]为下。" 故所谓尊生者，全生之谓；所谓全生者，六欲[41]皆得其宜也。所谓亏生者，六欲分[42]得其宜也。亏生则于其尊之者[43]薄矣。其亏弥[44]甚者也，其尊弥薄。所谓死者，无有所以知[45]，复其未生也[46]。所谓迫生者，六欲莫得其宜也，皆获其所甚恶者。服是也，辱是也[47]。辱莫大于不义，故不义，迫生也。而迫生非独不义也，故曰迫生不若死。奚以知其然也? 耳闻所恶，不若无闻；目见所恶，不若无见。故雷[48]则掩耳，电则掩目，此其比[49]也。凡六欲者，皆知其所甚恶，而必不得免，不若无有所以知。无有所以知者，死之谓也，故迫生不若死。嗜肉者，非腐鼠之谓也；嗜酒者，非败[50]酒之谓也；尊生者，非迫生之谓也。

注解

①役：役使。

②止：被禁止。

③四官：指耳目鼻口。

④弗：当是衍文（依陈昌齐说）。

⑤子州支父（fǔ）：传说中的古代隐士，姓子，名州，字支父。

⑥犹：庶几，还。

⑦虽然：虽然如此。

⑧幽忧：深重的忧劳。

⑨重物：贵重的东西。

⑩王子搜：战国时越王无颛（zhuān），“搜”为无颛的异名。毕沅据《竹书纪年》考证，无颛之前越国三代国君（不寿，朱句，无余）先后被杀。

⑪丹穴：采丹的矿井。

⑫从：通“踪”。按迹追踪。

⑬王舆：国君专用的车。

⑭援：拉。绥：车绥，上车时挽手所用的绳子。

⑮舍：舍弃。

⑯颜阖：战国时鲁国的隐士。颜阖与鲁君事以及上文尧与子州支父，越人与王子搜之事均可参见《庄子·让王》。

⑰币：币帛。古人用以相互赠送，致意的礼物。先：事先致意。

⑱守：居。闾（lǘ）：周制，二十五家为里，里必有门，称作闾。这里代指住所。

⑲鹿：今作“粗”。

⑳饭：动词。古代给人食物吃，喂牲畜草料都可称“饭”。

㉑对：应答，接待。

㉒致：献，送。

㉓缪：通“谬”。错。

㉔审：审核清楚。

㉕还反：返回。

㉖已：语气词，用于句尾，表示确定。

㉗骄：用如动词，傲视的意思。

㉘真：实质，根本。持：保。

㉙绪余：残余。绪，余。

㉚土苴（jū）：泥土草芥，比喻无足轻重的微贱之物。

㉛徇物：舍弃生命去追求外物。徇，通“殉”。

㉜彼：指代“世俗之君子”。且：将。奚：何。之：往。

㉝随侯之珠：相传随侯见一条大蛇伤断，给它敷药，后来大蛇从江中衔来一颗明珠报答他。后人把这颗明珠称作“随侯之珠”。随，汉东之国，姬

姓。仞：古代长度单位。仞的长度说法不一。清人陶方琦《说文仞字八尺考》认为，周制一仞为八尺，汉制为七尺，东汉末则为五尺六寸。

㉞要（yāo）：求。

㉟特：只。

㊱子华子：古代道家人物。传说为战国时魏人，与韩昭妖侯同时。

㊲全生：保全生命的天性，使其顺应自然，即下文所说的“六欲皆得其宜”。

㊳亏生：指生命的天性由于受到外物的干扰而亏损，即下文所说的“六欲分得其宜”。亏，损耗，欠缺。

㊴死：这里不是指终其天年的自然死亡，而是指为坚守自己的志向而舍弃生命。

㊵迫生：这里指苟且偷生，使生命的天性完全受到压抑，即下文所说的“六欲莫得其宜”。

㊶六欲：指生，死及耳，目，口，鼻的欲望。

㊷分：一半。

㊸尊之者：指生命的天性。

㊹弥：益，更加。

㊺无有所以知：指丧失生命。所以知，用以知道六欲的凭借，即知觉。

㊻复其未生也：等于又回到它未生时的状态。

㊼服是也，辱是也：屈服属于这一类，受辱属于这一类。

㊽雷：用如动词。下句“电”用法同。

㊾比：相似。

㊿败：腐败变质。

译文

圣人深思熟虑天下的事，认为没有什么比生命更宝贵。耳目鼻口是受生命支配的。耳朵虽然想听乐音，眼睛虽然想看彩色，鼻子虽然想嗅芳香，嘴巴虽然想尝美味，但只要对生命有害就会被禁止。对于这四种器官来说，即使是本身不想做的，但只要有利于生命就去做。由此看来，耳目鼻不能任意独行，必须有所制约。这就像各种职官，不得独断专行，必须要有所制约一样。这就是珍惜生命的方法。

尧把天下让给子州支父，子州支父回答说:“让我做天子还是可以的，虽是这样，但我现在正害着忧劳深重的病，正在治疗，没有余暇顾及天下。”天下是最珍贵的，可是圣人不因它而危害自己的生命，又何况其他的东西呢？只有不因天下而危害自己生命的人，才可以把天下托付给他。

越国人连续杀了他们的三代国君，王子搜对此很是忧惧，于是逃到一个山洞里。越国没有国君，找不到王子搜，一直追寻到山洞。王子搜不肯出来，越国人就用燃着的艾草把他熏了出来，让他乘坐国君的车。王子搜拉着登车的绳子上车，仰望上天呼喊道："国君啊！国君啊！这个职位怎么偏偏让我来干啊！"王子搜并不是厌恶做国君，而是害怕做国君招致的祸患。像王子搜这样的人，可说是不肯因国家而伤害自己生命的了。这也正是越国人一定要找他做国君的原因。

鲁国国君听说颜阖是个有道之人，想要请他出来做官，就派人带着礼物先去致意。颜阖住在陋巷，穿着粗布衣裳，自己喂牛。鲁君的使者来了，颜阖亲自接待他。使者问："这是颜阖的家吗？"颜阖回答说："这正是我的家。"使者送上礼物，颜阖说："我担心您把名字听错了而会给您带来处罚，不如搞清楚再说。"使者回去查问清楚了，再来找颜阖，却找不到了。像颜阖这样的人，并不是本来就厌恶富贵，而是由于看重生命才厌恶它。世上的君主，大多凭借富贵傲视有道之人，他们竟如此地不了解有道之人，难道不太可悲了吗？

所以说：道的实体用来保全身体，它的剩余用来治理国家，它的渣滓用来治理天下。由此看来，帝王的功业是圣人闲暇之余的事，并不是用以全身养生的方法。如今世俗所谓的君子损害身体舍弃生命去追求外物，他们这样做要达到什么目的呢？他们又将采用什么手段达到目的呢？

大凡圣人有所举动的时候，必定明确知道所要达到的目的和达到目的所应采用的手段。假如有这样一个人，用随侯之珠去弹射千仞高的飞鸟，世上的人肯定会嘲笑他。这是为什么呢？这是因为他所耗费的太贵重，所追求的太轻微了啊。至于生命，其价值贵重又岂只是随侯珠所能相比的！

子华子说："全生是最上等，亏生次一等，死又次一等，迫生是最低下的。"所以，所谓尊生，说的就是全生；所谓全生，是指六欲都能得到适宜。所谓亏生，是指六欲只有部分得到适宜。生命受到亏损，它的天性就会削弱；生命亏损得越厉害，它的天性削弱得也就越厉害。所谓死，是指没有办法知道六欲，等于又回到它未生时的状态。所谓迫生，是指六欲没有一样得到适宜，六欲所得到的都是它们十分厌恶的东西。屈服属于这一类，耻辱属于这一类。在耻辱当中没有比不义更大的了。所以，行不义之事就是迫生。但是迫生不仅仅是不义，所以说，迫生不如死。根据什么知道是这样呢？比如，耳朵听到讨厌的声音，就不如什么也没听到；眼睛看到讨厌的东西，就不如什么也没见到。所以打雷的时候人们就会捂住耳朵，打闪的时候人们就会遮住眼睛。迫生不如死就像这类现象一样。六欲都知道自己十分厌恶的东西是什么，如果这些东西一定不可避免，那么就不如根本没有办法知道六欲。没有办法知道六欲就是死。因此迫生不如死。嗜好吃肉，不是说连腐臭的老鼠也吃；嗜好喝酒，不是说连变质的酒也喝；珍惜生命，不是说连迫生也算。

评析

仲春二月，太阳行运在奎宿中。在这个月中，草木刚刚发芽，万物复苏，燕子飞临，黄鹂鸣叫。一片生机勃勃的景象。这个季节也是养生的好时候。人之生存，总有生死，养生并不是怕死，是要一个健康的生命，自然有了健康的生命，也会长寿。讲究养生的，大多是老年人，年轻人正在拼搏，还顾不上这些，当然养生并不只是老年人的事，年轻人也很重要，年轻人不惜力气，超负荷的工作，到老了落下一身病，这就不是养生。当然养生并不是不干活，不工作，是要劳逸结合。年轻人也好，老年人也好都要讲究养生。年轻人有了健康的身体才能更好的工作，老年人有了健康的身体也能做一些力所能及的事情，也不会给家人增加负担。所以不管是年轻人，还是老年人都应该讲究养生。

一、养生先养心。养心就是要心胸宽阔，遇事不怒，想得开，放得下，始终保持心情的平和。对人与事，不要斤斤计较，要对他人多着想。过喜伤心，过怒伤肝，忧伤脾，悲伤肺，惊恐伤肾，要保持正常的七情。养心要心静自然，自己达不到的事情，不要去想它，不要妄想，不要过分的追求，要知足者常乐。当然不是不要追求的目标，而是有目标努了力就可以了，胜不骄，败不燥。比如你总想比人家过的好，过不好也不能去上吊。能人背后有能人，追求过高了，一辈子也达不到。养心要勤用脑。养心不是什么也不想，脑子不用就痴呆了，要不断学习，不断接受新事物，当然用脑过度也不是养生。

二、养生要养体。养体重要的是一个动字，动字包括劳动和运动，任何劳动和运动，只要不是过力的，对身体健康都是有益的，这就要求人们要勤于动，不要懒，动则促进气血周流，懒则气血流通缓慢。体育锻炼是一种锻炼，劳动也是一种锻炼，但不能过力，过力了就会积劳成疾。当然体育锻炼过力了对身体也会有害。人体不断的活动，保证气血的运行畅通周流，才会有健康的身体。

三、养生要合理饮食，保证身体的需求。人体需要各种物质，不能偏食，不能过饱过饥，人缺少了哪方面的营养对身体都不利，过多供给了营养，造成了体内某物质的堆积对身体也不利，所以饮食要全面适当。

四、养生要维护身体的健康。人的身体就像机器一样，要不断维护和保养，要预防疾病和治疗疾病，有了毛病就要修修，先是预防为主，一旦有了疾病就要抓紧治疗，只有去除了疾病，才能保证身体的健康。

五、养生要注重养脾胃和肾。肾是先天之本，脾胃是后天之源。肾藏精生髓，是人体生命的精华，肾衰退了，人体就要衰老，脾胃运化是供给人体生命需要的源泉，所以要注意保养脾胃和肾。

兵　家

兵家是中国先秦、汉初研究军事理论，从事军事活动的学派。诸子百家之一。据《汉书·艺文志》记载，兵家又分为兵权谋家、兵形势家、兵阴阳家和兵技巧家四类。

名人与典籍

兵家研究讨论的主要是战争哲学思想，学说重点在于“用兵”，即战略战术问题。春秋战国之后，那些通晓军事的军事家、学者也往往归入或称为“兵家”。

兵家的主要代表人物在春秋战国时期主要有孙子、孙膑、吴起等。兵家的思想源头可以追溯到商周时期的吕尚（即史上著名的姜太公）。

孙膑是中国战国时期军事家。生于战国时期的齐国阿鄄之间（今山东省的阳谷县阿城镇，鄄城县北一带），传说他是孙武后代。曾与庞涓同学兵法，后庞涓为魏惠王将军，骗孙膑到魏，用刖刑（即砍去双脚），被齐国使者偷偷救回齐国后，被齐威王任为军师，马陵之战，身居辎车，计杀庞涓，大败魏军。著作有《孙膑兵法》，久已失传。1972年山东省临沂银雀山出土残简，有一万一千余字。

吴起（公元前440年~前381年），中国古代军事家和政治家，战国时卫国左氏（今山东定陶县西）人，曾经拜鲁国曾子为师，学习儒术。敢于改革，善于用兵。战国初期著名的政治改革家，卓越的军事家、统帅、军事理论家、军事改革家。后世把他和孙子连称“孙吴”，著有《吴子》，《吴子》与《孙子》又合称《孙吴兵法》，在中国古代军事典籍中占有重要地位。

《孙子兵法》

孙武是世界公认的史上最伟大的军事思想家之一，他曾率领齐国军队大破楚国军队，占领了楚的国都郢城，几灭亡楚国。其著有巨作《孙子兵法》十三篇，为后世兵法家所推崇，被誉为“兵学圣典”，置于《武经七书》之首，被译为英文、法文、德文、日文，成为世上最著名的兵学典范之书。

始计

原文

孙子曰：兵[①]者，国之大事，死生之地[②]，存亡之道[③]，不可不察[④]也。

注解

①兵：兵士、兵器、军队、军事，这里指军事。

②地：土地、地方、地域、地形，这里取地域意，引申为领域。

③道：道理，这里指的根本道理。

④察：观察、考察、了解。这里指考察。

译文

孙子说：军事是国家的大事，是关系人民生死的领域，也是关系国家存亡的根本之道，因而是不可不深入加以考察的。

原文

故经[①]之以五事，校[②]之以计而索其情[③]：一曰道[④]，二曰天[⑤]，三曰地[⑥]，四曰将[⑦]，五曰法[⑧]。道者，令民与上同意[⑨]也，故可以与之死，可以与之生，而不畏危。天者，阴阳[⑩]、寒暑、时制也。地者，远近、险易、广狭、死生也。将者，智、信、仁、勇、严也。法者，曲制、官道、主用[⑪]也。凡此五者，将莫不闻[⑫]，知之者

胜，不知[13]者不胜。故校之以计而索其情，曰:“主孰有道？将孰有能？天地孰得？法令孰行？兵众孰强[14]？士卒孰练[15]？赏罚孰明？吾以此知胜负矣。

注解

①经：经度，引申为分析研究。

②校：作动词用，较量、比较、计较。

③索：探索。其：代词，这里指敌我双方。情：情况、实情。

④道：道理，道路，这里可引申为治国的路线或方针政策。

⑤天：天象、天气，这里是指天气。

⑥地：这里是指地形。

⑦将：将领。

⑧法：法令、法规、制度。

⑨令：作动词用，使令。上：上司、上级，这里是指君主。意：意志、意愿。

⑩阴阳：我国古代一对概括宇宙万象万物内在基本矛盾的范畴，这里是从气像和天象上讲的，指大气晴雨、天像昼夜的变化。

⑪曲制：曲，古代军队编制较小的单位，曲制即指军队的编制。官道：官，指军队中的各级指挥员，官道即指对军队各级将领的职责划分和管理形式、管理制度。主用：主，主持，这里可解释为掌管。用，费用，这里指军队的物资费用。主用，就是指对军队后勤军需的管理。

⑫闻：听见、了解。

⑬知：知道，这里指深入了解。

⑭强：强壮，这里指士兵体质强壮。

⑮练：训练，这里指军士训练有素。

译文

所以，军事家们首先必须从五件事来进行比较和谋算，以求得对敌我双方真实情况的了解。这五件事一是道，二是天，三是地，四是将，五是法。所谓道，是指能使人民与君主同心同德的政治方针和政策，它能促使人民甘

愿与君主同生共死而不害怕任何危难。所谓天，是指用兵时所处的时节和气候，是晴天还是雨天？是气候寒冷还是气候炎热？是春夏秋冬的哪个季节？所谓地，是指用兵时，距离敌人是远还是近？所处的地形是险峻，还是平坦？是宽阔地带，还是狭窄地带？是处于死地，还是处于生地？所谓将，是指统率军队的将领是否具备足智多谋、赏罚有信、仁爱部下、勇敢果断、治军严明的素质与能力。所谓法，是指军队的编制、法令、法规和对各级指挥官职责的划分和管理，以及后勤军需管理制度。以上五方面情况，作为军事将领虽然一般的都会有所了解，但只有那些深入了解这些情况的人才能取得战争的胜利；不能深入了解这些情况的人是不能取胜的。所以说，必须认真地对它加以比较、讨论，才能求得对实情的深入了解，也就是说，要了解敌我双方，哪一方政治清明，政治方针政策正确？哪一方的将领有才能？哪一方占有天时与地利？哪一方军队编制合理，法令、法规畅通无阻？哪一方军队的士兵体质强健，训练有素？哪一方军队管理得好，赏罚严明？从这五方面加以比较、算计，便可以预知战争的结局是谁胜谁负了。

原文

将①听吾计，用之必胜，留之；将不听吾计，用之必败，去之。计利以听②，乃为之势③，以佐其外④，势者，因利而制权⑤也。

兵者，诡道⑥也。故能而示⑦之不能，用而示之不用⑧，近而示之远，远而示之近，利而诱之，乱而取之，实而备⑨之，强而避之，怒而挠⑩之，卑⑪而骄之，佚⑫而劳之，亲而离之。攻其无备，出其不意。此兵家之胜⑬，不可先传⑭也。

注解

①将：这里作时间副词，可解释为将要，亦可引申为如果。

②计：计较，这里可引申为衡量。计利，就是指权衡利益。听：听从。

③势：这里是指的形势、情势。

④佐：辅佐，引申为有助于。其：指示代词，这里指实现战略或战役目标的计划。外：指外部环境或客观形势。

⑤权：这里与“经”相对，指权且，权宜，引申为灵活运用。

⑥诡：欺诈。道：这里作途径解，引申为方法、计谋。诡道，即指欺诈的方法和计谋。

⑦示：显示，这里是指伪装地显示。

⑧用：使用，这里是指用兵。

⑨实：充实、实力，这里是指敌人军力充实雄厚。备：准备。

⑩挠：挑逗。

⑪卑：卑下，这里是指的轻视。

⑫逸：安逸，这里指部队获得了充分休整。

⑬胜：胜利，这里指取胜之道。

⑭传：传授。

译文

如果君主听从我的上述计谋，并用它去指导战争，就会取得胜利，在这种情况下，我便应当留下来帮助他；相反，如果不听从我的计谋，而用另外的计谋去指导战争，将会招致失败，这时，我便应该辞去。君主或统帅经过权衡利害，听从我的计谋，将会形成有利的客观形势，这是有助于实现军事目的的外部条件。当然，有利的客观形势也是人们从有利的原则出发，根据现实情况，采取机动灵活的举措造成的。

须知用兵是一种诡诈之道，需要运用种种欺骗敌人的方法：自己本来力量很强，却要向敌人伪装出似乎没有什么力量；本来准备用兵，却要伪装怯懦不敢用兵；本来已经接近敌方了，却要伪装距离敌方还很远；本来距离敌方还远，却要伪装出已经靠近敌人了。要用小的利饵引诱敌人，乘敌方混乱之时进行攻取。对实力雄厚的敌人要有充分的应战准备；对战斗力强的敌人要暂时避开他们的锋芒；对于容易冲动发怒的敌军将领，要设法挑逗他、激怒他，使其失去理智；对于轻视我方的敌人，要设法使他更加骄傲起来，丧失对我方的警惕；对于有充分休整、精力充沛的敌人，要设法搞得他们劳累疲惫；对于内部团结的敌人，要设法离间他们、分裂他们；要在敌人没有准备时，突然发起攻击，使我方的进攻出乎敌方意料之外。凡此种种，都是军事家们用兵取胜之道，这些都只能因时因地因人灵活运用，它是无法事先传授的。

原文

夫未战而庙算[1]胜者，得算多也；未战而庙算不胜者，得算少也。多算胜，少算不胜，而况于无算乎！吾以此观之，胜负见矣。

注解

①庙：庙堂。庙算，指庙堂上的计算与谋划。

译文

用兵打仗之前，君主或统帅都要在庙堂之上进行策划谋算。谋算得多，非常周密，胜过了敌方，在战争中取胜的机会就会多一些；相反，谋算很少，很不周密，不能胜过敌方，取胜的可能性也就会很少，更不用说那些根本不进行谋算的了！我从战争双方事前谋算的比较中，便可以预知战争的结局将会是谁胜谁负了。

评析

孙子提出决定战争胜负的五个基本因素，即战争的正义性和君心、民心的向背；气候冷热变化和战争的时机；地形的远近、险易和复杂简单情形；

指挥战争的将领在智谋、诚信、勇敢诸方面的素质和军事才能；军队的编制、后勤供给与保障和行军用兵的纪律、军令是否严明。孙子将这五个方面概括为道义、天时、地利、将领和法规。

战争是直接关系到交战双方生死存亡的大问题，必须加以认真研究。在中国军事史上，孙子初次提出战前要充分筹划准备的思想，将决定战争胜负的五个基本因素加以分析比较，即所谓“庙算”，就是在庙堂之内分析取胜条件，以取胜条件的充分与否来决定军事行动。

孙子在这里所提出的“庙算”是对中国军事战略学的重大贡献。这实际上从另一个方面反映了“知己知彼，百战不殆”的思想原则。对自己和别人的情况做到胸中有数，有利时则战，不利时则不战，这是极富军事智慧的。

公元前497年，越王允常去世，其子勾践继位。吴王阖闾乘越国允常之丧，率军攻越。吴越二军在携李（今浙江嘉兴西南）对阵时，越军两次用死士攻击吴军严整的阵势，均未能奏效。最后越王勾践驱使犯了死罪的囚徒列为三行，一起在吴军阵前自杀，使吴军军心涣散。越军乘其不备，突然发起攻击，大败吴军，阖闾受伤而死。

吴王阖闾死后，其子夫差即位。夫差按照其父“必毋忘越”的遗嘱，在伍子胥、伯嚭的辅助下，日夜加紧练兵，准备出兵攻越。越王勾践也重用楚人文种、范蠡，改革政治，增加国力。越王勾践于公元前494年春得到夫差准备攻越的消息后，在准备还不充分、兵力还不够充足的情况下，决定先发制人，出兵攻吴。吴王夫差尽发吴国精兵，迎战越军于夫椒（今江苏苏州西南）。由于吴军实力较强，越军战败。越军损失巨大，最后只剩下五千人，退守会稽山（今浙江绍兴东南）。吴军乘胜追击，把会稽包围得水泄不通。在这生死存亡的关头，勾践采纳了范蠡的建议，决定以屈求生。勾践一面准备死战，一面派文种去向吴王夫差求和，以美女、财宝疏通吴国太宰伯嚭，要他劝说夫差允许越国作为吴的属国存在下去，勾践愿做吴王的臣仆，忠心侍奉吴王；不然，勾践将“尽杀其妻子，燔（烧）其宝器，悉五千人触战”。在伯嚭的劝说下，吴王夫差准许议和。吴军撤军回国。

越国战败后，越王勾践将治理国家的大权交给文种，自己和范蠡一道去吴国给夫差当奴仆，越国的王后也做了吴王夫差的女奴。勾践为吴王驾车养马，他的夫人为吴国打扫宫室。他们住在囚室，粝衣恶食，受尽屈辱而从不反抗。由于勾践能卑事吴王，同时又贿赂伯嚭，最后，勾践终于取得了吴王的信任，三年后被释放回国。

越王勾践回国后，首先下了一道“罪己诏”，检讨自己与吴国结仇，使很多百姓在战场上送命的失误。他还亲自去慰问受伤的平民，抚养阵亡者的遗族。他在坐卧的地方悬挂了苦胆，吃饭的时候也要先尝尝苦胆的滋味。他“身自耕作，夫人自织，食不加肉，衣不重采”。

勾践一面苦心励志，一面致力于改革内政，减轻刑罚、赋税，提倡开荒种地。越国在十年中没有向人民征收赋税，百姓每家都有三年的粮食储备。由于勾践实行了一系列“去民之所恶，补民之不足”的政策，得到越国百姓的衷心拥戴，越国从此中兴。

吴国战胜越国后，领土得到扩张，势力日益强大。夫差也因胜而骄，过高地估计了自己的力量，看不到勾践决心灭吴的意图。他奢侈淫乐，穷兵黩武，急于以武力威胁齐、晋，称霸中原。公元前 484 年，夫差闻齐景公已死，便决定出兵北上伐齐。吴军击败齐军于艾陵。公元前 482 年，夫差又约晋定公和各国诸侯于七月七日到黄池（今河南封丘西南）会盟。夫差为了炫耀武力，圆其称霸中原之梦，带去了吴国三万精锐部队，只留下一些老弱的军士同太子一起留守国内。夫差的空国远征，给了越国以可乘之机。越王勾践在吴军刚离国北上时，就想出兵攻吴。范蠡认为时机未到，他分析说：“吴王北会诸侯于黄池，精兵从王，国中空虚，老弱在后，太子留守，兵始出境未远，闻越击其空虚，兵还不难也。”他劝勾践暂缓出兵。数月之后，范蠡估计吴军已到黄池，便同意勾践出兵。勾践调集越军四万九千人，兵分两路，一路由范蠡、后庸率领，由海道入淮河，切断北去吴军的归路；一路由大夫畴无余、讴阳为先锋，勾践亲率主力继后，从吴国南面边境入吴直逼姑苏。

越国在攻打吴国之前，确实做了一番精心的准备。勾践不但在国内对内政进行全面改革，对吴国，他继续实行以退为进的战略，麻痹腐蚀夫差，经常送给夫差优厚的礼物，表示忠心臣服，以消除他对越国的戒备，助其骄气。同时又破坏吴国经济，用高价收买吴国的粮食，造成吴国粮食困难。他运用离间之计使夫差对伯嚭偏听偏信，对伍子胥更加疏远，挑起其内部争斗。这些措施的实施，壮大了自己，削弱了敌人，为伺机灭吴奠定了基础。

吴太子友得知越军乘虚出击吴国，急忙率兵到泓上（今江苏苏州近郊）阻止越军的进攻。太子友根据国内精锐部队全部北上黄池的现实，决定采取不与越军交战，坚守待援的策略，同时派人请夫差尽快回军。然而，当越军先锋军到达时，吴将王孙弥庸一眼望见被越军俘获的他父亲的“姑蔑旗”在空中招展，不由得怒火中烧，也就顾不得太子友坚守疲敌的主张了。他率领他的部属五千人出击，打败了越军的先锋部队。首战小胜，使吴将更加骄傲轻敌。不久，勾践的主力到达，向吴军发起了猛攻。越军一举击败吴军，俘虏了太子友，进入吴国国都姑苏。越军缴获了大批物资，取得了这场战争的胜利。

夫差正在黄池与晋定公争当霸主，听说越军攻下姑苏，太子被俘，恐怕影响霸业，就一连杀掉七个来报告情况的人，封锁这一不利消息，并用武力威胁晋国让步，勉强做了霸主。随后，夫差急忙回军。在回国的途中，吴军接连听到太子被杀、国都被围等一系列失利的消息，军士完全丧失了斗志。夫差感到现在回国立即反击越国没有必胜的把握，就在途中派伯嚭向越求和。勾践和范蠡估计自己的力量还不能马上把吴国消灭，于是同意议和，撤兵回国了。

夫差回到吴国，本想马上报复越国，但是吴国由于连年战争，生产遭到破坏，财力消耗很大，国内又闹灾荒，因此，他感到一时还没有实力对越实施报复。于是他宣布“息民散兵”，企图恢复力量，待机再举。

文种见吴国开始致力于增强国内经济实力，便觉得越国应抓住有利时机及时完成灭吴大业，如果等到吴国经济实力得到恢复，那么战胜吴国将更加困难。于是文种向勾践建议，应抓紧目前吴军疲惫，国内防务松弛的机会再次攻吴。勾践采纳了他的建议，于公元前 473 年乘吴国大旱、仓廪空虚之时，准备大举攻吴。

是年三月，越军进军到笠泽（苏州南面，与吴淞江平行的一条江）。吴国发兵迎击，两军夹江对峙。越国把军队分为左右两翼，勾践亲率六千精兵为中军。黄昏时，勾践命左右二军分别隐蔽在江中。半夜时，二军鸣鼓呐喊，进行佯攻。夫差误以为越军两路渡江进攻，连夜分兵两翼迎战。勾践率主力偃旗息鼓，潜行渡江，出其不意地从吴军两路中间的薄弱部位展开进攻。吴军大败。越军乘胜猛追，再战于没（今苏州南），三战于郊（今苏州郊区）。越军三战三捷，占领了所到之地，使吴国军事力量土崩瓦解，改变了吴强越弱的形势。

吴军笠泽战败后，退而固守姑苏。姑苏城坚，越军一时未能攻下。勾践采取长期围困的战略，使吴军在两年后终于势穷力竭。这时，越军再次发起强攻，打进姑苏城。夫差率残部逃到姑苏台上，又被越军包围。他派人向勾践求和，但越国君臣灭吴之心已定，夫差在无望之中自杀身亡。

越国作为一个较弱小的国家，能战胜实力强大的吴国，首先一个重要的原因是由于越国能从失败中吸取教训，改革政治，争取了民众的支持。勾践在会稽战败后，制定了一系列改革措施，“去民之所恶，补民之不足”。同时，勾践以复仇雪耻为号召，激发民众积极参与灭吴战争，这正顺应了越国人民要求摆脱处于吴国臣属地位的愿望，因而获得了越国人民的支持。其次，在战略上，面对强敌，越国能够避其锋芒，制定以退为进、休养生息的政策，以保存自己的实力，增强国力，为最终战胜强敌做好充分的准备；同时，针对吴国君臣的弱点，采取“利而诱之”“强而避之”“亲而离之”等策略，使吴王夫差妄自尊大，放松警惕，穷兵黩武，削弱了自己的实力。最后，越国在袭击吴国条件成熟时，采取了乘虚捣袭的作战方针，出其不意，攻其不备，给吴军以致命的打击，最终战胜了吴军，取得了灭吴之战的胜利。

越国励精图治，苦心经营，最终战胜强大的吴国，其中的很多策略都与《孙子兵法·始计篇》所述的思想相符合。越灭吴之战，正是孙子军事思想合理性与正确性的极好佐证。

作战

原文

孙子曰：凡用兵之法，驰车千驷[①]，革车千乘[②]，带甲十万[③]，千里馈粮[④]；则内外之费[⑤]，宾客之用[⑥]，胶漆之材[⑦]，车甲之奉[⑧]，日费千金[⑨]，然后十万之师举矣[⑩]。

注解

①驰车：我国古代作战用的一种大型战车，因驰骋轻快，又叫攻车或轻车。千驷：我国古代战车，每辆均用四匹驾马，故曰驷，也就是乘。千驷既可以是指战车千乘，也可以是泛指战车众多。

②革车：我国古代作战用的一种装载各种军需品的辎重车。由于它是用皮革缦其轮，笼其壳，所以叫做革车，也可以叫做守车。

③带甲：甲，这里是指的戎衣。古代的戎衣多用皮革或金属物质做成，所以叫做“甲”或“甲胄”。带甲，就是穿着戎衣。十万：这里泛指军队数量众多。

④千里：这里泛指路程遥远。馈：赠送。馈粮，即是运送粮食。

⑤内外之费：国内国外的各种费用。

⑥宾客之用：招待来宾、使节的费用。

⑦胶漆之材：修饰器械的材料。

⑧车甲之奉：奉，这里指供应。车甲之奉，即指对车辆、甲胄的供应。

⑨千金：这里泛指费用浩大。

⑩十万之师举矣：十万，这里泛指军队数量众多。举，出动、发动。

译文

孙子说：大凡用兵作战的一般规律是，运用轻车千辆，辎重车千辆，征召将士10万，同时还要千里运送粮草；至于付出国内国外的费用，诸如招待来宾使节，补充修饰器械的胶漆之材，供给各种车辆和盔甲等，每天有能力付出千金之巨的耗费，然后，10万大军方可起动。

原文

其用战也胜①，久则钝兵挫锐②，攻城则力屈③，久暴师④则国用不足。夫钝兵挫锐，屈力殚货⑤，则诸侯乘其弊⑥而起，虽有智者⑦，不能善其后⑧矣。故兵闻拙速⑨，未睹巧之久⑩也。夫兵久而国利者，未之有也。故不尽知用兵之害者，则不能尽知用兵之利也。

注解

①其用战也胜：其，代词，指十万之师。用战，用以作战。胜，这里是指贵在速胜。

②钝兵挫锐：钝，这里为“弊”。锐，锋锐，这里是指士气旺盛。钝兵挫锐，就是指兵疲意沮。

③力屈：屈，弯曲，引申为“竭尽”。力屈，就是指人力消耗殆尽。

④暴师：暴，暴露。师，指在外用兵。

⑤殚货：殚，竭尽。货，财货。殚货，指财力枯竭。

⑥诸侯乘其弊：诸侯，这里泛指各诸侯国。弊，弊端、弊病、弱点。乘其弊，指乘兵疲意沮、财力枯竭的弱点。

⑦智者：智能高超足智多谋的人。

⑧善其后：指处理好用兵以后的事。

⑨拙速：拙，笨拙。速，迅速。拙速，指笨拙的速度。

⑩巧之久：巧，灵巧、技巧。巧之久，指因用计灵巧而能使用兵持久。

译文

以10万大军出征作战，贵在速胜；战争旷日持久，就会导致士卒疲惫，锐气受挫。攻打城池要耗尽兵力；军队长期在外作战会使得国家财力难以为继。士卒疲惫，锐气挫伤，兵力耗尽，财力枯竭，就会招致其他诸侯国乘机入侵，到那时，即使是足智多谋的人，也无能挽回危局了。所以，在用兵上，只听说有指挥笨拙但却要求战争速决的，从未见有指挥灵巧而要求战事旷日持久的。因为长久地对外用兵而能对国家有利的事从来没有过。所以说，不完全了解用兵之害的人，也就不可能完全了解用兵之利。

原文

善用兵者，役不再籍①，粮不三载②，取用于国③，因粮于敌④，故军食可足也。

注解

①役不再籍：役，这里指服兵役。籍，登记在册。役不再籍，指不再次登记服兵役。

②粮不三载：粮，这里作动词用，意为征收粮秣。粮不三载，指征收粮秣不超过三次。

③取用于国：用，指军用物资。国，指国内。取用于国，指从国内取得

兵甲、战具等军用物资。

④因粮于敌：因，因依，依托。敌，敌国。因粮于敌，指依托从敌国取得粮食供应。

译文

善于用兵的人，他们不再次征兵也不多次从国内征收军粮。在战争中，他们只从本国取用军用器材物资，而依靠从敌国筹集粮食，这样，军队的粮食才会够用。

原文

国之贫于师者远输[①]，远输则百姓贫。近于师者贵卖[②]，贵卖则百姓财竭，财竭则急于丘役[③]。力屈，财殚，中原内虚于家[④]。百姓之费，十去其七；公家之费，破车罢马[⑤]，甲胄[⑥]矢弩，戟楯蔽橹[⑦]，丘牛[⑧]大车，十去其六。

注解

①贫于师者远输：远输，远道运输，此句指的是由于远道运输而导致国家贫困。

②贵卖：卖，买卖。贵卖，指物价腾贵。

③丘役：丘，丘赋，中国古代按田亩征收的军赋。役，兵役、劳役。

④中原内虚于家：中原，这里泛指国内。内虚，内部空虚。家，家庭。中原内虚于家，指国内十室九空。

⑤破车罢马：破车，指兵车破损。罢，通“疲”。罢马，指马匹疲惫、羸弱。

⑥甲胄：甲，这里指古代士兵身穿的盔甲。胄，指古代士兵头带的一种用金属物质制成的军帽。

⑦戟楯蔽橹：戟，古代的一种兵器，单枝为戈，双枝为戟。楯，楯脾，古代战车上用以防御兵刃和矢石。蔽，这里是指古代战车上用遮蔽风雨的车蔽。橹，古代作战用一种大盾。

⑧丘牛：大牛。

译文

出师外国需要远道运输，远道运输因消耗人力、财力太多就会造成国家贫困。在靠近大军集结的地方，必定会物价上涨，物价贵就会造成国家财力枯竭，国家财力枯竭便要加紧向百姓征收赋役。这样，人力耗尽，财力枯竭，就会使国内十室九空。对百姓来说，他们的负担，将要耗去其全部收入的十分之七；对公家来说，它的消耗，诸如车辆的损坏，马匹的疲惫，盔甲、箭弩、戟盾、大橹的补充，以及大牛大车的征调，也要耗去国家财力的十分之六。

原文

故智将[①]务食于敌。食敌一钟[②]，当吾二十钟；萁秆一石[③]，当吾二十石。

注解

①智将：聪明的将领。

②一钟：我国古代的一种量器，1 钟等于 64 斗。

③秆：豆秸。一石：我国量名，1 石等于 10 斗。

译文

所以，聪明的将帅总是务求在敌国境内筹集粮草。因为消耗敌国一钟粮食，相当于从本国运送20钟粮食；消耗敌国1石草料，相当于从本国运送20石草料。

原文

故杀敌者，怒也①；取敌之利者，货也。故车战，得车十乘已上②，赏其先得者③。而更其旌旗④，车杂而乘之⑤，卒善而养之⑥，是谓胜敌而益强⑦。

注解

①怒也：这里的怒是指的怒气，愤怒的情绪。

②已上：已，同“以”。已上即是“以上”。

③赏其先得者：赏：奖赏、赏赐。先得者，指首先夺得战车的人。

④更其旌旗：指更换战车上敌军的旗帜。

⑤车杂而乘之：指派出自己的战士夹杂着乘坐。

⑥卒善而养之：指对被俘的敌军士兵给以抚养。

⑦胜敌而益强：既战胜了敌人又壮大了自己。

译文

要使将士们英勇杀敌，便要激发他们同仇敌忾的士气；要使士卒勇于夺取敌军的物资，便需借助于物质奖励。在车战中，凡夺得敌方战车10辆以上的，应奖赏首先夺取战车的人，并且更换战车上的旗帜，混合编入本军战车的行列。同时还要善待俘虏，保证他们的生活供给。这样做，才能既战胜敌人，又增强自己军队的战斗力。

原文

故兵贵胜，不贵久。故知兵①之将，生民之司命②，国家安危之主③也。

注解

①知兵：懂得用兵。

②司命：掌握命运。

③主：这里指“主宰”。

译文

所以，用兵作战贵在速战速决，而不可旷日持久。懂得用兵的将领，是民众命运的掌握者，也是国家安危的主宰者。

评析

孙子在这里提出“速战速决”的战略思想。他首先分析了在出兵前应当做的各种准备工作。他认为，对敌国用兵，不宜打拖延战，应当速战速决。这主要出于对军队后勤供给与保障系统而言的。因为，任何一场战争都是交战双方军事实力的较量，而军事实力所依赖的则是综合国力的强弱。军队长期在外用兵打仗，必然造成国家财力枯竭，前方与后方的各种费用十分惊人，长期消耗，战争必败无疑。

因此，孙子认为富有军事才干的将领不会多次从本国运送粮食辎重等作战物资，而是从敌国获取粮草。这样做，既可以节省从本国运输粮草所花费的巨额开支，又能够削弱敌国的物资保障，可取一举两得之功效。既能够战胜敌人，又能够使自己更加强大。这种军事思想无论在古代还是在当代，都是十分高明的。

孙子说："千里馈粮，则内外之费，宾客之用，胶漆之材，车甲之奉，日费千金，然后十万之师举矣。"这是强调作战要考虑军费开支。"用战也贵胜，久则钝兵挫锐，攻城则力屈，久暴师则国用不足"，"虽有智者，不能善其后也"。孙子说："善用兵者，役不再籍，粮不三载，取用于国，因粮于敌，故军食可足也。""国之贫于师者远输，远输则百姓贫。"

谋　攻

原文

孙子曰：凡用兵之法，全国①为上，破国②次之；全军③为上，破军次之；全旅④为上，破旅次之；全卒⑤为上，破卒次之；全伍⑥为上，破伍次之。是故百战百胜，非善之善者也；不战而屈⑦人之兵，善之善者也。

注解

①全国：全，完整、完全，这里作动词，指完全地占有。全国指完整地占有别国的领土。

②破国：破，击破、攻破。破国：指攻破敌国。

③全军：军，春秋时期军队的编制，每军为12500人。全军：这里是指使敌人全军将士投降。

④旅：春秋时期军队的编制，每旅为500人。

⑤卒：春秋时期军队的编制，每卒为100人。

⑥伍：春秋时期军队的编制，每伍为5人。

⑦屈：屈服，意为使敌屈服。

译文

孙子说：大凡用兵作战，以能完整地占有敌国领土为上策，通过进攻使敌国受到破坏，便略进一筹了；以能使敌国一军之众完整地降服为上策；通过兵刃交锋，击溃敌国一军之众便略逊一筹了；以能使敌军一旅之众完整地降服为上策，通过兵刃交锋，击溃敌军一旅之众便略逊一筹了；以能使敌军一卒之众完整地降服为上策，通过兵刃交锋击溃敌军一卒之众便略逊一筹了；以能使敌军一伍之众完整地降服为上策，通过兵刃交锋击溃敌军一伍之众便略逊一筹了。所以说：百战百胜，并不是最好的；只有不经过兵刃交锋而使得敌军降服才是最好的。

原文

故上兵伐谋①，其次伐交②，其次伐兵③，其下攻城。攻城之法为不得已。修橹轒辒④，具器械，三月而后成，距⑤堙，又三月而后已。将不胜其忿而蚁附⑥之，杀士三分之一而城不拔者，此攻之灾也。

注解

①上兵伐谋：上，上等、上乘、最好的。兵，指用兵方法。伐，攻伐、攻击、进攻。谋，谋略、计谋。

②伐交：交，这里是指的外交。

③伐兵：运用兵刃交锋战胜敌国。

④修橹：修，建造、制造。橹，一种用藤草制成的大盾牌。辒，一种用桃木制成四周用牛皮遮蔽的大型攻城战车。

⑤距：指堆筑攻城用的小土山。

⑥蚁附：蚁，蚂蚁。附，依附。

译文

最好的用兵是以谋略取胜，其次是运用外交手段取胜，又其次是以军事手段取胜，最差的要算强攻敌国的城池了。采用攻城的方式应是迫不得已而为之。因为制造攻城用的大盾牌和大型战车，准备好各种攻城器材，需要5个月时间；堆筑攻城用的小土山，又要3个月时间。然后，将领满怀愤怒，驱使士卒像蚂蚁一样蜂拥攻城，以至于死伤1/3还是不能把城攻破，这便是强攻城池的灾祸呵！

原文

故善用兵者，屈人之兵而非战也，拔人之城而非攻也；毁人之国而非久①也，必以全争于天下②，故兵不顿③而利可全，此谋攻④之法也。故用兵之法，十则围之⑤，五则攻之，倍则分之⑥，敌则能战之⑦，少则能逃之⑧，不若则能避之，故小敌之坚⑨，大敌之擒⑩也。

注解

①久：这里是指旷日持久的战争。

②必以全争于天下：全，完整、完全。这里是指取得对敌国的全国、全军、全旅、全卒、全伍的胜利。

③兵不顿：顿，通“钝”，疲惫、挫折。兵不顿：军队不致疲惫，挫折。

④谋攻：用计谋进行攻伐。

⑤十则围之：十，这里是指的十倍。围，包围。

⑥倍则分之：分，分开、分割。

⑦敌则能战之：敌，匹敌、相当、相等。

⑧少则能逃之：少，这里指我方兵力的数量比敌军少。

⑨小敌之坚：小，弱小。敌，泛指战争的一方。小敌，指战争中兵力弱

小的一方。坚，坚固，引申为硬拼。

⑩大敌之擒：大敌，战争中兵力强大的一方。擒，擒获。

译文

所以说，善于用兵的人，能使敌军降服，却不用通过兵刃交锋；能夺取敌国的城池，却不是经过激烈的攻城战斗；能毁灭敌人的国家，却无需经过旷日持久的战争。他们与天下诸侯争斗务求取得完全的胜利。做到自己兵力不致折损而获得完整的利益。这正是以谋略取胜的优点。所以说，用兵打仗的方法应是：我军的兵力10倍于敌军，便把敌军包围起来加以全歼；我军的兵力5倍于敌军，便应对敌军发起攻击；我军的兵力只比敌军多1倍，就应设法将敌军分割开来以造成我军更大的优势；我军的兵力与敌军相当，便应奋力战胜他们；我军的兵力比敌军少，便应设法逃避而不与之正面接战；我军的实力赶不上敌军，也应回避它不同它正面冲突。所以说：弱小的军队如果硬拼，必定为实力强大的军队所擒获。

原文

夫将者，国之辅[①]也，辅周则国必强；辅隙则国必弱。

故君之所以患于军[②]者三：不知军之不可以进而谓之进[③]，不知军之不可以退而谓之退，是谓縻军[④]；不知三军之事而同三军之政[⑤]，则军士惑[⑥]矣；不知三军之权而同三军之任[⑦]，则军士疑[⑧]矣。三军既惑且疑，则诸侯之难[⑨]至矣，是谓乱军引胜[⑩]。

故知胜有五：知可以战与不可以战者胜，识众寡之用[⑪]者胜，上下同欲[⑫]者胜，以虞待不虞[⑬]者胜，将能而君不御[⑭]者胜。此五者，知胜之道[⑮]也。

注解

①国之辅：国，这里是指的国君。

②患于军：患，忧患、不利。

③不知军之不可以进而谓之进：谓，通“与”，这里可引申为命令。

④縻军：縻，束缚，这指束缚军队的行动。

⑤三军之政：三军，指我国古代作战设置的上、中、下或左、中、右三军，亦可泛指军队。政，是指政务，三军之政在这里是指军队的政务。

⑥惑：困惑。

⑦不知三军之权而同三军之任：权，权变，机动。同，有覆盖的意思，这里可引申为总揽。任，指挥、统率。不知三军之权而同三军之任，这里的意思是说，不懂得用兵的权变，灵活的性质，却要干涉军队的指挥。

⑧疑：疑虑。

⑨难：危难，灾难。

⑩乱军引胜：乱军，扰乱军心。引，招致。乱军引胜，是说自己扰乱军心，招引敌军取胜。

⑪识众寡之用：识，了解。众，众多。寡，少。识众寡之用，是说了解用众多的兵力或者是用人数少的兵力的各种战法。

⑫上下同欲：上，这里是指的君主或军队的统帅。下，这里是指的下级军官和士兵。欲，欲望、意愿。

⑬虞：料想，这里可引申为准备。

⑭御：驾驭，引申为牵制，掣肘。

⑮知胜之道：知，这里是指预测，预知。道，道路、方法。

译文

军队的将帅，是国君的辅佐，辅佐得周详，国家就必定强大；辅佐得不周详，国家就必定会衰弱。

所以说，国君对于军队作战不利的事有三：不了解军队不可以前进，却硬要命令军队前进；不了解军队不可以后退，却硬要命令军队后退，这叫做束缚军队；不了解军队的事情，却要总揽军队的政务，以致使得将士们产生困惑；不懂得军队作战的灵活与权变，却要干预军队的指挥，以致使得将士们产生疑虑；军队将士既困惑又疑虑，各诸侯国乘机进犯的灾难就会到来，这叫做自己扰乱军心，招引敌军取胜。

所以说，预测胜利的方法有五种：知道在什么情况下可以作战和在什么情况下不可以作战的人，会取得战争的胜利；懂得怎样用众多的兵力作战，也懂得怎样用少量兵力作战的人，会取得战争的胜利；全军上下，同心同德的，会取得战争的胜利；以我方的有准备对待敌方的无准备，会取得战争的胜利；将帅有才能而国君不加掣肘的，会取得战争的胜利。这五条，就是预测胜利的方法。

原文

故曰：知彼知己，百战不殆①；

不知彼而知己，一胜一负；不知彼，不知己，每战必殆。

注解

①殆：危险、失败。

译文

所以说：既了解敌方情况，也了解我方情况，便能百战百胜而不会有危险。不了解敌方情况，只了解我方情况，便会有时胜利，有时失败。既不了解敌方情况，也不了解我方情况，就会每次用兵都必定失败。

评析

这一篇所讲的内容是军事谋略，又是政治和外交谋略。孙子是中国古代最著名的军事家，但他并不认为战争是解决敌国间纠纷和争议的唯一手段。要征服敌国，可以用军事手段，以战争解决问题，但这却不是最高明的。他说，百战百胜其实算不上是高明之中最高明的，如果不通过交战就能够使敌国的军队屈服，这才是最高明的。孙子崇尚的是军事谋略而不是铁血杀伐，

"上兵伐谋，其次伐交，其次伐兵，其下攻城"。

孙子在本篇里还提到"全胜"的计谋，使敌国的军队完全屈服而不靠作战；获取敌国的城池而不靠强攻；控制敌国不靠持久作战，不使自己疲惫而又可获取全胜，这些就要靠智谋。

此外，孙子还提出国君与军队之间的关系，主张国君不宜干涉军队的具体指挥事务，否则将会自乱其军而使敌人胜利。判断胜利的方法有五种，掌握了这五种方法就可以做出军事行动的决策。本篇中明确提出："知彼知己，百战不殆；不知彼而知己，一胜一负；不知彼不知己，每战必殆。"这是极富辩证法智慧的军事思想。一直到今天，这一思想的价值已经远远超出了军事领域，被从事各行各业的人所理解、所运用，并且取得了成功。

公元前630年，晋国晋文公在城濮之战中战胜楚国之后，已在诸侯中赢得了霸主地位。这一年，晋文公因郑国在城濮之战中曾加盟楚国、出兵参战与他为敌，加之他在流亡时期经过郑国而没受到郑君的礼遇，于是极为恼怒，联合了秦穆公进攻郑国。

郑国是一个小国，在秦、晋两个大国军队兵临城下的危急时刻，郑国国君郑文公连夜召集文武百官商量对策。文官武将们一致认为，以郑国的实力，是不足以抵抗秦、晋两国军队的联合进攻的，最好的办法是派出使者，从秦、晋二国的关系上做文章，晓之以利弊，说服秦国退兵。这样，晋国便孤掌难鸣，极有可能会停止对郑国的进攻。

郑文公采纳了这一退兵方略，决定派富有外交经验、善于辞令的大臣烛之武前去说服秦国退兵。

当时，秦国军队驻扎在城东，晋军驻扎在城西。当夜，郑国守城官兵用绳子系在烛之武的腰上，将他送下城。烛之武出城后，直奔秦军营前，要求见秦穆公。穆公手下的人将他带到秦穆公跟前。烛之武见到秦穆公，便开门见山地对秦穆公说："秦、晋二国的军队包围了郑国，郑国即将灭亡了，如果郑国灭亡对秦国有好处的话，我就不用来见您了。"接着，烛之武从晋、秦、郑三国的地理位置入手，分析灭郑对秦、晋之利弊。他说："您知道，我们郑国在东，秦国在西，中间隔着晋国。郑国灭亡以后，秦国能越过晋国的国土来占领郑国吗？我们的疆土将只能被晋国占领。秦晋两国本来力量相当、势均力敌。如果晋国得到了郑国的土地，它的实力就会比现在更强大，而贵国的势力也将相应地减弱。您现在帮助晋国强大起来，对贵国只有百害而无一利，将来只会反受其害。况且，晋国的言而无信您难道忘了吗？当年晋惠公逃到梁国，请求您的帮助，答应在事成之后以黄河以外的五座城作为酬谢。于是您帮助他回国做了国君，晋惠公回国后不仅赖掉了这些许诺，而且修筑城墙准备与秦对抗。现在晋国天天扩军备战，其野心根本不会有满足的时候。他们今天灭了郑国，往东面扩大了自己的疆土，难保明天不会向西边的秦国扩张。您如果肯解除对郑国的包围，我们郑国将与秦国交好。今后，贵国使者经过郑国的时候，我们一定尽主人之道，好好招待贵宾。这对你们有何危害呢?”

烛之武的一番话，讲得有理有据，利害分明，使秦穆公意识到灭郑确实是于己无利的。于是秦穆公答应立即撤兵，并且和郑国订立了盟约。秦国军队悄悄地班师回国了，还留下了杞子等三位将军带领两千秦兵，帮助郑国守城。

晋文公见秦穆公不辞而别，非常气愤，怎奈孤掌难鸣，于是也偃旗息鼓、撤军回国了。

在《孙子兵法·谋攻篇》中，孙子提出夺取胜利的两种策略，一种是不战而胜的策略，即“不战而屈人之兵”；另一种是靠兵刃获胜的战略，即通过交战夺取胜利。“烛之武退秦师”即不战而胜的战例。烛之武之所以能顺利说服秦穆公退兵，关键在于抓住了灭郑对秦、晋的利害关系。烛之武通过分析，让秦国看到了灭郑于秦不仅无利，而且有害；同时，烛之武在秦、晋关系上做文章，指出晋国言而无信、谋求霸权、贪得无厌，是不可与之共事的，从而破坏了秦、晋的联盟。烛之武在论说灭郑之害时，始终从秦国立场出发，处处为秦设想，以事实为依据，把秦、晋联合灭郑的害处分析得十分透彻，终于使秦穆公撤兵回国。由于郑国在生死存亡的关键时刻成功地实施了“伐交”策略，因而取得了使秦、晋两国不战自退的效果，解除了灭国之危。

军　形

原　文

孙子曰：昔之善战者，先为不可胜①，以待敌之可胜②。不可胜在己③，可胜在敌④，故善战者，能为不可胜，不能使敌之可胜⑤。故曰：胜可知而不可为⑥。

注　解

①先为不可胜：先，首先。为，造成。不可胜，不可被战胜。先为不可胜，这里是指，首先造成一种不可被敌军战胜的形势。

②待敌之可胜：待，等待。敌，敌方。可胜，可以被战胜。待敌之可胜，

这里是指，等待敌人有可能被我军战胜的机会。

③在己：在于自己，引申为决定于自己。

④在敌：在于敌人，引申为决定于敌人。

⑤不能使敌之可胜：使，强使。不能使敌之可胜，这里是指不可能强使敌军提供被我军战胜的机会。

⑥不可为：为，强求。不可为，不可以强求。

译文

孙子说：从前善于打仗的人，总是预先造成一种不可被战胜的形势，来等待敌军有可能被战胜的时机。不可被战胜形势的造成，决定于自己一方。而能否提供可以被战胜的时机则决定于敌方。所以，善于打仗的人，只能做到使自己不可被战胜，却不能做到使敌军必定被我军战胜。所以说：胜利只可以预知，而不可以强求。

原文

不可胜者，守也；可胜者，攻也。守则不足①，攻则有余②。善守者，藏于九地之下③，善攻者，动于九天之上④，故能自保而全胜也。

注解

①守则不足：守，防守。不足，这里是指的兵力不足。守则不足，这里是指，兵力不足时应着重防守。

②攻则有余：攻，进攻。有余，这里是指的兵力有余。攻则有余，这里是指，在兵力充足有余时才发起进攻。

③藏于九地之下：藏，隐藏、隐蔽。九地，极深的地下。“九”是虚数，古人常把“九”表示数的极点。藏于九地之下，这里指的是把军队隐藏在很深很深的地下，使敌人莫测虚实。

④动于九天之上：动，发动。这里可引申为进攻。动于九天之上，这里是指，军队进攻如同从天而降，既出其不意又势不可挡。

译文

不可以被战胜，是讲的防守；可以战胜敌人，是讲的进攻。防守是因为兵力不足；进攻则是因兵力有余。善于防守的军队，就像隐藏在极深的地下一样使敌方莫测虚实；善于进攻的军队，就像从九天之上突然而降，既出其不意，又势不可挡；这样的军队既能在防守中保全自己，又能在进攻时获得全胜。

原文

见胜不过众人之所知①，非善之善②者也；战胜而天下曰善③，非善之善者也。故举秋毫不为多力④，见日月不为明目⑤，闻雷霆不为聪耳⑥。古之所谓善战者，胜于易胜者也。故善战者之胜也，无智名⑦，无勇功⑧。故其战胜不忒⑨。不忒者，其所措必胜，胜已败者也⑩。故善战者，立于不败之地而不失敌之败⑪也。是故胜兵先胜而后求战⑫，败兵先战而后求胜⑬。善用兵者，修道而保法⑭，故能为胜败之政⑮。

注解

①见胜不过众人之所知：见，预见。见胜，预见到胜利。众人，这里是指一般的人、平常的人。知，知道，引申为预知、预测。见胜不过众人之所知，这里是指，为一般人所能预测到的胜利。

②善之善：善，好。善之善，好而又好、最好、最理想的。

③天下曰善：天下，这里指天下的人。天下曰善，指天下的人都说好。

④举秋毫不为多力：举，举起。秋毫，野兽秋天长出的毫毛，比喻为极轻、极细的事物。多力，力量大。举秋毫不为多力，指能举一件像毫毛那样极轻极细的事物不能算是力量大。

⑤明目：眼睛很亮。

⑥聪耳：耳朵听觉很灵。

⑦无智名：智，智谋。名，名声。无智名，指没有多智多谋的名声。

⑧无勇功：勇功，勇敢的战功。无勇功，指没有勇敢的战功。

⑨战胜不忒：忒，可以译为“差”或“差错”。

⑩胜已败者也：已败，已经失败、已经处于必败之地。

⑪不失敌之败：失，丧失。敌之败，敌人的失败。

⑫胜兵先胜而后求战：胜兵，打胜仗的军队。先胜，这里指事先取得必胜的形势。求战，宣战。胜兵先胜而后求战，这里是说，打胜的军队总是事先取得必胜的形势而后才向敌国宣战。

⑬败兵先战而后求胜：败兵，打败仗的军队。求胜，谋求胜利。败兵先战而后求胜，这里是说，打败仗的军队，是因为先打仗而后再谋求胜利。

⑭修道而保法：修道，修明治道。保法，保持法度，严明法度。修道而保法，修明治道，严明法度。

⑮为胜败之政：为，成为。政通“正”，引申为主宰。为胜败之政，这里指能成为支配用兵胜败的主宰。

译文

预见胜利不超过一般人所能预见的，不是最理想的胜利。打了胜仗，天下的人都说好，也不是最理想的胜仗。因为能举起极轻极细的“秋毫”并不能算是力量大；能看见太阳和月亮的光辉也并不能算是眼睛明；能听到雷霆的声音更不能算是耳朵灵。古时所讲的善于打仗的人必定会取得胜利，是指的战胜那些容易战胜的敌人。因而这些善于打仗的人既没有多智多谋的名声，也没有勇敢的战功；但他们却每战必胜而不会有差错。之所以没有差错，是因为他们采取了必胜的措施，战胜那已经处于必败之地的敌人。所以，善于打仗的人，总是使自己立于不败之地，而又从不放过使敌人失败的时机。因此，打胜仗的军队总是先取得必胜的形势，然后才向敌方宣战，而打败仗的军队则是先盲目作战然后再去求取胜利。因此，善于打仗的人，注重修明治道，严肃法度，所以能够成为决定战争胜负的主宰。

原文

兵法：一曰度①，二曰量②，三曰数③，四曰称④，五曰胜⑤。地生度，度生量，量生数，数生称，称生胜。故胜兵若以镒称铢⑥，

败兵若以铢称镒，胜者之战民⑦也，若决积水于千仞之谿⑧者，形也⑨。

注解

①度：度量，这里是指土地幅员的大小。

②量：容量、数量，这里是指人口和物质资源的数量。

③数：数量，这里是指兵员的数量。

④称：衡量，这里是指衡量敌我双方实力的对比情况。

⑤胜：胜利，这里是指取胜的可能性。

⑥以镒称铢：镒与铢都是我国古代的重量单位。一镒等于 24 两，一两等于 24 铢。以镒称铢意思是指以很重的事物去称量很轻的事物，自然是轻重悬殊。这里是比喻胜兵对败兵的力量相差悬殊，胜兵的实力占有绝对优势。

⑦战民：民，作“人”解。战民，作战的人，即士卒。

⑧决积水于千仞之谿：决，冲决。仞，我国古代高度单位，一仞为七尺。溪，山涧。

⑨形也：这里的形是指由军事实力而造成的形势。

译文

用兵的法则：一是“度”，二是“量”，三是“数”，四是“称”，五是“胜”。敌我双方土地幅员大小不同的“度”，规定着双方人口和物质资源不同的“量”；敌我双方人口和物质资源不同的“量”，规定着双方军队和兵员不同的“数”；敌我双方军队和兵员不同的“数”，规定着双方实力不同的“称”；敌我双方实力不同的“称”，规定着战争结局谁胜谁负。所以说，打胜仗的军队与打败仗的军队相比，就像以“镒”称“铢”一样，前者的力量占绝对优势；而打败仗的军队与打胜仗的军队相比，就像以“铢”称“镒”一样，前者的力量居绝对劣势。打胜仗的人指挥士卒作战，就像从千尺高山顶决开山涧积水往下猛冲那样势不可挡，这正是“形”——实力强大的表现。

评析

本章中孙子从军事哲学的高度，辩证分析了几个理论问题。一是善战者能够创造各种条件以使自己不被敌人战败，然后等待机会去战胜敌人。不能战胜敌人的时候，应取守势，将自己隐藏在似乎是深不可测的地下；能够战胜敌人的时候，应取攻势，如同将自己置于高不可及的天上。因此，善战者从不放过战胜敌人的机会。二是用兵之法的五条原则：土地面积、物产资源、出兵多寡、兵力强弱、最终胜利。这五个原则相互间不是各自独立的，而是密切相关的，彼此间的关系不可错置，它们最终决定战争的胜负。三是善战者往往依靠人民的力量，如此才能增强自己的军事实力，在战争中就可以取得胜利。

孙子关于战胜敌人应当首先从物质方面作好准备的思想，具有极强的实践意义，这就是不打无把握之仗的物质基础。不打则已，打则必胜。

战国时期，燕国攻打齐国，燕将乐毅一举攻破了齐国都城临淄。齐国贵族田单逃到即墨后，面对强敌，想方设法复国，做了许多准备工作。

为了加强自身力量，田单同士兵同甘共苦，巩固防务，还把本族人和妻子也编入军中。除此之外，为了给复国创造有利的客观条件，田单还采取了一系列的措施。

田单采取的第一项行动是，利用燕国更换国君之际，暗中派人潜入燕地散布谣言。燕惠王中计，另派一名叫骑劫的将军代替了很有本领的乐毅指挥攻齐。骑劫志大才疏，田单心中大喜。接着，田单又利用当时盛行的迷信思想对士兵们说："老天爷在梦里和我说了，齐国还能够强大起来，燕国准会败落。再过几天，老天爷还要给我们派个军师来，我们不久就能取得胜利。"众人听了，心里乐呵呵的。田单在军队里挑选了一个十分机灵的小兵，让他装作"老天爷派来的军师"，穿上特制的衣裳，朝南高坐。田单以后每次下命令的时候，都要先向"军师"禀告，而得到"军师"同意后的命令，也就显得更有号召力。

不久，田单又对城里的老百姓说："军师吩咐大家，每天早晚两餐前，家家户户都要祭祖，这样才能得到祖宗神灵的庇护。"只要在自家房檐上搁一点点饭食，就算是祭祖了。这种方法简单易行，百姓也都乐于实施。城外的燕军听说城内降下一位老天爷派来的军师，心里不免有些害怕，后来又瞧见好些鸟儿天天早晚两趟飞到城里，就更加害怕起来。

即便是这样，田单仍不满足，又派了一批心腹溜到城外大造声势。他们说："从前昌国君太好了，抓了俘虏还要好好地待他们，城里人自然不会害怕有什么危险。要是燕国严厉起来，把俘虏的鼻子削去，齐国人还敢顽抗吗？"有的人还造谣说："我们祖宗的坟墓都在城外，燕国的军队真要刨起来，我们怎么对得住列祖列宗啊？"这些话传到骑劫的耳朵里，他果真下令把齐国俘虏的鼻子都削去，把齐人的祖坟都刨开，还用火把挖出来的死人骨头烧掉了。城里的齐人听说燕军如此虐待俘虏，又在城头上看见燕兵刨他们的祖坟，都哭了。他们下决心要报仇雪恨，全城人因对敌人咬牙切齿的痛恨而团结起来了。

这时，田单看到时机已成熟，便用训练好的一千头犍牛摆开火牛阵，又挑选了五千名身强力壮的士兵为先锋。半夜时分，他们在全城男女老少的呐喊助威声中，冲入敌营，一举打败了敌人。田单下令乘胜进攻，这样齐国土地全都被收复了。

孙子云：善用兵者，修道而保法。意思就是要先修明政治，行使法度。这是决定胜败的关键因素。田单行使孙子兵法的“诡诈之术”，使敌人闻风丧胆。这种策略也等同于孙子兵法中的“昔之善战者，先为不可胜，以待敌之可胜”。他也明白“不可胜在己，可胜在敌……能为不可胜，不能使敌之可胜”的道理。因此，田单的战术屡试不爽。

孙子说：“善守者，藏于九地之下；善攻者，动于九天之上。”田单看到时机成熟时，以火牛阵出战，真可谓是攻其不备，出奇制胜，简直把孙子兵法用到了极致。

兵势

原文

孙子曰：凡治众如治寡①，分数②是也；斗众如斗寡③，形名④是也；三军⑤之众，可使必受敌⑥而无败者，奇正⑦是也；兵之所加，如以碫击卵⑧者，虚实⑨是也。

注解

①治众如治寡：治，治理、管理。众，众多，这里指众多的人。寡，少，这里是指数量很少的人。治众如治寡：管理人数众多的人就如同管理人数很少的人那样得心应手。

②分数：曲为分，什伍为数，分数就是指的军队的编制。

③斗众如斗寡：斗，战斗。斗众，指挥众多的人作战。斗众如斗寡，指挥众多的人作战就如同指挥人数很少的人作战那样轻而易举。

④形名：旌旗曰形，金鼓曰名。形名，就是指的古代作战用的旌旗、金鼓。

⑤三军：我国古代作战，军队常分为上、中、下三军，或左、中、右三军。故三军即可泛指军队。

⑥必受敌：必，通毕，可引申为完全、全部。受敌，遭受敌军攻击。必受敌，全部军队遭受敌军的攻击。

⑦奇正：我国古代军事术语，当敌为正，旁出为奇。

⑧以碬击卵：碬，一种很坚硬的石头。卵，蛋。以破击卵，用坚硬的石头投击鸡蛋。

⑨虚实：虚，空虚，这里是指用兵时防守空虚或实力空虚。实，充实、坚固，这里是指用兵时，军力充实或防守坚固。

译文

孙子说：管理人数众多的军队，能够像管理人数很少的军队那样应付自如，这是由于军队的编制和组织合理；指挥大部队作战能够像指挥小部队作战那样得心应手，这是由于旌旗鲜明，号令严肃；能使整个部队受敌而不致溃败，这是由于善于运用奇正结合的战术；对敌军进攻能够像以石击卵那样一触即溃，这是由于以实击虚。

原文

凡战者，以正合①，以奇胜②。故善出奇者③，无穷如天地④，不竭如江河⑤。终而复始⑥，日月是也；死而复生⑦，四时是也。声不过五⑧，五声之变⑨，不可胜听⑩也；色不过五⑪，五色之变，不可胜观也；味不过五⑫，五味之变，不可胜尝也；战势⑬不过奇正，奇正之变，不可胜穷⑭也。奇正相生⑮，如循环之无端⑯，孰能穷之？

注解

①以正合：正，这里是指的正兵、正道。合，会合、交合，这里是指的合战、交战。

②以奇胜：奇，奇特，这里是指的奇兵、奇计。以奇胜：以奇兵取胜，出奇计制胜。

③善出奇者：善于出奇兵或奇计的人。

④无穷如天地：无穷，没有穷尽、没有止境。无穷如天地，像天地运行一样，没有止境。

⑤不竭如江河：竭，枯竭。不竭如江河，像江河的水那样长流不息，不会枯竭。

⑥终而复始：终，终结。始，开始。终而复始，这里是说，日月运行去而复来。

⑦死而复生：死，死亡。生，生长。死而复生，这里是说春夏秋冬四季的变化有盛有衰，盛而又衰，衰而又盛。

⑧声不过五：声，声音。五，这里指的宫、商、角、羽、徵五种音调。声不过五，声调不过五种。

⑨五声之变：宫、商、角、羽、徵五种音调的变化。

⑩不可胜听：胜，这里作“尽”解。不可胜听，这里是指听不尽的音乐。

⑪色不过五：色，这里是指的红、黄、青、黑、白五种基本颜色。色不过五，这里是指自然界基本颜色不过红、黄、青、黑、白五种。

⑫味不过五：味，滋味。味不过五，这里是指一切食物都不过是酸、辛、咸、甘、苦五种基本滋味。

⑬战势：势，态势。战势，这里是指因具体的兵力部署和作战方法而形成的战争态势。

⑭胜穷：完全穷尽。

⑮奇正相生：正兵与奇兵相互依存、相互作用、相互转化。

⑯循环之无端：循环，循历其环。循环之无端，像循历其环一样，是没有首尾、没有止境的。

译文

大凡用兵作战，都是以正兵迎敌，奇兵取胜。善于出奇兵的人，其战法的变化，如同天地运行一样，永不止息，也像江河水流一样，永不枯竭。终而复始，这是日月运行的规律；衰而复盛，这是四时更迭的法则。音调不过是宫、商、角、徵、羽五种，但用这五音编制了各种各样的音乐，却是听不尽的；基本的颜色不过红、黄、青、黑、白五种，但用这五色配合而成各种各样的色彩，却是看不尽的：基本的味觉不过酸、辛、咸、甘、苦五种，但用这五味调和而成各样各种的佳肴美味，却是尝不尽的；战争的态势不过是奇正两种，但这奇正运用的变化却是没有穷尽的。奇与正相互依存，相互转化，就像循环那样无首无尾，谁又能穷尽它呢？

原文

激水之疾①，至于漂石②者，势也③；鸷鸟之疾④，至于毁折⑤者，节也⑥。是故善战者，其势险⑦，其节短⑧，势如彍弩⑨，节如发机⑩。

注解

①激水之疾：激水，湍急之水。疾，迅猛。激水之疾，像流速很快的湍急之水那样迅猛有力。

②漂石：漂，漂流。漂石，把石头漂走。

③势也：这里的“势”，是指一种居高临下的具有巨大冲击力态势。

④鸷鸟之疾：鸷鸟，一种很凶猛的鸟，如鹰、鹫之类。疾，快速，猛烈。鸷鸟之疾，像鹰鹫那样快速猛烈。

⑤毁折：毁伤、杀死。

⑥节也：这里的“节”，是指时机、关节。

⑦势险：形势（态势）险峻。

⑧节短：时机短促。

⑨彍弩：指张满待发的劲弩。彍：弩弓张满的意思。

⑩发机：机，机杼。发机，扳动机钮，这里是指扳动弩箭的机杼，让弩箭瞬间射出。

译文

湍急的流水冲击力之猛，足以漂走石头，那是由于水流迅猛的“势”造成的；鸷鸟从高空往下猛烈搏击，以致能捕杀鸟雀，那是由于抓住了时机。所以说，善于作战的人，他们造成的态势总是十分险峻，他们抓住的时机总是非常短促。他们造成的态势就像已经张开的弓弩一样，险恶异常，他们抓住的时机就像正要用手扳动机杼一样，瞬间即发。

原文

纷纷纭纭①，斗乱②而不可乱也；浑浑沌沌③，形圆④而不可败也。乱生于治⑤，怯生于勇⑥，弱生于强⑦。治乱，数也⑧；勇怯，势也⑨；强弱，形也⑩。故善动敌者⑪，形之，敌必从之⑫；予之，敌必取之⑬。以利动之⑭，以卒待之⑮。

注解

①纷纷纭纭：纷纷，紊乱的样子。纭纭，多而乱的样子。纷纷纭纭，多则紊乱。

②斗乱：指在纷乱的状态中作战。

③浑浑沌沌：混乱迷蒙不清的样子。

④形圆，即圆形，这里指的是一种圆形阵式。

⑤乱生于治：乱，混乱。治，治理。引申为严格有序的管理。乱生于治，这里的意思是说，能够示敌以乱是来源于严格有序的军事训练和军事管理。

⑥怯生于勇：怯，怯弱，畏怯。勇，勇敢。

⑦弱生于强：弱，懦弱、羸弱。强，强大。

⑧治乱，数也：数，这里是指的“分数”，即军队的编制和组织。治乱，数也，这里的意思是说，军队的治或乱是由军人的编制和组织是否合理决定的。

⑨勇怯，势也：这里的意思是指，士卒的勇敢或畏怯，是由战争态势的有利或不利决定的。

⑩强弱，形也：这里的意思是指，军队战斗力的强大或弱小是由双方军队的实力显现的。

⑪善动敌者：动，调动。善动敌者，这里是指那些善于用计“调动”敌军的将领。

⑫形之，敌必从之：形之，指示敌以形。形之，敌必从之，这里的意思是说，只要通过伪装，示敌以形，敌军便会跟着走。

⑬予之，敌必取之：予之，这里是指给予敌军以“利”。予之，敌必取之，这里的意思是说，只要伪装给予敌军以“利”，敌军便来夺取。

⑭以利动之：这里是指以利益调动敌军。

⑮以卒待之：卒，这里是泛指军队。以卒待之，这里是指，以重兵等待敌军到来，以便歼灭它。

译文

在旌旗纷飞、人马混杂的情况下指挥作战，要能使自己的部队保持一定的程序，而不致混乱；在兵如潮涌、混沌不清的状态下组织战斗，要能使自己的部队首尾相接，运用自如，而不会被打败。能够示敌以乱，是出自自己的军队有严密的军事管理；能够示敌以怯，是来源于本军将士们有勇敢的素质；能够示敌以弱，是来源于本军有强大的实力。治与乱，这是由军队的编制和组织决定的；勇与怯，这是由军队所处的态势决定的；强与弱，这是由军队的实力决定的。所以，善于“调动”敌军的人，只要以伪装示形于敌军，敌军便会跟着跑；只要伪装给予敌军以“利”，敌军便必然会来夺取。他们就是这样用“利”去引诱、“调动”敌军，并以重兵等待他们，予以歼灭。

原文

故善战者，求之于势①，不责于人②，故能择人而任势③。任势者，其战人④也，如转木石⑤。木石之性，安则静⑥，危则动⑦，方则止⑧，圆则行⑨。故善战人之势，如转圆石于千仞之山⑩者，势也。

注解

①求之于势：求，祈求。势，态势。求之于势，祈求于有利的态势。

②不责于人：责，责备、苛责。不责于人，这里是指不苛责于部属与士卒。

③择人而任势：择，选择、挑选。任势，利用或创造形势（态势）。择人而任势，挑选人才去利用和创造有利的态势。

④战人：这里是指指挥军队与敌作战。

⑤转木石：滚动木头与石头。

⑥木石之性安则静：性，性质。安，安稳。木石之性安则静，意思是说木头与石头的性质是把它们放在平坦安稳的地方，它们就能静止不动。

⑦危则动：危，危险，这里是指险峻陡峭的地方。危则动，这里是说，把木头或石头放在险峻陡峭的地方，它们就会滚动，而且势不可挡。

⑧方则止：方，方形。方则止，方形的物体总是静止不动的。

⑨圆则行：圆，圆形。圆则行，圆形的物体总是要行走、滚动的。

⑩转圆石于千仞之山：仞，我国古代衡量高度的标准，一仞为七尺。转圆石于千仞之山，从高达七千尺高的山顶向下滚动圆石，那力量是不可阻挡的。

译文

所以说，善于用兵打仗的人，总是重视造成一种必胜的态势，而不苛责于下属。所以他们能够选择人才去利用和创造必胜的态势。能够利用和创造必胜态势的人，他们打起仗来，就像转动木石一样。木石的性质是放在平坦安稳的地方就静止不动，而一旦放在险峻陡峭的地方，就会往下冲滚，势不可挡，而这也正是所谓的“势”啊！

评析

“兵势”篇中，孙子集中论述了如何用兵的问题。在这里，他提出了“奇正”的概念。对于军队的管理，无论人数多少，道理是相同的，这就是靠军队编制和发号施令。而三军将士遭遇敌军的全面进攻却不会失败，则靠用兵中的“奇正”战术的灵活运用。“正”兵与敌军交战，“奇”兵是取胜的主要力量。但在历次作战中，“奇”与“正”的运用又是灵活多变的，正如四季交替、五音变化、五味协调一样，是不会穷尽的。“奇”与“正”如同圆形，无始无终，变化多样。

在本篇的后半部分中，作者进一步分析用兵的战术。善用兵者，能够在战场复杂混乱的情况下镇定自若，在交战双方你争我夺的混沌状态下严整不败。要善于以假象迷惑敌人、调动敌人，造成有利于己不利于敌的态势，这如同从万丈高山上滚落的圆石一般，势不可挡。而用兵打仗就是要造成这样的态势，从而取得战争的胜利。

唐秦王李世民率军在洛阳与虎牢之战中获得全胜，也是正确运用《孙子兵法》奇正结合策略的结果。唐武德三年（公元620年）七月至四年五月，王世充、窦建德军被秦王李世民率军在洛阳、虎牢（今河南荥阳）一一攻破。

原为隋东都洛阳守将的王世充，在隋炀帝死后，于武德二年四月称帝，国号郑。他利用唐军在河东作战无暇东顾的机会，把唐在河南的部分土地据为己有。柏壁之战后，李渊为夺取中原，采取先郑后夏（窦建德已称夏王）、各个击破的策略，于三年七月，命李世民统兵八万余人，东击王世充。同时遣使与窦建德言和，使其保持中立。王世充从各州、镇挑选骁勇之士聚集于洛阳，在襄阳（今属湖北）、虎牢、怀州（今河南沁阳）等要地命三侄分守；在洛阳命其兄、子防守；自率步骑三万迎击唐军。李世民率步骑五万进军慈涧（今河南新安东），迫使守军撤回洛阳，之后决定先扫清外围然后攻城。于是派行军总管史万宝自宜阳（今河南宜阳西）据龙门（今洛阳南）；右武卫将军王君廓自洛口（今河南巩县东北）切断王世充粮道；将军刘德威自太行（指今河南济源方向）围怀州；怀州总管黄君汉自怀州渡河攻回洛城（今河南孟县南）；刘德威自率大军屯北邙山（洛阳北），待机攻城。至四年二月，历经八个月作战的唐军攻克洛城、轩辕（今河南嵩山西侧）、河阳（今河南孟县东南）等地并占领虎牢，河南五十余州相继归降。李世民率军向洛阳进逼，经过一番激战，将其合围，但围攻旬余未克。王世充困守孤城，粮缺民馁，几次遣使向窦建德求救。

洛阳危急之事被窦建德得知后，他恐唐灭郑后危及自己，决定先联郑击唐，然后相机灭郑，再夺取天下。遂于四年三月，率兵十余万西进，进至虎牢之东，途中连克管城（今郑州）、荥阳（今属河南）、阳翟（今河南禹县）等地。

李世民与部将一同商议对策，部将多主张退避。他力排众议，采纳宋州刺史郭孝恪等人提出的力阻王、窦两军会合之策，决定分兵围困洛阳、据守虎牢要地，阻止窦军西进，伺机破敌，一举两得。遂命齐王李元吉围洛阳，自为前锋去虎牢阻击，并率精锐3500人大军为后继。由于虎牢地形险阻，窦军不得前进，屯兵月余，数战不利，士气低落，将卒思归。国子监祭酒凌敬劝窦建德改道上党（今山西长治），下蒲津（今陕西大荔东），以迫使唐军为救关中而班师回朝，洛阳之围可不救自解。窦建德不听。此时，李世民获悉，窦军将趁唐军饲料用尽、牧马于河北时袭击虎牢，便将计就计，于五月初一，亲临广武山（西广武）观察窦军形势，在河中小洲留马千余匹以诱其出战。次日，窦军果然全部出动，在汜水东岸布阵，横贯二十里。李世民登高观察后，决定按兵不动，待其气衰，再行出击。两军相持至中午，窦军因饥饿而阵容不整。这时，李世民下令骑兵将领率队自虎牢关南山，循谷东进，偷袭窦军阵后。自率轻骑东涉汜水，主力随后，直冲窦军。唐军在窦建德正和群臣议事之时突至，前后夹击，使窦军阵势大乱。唐军追击三十里，俘获五万余人，窦建德受伤被俘。王世充出降，李世民回军洛阳。

李世民于此战中围城打援、避锐击惰、奇兵突袭、一战两克。至此，李世民基本完成了唐王朝的统一事业。

虚　实

原文

孙子曰：凡先处战地而待敌者佚①，后处战地而趋战②者劳。故善战者，致人而不致于人③。能使敌人自至者，利之也④；能使敌人不得至者，害之也。故敌佚能劳之⑤，饱能饥之，安能动之⑥。

注解

①待：等待。佚：安佚、从容。

②趋战：趋，快步而行。趋战，仓促应战。

③致人而不致于人：致，招致。人，这里是指“敌人”。致人，招致敌人，可引申为调动敌人。致于人，被敌人所调动。致人而不致于人，这里的意思是说，能调动敌人而自己却不被敌人所调动。

④利之也：对之有利，这里是说对敌人有利。

⑤敌佚能劳之：劳，辛劳、疲劳。敌佚能劳之，这里的意思是说，敌人本来安逸却能使他变得疲劳。

⑥安能动之：安，安稳，这里是指敌军安守营寨。动，行动。这里可引申为出战。安能动之，这里的意思是说，敌军本来安守营寨，却能使他们转而出战。

译文

孙子说：用兵打仗的一般规律是，先进入战地等待敌人，就会显得安逸从容，后进入战地仓促应战，就会非常疲劳。所以，善于用兵的人，表现出的特点之一，便是能“调动”敌人而不致被敌人所“调动”。他们之所以能使敌军自己到来，是因为诱之以利；之所以能使敌军不敢到来，是因为威之以害。正是由于这个原因，所以，安逸的敌军可以使它变得很疲劳；饱食的敌军可使它变得很饥饿；安守不动的敌军可以使它转而出战。

原文

出其所不趋[①]，趋其所不意[②]。行千里而不劳者，行于无人之地也。攻而必取者，攻其所不守也；守而必固者，守其所不攻也。故善攻者，敌不知其所守[③]；善守者，敌不知其所攻。微乎微乎[④]，至于无形[⑤]，神乎神乎[⑥]，至于无声；故能为敌之司命[⑦]。进而不可御[⑧]者，冲其虚[⑨]也；退而不可追者，速而不可及也。故我欲战，敌虽高垒深沟[⑩]，不得不与我战者，攻其所必救[⑪]也；我不欲战，画地而守[⑫]之，敌不得与我战者，乖其所之[⑬]也。

注解

①出其所不趋：出，这里是指的出兵、出击。趋，趋向，疾趋。出其所不趋，这里的意思是说，我军出击的地方是敌军无法救援的地方。

②趋其所不意：趋，疾走，这里引申为奔袭。意，意料。趋其所不意，这里的意思是说，我军奔袭之处，出乎敌方意料之外。

③不知其所守：守，防守。不知其所守，这里是指敌军不知道应在哪里防守。

④微乎：微，微妙。乎，语气词。

⑤无形：形，行踪。无形，没有行踪或不留行踪。

⑥神乎：神，神奇。

⑦为敌之司命：司命，命运的主宰。为敌之司命，这里的意思是说，能主宰敌军，指挥敌军。

⑧进而不可御：进，进攻。御，防御、抵挡。进而不可御，我军进攻而

敌军无法抵挡。

⑨冲其虚：冲，冲击。虚，空虚，这里是指防守薄弱。冲其虚，冲击敌军防守空虚、薄弱之处。

⑩高垒深沟：垒，壁垒。沟，壕沟。高垒深沟，很高的壁垒和很深的壕沟。

⑪攻其所必救：救，救援。攻其所必救，我军进攻的地方正是敌方必定要救援的地方。

⑫画地而守：画，界线。画地，画出界线。画地而守意思是，据地而守。

⑬乖其所之：乖，背离。之，往、去到。乖其所之，把敌军引到别的方向，与它预定的企图相反。

译文

我军出击之处应是敌军无法救援的地方，我军发起奔袭应能出于敌方意料之外。行军千里而不致劳累，是因为行进在敌军没有设防的地区；我军进攻必能成功，是因为攻打的是敌军防守空虚的区域；我军防守必能坚固，是因为守的是敌军无力攻取的地方。所以，善于进攻的人，能做到使敌军不知道该从哪里加强防守；善于防守的人，能做到使敌军不知道应从哪里组织进攻。隐微呀，隐微呀，隐微到以至于敌人看不到一点形迹；神妙呀，神妙呀，神妙到以至于敌军听不到一点声音，只有这样，才能成为敌军命运的主宰。我军发起进攻，之所以不可抗御，是因为攻的是敌军防守空虚的地方；我军撤退之所以不会被追击，是因为行动迅速，敌军无法追赶到。所以说，我军想出战，敌军主力即使修筑了高垒深沟，也会不得不出来与我军交锋，这是因为我军进攻的是敌军必须救援的地方；相反的，如果我军不想战，哪怕是画了一块地方在那里防守，敌军也不会来进攻，这是因为我军诱使敌军搞错了进攻的方向，正面攻击的敌军数量就是很少的了。

原文

故形人而我无形，则我专而敌分；我专为一，敌分为十，是以十攻其一也，则我众敌寡；能以众击寡者，则吾之所与战者约矣。吾所与战之地不可知[①]，不可知，则敌所备者多[②]，敌所备者多，则吾所与战[③]者寡矣。故备前则后寡[④]，备后则前寡，备左则右寡，备右则左寡，无所不备，则无所不寡[⑤]。寡者[⑥]，备人者也[⑦]；众者[⑧]，使人备己者也[⑨]。

故知战之地，知战之日，则可千里而会战[⑩]。不知战地，不知战日，则左不能救右，右不能救左，前不能救后，后不能救前，而况远者数十里，近者数里乎？以吾度之，越人之兵虽多[⑪]，亦奚益于胜败[⑫]哉？故曰：胜可为[⑬]也。敌虽众，可使无斗[⑭]。

注解

①吾所与战之地不可知：所与战，所与之作战，即指我军将要与敌军作战。不可知，指敌方不可知。

②敌所备者多：备，准备、防备，指兵力防备。多，这里是指的多处、多方面。

③所与战：所与之作战。

④备前则后寡：用兵力防备了前面，后面的兵力便少了。

⑤无所不寡：没有哪个地方兵力不会少。

⑥寡者：之所以寡，指兵力少的原因。

⑦备人者也：备人，防备别人。

⑧众者：众，众多。众者，指兵力众多。

⑨使人备己：使别人防备自己，使敌军防备我军。

⑩千里而会战：奔赴千里与敌交战。

⑪越人之兵虽多：越人之多，指越国的军队。孙武曾被吴王阖闾任命为将，当时吴国与越国正在争雄，所以他说越人之兵虽多。

⑫奚益于胜败：奚，为何、何有。益，益处。

⑬胜可为：可为，可以有所作为，也就是可以努力争取到。

⑭可使无斗：斗，战斗、较量。无斗，无法参加战斗较量。

译文

要做到使敌军不知道我军会在哪里同他们作战。这样，敌军就会因多处设防而分散兵力，因而我军进攻所面临的敌军兵力便会减少。所以说，敌军使用兵力防御了前面，后面的兵力便会减少；使用兵力防御了后面，前面的兵力便会减少；使用兵力防御了左面，右面的兵力便会减少；使用兵力防御了右面，左面的兵力便会减少；无处不设防，便会无处兵力不减少。兵力少，是因为处处要被动地防备别人；兵力多，是因为主动地设法使得敌军处处要防备自己。

所以说，只要能够知道应该在什么地方作战，应该在什么时候作战，哪怕是千里奔袭也无所畏惧；相反，如果既不知应该在什么地方作战，又不知道应该在什么时候作战，那就会陷入左军不能救援右军，右军无法救援左军，前军不能救援后军，后军无法救援前军的被动局面；更何况远隔数千里，近隔数里，又怎能主动自如地运用兵力呢？依我的分析，越国军队数量虽然多，但对于作战取胜又能起什么帮助呢？所以说，胜利是可以努力争取的。敌军虽然很多，却可以使得他们没有机会与我军主力交锋。

原文

故策之而知得失之计①，作之而知动静之理②，形之而知死生之地③，角之而知有余不足之处④。故形兵之极⑤，至于无形。无形则深间不能窥⑥，知者不能谋⑦。因形而错胜于众⑧，众不能知⑨；人皆知我所以胜之形⑩，而莫知吾所以制胜之形⑪。故其战胜不复⑫，而应形于无穷⑬。

注解

①策之而知得失之计：策，策度、策算。得失之计，指敌方计谋的得与失。

②作之而知动静之理：作，动作，这里是指挑动。理，规律。

③形之而知死生之地：形，这里作动词用，示形于敌。形之而知死生之地，通过示形于敌，以了解敌军所处的优势和致命的薄弱环节。

④角之而知有余不足之处：角，较量。有余不足，指敌方兵力的有余或不足，也就是兵力的强弱。角之而知有余不足之处，能通过试探性的较量，

以了解敌方兵力的强弱。

⑤形兵之极：形兵，伪装示形于敌之兵。极，极点。形兵之极，我军伪装示形于敌达到了最佳状态。

⑥无形则深间不能窥：深间，深藏的间谍。窥，窥见。无形则深间不能窥，我军伪装到了不露任何形迹的最佳状态，以至于深藏在我军内部的敌方间谍也无法窥见我军的行止。

⑦知者不能谋：知，通“智”。知者，聪明的人，这里是指精明能干的将领。谋，计谋。知者不能谋，指最精明能干的将领也会束手无策。

⑧因形而错胜于众：因，依据。形，形势、情况。错，措施、措置。因形而错胜于众，指依据敌方的情况，采取灵活的措施，取得了胜利，并使这胜利呈现在众人面前。

⑨众不能知：众人不能明白。

⑩皆知我所以胜之形：形、形态、形状，这里指外在的作战方法。皆知我所以胜之形，意思是说都知道我军取得胜利的作战方法。

⑪莫知吾所以制胜之形：制胜，取得胜利。形，这里是隐形，也就是内在的奥妙。莫知吾所以制胜之形，这里的意思是指，不知道我军所以能够克敌制胜的奥妙。

⑫战胜不复：战胜，这里作名词用，指战胜敌人的手段。战胜不复，不重复使用克敌制胜的手段。

⑬应形于无穷：应，适应。形，形势，这里可作“敌情”解。应形于无穷，战术应适用敌情的变化无穷。

译文

所以，用兵打仗要通过认真的策度筹算来了解敌方计谋的得与失；要通过诈术挑动来了解敌军活动的规律；要通过示形于敌来了解敌军所处的优势及其致命的薄弱环节；要通过试探性的较量来了解敌军战斗力的强弱。所以，我军伪装示形要达到不显露一点形迹的最佳状态，以至于藏在我军内部的间谍也无法窥见底细，使得最精明的敌军将领也会束手无策。我军根据敌情，灵活地采取对敌措施取得了成功，即便是把胜利摆在众人面前，人们也看不出所以然来。人们只知道我军克敌制胜的作战方法，却不能知道我军所以能取得胜利的奥妙。因为第一次作战取胜所采用的战法都不是简单的重复，而是适应不同的敌情灵活运用，变化无穷的。

原文

夫兵形象水①，水之形，避高而趋下；兵之形，避实而击虚。水因地而制流②，兵因敌而制胜③。故兵无常势④，水无常形，能因敌变化而取胜者，谓之神⑤。故五行无常胜⑥，四时无常位⑦，日有短长⑧，月有死生⑨。

注解

①兵形象水：兵，用兵打仗。形，形式，引申为规律。兵形象水，用兵的规律就如同水流的规律一样。

②水因地而制流：因，依。地，地势。制，决定，形成。流，流向。水因地而制流，意思是说水是依地势的高低而形成不同的流向。

③兵因敌而制胜：敌，敌情。兵因敌而制胜，用兵打仗因敌情的变化而决定夺取胜利的方法。

④兵无常势：常势，恒常之势、一成不变的态势。兵无常势，意思是说用兵打仗，没有一成不变的态势。

⑤神：神奇。

⑥五行无常胜：五行，指金、木、水、火、土。五行无常胜，意思是说，金、木、水、火、土没有哪一样是永恒占优势的。

⑦四时无常位：四时，指春、夏、秋、冬。四时无常位，春、夏、秋、冬四季总是相互接迭，没有哪一季是常驻不动的。

⑧日有短长：日，这里是指白天。日有短长，一年之中的白天有的长，有的短。

⑨月有死生：死生，这里指月亮的盈亏。月有死生，月亮在一月之中也有盈有亏。

译文

用兵打仗的规律就像水流的规律一样，水流的规律是避开高处流向低处；用兵的规律则是避开敌军的坚实之处，攻击其空虚之处。水因地势的高低而决定其流向，用兵打仗则是要根据敌情来决定取胜的方法。所以说，用兵没有一成不变的形式，水流也没有固定不变的形态；能够根据敌情的变化采取措施夺取胜利，就是所谓的“神”。所以说，五行相生相克，没有哪一“行”永远占优势；四季叠相更替，没有哪一个季节是永驻不动的。一年之中的白天，有的长，有的短；一月之内，月亮也会有盈有亏啊！

评析

以远征的疲惫之师仓促应战，必然造成战争的失败。从这一经验出发，孙子认为善于作战的人，能够调动敌人，使其疲劳、饥饿、骚乱，就可以战胜敌人。本篇的这一段主要是说：善战者应当掌握战争的主动权，以我为中心，调动敌人，使其疲于奔命，不堪一击。

本篇还提出了集中优势兵力打击敌人的思想。孙子说，把我们的兵力集中在一处，敌人的兵力却分散于十处，这样，我们的兵力就相当于敌人的十倍，从而形成以相对优势兵力战胜劣势兵力的局面。

孙子十分注重战争之前对敌方兵力等情况的了解。比如敌方兵力的优劣，敌方活动规律，战场上的具体情况等，这些都是对战争起着决定性作用的因素。取胜的关键点之一，是我方底细要深藏不露，战略战术要灵活机动。根据敌方情况和战场上具体情况的变化而灵活用兵，这就叫做“神”。这一篇涉及到作战的具体问题，是极有价值的军事思想。

军争

原文

孙子曰：凡用兵之法，将受命于君，合军聚众①，交和而舍②，莫难于军争③。军争之难者，以迂为直④，以患为利⑤。故迂其途而诱之以利⑥，后人发⑦，先人至⑧，此知迂直之计者也。

注解

①合军聚众：合，集合、结集、会集，这里可引申为组织编制。聚，聚集。合军聚众，按曹操注：“聚国人，结行伍”，意思是说把人们聚集起来，组成军队。

②交和而舍：交，相交、相互。和，我国古代的军门称为合门。舍，驻扎。交合而舍，这里的意思是指两军处于对峙状态。

③军争：军，军事，这里是指打仗。争，争夺，这里是指争夺利益。军争，这里是指，在作战中，争取夺得胜利的有利条件。

④以迂为直：迂，迂回、曲折。直，径直。以迂为直，是指把迂回曲折的弯路变为近便的道。

⑤以患为利：患，害处，有害。利，利益、有利。以患为利，指把有害的事情变为有利的事情。

⑥故迂其途而诱之以利：故，故意。其，代词，这里是指我军。之，这里是代指敌军。故迂其途而诱之以利，意思是说，我军故意走迂回道路，而以小利引诱敌军，把它牵引到别的方向。

⑦后人发：人，指敌军。后人发，这里是指，比敌军后出动。

⑧先人至：比敌军先到达战地。

译文

孙子说：大凡用兵的法则，将帅们领受国君的命令，征集民众，编成军队，一直到与敌军对垒，这其中没有比争夺制胜条件更难的了。而争夺制胜条件之所以困难，就在于要把遥远的弯路变为近便的直路，要把不利条件转化为有利条件。也就是说我军出发要有意绕道迂回，并用小利诱使敌军改变其进攻方向，从而做到我军虽然是后出动，却能比敌军先期到达有利阵地。这才是真正懂得运用以迂为直的计谋。

原文

故军争为利[1]，军争为危。举军而争利，则不及[2]；委军而争利，则辎重捐[3]。是故卷甲而趋[4]，日夜不处[5]，倍道兼行[6]，百里而争利，则擒三将军[7]，劲者先[8]，罢者后[9]，其法十一而至[10]；五十里而争利，则蹶上将军[11]，其法半至[12]；三十里而争利，则三分之二至。是故军无辎重则亡[13]，无粮食则亡，无委积[14]则亡。

注解

①军争为利：为，这里作“有”解。军争为利，军争有利。

②举军而争利，则不及：举，全、尽。举军，指全部携带武器辎重的军队。争利，争夺先机之利。不及，来不及、赶不上。举军而争利则不及，这里的意思是说，率领全部携带武器辎重的军队去争夺先机之利，就会因行动迟缓而不能按时到达。

③委军而争利，则辎重捐：委，委弃、选择。委军，指丢弃了笨重装备和辎重的军队。委军而争利，则辎重捐，意思是说，率领委军去争夺先机之利，那就会把作战必需的重装备和辎重都丢掉。

④卷甲而趋：卷，卷起、收起。甲，铠甲。趋，疾走。卷甲而趋，意思是说收起铠甲，轻装急进。

⑤日夜不处：处，处所，这里是指休息、停顿。日夜不处，日夜不休息。

⑥倍道兼行：倍道，指行军速度加倍。兼行，日夜不停。倍道兼行，意思是加速前进，昼夜不停。

⑦擒三将军：三将军，指上、中、下或左、中、右三军将领。擒，被擒，被俘虏。擒三将军，意思是三军将领都被俘虏。

⑧劲者先：劲，有力，引申为体质健壮。劲者先，这里的意思是说，体质健壮的人会先到达目的地。

⑨罢者后：罢，通“疲”，引申为体质羸弱。罢者后，体质弱的人就会落后。

⑩其法十一而至：法，方法。十一，十分之一。其法十一而至，指用这种方法，只有十分之一的人能按时到达目的地。

⑪蹶上将军：蹶，失败、损折。上将军，指前军统帅。蹶上将军，意思是将会损折前军统帅。

⑫其法半至：用这种方法，只有一半的人能按时到达目的地。

⑬军无辎重则亡：辎重指军用的器械、营具、粮秣、服装等。军无辎重则亡，指军队如果不带有器械、营具、粮秣、服装等辎重就会灭亡。

⑭无委积：委积，储备物资。无委积，指没有储备物资。

译文

所以说：争夺制胜条件，既有利，也有危险。因为率领军队携带全部武器辎重去争夺先机之利，往往会因拖累太重、行动迟缓而来不及；如果放下笨重装备和辎重去争夺先机之利，就会丧失掉大量的辎重装备。因此，如果让将士们卷起盔甲，轻装急进，昼夜不停，一天走两天的路，那么，这样急行军 100 里去争夺先机之利，如果万一发生意外三军的统帅就可能会被敌军擒获。因为这样的急行军，往往是体力强壮的先到，体力羸弱的落在后面，而且一般只会有十分之一的人能够到达目的地。如果用这种方法，急行五千里去争夺先机之利，便会因只有一半的人能按时到达目的地而损失掉前军统帅。如果用这种方法急行三十里去争夺先机之利，也只能有三分之二的人能按时到达目的地。更何况军队如果没有随军辎重就要被歼灭，没有粮食供应就要被歼灭，没有储备军用物资器材作补充也会被歼灭。

原文

故不知诸侯之谋①者，不能豫交②；不知山林、险阻、沮泽之形③者，不能行军；不用乡导④者，不能得地利。故兵以诈立⑤，以利动⑥，以分合为变⑦者也；故其疾如风⑧，其徐如林⑨，侵掠如火⑩，不动如山⑪，难知如阴⑫，动如雷震⑬。掠乡分众⑭，廓地分利⑮，悬权而动⑯。先知迂直之计者胜⑰，此军争之法也。

注解

①不知诸侯之谋：诸侯，指春秋时期各诸侯国。谋，计谋、谋略。不知诸侯之谋，不了解各诸侯国的计谋。

②豫交：豫，通“与”。豫交，与之结交。

③沮泽之形：沮泽，水草丛生的沼泽地带。形，地形。沮泽之形，沼泽地带的地形。

④乡导：乡，通“向”。导，引导。乡导，指熟悉本地地形带引道路的人。

⑤兵以诈立：诈，诡诈、欺骗。立，成立，引申为取得成功、取得胜利。兵以诈立，指用兵打仗，以善于运用诡诈、欺骗之术取胜。

⑥以利动：动，骚动。以利动，指以利益驱之使动。

⑦以分合为变：分，分开、分散，这里是指分散兵力。合，聚合，这里是指集中兵力。变，变化。以分合为变，这里的意思是说，根据敌情和地形或分散兵力或集中兵力，灵活机动，变化莫测。

⑧疾如风：疾，迅疾。疾如风，像风那样的迅疾。

⑨徐如林：徐，缓慢、舒缓。徐如林，这里是说，用兵舒缓时像树林那样轻轻缓动。

⑩侵掠如火：侵，进犯。掠，掠夺。侵掠，可解释为“攻击”。侵掠如火，发起攻击时像火一样的猛烈。

⑪不动如山：指军队坚守时像山一样的稳固。

⑫难知如阴：难知，难以测度。阴，阴天。难知如阴，是指像阴天那样情况不明，难以测度。

⑬动如雷震：行动犹如迅雷。

⑭掠乡分众：乡，乡里，这里指敌国领土。分众，这里是指分兵。掠乡分众，意思是说，要兵分数路掠取敌国的粮食。

⑮廓地分利：廓，同“扩”。利，这里是指有利的阵地。分利，这里是指分兵夺取敌方的资源。廓地分利，这里的意思是说，要扩大占领区，分兵夺取敌方资源。

⑯悬权而动：权，指秤锤。悬权，即称秤，这里可引申为权衡利害。悬权而动，权衡利害而后行动。

⑰先知迂直之计者胜：率先了解和运用迂直之计的人会取得胜利。

译文

所以说，不了解各诸侯国的谋略意图，便不能轻易与他们结交；不了解山林、险阻、沼泽的地形，便不能轻易行军；不通过当地的向导，便无法取得有利的地形。所以说，用兵打仗，须以诡诈取胜，以利益驱动，以敌情和地形的不同，灵活地变动战术，或集中使用兵力或分散使用兵力。要做到军队的行动，快起来像疾风一样迅速快捷；慢起来像树林一样轻摇摆动；进攻时像火一样猛烈；坚守时像山岳一样的发稳；难以揣测像阴云蔽天；发动起来像雷霆震地。进入敌国后，要分兵夺取粮食，同时还要扩大占领区，分兵夺取敌方资源。总之，一切都要权衡利害而后相机行动。只有率先懂得以迂为直方法的人才会赢得胜利，这是争夺制胜条件的一般法则。

原文

《军政》曰：“言不相闻[①]，故为金鼓[②]；视不相见[③]，故为旌旗[④]。”夫金鼓旌旗者，所以一人之耳目[⑤]也。人既专一[⑥]，则勇者

不得独进，怯者不得独退，此用众之法[7]也。故夜战多火鼓[8]，昼战多旌旗，所以变人之耳目[9]也。

注解

①言不相闻：言，言语、讲话。言不相闻，这里是指作战时，以语言指挥，声音听不清楚。

②金鼓：古代用来指挥军队进退的号令器具，擂鼓进军，鸣金收兵。

③视不相见：这里是指作战时，以动作指挥，人们看不不清楚。

④旌旗：旌，中国古代的一种旗帜。旌旗，就是泛指旗帜。

⑤一人之耳目：一，统一、一致。人，这里泛指士卒、军队。一人之耳目，意思是进而统一士卒们的行动。

⑥人既专一：专一，统一、一致。人既专一，士卒行动既然有了统一的指挥。

⑦用众之法：用，使作，引申为指挥。众，指军队士卒之众。用众之法，这里是指，指挥千军万马作战的方法。

⑧火鼓：火光与锣鼓。

⑨变人之耳目：变，这里作“适应”“便利”解。变人之耳目，即是指适应士卒的耳目。

译文

《军政》里面说：“作战时，用语言指挥，人们听不清楚，所以要设置金鼓；以手势动作指挥，人们看不清楚，所以要设置旌旗。”金鼓旗帜是用来统一将士们的耳目，进而统一将士们的行动的。将士们行动既然有了统一的指挥，那么，勇敢的不能单独前进，怯懦的也不敢单独后退，这便是指挥千军万马作战的方法。所以，夜间作战，多用火炬和锣鼓；白天作战，多用旗帜，都是为了适应将士们耳目视听的需要。

原文

三军可夺气[1]，将军可夺心[2]。是故朝气锐[3]，昼气惰[4]，暮气归[5]。善用兵者，避其锐气，击其惰归，此治气[6]者也。以治待

乱[7]，以静待哗[8]，此治心[9]者也。以近待远，以逸待劳，以饱待饥，此治力[10]者也，无邀正正之旗[11]，勿击堂堂之陈[12]，此治变[13]者也。

注解

①三军可夺气：夺，夺走，引申为丧失。气，这里指的锐气。三军可夺气，指三军之众可以使它丧失掉锐气。

②将军可夺心：心，决心。将军可夺心，意思是说虽身为将帅，也可以使得他们丧失掉坚强的决心和意志。

③朝气锐：朝，早晨。锐，旺盛。朝气锐，这里是指，军队早晨士气旺盛。

④昼气惰：昼，白昼，这里指中午。惰，怠惰、懈怠。昼气惰，这里是指，中午士气懈怠。

⑤暮气归：暮，傍晚。归，止息、衰竭。暮气归，这里是指，傍晚时士气衰竭。

⑥治气：治，这里作“掌握”解。治气，这里是指，掌握军队士气的方法。

⑦以治待乱：治，严整有序。待，对待，对付。以治待乱，这里是说，以我军的严整有序对付敌军的混乱无序。

⑧以静待哗：静，镇静。哗，喧哗不安。以静待哗，这里是说，以我军的沉着镇静对付敌军的喧哗不安。

⑨治心：心，这里指的心理。治心，是指掌握军队心理的方法。

⑩治力：力，这里是指的战斗力。治力，这里是指掌握军队的战斗力。

⑪无邀正正之旗：邀，邀击、迎击。正正，严整。无邀正正之旗，这里的意思是说，不要邀击旗帜严整、队列雄壮的敌军。

⑫勿击堂堂之陈：堂堂，壮大貌。陈，阵容。勿击堂堂之陈，意思是说不要去攻击阵容强大、实力雄厚的敌军。

⑬治变：变，这里是指的机变。治变，这里是指，掌握机变的方法。

译文

三军将士，可以夺去它的锐气，军队将领可以使他动摇意志，丧失决心。这是因为，早晨士气旺盛，中午士气懈怠，到了晚上士气便衰竭了。所以善于用兵的人，总是避开敌人锐气，等到他们士气懈怠、衰竭的时候再发起攻击，这是把握士气的用兵方法。以我军严整有序，对付敌军的混乱无序，以我军的沉着镇静对付敌军的喧哗不安，这是掌握心理的用兵方法。以我军的靠近战地等待敌军远道而来，以我军的休整安逸等待敌军的奔走疲劳，以我军的粮饷充足等待敌军的饥饿不堪，这是把握军队战斗力的用兵方法。不要去邀击旗帜严整、队列雄壮的敌军，也不要去攻打阵容强大、实力雄厚的敌人，这是掌握机变的用兵方法。

原文

故用兵之法，高陵勿向①，背丘勿逆②，佯北勿从③，锐卒勿攻④，饵兵勿食⑤，归师勿遏⑥，围师必阙⑦，穷寇勿迫⑧。此用兵之法也。

注解

①高陵勿向：高陵，高山地带。向，这里是指的仰攻。高陵勿向，不要去仰攻占据了高地的敌军。

②背丘勿逆：背，这里是指的背靠着。丘，丘陵，这里是指的丘陵险阻。逆，这里是指的正面攻击。背丘勿逆，意思是说不要去正面攻击背靠着丘陵险阻地带的敌军。

③佯北勿从：佯，佯装、伪装。北，败北，打了败仗。从，跟从、跟随。佯北勿从，意思是说不要去追击假装打了败仗的敌人。

④锐卒勿攻：锐卒，士气旺盛的军队。锐卒勿攻，意思是说不要去攻打士气旺盛的敌军。

⑤饵兵勿食：饵，钓饵。饵兵，指用一些小利作诱饵的军队。饵兵勿食，意思是说不要贪吃敌军以小利作的诱饵。

⑥归师勿遏：归师，撤退回国的军队。遏，阻遏。归师勿遏，意思是说不要去阻击撤退回国的敌军。

⑦围师必阙：围师，被包围的军队。阙，同“缺”。围师必阙，意思是说把敌军包围起来后要留一面缺口。

⑧穷寇勿迫：穷，穷途、绝路、绝境。迫，逼迫。穷寇勿迫，意思是说不要过于逼迫已经陷入绝境的敌人。

译文

因此，用兵的法则是：不仰攻占据高地之敌；不迎击背靠丘陵险阻之敌；不追击伪装打败之敌；不进攻士气旺盛之敌；不贪吃敌军的诱饵；不阻击撤兵回国的敌军；把敌军包围起来要留下一面缺口；不要过于逼迫已陷于绝境的敌军。这些都是最基本的用兵方法啊！

评析

在本篇里，孙子认为用兵打仗，从受命到与敌军交战，最困难的是争取有利的战机。这就是如何把弯路变为直路，把患害变为有利。实际上，这就是如何变不利条件为有利条件。要根据行军时的具体情况，包括对辎重、兵员、路程以及山林沼泽、艰难险阻等情况有详细了解，判定对自己是否有利而决定行动的方式。所以，用兵打仗有许多不确定因素，战前恐难以预测，这就应当依靠权变。如果在战前可以掌握弯路与直路的基本情况，就可以取得战争的胜利。这即为战前争夺有利条件之法则。

孙子认为，善战的人，一般可以做到扬长避短，避敌锋芒，以逸待劳，充分掌握自己士兵的体力和情绪，采用机动变化的用兵方法。这其中包括如何用兵的具体问题。作为将领，应当善于了解敌我双方的具体状况，但有些时候还要掌握基本法则，即“八戒”。这一篇里，孙子以其丰富的军事智慧，告诫了人们在战争前和战争中应当引起注意的问题。

九变

原文

孙子曰：凡用兵之法，将受命于君，合军聚众，圮地无舍[①]，衢地交合[②]，绝地无留[③]，围地则谋[④]，死地则战[⑤]。涂有所不由[⑥]，军有所不击[⑦]，城有所不攻，地有所不争，君命有所不受[⑧]。故将通于九变之地利[⑨]者，知用兵矣；将不通于九变之利者，虽知地形，不能得地之利矣。治兵不知九变之术，虽知五利[⑩]，不能得人之用[⑪]矣。

注解

①圮地无舍：圮，倒塌、毁坏。圮地，按梅尧臣注："山林，险阻，沮泽之地。"舍，住舍，这里是指的部队宿营。圮地无舍，这里是指在山林险阴沼泽的地方不能宿营。

②衢地交合：衢，四通八达。衢地，这里是指与邻国相接四通八达的地方。交合，结交，这里是指与其他诸侯国结交。衢地交合，这里的意思是说，在与多国相邻的地方要重视与邻国结交。

③绝地无留：绝地，缺乏生存条件或地形十分险恶的地方。留，逗留，停留。绝地无留，意思是指在缺乏生存条件或地形十分险恶的地方，部队不能停留。

④围地则谋：围，包围，是指四面地形险恶，敌可往来，我难出入之地。谋，这里指的设谋、设计。围地则谋，意思是说，当部队进入四面地形险恶、敌军可以任意往来而我军却难以出入的地区设计谋尽快离开。

⑤死地则战：死地，前无进路、后有追兵，必得死战之地。死地则战，意思是说，当部队陷入前无进路，后有追兵的死地时只有与敌作决战之战。

⑥涂有所不由：涂，通"途"，道路。由，经由，通过。涂有所不由，意思是说，部队进军时，有的道路不能走。

⑦军有所不击：军，军队，这里是指的敌军。击，攻击。军有所不击，

意思是说，对于有的敌军不能进行攻击。

⑧君命有所不受：君，君主。受，接受。君命有所不受，君主的命令，有时也不能接受或照办。

⑨将通于九变之地利：将，将帅。通，通晓、熟练。九变，指从“圮地无舍”到“地有所不争”的九事之变。变，权变，引申为变通处理、临机处置。将通于九变之地利，意思是说，将帅通晓在遇到上述九种情况时必须加以变通处置的利益。

⑩五利：指五变之利，具体是指“涂有所不由”到“君命有所不受”的五变之利。

⑪得人之用：人，这里是指的军队将士。用，作用，这里可引申为战斗力。得人之用，意思是指，充分发挥全军将士的战斗力。

译文

孙子说：大凡用兵打仗的法则是，将军领受国君的命令，征集民众，组成军队，然后出征。出征时，遭到山林险阻沼泽的“圮地”，不能宿营；遇到与邻国接壤、四通八达的“衢地”，要注意与邻国结交；遇到缺乏生存条件或地形十分险恶的“绝地”，应迅速通过，不能停留；遇到四周地形险峻，敌可往来，我难出进的“围地”，应设计赶快离开，免遭包围；遇到前无进地，后有追兵的“死地”，应率领将士与敌作殊死之战，以求脱险。在出征的进程中，有的道路不能通过，有的敌军不能攻击，有的城池不能攻打，有的地方不能争夺。在以上情况下，必须变通应敌，即使是国君的命令也有些不能照办。所以，作为将帅，只有通晓在上述九种情况下，必须临机处置、变通应敌，才能算是懂得用兵；将帅如果不通晓“九变之利”，哪怕是熟悉地形，也不能取得地形之利；统辖军队，如果不懂得各种临机处置的方法，哪怕是知道“五利”，也还是不能充分发挥全军将士的战斗力。

原文

是故智者之虑[①]，必杂于利害[②]。杂于利而务可信[③]也；杂于害而患可解[④]也。

注解

①智者之虑：智者，聪明的人。虑，思虑、考虑。智者之虑，聪明的人思考问题。

②杂于利害：杂，掺杂、有混合。杂于利害，既有利也有害，这里是指，思考问题既考虑到有利一面，也考虑有害一面。

③务可信：务，任务。信，通“伸”，这里可引申为完成、成功。务可信，这里是指任务可以成功。

④患可解：患，灾患、祸患。解，解除。患可解，灾患可以解除。

译文

所以说，聪明人考虑问题，必定是同时兼顾利害两个方面。只有在处于不利情况时，能充分考虑到有利的方面，才会对完成任务充满信心；只有在情况顺利时，能充分考虑到种种不利因素，才能解除各种可能产生的祸患。

原文

是故屈诸侯者以害[①]，役诸侯者以业[②]，趋诸侯者以利[③]。

注解

①屈诸侯者以害：屈，屈服，这里作使动词用，意为“使屈服”。害，危害、灾害。屈诸侯者以害，这里的意思是说，要使别的诸侯国屈服必须用他们最畏惧的灾害去威胁他们。

②役诸侯者以业：役，役使。业，事业。役诸侯者以业，按杜佑注：“能以事劳役诸侯之人，使不能安佚。”意思是说，要以种种事情去役使别国人民，使之疲劳不堪，不得安逸。

③趋诸侯者以利：趋，趋附，这里作使动词，意为“使趋附”“使归付”。趋诸侯者以利，这里的意思是说，要以利益引诱，使得别的诸侯国归附。

译文

所以，要使别的诸侯国屈服，就要用他们最害怕的事情去威胁他们；要使别的诸侯国受驱使，就要以种种任务去劳役他们；使别的诸侯国归附，就要以种种利益去引诱他们。

原文

故用兵之法，无恃其不来①，恃吾有以待也②；无恃其不攻，恃吾有所不可攻③也。

注解

①无恃其不来：恃，依恃、依靠。其，代指敌军。不来，指不来进犯。无恃其不来，这里的意思是说，不要依靠寄希望于敌军不来进犯。

②恃吾有以待：待，等待，引申为有准备。恃吾有所待，要依靠自己有充分准备。

③恃吾有所不可攻：不可攻，不可被攻克。恃吾有所不可攻，这里的意思是说，要依靠于自己有充分准备，不可被攻克。

译文

所以说，用兵的法则是，不要寄希望于敌军不会来侵犯，而应依靠自己有充分的准备，严阵以待；不要寄希望于敌军不会来进攻，而要依靠自己防守坚固，攻不可破。

原文

故将有五危：必死①，可杀也②；必生③，可虏也④；忿速⑤，可侮也⑥；廉洁⑦，可辱也⑧；爱民⑨，可烦也⑩。凡此五者，将之过也⑪，用兵之灾也。覆军杀将，必以五危，不可不察也。

注解

①必死：必定要死斗、死拼。

②可杀也：杀，这里是指的诱杀。可杀也，这里的意思是指，可能遭到敌军诱杀。

③必生：生，这里是指的贪生。必生，一味贪生。

④可虏也：虏，俘虏。可虏，可能遭到敌军俘虏。

⑤忿速：忿，愤怒。忿速，这里是指性情急躁，容易愤怒、偏激。

⑥可侮也：侮，凌侮。可侮也，这里的意思是说，可能因受到敌方设计侮辱而领兵轻进，致遭失败。

⑦廉洁：这里是指重视人格名誉。

⑧可辱也：辱，侮辱。可辱也，这里的意思是说，可能因受不了敌方使用人格羞辱之计而轻易出战。

⑨爱民：这里是指，有“仁人爱民”之心。

⑩可烦也：烦，烦劳，烦扰。可烦也，按杜牧的解释：有些有仁人爱民之心的将领，常常因为要保护人民而不顾远近，不自量力地轻易出击。这样的将领有可能中敌军的烦扰之计频繁出击，以致疲劳不堪，最后被战而胜之。

⑪将之过也：将，将领。过，过失，过错。将之过也，将领的过失。

译文

所以，作为领兵之将有五种危险：只知死拼硬打，可能会被敌军诱杀；一味贪生怕死，可能会被敌国俘虏；性情急躁、偏激，可能会中敌军“凌侮”之计而领兵轻进，招致失败；过分重视人格名誉，可能会中敌方“羞辱”之计而轻易出战，自乱阵脚；不区别情况讲求仁爱人民，可能会中敌方“烦扰”之计而频繁出击，以致疲惫不堪，最后被战而胜之。以上五点，都是为将的过错，是用兵的灾害。覆军杀将，都是因这五种危险引起的，不可不认真加以考察啊！

评析

本篇第一部分，论述的是用兵打仗的一般原则，这就是要通晓并掌握各种机变，妥当地加以解决。例如其中有一条“君命有所不受”，说明在外征战的将官，他们会面临许多难以想象的不确定变局，必须因时制宜，因地制宜，对于不妥的君王之命是可以不完全接受并执行的。他们应当有独立做出军事决策的权力。在这一部分中，孙子提出了在九种不同地形下怎样随机处理用兵作战的问题（本篇中只谈到五种地形）。

其次，本篇中还认为善于用兵的将领，对于有利的一面和有害的一面都应该综合考虑，只有这样，才能消除祸患。但是，作为将官，将面临五种危险，即“必死可杀”“必生可虏”“忿速可侮”“廉洁可辱”“爱民可烦”。对于这五种危险，应当时刻加以提防。所有这些认识，都是在总结战争实践的基础上产生的，有十分重要的军事价值。

南宋年间，金兵南下侵扰，赶到明州海边，一路上不断遭到百姓组织起来的义军的袭击。金将兀术考虑到长江沿岸还驻着宋军的大批人马，不敢久留，带领金兵抢掠了一阵以后，就向北方退兵了。

建炎四年（公元 1130 年），兀术将宋高宗追上，率军焚烧了临安城（今浙江杭州）后向北退回。行前，纵兵大掠，因满载掳掠辎重不能陆行，于是选择了从秀州（今浙江嘉兴）、平江（今江苏苏州）、常州（今江苏）沿运河而行。三月丁巳，金军至镇江（今江苏），被浙西制置使韩世忠阻挡。韩世忠原先驻军秀州青龙镇、江湾（今上海境内）一带，闻兀术已赴平江，于是移师镇江等候兀术。韩世忠是主张抗金的将领，他对金兵的侵略暴行十分气愤，决心趁金兵北撤的时候，狠狠阻击。

金兵到了以后，韩世忠率领兵士 8000 人驻扎在焦峙（今江苏镇江北焦山）。兀术到了江边，打听到韩世忠不放他们过江，就派使者到宋营下了战书，准备和宋军一决生死。韩世忠跟兀术约定了决战的日期。金兵有 10 万人，宋军总共才 8000 人，双方兵力悬殊。韩世忠清楚，要打赢这场仗，只有依靠士气。决战的时刻到了，韩世忠和夫人披挂上阵，将士见主帅夫人上阵助战，士气顿时高涨。一场战斗下来，金兵被杀伤的数不胜数，兀术的女婿龙虎大王也被宋军活捉了。

兀术又派出使者到宋营，表示愿意把从江南抢来的财物全部还给宋军，只求让他们渡江，韩世忠不答应。兀术又提出把他带来的一匹名马献给韩世忠，也被韩拒绝。兀术不能过江，只好带着金兵乘船退到黄天荡（今江苏南京市东北）。哪里知道黄天荡是一条死港，船驶进那里，找不到出路。正在为难之际，有人献计说：“这里原来有一条河道，可以直达建康，只是现在堵塞不通，如果兵士能将它开凿出来，就可以逃过宋军的追击了。”兀术立刻命令金兵开挖河道。金兵人多，挖了整整一夜，就开凿了一条 25 公里长的水道。兀术赶忙指挥金兵沿水道逃到建康，不料半路上又遇到宋将岳飞的堵截，不得已又退回黄天荡。

金兵在黄天荡被宋军围困了48天，将士们叫苦连天。四月，福建人王某经不住兀术的悬赏，向他献计说："舟中载土，上铺平板，穴船板以棹桨，待无风时出击。韩世忠的海船庞大，无风不能动，可以用火箭射击，将他打败。"兀术依计而行，宋军大败，韩世忠只好乘小船退回到镇江。

兀术摆脱韩世忠的阻击，带兵回到建康，又大肆抢掠了一番，准备撤回北方。到了静安镇（今江苏江宁西北），又遭到了岳飞军的袭击，被杀得一败涂地，狼狈逃窜。岳飞赶走金兵，收复了建康。金军吃了苦头，从此再也不敢轻易渡江了，南宋都城临安（今浙江杭州）和半壁江山得以保全。

从黄天荡之战上，我们可以作如下分析，金兀术失败首先是因为他兵陷于《孙子兵法》所说的"绝地"之中，选择与宋军决战就是一个大错误。金兵作为北方游牧民族在镇江与江南士兵水战，实在是自不量力，镇江亦可以算是沼泽连绵的"圮地"。金军北撤因遭江南军民抗击，自然士气低迷，而韩世忠军队严阵以待，更有梁红玉击鼓助威，士气大振。孙子说："途有所不由，军有所不击，城有所不攻，地有所不争，君命有所不受。故将通于九变之利者，知用兵矣。将不通九变之利者，虽知地形，不能得地之利矣。"这句话对金兵来说，是他们所不理解的，所以，金军在镇江大败，也是理所当然的。

黄天荡对金兀术来说是死地。照常理，宋军获胜是天经地义的。但韩世忠也没有考虑到"九变之术的不利"，所以当金军采取火攻之术时，战舰尽被焚烧，损失惨重，这是他始料不及的。由此可见，《孙子兵法》的"智者之虑，必杂于利害。杂于利而务可信也，杂于害则患可解也"的正确性。

行　军

原文

孙子曰：凡处军相敌[①]，绝山依谷[②]，视生处高[③]，战隆无登[④]，此处山之军[⑤]也。绝水必远水[⑥]，客绝水而来[⑦]，勿迎之于水内[⑧]，令半济而击之[⑨]，利[⑩]；欲战者，勿附于水而迎客[⑪]；视生处高，无迎水流[⑫]，此处水上之军也。绝斥泽[⑬]，惟亟去无留[⑭]；若交军于斥泽之中，必依水草而背众树[⑮]，此处斥泽之军也。平陆处易[⑯]而右背

高[17]，前死后生[18]，此处平陆之军也。凡此四军之利[19]，黄帝之所以胜四帝也[20]。

注解

①处军相敌：处军，处置军队，指带领军队行军、扎营、作战等。相敌，观察、判断敌情。处军相敌，带领军队行军、扎营、作战，观察判断敌情。

②绝山依谷：绝，渡过、穿越。依，傍依。谷，这里是指的溪谷。绝山依谷，这里的意思是说，军队穿越山地要依傍着溪谷行进。

③视生处高：视，视野。生，生动、生机。这里引申为开阔。视生，就是指视野开阔。处高，处于高地。视生处高，意思是说，要把军队驻营于地势高、视野开阔的地方。

④战隆无登：隆，这里是指高地。登，攀登。战隆无登，意思是说，不要去仰攻占据高地的敌军。

⑤处山之军：处，这里是指的处置、部署。处山之军，这里是指处置、部署部队在山地行军作战的原则。

⑥绝水必远水：水，这里泛指河川地带。绝水必远水，这里的意思是说，军队穿越河川地带时，要在距离河流较远的地方驻扎，以免陷入背水一战的死地。

⑦客绝水而来：客，这里是指敌军。客绝水而来，这里的意思是指，敌军渡河前来进攻。

⑧勿迎之于水内：迎，这里是指迎击。水内，按梅尧臣注、张预的解释，这里是指的水边。勿迎之于水内，这里的意思是说，不要在敌军刚到河边时便迎击他们。

⑨令半济而击之：令，使。济，过河，渡河。半济，渡河才渡过一半。令半济而击之，这里的意思是说，使敌军渡河渡至一半时才发起攻击。

⑩利：利益，这里是指对我军取胜有利。

⑪勿附于水而迎客：附，附近，靠近。客，指敌军。勿附于水而迎客，意思是说，不要在靠近河流的地方同敌作战。

⑫无迎水流：水流，水流往下。这里是指河的下游。无迎水流，这里的意思是指，不要在河的下游驻扎，以免敌军在上游决水或投毒而遭失败。

⑬绝斥泽：斥，盐碱地。泽，沼泽地。绝斥泽，这里是指军队在穿越盐碱地和沼泽地时。

⑭亟去无留：亟，急、迅速。亟去无留，迅速离开不要停留驻扎。

⑮依水草而背众树：依，依傍。背，背靠。依水草而背众树，这里的意思是说，要依傍着水草，背靠着树林扎营。

⑯平陆处易：平陆，这里是指的平原地带。处，安处，易，这里是指平坦的地方。平陆处易，这里的意思是指，在平原地带也要选择平坦的地方安营。

⑰右背高：右，这里是指军队的侧翼。背，背靠。高，高地。右背高，这里是指，军队的侧翼要背靠高地以为倚托。

⑱前死后生：死，死地，这里是指的地势较低，易攻难守之地。生，一地，这里是指地势较高的险峻之地。前死后生，这里的意思是说，在平原地带作战，要选择背靠山险、面向平地的地势。

⑲四军之利：四军，指山地、河川地、盐碱沼泽地、平原地四种地带行军作战。利，取利。四军之利，这里的意思是指，在四种地带行军作战求取胜利的原则。

⑳黄帝之所以胜四帝也：黄帝，传说中的汉族祖先。四帝，指黄帝时代四周的部落领袖。相传黄帝曾先后打败了炎帝、蚩尤、獯鬻等部落，统一了黄河流域。黄帝之所以胜四帝也，意思是说，这就是当年黄帝之所以能够战胜四帝的原因。

译文

孙子说：在各种不同地形上处置军队和观察判断敌情时，应该注意：通过山地，必须依靠有水草的山谷，在地势较高、视野开阔的地方扎营；不应去仰攻占据了高地的敌军，这是在山地处置军队行军作战的原则。穿越河川地带时，必定要在距离河流较远的地方扎营；敌军渡河前来进攻，不可以在其刚进到河边时，就迎击他们，而要等到他们渡至河心再发起攻击，这样才会有利；想要出战不要选择靠近河流的地方与敌军交锋；军队应驻扎在开阔的高地，且不能处于河的下游（以免敌军从上游投毒或决水）。这是在河川地带处置军队行军作战的原则。穿越盐碱地和沼泽地时，应急速通过，不能停留；如果在这样的地带与敌军相遇交锋，必须抢占依傍水草、背靠树林的有利阵地。这是在盐碱、沼泽地带处置军队行军作战的原则。在平原地带，要选择平坦的地方扎营，但侧翼要背靠高地，以形成背靠山险、面向平地的有利态势。这是在平原地带处置行军作战的原则。以上四种地带是行军作战求取胜利的原则，也正是当年黄帝之所以战胜四周部落领袖的原因。

原文

凡军好高而恶下①，贵阳而贱阴②，养生而处实③，军无百疾④，是谓必胜。丘陵堤防⑤，必处其阳而右背之⑥。此兵之利，地之助也⑦。上雨⑧，水沫⑨至，欲涉⑩者，待其定也。凡地有绝涧、天井、天牢、天罗、天陷、天隙⑪，必亟去之⑫，勿近也。吾远之，敌近之；吾迎之，敌背之⑬。军行有险阻、潢井、葭苇、山林、翳荟者⑭，必谨复索之⑮，此伏奸⑯之所处也。

注解

①凡军好高而恶下：军，这里是指驻军扎营。凡军好高而恶下，意思是说，大凡军队扎营都是喜欢选择地势较高的干燥地方而讨厌地势低下的潮湿地方。

②贵阳而贱阴：贵，重视。阳，这里作“向阳”解。贱，轻视、不喜欢。阴，阴暗。贵阳而贱阴，重视向阳明亮之处而不喜欢阴暗背光之处。

③养生而处实：养生，这里是指，水草丰盛，粮食充足，军队容易休养生息。处实，这里是指军需物资供应方便的地方。养生而处实，这里的意思是说，军队扎营要选择水草丰盛、粮食充足、军需物资供应方便的地方。

④军无百疾：百疾，各种疾病。军无百疾，军中将士不会沾染各种疾病。

⑤丘陵堤防：这里是指在有丘陵堤防的地区。

⑥处其阳而右背之：处，占据。阳，向阳的一面。右，这里是指军队的主要侧翼。处其阳而右背之，这里的意思是说，在丘陵堤防地带行军打仗，军队要占据向阳的一面，并且将主要侧翼背靠着它，以之为依托。

⑦地之助也：地，地形。地之助，利用地形的辅助。

⑧上雨：上，这里是指河的上游。上雨，河的上游下雨。

⑨水沫：河水的泡沫，这是洪水到来的表现。

⑩涉：这里是指的涉水。

⑪绝涧：两岸山势峭峻，水流其间的险恶地形。天井：四周高峻，中间低洼的地形。天牢：牢，牢狱。天牢，是指的一种四周地势险恶、易进难出的地形。天罗：罗，罗网。天罗，是指的一种四围荆棘丛生，军队进入后如同陷入罗网难以摆脱的地形。天陷：陷，陷阱。天陷，是指的一种地势低洼、泥泞易陷的地形。天隙：隙，狭窄的缝隙。天隙，是指的一种两边高山壁立，

中间道路狭窄，难以行军的地势。

⑫亟去之：急促离开。

⑬敌背之：背，作使动词，使背。敌背之，意思是说，让敌军去背靠它。

⑭潢井：潢，积水池。潢井，指地势低陷、积水很多的地方。葭苇：芦苇，泛指水草。这里是指水草丛生的地方。翳荟：草本茂盛，这里指草木茂密多障碍。

⑮谨复索之：谨，谨慎、认真。复，反复。索，搜索。谨复索之，这里是说要认真地、反复地进行搜索。

⑯伏奸：伏兵与奸细。

译文

大凡军队安营都喜欢处于地势较高的干燥地方而厌恶地势低洼的潮湿地方，都重视向阳明亮之处而不喜欢阴暗背光之处，还要是水草丰盛、粮食充足、物资供应方便的所在，这样才能使战士不生各种疾病，才能每战必胜。如果是遇有丘陵堤防，必定要占据其向阳的一面，并且将主要的侧翼背靠它，以之为依托。这些对于用兵的有力措施都是以利用地形作为辅助条件的。部队行至河流附近，遇到上游下雨，洪水到来，如果想要涉水渡河，必须等待水势稳定后再渡。大凡行军作战遇到两岸山势峭峻，一水穿流其间、地形险恶的“绝涧”；遇到四周山势高峻、中间地势低洼的“天井”；遇到四面地势险恶、易进难出的“天牢”；遇到四周荆棘丛生、进入之后如同陷入罗网，难以摆脱的“天罗”；遇到地形低洼、泥泞易陷的“天陷”；以及遇到两旁高峰壁立，中间道路十分狭窄的“天隙”等等，都必须迅速离开，不能靠近它们，要让自己的部队远离这些险地，而让敌军去靠近它；要设法使自己的部队能面对着这些险地，而让敌军去背靠着它们。行军路上遇到有险峻的道路，或者是地势低陷、积水很多的地方，或者是水草丛生的地方，或者是山林和草木茂密、障碍甚多的地方，都必须仔细地反复搜索，因为这些地方都是容易隐藏伏兵或奸细的所在。

原文

敌近而静者①，恃其险也；远而挑战者，欲人之进也②；其所居易者③，利也。众树动④者，来也；众草多障⑤者，疑也⑥；鸟起⑦者，伏也⑧；兽骇⑨者，覆也⑩。尘高而锐⑪者，车来也；卑而广⑫

者，徒来也[13]；散而条达[14]者，樵采[15]也；少而往来者[16]，营军也。辞卑而益备[17]者，进也[18]；辞强而进驱[19]者，退也；轻车先出居其侧者[20]，陈也[21]；无约而请和者[22]，谋也[23]；奔走而陈兵车[24]者，期也[25]；半进半退[26]者，诱也[27]。杖而立[28]者，饥也；汲而先饮[29]者，渴也；见利而不进者，劳也。鸟集[30]者，虚也[31]；夜呼者[32]，恐[33]也；军扰[34]者，将不重也[35]；旌旗动[36]者，乱也[37]；吏怒[38]者，倦也[39]；粟马肉食[40]，军无悬缻，不返其舍[42]者，穷寇[43]也。谆谆翕翕[44]，徐与人言[45]者，失众[46]也；数赏[47]者，窘[48]也；数罚者，困[49]也；先暴而畏其众[50]者，不精之至[51]也；来委谢者[52]，欲休息也。兵怒而相迎[53]，久而不合[54]，又不相去，必谨察之。

注解

①敌近而静者：近，靠近。敌近而静者，这里是说，靠近我军的敌军却能保持安静。

②欲人之进也：进，这里是指的轻进。欲人之进，这里是指希望对方的军队轻进。

③所居易者：易，平易，这里是指的平坦地带。所居易者，这里是指，敌军在平坦地带驻扎。

④众树动：众树，众多的树，即树林。众树动，是指树林摇曳摆动。

⑤众草多障：众草，杂草。障，障碍。众草多障，这里是指，敌军在杂草丛生的地方设置了许多障碍。

⑥疑也：疑，使动词，使疑，使迷惑。

⑦鸟起：起，这里是指的惊起。鸟起，鸟雀惊飞起。

⑧伏也：伏，埋伏。这里是指的伏兵。

⑨兽骇：骇，惊骇；兽骇，野兽惊跑。

⑩覆也：覆，倾覆、遮蔽，这里是指敌军大举进攻，蔽天盖地而至。

⑪尘高而锐：尘，尘土。锐，锐直。尘高而锐，尘土高扬，直冲云天。

⑫卑而广：卑，低下。卑而广，这里是指，尘土飞扬不高但面很宽广。

⑬徒来也：徒，徒步。这里是指的步兵。徒来也，这里是说敌军的步兵到来了。

⑭散而条达：散，分散。条达，细长貌。散而条达，这里是指，飞起的尘土分散而细长。

⑮樵采：樵，砍柴。采，伐木。樵采，这里是指敌军砍柴伐木。

⑯少而往来者：这里是指飞起的尘土少而且是一来一往，此起彼落。

⑰辞卑而益备：辞，言辞。卑，谦卑。备，这里是指战备。辞卑而益备，这里是说，敌方表面上言辞谦卑，实际上却在加强战备。

⑱进也：这里是指的进攻。

⑲辞强而进驱：辞，措辞诡诈。强，勉强。进驱，这里是指驱军前进。辞强而进驱，这里的意思是说，以诡诈的言辞作掩护，勉强驱军前进。

⑳轻车先出居其侧者：轻车，战车。侧，这里是指的侧翼。轻车先出居其侧，意思是说，战车先出来列放在侧翼。

㉑陈也：陈，同阵，这里是指布阵。

㉒无约而请和者：约，约束，这里是指陷入困境。无约而请和，这里是指，敌军没有陷入困境却主动请和。

㉓谋也：谋，这里是指的阴谋。

㉔奔走而陈兵车：敌军迅速奔跑，并且用战车摆开阵势。

㉕期也：期望、期求。

㉖半进半退：进进退退，似进似退。

㉗诱也：诱，引诱。

㉘杖而立：杖，兵器。杖而立，这里是指，敌军倚靠着武器站着。

㉙汲而先饮：汲，汲水。汲而先饮，这里是说，汲水的敌军争着先喝。

㉚鸟集：鸟雀群集，这里是指，军营之上，鸟雀群集。

㉛虚也：虚，空虚。

㉜夜呼者：这里是指敌军士卒半夜惊叫。

㉝恐：恐惧、恐怖。

㉞军扰：扰，纷扰。军扰，这里是指敌军营内纷纷扰扰。

㉟将不重也：不重，不持重。将不重，这里是指，敌将不持重。

㊱旌旗动：动，摇动。旌旗动，这里是指，旌旗不规则地摇动。

㊲乱也：这里是指敌军队伍混乱。

㊳吏怒：怒，躁怒。吏怒，这里是指敌军军官躁怒。

㊴倦也：这里是指敌军将士疲倦。

㊵粟马肉食：粟，粮食，这里作动词用。粟马，以粟喂马。肉食，这里是指宰杀牲口食肉。粟马肉食，用粮食喂马，宰杀牲口食肉。

㊶军无悬缻，汲水用的瓦罐，这里是泛指炊具。悬缻，悬起来供，使用的炊具。军无悬缻，意思是指，军中把炊具都收拾起来了。

㊷不返其舍：舍，这里是指的军营。不返其舍，意思是说，士卒们不再

回到军营去。

㊸穷寇：穷，穷途，无路可走。穷寇，无路可走，决意拼死突围的敌军。

㊹谆谆：谆谆，教诲不倦，和合的样子。翕翕，这里是指，敌军长官对士卒讲话显出一副诚恳和气的样子。

㊺徐与人言：徐，缓慢。徐与人言，轻言细语同别人谈话。

㊻失众：失去了众人之心，这里是指失去了军心。

㊼数赏：赏，奖赏。数赏，一再地奖赏。

㊽窘：窘迫、无计可施。

㊾困：困厄、困难。

㊿先暴而后畏其众：暴，暴虐、行暴。畏，畏惧。先暴而后畏其众，这里是说，敌军长官先对部下横施暴虐，以后又害怕起部下叛变来了。

51不精之至：精、精明。不精之至，不精明到了极点。

52来委谢者：委，委婉。谢，谢罪，这里是指的赔礼谢罪。来委谢者，这里是指，敌方派遣使者前来委婉的表示谢罪。

53兵怒而相迎：怒，愤怒。兵怒而相迎，这里是指敌军盛怒而来。

54久而不合：合，合战。久而不合，指敌军久久地不向我军进攻。

译文

敌军靠近了我军却表现得很安静，这是因为他们依仗着有险可据；敌军距离我军较远，却不断地派兵前来挑战，这是希望激怒我军轻进；敌军在平坦的地带安营，这是因为形势对他们有利。树林摇曳摆动，说明敌军要来了；敌人在杂草丛生的地方设置许多障碍，这是想迷惑我军；敌方阵地鸟雀惊飞，说明敌军设有伏兵；野兽惊跑，说明敌军要大举进攻；敌方的尘土高扬，笔直朝上，这是兵车已出动；尘土飞起，分散而细长，这是敌军在砍柴伐木；尘土飞起甚少而且此起彼落，这是敌军在安营扎寨。敌方表面上言辞谦卑实际上却在加强战备，这是要向我军进攻；敌方以诡诈的言辞作掩护，勉强驱军前进，这实际上是准备撤退；敌方战车先出，列于侧翼，这是在布置阵式；敌军并未受到约束、陷入困境却要前来请和，这是包藏着阴谋；敌方士卒迅速奔跑，并用战车摆开阵式，这是期望与我军决战；敌军似进似退、进进退退，这是要引诱我军出战。敌方士卒倚着兵器站立，这是缺粮饥饿的表现；敌军见利而不进取，这是疲劳的表现。敌方军营之上鸟雀群集，这是军营空虚的征候；敌方士卒半夜呼叫，这是一种恐惧的表现；敌方军营纷纷扰扰，这是敌将威望不重的表现；敌方旌旗杂乱摆动，这是队伍混乱的表现；敌方军官容易躁怒，这是敌军十分疲劳、无法管理的表现；敌方军队以粟喂马，宰杀牲口，收拾炊具，士卒不再返回军营，这是面临绝境、决意拼死突围的穷寇。敌方军官姿态诚恳和蔼，轻言细语对士卒谈话，这说明已经失去军心；对以士卒赏了又赏，这说明已无计可施；对部属罚了又罚，这说明已处于困境；对下属起初暴虐不堪而后又害怕下属叛变，这说明敌军将领极不精明。敌方派出使者前来委婉表示谢罪，这是企图休兵息战。敌军盛气而来却又久久地不向我军进攻，也不往后撤退，对于这种情况则应特别谨慎观察，以摸清其意图。

原文

兵非益多也①，惟无武进②，足以并力料敌③，取人④而已，夫惟无虑而易敌者⑤，必擒于人⑥。

注解

①兵非益多也：益多，以多为益，越多越好。兵非益多也，军队并不一定是越多越好。

②惟无武进：惟，只是。武进，恃勇轻进。惟无武进，意思是说，只是不要恃勇轻进。

③足以并力料敌：足，足够。并，合并，引申为集中。料，预料，引申为判明。敌，这里指的是敌情。足以并力料敌，意思是说，只要能充分地判明敌情，集中使用兵力就行了。

④取人：取，取得。人，这里是指的部下。取人，这里是指取得部下的信任和支持。

⑤惟无虑而易敌者：惟，只有。易，轻易。易敌，轻易地对待敌军。惟

无虑而易敌者，这里的意思是说，只有那不深思熟虑而又轻视敌军的人。

⑥擒于人：被人所擒。

译文

用兵并不在于军队的数量越多越好，只要不恃勇轻进，并能判明敌情，集中使用兵力，取得部下的信任和支持就行了。只有那不深思熟虑而又轻敌的人，才会在战争中被敌军擒获。

原文

卒未亲附而罚之，则不服①，不服则难用也；卒已亲附而罚不行，则不可用也。故令之以文②，齐之以武③，是谓必取④。令素行以教其民⑤，则民服；令不素行以教其民，则民不服。令素行者⑥，与众相得⑦也。

注解

①卒未亲附而罚之，则不服：亲附，亲近依附。罚，刑罚。卒未亲附而罚之则不服，意思是说，当士卒们还没有亲近依附时便施加刑罚，士卒们便会怨愤不服。

②令之以文：令，命令、号令。文，文教，这里是指的政治教育。令之以文，这里的意思是说，要用政治教育的方法使士卒们接受命令。

③齐之以武：齐，整齐、统一。武，武力。这里是指强制性的军纪。齐之以武，这里的意思是说，要用强制性的军纪使士卒们统一行动。

④必取：必定取得，这里是指，必定会取得部下的敬畏与拥护。

⑤令素行以教其民：令，命令、军令。素，平素、平时。行，实行。令素行以教其民，这里的意思是说，要用平素发布的军令都必定坚决执行的事实来教育士卒。

⑥令素行者：平时发布军令信实有征，威望昭著的人。

⑦与众相得：得，亲和。相得，关系融洽。与众相得，这里是指与部下关系融洽。

译文

当士卒还没有亲近依附的时候，便施加刑罚，士卒们便会怨愤不服；当士卒已经亲近依附的时候，却根本不施刑罚，那样的军队也是不能作战的。所以说，带领军队既要用政治教育的方法，使将士接受命令，又要用强制性的军纪、军法统一将士们的行动，这样才必定能取得全军上下的敬畏和拥护。要用平常发布的每一项军令都必须坚决执行的事实来教育士卒，这样，士卒们才会信服；平常发布的军令不能严格执行，要去管理士卒，士卒是难以信服的。平时的军令能贯彻执行，这正是将领同下级和士卒之间关系融洽的表现。

评析

这一篇主要讲如何“处军”和“相敌”的问题。“处军”主要包括两个方面：一是在特殊情况下的行军与作战，如“处山”“处水”“处斥泽”“处平陆”等特种地形下，怎样行军、怎样与敌军交战，孙子都提出了十分详细的计策；二是在特殊地形下，怎样宿营等问题，如在山地、平地、江河、沼泽地带驻扎宿营就有不同的要求。这是孙子根据黄帝战胜青、赤、白、黑四帝的经验进行的总结。

孙子在本篇中极为重视行军与地形的关系。他认为地形的利与弊对用兵打仗有直接作用，明智的指挥官无疑会十分重视行军、作战及宿营与地形之间的关系。

其次是如何“相敌”。孙子在这一篇中总结了历史上诸多战争的经验，提出了 33 种不同的现象，都应当具体情况具体分析并采取具体措施。孙子认为，用兵不以人多为贵，只要不轻敌冒进，并能集中兵力，判断敌情，就可灭敌取胜。

本篇内容十分丰富，读者可细细分析，深切领悟其中所包含的军事哲学思想。

三国名将关羽也深谙孙子兵法，他成功的战例是水淹七军。

三国时，曹操在汉中一带与蜀军交战，大败。蜀将关羽乘胜追击，率兵攻打樊城。樊城守将曹仁急忙派人请求曹操援助自己，为解樊城之围，曹操急令于禁、庞德率七路人马火速赶往支援。蜀魏两军经过几次交锋，不分胜负。不料一次在与庞德对阵时，关羽左臂中了魏军暗箭，两军于是形成对峙之势，战争一再拖延。

那时正是秋季，连绵的阴雨淅淅沥沥下个不停。蜀军远道而来，长期相持下去，必然粮草不济，难以为战。为求破敌之策，关羽一边养伤，一连苦苦寻求速战速决之法。有一天，其子关平报知关羽，于禁和庞德的七路人马移驻樊城以北。关羽听后，急忙带人上高处察看。看到襄江因暴雨连绵，水势猛涨，河水湍急，而于禁、庞德的七支大军沿城北的十里山谷驻扎。关羽观察了半天，忽然兴奋地喊了一声："这下我可生擒于禁了！"众将一听，都感到很疑惑，没有人相信他的话。

返回营寨之后，关羽急令手下兵将赶造大小船只和木筏子，又派兵士到襄江上游的各谷口截流积水。于禁和庞德对蜀军行动一无所知，于是按兵不动，静观其变。

某天夜里，天下大雨，狂风骤起。蜀军乘势决口放水，一时间水流似山洪暴发，汹涌而下，直奔山谷而去。于禁、庞德见洪水铺天盖地而来，急忙组织士兵救急。魏军哪能挡得住这迅猛的洪峰，顿时乱作一团，四下逃命。于禁和庞德带着残存的魏兵躲在小丘上，总算熬到了天亮，这时四周已全部是水，连樊城也淹了大半。魏军被洪水淹死大半。剩下的兵将正疲于奔命之时，忽听战鼓雷鸣，杀声震天，关羽率军乘着大船和木筏子杀奔而来。而魏军此时已疲惫至极，无力再战。

见大势已去，于禁只得束手就擒，庞德虽奋勇抵抗，终究身单力孤，被蜀兵活捉。魏军七路人马除战死外，全部被蜀军活捉。蜀军大获全胜，并乘机将樊城据为己有。

关羽此战例成功的要素，在于关羽将《孙子兵法·行军篇》的战略灵活运用。《孙子兵法·行军篇》说"客绝水而来，勿迎之于水内，令半济而击之"，其意思是如果敌人渡水来战，不要等到他们到岸上再迎击，可以等他渡过一半再战。同时，《孙子兵法》也说"兵之利，地之助也"，"上雨、水沫至，欲涉者，待其定也"。而于禁、庞德恰在襄江连日阴雨、水势暴涨时渡江，并且在"绝地""天井"等地驻扎，与兵法相背。而关羽却驻扎高处，得天时地利之势，然后决水，淹没七军。由此可见，关羽水淹七军是运用《孙子兵法》的绝好例证。

地形

原文

孙子曰：地形有通者，有挂者，有支者，有隘者，有险者，有远者。我可以往，彼可以来，曰通；通形者，先居高阳①，利粮道，以战②则利。可以往，难以返，曰挂；挂形者，敌无备，出而胜之③；敌若有备，出而不胜，难以返，不利。我出而不利，彼出而不利，曰支；支形者，敌虽利我④，我无出也，引而去⑤支，令敌半出而击之，利。隘形⑥者，我先居之，必盈之以待敌⑦；若敌先居之，盈而勿从⑧，不盈而从之⑨。险形⑩者，我先居之，必居高阳以待敌；若敌先居之，引而去之，勿从也。远形⑪者，势均，难以挑战⑫，战而不利。凡此六者，地之道⑬也；将之至任⑭，不可不察也。

注解

①先居高阳：先，这里是指抢先。高阳，这里是指地势高而朝阳的地方。

②利粮道，以战：利粮道，有利于粮道，即保持粮道畅通。利粮道以战，意思是说，选择有利于保持粮道畅通的地方作战。

③出而胜之：出，出战、出击。出而胜之，这里的意思是指，出战可以取得胜利。

④敌虽利我：利，这里是指的利饵，以利引诱。敌虽利我，这里的意思是说，敌军以利为饵引诱我军。

⑤引而去：引，这里是指的引军、带领军队。引而去，这里的意思是指，带领军队佯装撤走。

⑥隘形：隘，狭窄。隘形，这里是指，两山之间的峡谷地带。

⑦盈之以待敌：盈，充盈、充满。盈之以待敌，这里是指，在山间峡谷的“隘形”地带，我军抢先占据了有利地形，必须用充盈的兵力堵住隘口，

以等待敌军前来进攻。

⑧盈而勿从：这里的“盈”是指敌军兵力充盈。从，跟从，这里可作“进攻”解。盈而勿从，这里的意思是说，当敌军已用充足的兵力把守住山隘口时，我军就不能进行攻击。

⑨不盈而从之：这里是指，敌军没有用足够的兵力把守山隘口，便可以进行攻击。

⑩险形：险，险恶。险形，这里是指，一种涧壑坑坎、崎岖不平的地形。

⑪远形：这里是指，敌军营寨距离我军营寨较远的地形。

⑫势均，难以挑战：势均，势力相当、形势相当。势均难以挑战，这里的意思是说，敌我双方力量和所处的地形都差不多，而且又不便于挑战。

⑬地之道：道，道路、方法、原则。地之道，这里是指，用兵打仗，利用地形的原则。

⑭将之至任：至任，最重大的责任。将之至任，为将者最大的责任。

译文

孙子说：在行军打仗的过程中，所遇到的地形有通形，有挂形，有支形，有隘形，有险形，有远形。我军可以往，敌军也可以来的叫做“通形”。遇到“通形”，先占据地势高而向阳，且又有利粮道畅通的阵地，就会对作战有利。可以前往却难以返回的地形叫做“挂形”。遇到“挂形”，如果敌方没有准备，我军可以出击取胜；如果敌方有准备，我军出击将不能取胜，而且还难以返回原来的阵地。我军出击不会得利，敌军出击也不会得利的地形叫做“支形”。遇到“支形”，敌军虽然以利饵引诱我军，我军也不应出击；而要佯装撤退，引诱敌军前出一半而后回击之，就会有利。遇到两山之间峡谷地带的“隘形”，如果我军先占领了有利阵地，一定要以充足的兵力把守隘口，等待敌军前来进攻；若是敌军先占据了有利阵地，则当他们以充足的兵力把守隘口时，我军不可以进攻；如若敌军未用充足的兵力把守隘口，我军便可以发起攻击。遇到涧壑坑坎、崎岖不平的“险形”，如果我军先期到达，必定要占据地势高而向阳的阵地以等待敌军到来；如果是敌军先期到达，我军则应主动撤离而不可进攻。对于双方营寨相距较远的“远形”，在双方实力相当且不便于挑战的情况下，如果硬要出战，就会不利。以上六点，是利用地形的法则，是为将者最重大的责任之所在，是不可以不认真考察的。

原文

故兵有走者①，有弛者②，有陷者③，有崩者④，有乱者⑤，有北者⑥，凡此六者，非天之灾⑦，将之过⑧也。夫势均，以一击十，曰走⑨。卒强吏弱，曰弛⑩；吏强卒弱，曰陷⑪。大吏怒而不服⑫，对敌怼而自战⑬，将不知其能⑭，曰崩。将弱不严⑮，教道不明，吏卒无常⑯，陈兵纵横⑰，曰乱。将不能料敌，以少合众⑱，以弱击强，兵无选锋⑲，曰北。凡此六者，败之道也；将之至任，不可不察也。

注解

①兵有走者：兵，这里是指的败兵。走，这里是指的逃走。兵有走者，这里是指，一种临敌败逃之兵。

②有弛者：弛，松弛。弛者：这里是指的兵有弛者，即指一种士气不高，纪律涣散难以约制的军队。

③有陷者：陷，陷没。有陷者，这里是指的兵有陷者，即指一种士卒毫无斗志，只靠为将者孤身对敌，以致全军陷没的军队。

④有崩者：这里是指兵有崩者。崩，崩溃。有崩者，这里是指，一种崩溃四散的军队。

⑤有乱者：这里是指兵有乱者。乱，混乱。有乱者，这里是指，一种官兵关系混乱紧张，列队布阵杂乱无章的军队。

⑥有北者：北，败北。有北者，这里是指兵有北者，是指的一种一遇战斗，便必打败仗的军队。

⑦天之灾：天，这里是指的天然、自然，可引申为自然条件。天之灾，自然条件的灾害。

⑧将之过：过，过失、过错。将之过，为将者的过失。

⑨夫势均，以一击十，曰“走”：势均，指势均力敌。夫势均，以一击十，曰“走”，这里的意思是说，在双方指挥水平、战斗力、乃至所处地形都相当的情况下，却以我方一成兵力去对付敌方十倍于我的兵力，必然会寡不敌众，见敌就跑，这就叫做“走兵”。

⑩卒强吏弱，曰“弛”：士卒强悍，将帅懦弱，与敌作战，士气不振，指挥不灵，难以制约，这就叫“弛兵”。

⑪吏强卒弱，曰“陷”：将吏勇敢，但士卒怯弱，没有战斗力，对敌作

战，终将陷入覆没，这就叫做“陷兵”。

⑫大吏怒而不服：大吏，这里是指的部队高级军官。怒，怨怒。服，服从。大吏怒而不服，这里的意思是说，部队的高级军官心怀怨怒，不服从调遣。

⑬对敌怼而自战：怼，怨愤。对敌怼而自战，这里的意思是说，对敌人满怀怨愤而擅自出战。

⑭将不知其能：将，这里是指的主将。其，代词，指大吏，即部队的高级军官。将不知其能，意思是说，统师部队的主将不了解下面高级军官的才能。

⑮将弱不严：将，主将。弱，懦弱。严，指号令严明。将弱不严，部队主将懦弱无能，号令不严。

⑯吏卒无常：无常，指没有法纪、常规。吏卒无常，这里的意思是说，长官与士卒都没有规矩约束，相互关系也失去常态。

⑰陈兵纵横：陈兵，布兵列阵。纵横，指纵横交错，杂乱无章。陈兵纵横，布兵列阵杂乱无章。

⑱以少合众：合，合战，即交战。以少合众，这里的意思是说，以少数兵力来对抗人数众多的敌军。

⑲兵无选锋：选，挑选，锋，先锋。这里是指先头部队。兵无选锋，打仗时，没有经过挑选的精锐先头部队。

译文

所以，用兵有“走兵”，有“弛兵”，有“陷兵”，有“崩兵”，有“乱兵”，有“北兵”。所有这六种兵，都不是由于自然条件的灾害，而要归咎于为将者用兵的过错。敌我双方各方面条件相当，势均力敌，却要去以一击十，以致临敌败逃的叫做“走兵”；士卒强悍而将官懦弱，以致与敌作战，士气不振，指挥不灵的，叫做“弛兵”；将官强勇而士卒怯弱，只靠为将者孤身对敌，以致全军陷没的叫做“陷兵”；部队高级将官怨怒而不服指挥，只凭一腔对敌愤怒而擅自出战，且主将又不知其用兵才能，以致临阵之时，势不能敌，士卒溃逃如土崩瓦解的，叫做“崩兵”；为将者懦弱无能，号令不严，教导不明，以致官兵关系很不正常，布阵混乱，不堪一击的叫做“乱兵”；为将者不能判明敌情，以寡敌众，以弱敌强，又无精锐的前锋部队，以致遭到败北的，叫做“北兵”。以上六种情况，都是导致打败仗的必然规律，也是主将最重大的责任之所在是不可以不仔细考察的。

原文

夫地形者，兵之助①也。料敌制胜，计险厄远近②，上将之道③也。知此而用战者必胜，不知此而用战者必败。故战道必胜④，主曰无战⑤，必战可也；战道不胜，主曰必战，无战可也。故进不求名⑥，退不避罪⑦，唯人是保⑧，而利合于主⑨，国之宝⑩也。

注解

①兵之助：兵，这里是指的用兵作战。兵之助，这里的意思是指，用兵作战的辅助条件

②计险厄远近：计，算计。险厄，险要。计险厄远近，算计地形的险要和路途的远近。

③上将之道：上，上等，这里是指智慧才能属于上等。道，这里是指用兵之道。上将之道，这里的意思是指，智慧才能高明的将领的用兵之道。

④战道必胜：战道，战争的规律。战道必胜：这里的意思是指，按照战争自身的规律办事，必然会取胜。

⑤主曰无战：主，君主，主曰无战，意君主讲不能战。

⑥进不求名：进，这里是指的进攻。进不求名，向敌人发起进攻不是为了个人的名声。

⑦退不避罪：退，这里是指的退却。退不避罪，意思是说，撤退军队也不回避违命的罪责。

⑧唯人是保：唯，唯一，只有。人，这里是指广大民众的利益。保，保护。唯人是保，唯一的目的就是保护广大民众的利益。

⑨利合于主：利，利益。合，符合。主，君主。利合于主，对君主有利。

⑩国之宝：宝，宝贵财富。国之宝，国家的宝贵财富。

译文

有利的地形，只是用兵打仗的辅助条件。能够正确判明敌情而制胜，能够仔细计算地形的险恶、远近而用兵，才是精明能干的将领的用兵方法。懂得以这种方法用兵打仗，就必定会取得胜利，不懂得以这种方法用兵打仗，就必定会失败。所以说，按照战争规律必定会取得胜利的，即便是君主说是不能战，也必定要出战；相反，如果按照战争规律不能取得胜利，哪怕是君主说要战，也不能出战。所以，作为三军主帅，用兵打仗，进攻不是为了求取个人名声；退却也决不回避违命的罪责，唯一的是要保卫广大民众利益，而这也会符合君主的根本利益。这样的主帅正是国家的宝贵财富啊！

原文

视卒如婴儿①，故可与之赴深谿②；视卒如爱子，故可与之俱死。厚而不能使③，爱而不能令④，乱而不能治。譬若骄子，不可用也。

注解

①视卒如婴儿：视，对待。视卒如婴儿，对待士卒就像对待婴儿一样关心。

②可与之赴深谿：深溪，很深的溪谷。可与之赴深溪，意思是说，可以与人共患难。

③厚而不能使：厚，这里指的厚待。使，使用，使唤。厚而不能使，意思是说，虽然厚待他们，却又不能使用他们。

④爱而不能令：令，命令。爱而不能令，意思是说，虽然很疼爱他们却又不能命令他们。

译文

为将者对士卒就像对待婴儿那样关心他们，他们便会甘愿与你共患难；对待士卒就像对待爱子那样疼爱他们，他们便会甘愿与你同生死。厚待士卒却不能使用他们，爱护士卒却不能命令他们，士卒们扰乱军纪却不能管治他们，这样的士卒就像娇生惯养的儿子，那是没有什么用的。

原文

知吾卒之可以击①，而不知敌之不可击，胜之半也；知敌之可击，而不知吾卒之不可以击，胜之半也；知敌之可击，知吾卒之可以击，而不知地形之不可以战，胜之半也。故知兵者动而不迷②，举而不穷③。故曰：知彼知己，胜乃不殆；知天知地，胜乃可穷④。

注解

①知吾卒之可以击：知，知道，了解。吾，这里是指自己的军队。击，打仗。知吾卒之可以击，了解自己的军队可以作战。

②动而不迷：动，行动。这里是指军事行动。迷，迷误。动而不迷，采取某种军事行动却不致发生迷误。

③举而不穷：举，举动、举措。穷，穷尽。举而不穷，举措千变万化，没有穷尽。

④胜乃可穷：穷，完全。胜乃可穷，可以取得完全的胜利。

译文

了解自己的军队可以打仗，而不了解敌军不可以进攻，这只有一半取胜的可能性；了解敌军可以进攻，也了解自己军队有力量向敌军进攻，但却不了解所处的地形不宜于向敌军发起进攻，这样也只有一半取胜的可能性。所以，真正懂得用兵的人，他的每一个军事行动都是非常清楚而不会迷惑的，他的举措也是千变万化，应用无穷的。所以说，既了解我军一方，也了解敌军一方，争取胜利将不会有危险；再加上既知天象，又知地形，那就能取得完全的胜利了。

评析

孙子在本篇中把军队作战时的地形分为六类，即通形、挂形、支形、隘形、险形、远形。他还就这六种不同地形的实际情况，提出如何抢占有利地形，或变不利为有利地形，或双方均处于有利地形或不利地形的情况下，将帅应怎样指挥作战。他认为，将领应当首先掌握地形，然后才能确定基本的作战原则。

孙子还提出军队有“走”“弛”“陷”“崩”“乱”“北”这六种必败的情况。他通过对这六种必败情况的综合分析，提出了军队的将领在指挥作战时应避免以一击十、兵强将弱、将强兵弱、擅自出战、治军无法、以小击大等被动、盲动的行为。这是每一位将领应当加以认真考察研究的问题。

孙子论述了将领与士兵之间的关系，认为关怀士兵又不能溺爱、宽厚又不能放纵。应严格要求，爱兵如子，才能与之共赴危难。

将领应既了解自己又了解敌人，尤其在进攻和地形方面更是至关重要的。

采石是古代长江下游江防要地，又名牛渚山，位于今安徽省马鞍山市西南隅，长江东岸，北通南京，南达芜湖。与采石渡口隔江相望的是和州（今和县）横江渡。牛渚山为南京西南屏障，有“宁芜要塞”之称。

采石矶附近江面水势平缓，历来为大江南北重要津渡，“古来江南有事，从采石渡者十之九”。公元975年，宋朝军队就是在这里展开一场大战，从而灭亡了南唐。而南宋抗金时的采石之战，也是历史上著名的战例之一。

公元1161年，金帝完颜亮率师南侵，欲渡采石，进逼建康。南宋名臣虞允文，据牛渚，扼天堑，以少胜多，大败金兵，它与北宋以一万兵马打败南唐十万兵马的采石之战非常相似，有异曲同工之妙。

正隆六年秋，金帝完颜亮调集32万大军，分路出兵，意在一举灭宋。十月初，完颜亮亲率主力17万进抵淮河北岸，欲从寿春（今安徽寿县）渡淮。

南宋担任淮西防务的建康都统制王权，闻金军来攻，不加抵御，致使金军顺利渡淮。宋军退至和州（今安徽和县），将士纷纷请战，王权畏惧，乘船先逃，部队只得随之败退采石。进入和州后，完颜亮拆房造船，准备十一月初八渡江。

王权军不战自溃，使南宋凭借的长江天险受到考验。为挽救危局，宋廷解除了王权职务，命诸军统制李显忠负责江防，派督视江淮军马府参谋军事虞允文催李显忠赴任，并到采石犒师。虞允文十一月初至采石，见形势紧急，在金军即将渡江、李显忠未至的紧急情况下，集兵1.8万人，主动指挥迎战金军。他将步骑军隐蔽于高地后，严阵以待，并分水军的海鳅船为五队：一队居中；两队载以精兵，为东西翼，由当涂（今属安徽）民兵组成，踏车驶舟，军民协力截击金军舟船；两队分别隐蔽在小港，作为后备力量。金军大批舟船由杨林河口驶出，部分船只冲开宋军战船，强行登岸。虞允文往来指挥将士迎战，部将时俊等见虞允文挺身在前，遂率领兵将奋勇拼杀，很快消灭了登岸金军。海鳅船在江中来往冲击，并施放霹雳炮，金军纷纷落水，大多死于江中，余船退出杨林河。虞允文判定金军必再来攻，当晚命时俊率海鳅船控制杨林河口。在杨林渡口，再次击败金军，并烧毁金军船只300艘。完颜亮从采石渡江的计划最终落空，只得退回和州，转往扬州，准备从瓜州渡江。虞允文识破金军东去意图，遂率军星夜驰援镇江（今属江苏），李宝率水军从平江出发，沿海北上，于十月下旬抵达石臼山，得知金舰队正停泊在唐岛（又名陈家岛，今山东灵山卫附近）。李宝出其不意，先发制人，用火攻冲入金船队。金军绝大部分船只被烧毁，未着火的船只企图顽抗，宋军将士跳上敌舰，奋勇拼杀。金舰队全军覆没，仅苏保衡一个人逃脱。

得知水军已被宋军全歼，利用水军攻占临安的企图已经破灭，完颜亮不禁大怒。这时，完颜雍乘完颜亮南下之机，夺取了金政权，史称金世宗。完颜亮无奈，只得孤注一掷，妄图渡江占领江南地区，命令金军三天内全部渡江，违令者处死，致使内部矛盾激化。完颜亮十一月二十七日被部下杀死。十二月初，东路金军退出，宋军乘机收复两淮地区；中路金军也于十二月退兵，宋军收复洛阳及长水、嵩州、永宁等县。完颜亮南侵之行以失败告终。

孙子说："地形者，兵之助也。料敌制胜，计险厄远近，上将之道也。" 金兵入侵南宋在采石被歼，主要在于虞允文善于利用采石一带有利地形，在"通形"之地"先居高阳"，趁敌不备，出而胜之，主动出击，牵制敌人。我们也可以说采石亦为"支地"，"敌虽利我，我无出也，引而去之，令敌半出而击之"。当金军大批水军冲开宋军强行登岸时，宋军以火炮轰击，胜券在握，然后施与火攻之术，加上地形有利，宋军获胜是无疑的。

此战，虞允文在紧急关头挺身而出，组织与指挥采石军民迎战金军。由于他兵力部署有序，指挥果断，充分发挥宋军的水上优势，从而转败为胜，扭转了战局。